教你读懂年报

葛莹 简倍祥 张殷 编著

清华大学出版社
北京

内 容 简 介

本书是解读上市公司年报的专著，涵盖了对上市公司年报所有12个章节的剖析。本书的所有案例都来自上市公司公开发行的年报，从不同企业年报中抓取有代表性的案例，力求从"理论为辅，实践为主"的角度出发，手把手地带领读者在一、二十万字的年报中抓到主心骨，找出企业价值的闪光点，或是企业所埋的地雷。帮助投资人科学地判断企业投资价值，尽可能地规避踩雷风险，提高投资的胜算率。

本书主要面向初涉股市的投资人，以及需要深入读懂年报的投资人，期待能帮助他们在投资领域的深水中走出一条正道，用事半功倍的方法提高投资胜算率。

本书封面贴有清华大学出版社防伪标签，无标签者不得销售。
版权所有，侵权必究。举报：010-62782989，beiqinquan@tup.tsinghua.edu.cn。

图书在版编目（CIP）数据

教你读懂年报 / 葛莹，简倍祥，张殷编著. —北京：清华大学出版社，2021.3（2022.11重印）
ISBN 978-7-302-57648-8

Ⅰ. ①教… Ⅱ. ①葛… ②简… ③张… Ⅲ. ①会计报表—会计分析 Ⅳ. ①F231.5

中国版本图书馆CIP数据核字（2021）第042675号

责任编辑：王金柱
封面设计：王 翔
责任校对：闫秀华
责任印制：沈 露

出版发行：清华大学出版社
网　　址：http://www.tup.com.cn, http://www.wqbook.com
地　　址：北京清华大学学研大厦A座　　　　邮　编：100084
社 总 机：010-83470000　　　　　　　　　　邮　购：010-62786544
投稿与读者服务：010-62776969，c-service@tup.tsinghua.edu.cn
质量反馈：010-62772015，zhiliang@tup.tsinghua.edu.cn
印 装 者：大厂回族自治县彩虹印刷有限公司
经　　销：全国新华书店
开　　本：170mm×240mm　　印　张：22.5　　字　数：467千字
版　　次：2021年5月第1版　　　　　印　次：2022年11月第3次印刷
定　　价：79.00元

产品编号：088326-01

前言 PREFACE

美国投资大师巴菲特曾经劝诫投资人："绝对不要投资，那些年报让人看不懂的企业。"

股市投资的根基，在于企业的基本面分析；而正确分析企业基本面的一个重要途径，就是读懂年报。投资人通过解读和分析年报所披露的信息，捕捉企业经营的重大线索，发掘年报信息中所隐含的投资机会。同时，面对具有深度信息和大量数据的年报，如何绕过雷区、辨出噪声、寻找到真正的投资契机，也是一门大学问。上市公司年报对投资人的重要性不言而喻。

鉴于此，《教你读懂年报》一书按照年报的 12 个章节，逐一拆解、举例分析，主要内容包括：

序章：认识年报。了解年报的作用、编写规定、具体内容。

第 1 章：重要提示、目录和释义。虽然九成的年报在这一部分大同小异，但是若干细节仍能提示企业体质的优劣。

第 2 章：公司简介和主要财务指标。这部分是上市公司和投资人的初识，属于"先睹为快"的内容。

第 3 章：公司业务概要。从公司业务着手，结合产业发展趋势，挖掘公司的核心竞争力。这部分是对公司简介的深入，投资人对企业业务的入门级把握。

第 4 章：经营情况讨论与分析。详细的文字描述结合精确的数字表达，从企业自身的视角出发，讲述企业经营的思路、经营的结果、未来的预期。这部分是重要章节，是投资人对企业经营实质进行重要剖析的基础。

第 5 章：重要事项。对分红、股权激励、重大诉讼或仲裁、关联交易、担保等事项做出阐述。这一章节体现企业对股东分红、对员工激励的态度，并阐述投资人非常关心的、可能导致经营风险的事项。

第 6 章：股份变动及股东情况。给出股本组成、股本变动、股东组成、股东变动、实际控制人等详细信息，从企业股权的发展过程中，可以捕捉到企业经营"话语权"的变化。

第 7 章：优先股相关情况。非本书重点。

第 8 章：董事、监事、高级管理人员和员工情况。披露公司高管持股、报酬、职位、股权激励的现状和变化，以及普通员工的组成。由公司高管的灵魂作用和普通员工的大本营基础形成的企业人力资源，是企业经营的掌舵者。

第 9 章：公司治理。说明股东会、董事会、监事会、同业竞争、高管薪酬和激励、内控和风控等治理细节。九成公司此处都显示"绝对正派"，但从公司治理细节，可以反观公司架构中潜在的风险点。

第 10 章：公司债券相关情况。非本书重点。

第 11~15 章：财务报告及详细分析。财务报告主要由三张重量级的财务报告组成——资产负债表、利润表、现金流量表。财务报告虽然只占据一个章节，但是却占据了年报一半的篇幅。财务报告可以用来印证年报前面各部分的分析结论，是企业经营情况的反映。就算上市公司在前面几个部分把自己吹上天，财务报告的数据很难掩饰公司的真实情况。因此，本章节通过大量实例，说明如何从财务报告的解读中找到企业亮点，并规避投资风险。

第 16~17 章：用 Excel 编制和分析财务报告。通过动手编制财务报告，更深入了解财务报告的来龙去脉；运用 Excel 分析财务报告，提高投资分析的效率。

《教你读懂年报》从实际案例出发，手把手地展示如何抓住年报核心点，抓出企业发展的契机或问题所在。本书可以帮助投资人从判断企业投资价值做起，入门股票投资领域。

本书主要面向初涉股市的投资人，他们有着强烈的愿望去了解股市投资的规则，期待通过科学途径去投资股市，但是苦于找不到相应的、从实践角度出发的、手把手的"工具书"；本书也适合希望提升年报阅读能力的投资人，用事半功倍的方法提高投资胜算率。读者从中可以得到以下收获：

（1）掌握年报中专有名词的实际意义。

（2）在一、二十万字的年报中，抓出有助于投资判断的核心内容。

（3）"扫描"年报各章节，找出潜在的机会和窍门，以利投资判断和投资防雷。

（4）通过阅读大量实例，掌握年报的"阅读大法"。

（5）运用 Excel 编制财报，运用 Excel 分析财报指标，以提高效率。

关于本书后两章的财务分析部分还提供了 Excel 源文件，读者可以扫描右侧二维码下载使用。如果在使用过程中发现问题，请发邮件到 booksaga@126.com，邮件主题为"教你看懂年报"。

最后，期待本书为你的投资生涯助一臂之力！

编 者

2021 年 3 月 1 日

目录 CONTENTS

序章　认识年报　\\1

    0.1　年报有什么作用　\\1
    0.2　年报的编写有哪些规定　\\3
    0.3　年报的内容有哪些　\\5

第1章　重要提示、目录和释义　\\7

    1.1　重要提示，九成以上的年报千篇一律　\\7
    1.2　重要提示，警惕管理层承诺的一致性　\\8
    1.3　重要提示，扫一眼审计报告类型　\\9
    1.4　重要提示，预知公司的分红策略　\\11
    1.5　目录，12个章节鲜有例外　\\12
    1.6　释义，简化专有名词便于对照　\\13

第2章　公司简介，给投资者的一张名片　\\15

    2.1　主要财务指标，先睹为快　\\17
    2.2　学一招，业绩早知道　\\22
    2.3　警惕主要财务指标和预告的巨大差异　\\25

第3章　公司业务概要　\\31

    3.1　从事的主要业务，了解公司的第一步　\\31
    3.2　了解公司主要业务后，要深入研究产业趋势　\\34
    3.3　主要资产重大变化，把握重大变化的原因　\\42
    3.4　公司核心竞争力分析的解读要注意什么　\\44

第4章　经营情况讨论与分析　\\62

    4.1　整体经营情况讨论与分析，启动细节化说明　\\63
    4.2　主要经营情况，用数字说话　\\64
    4.3　收入组成和成本组成的拆分，用历史走势判断公司盈利能力　\\65
    4.4　毛利率　\\69

4.5 顺藤摸瓜，年报数据叠加外部数据，抓出主心骨 \\71
4.6 收入组成有现成数据，盈利组成则要根据实际情况来推敲 \\72
4.7 通过毛利率和净利率的变化找出公司发展脉络 \\74
4.8 通过主营业务现状推测未来发展 \\78
4.9 主要销售客户和供应商是企业发展策略的一面镜子 \\82
4.10 资产、负债情况分析，关注原因解释 \\83
4.11 可能面临的风险，切不可只看表面文章 \\84

第5章 重要事项 \\87

5.1 公司普通股利润分配，"预案"约等于"方案" \\87
5.2 坚持现金分红的公司，印象分打满分 \\91
5.3 风靡一时的高送转，何去何从 \\93
5.4 公司股权激励计划、员工持股计划或其他员工激励措施的实施情况 \\94
5.5 重大诉讼、仲裁事项，酌情判断 \\101
5.6 关联交易，警惕利润抽取或利润输送 \\103
5.7 关联交易，暗藏股东拆借资金 \\106
5.8 担保的风险，体现在三个方面 \\106

第6章 股份变动及股东情况 \\110

6.1 股本变动情况，了解股东控制权的涨跌 \\110
6.2 公司股东及持股情况，理清公司股权的骨架 \\112
6.3 实际控制人是公司真正的主人 \\118
6.4 有限售条件股，关注解禁时间 \\124
6.5 高比例的资产管理计划，注意防雷 \\126
6.6 高比例的股权质押就是定时炸弹 \\128
6.7 证券发行与上市情况，明晰股票、债券的发行状况 \\133
6.8 公司核心人物增减持股份是公司发展风向标 \\136

第7章 优先股相关情况 \\138

第8章 董事、监事、高级管理人员和员工情况 \\139

8.1 董监高持股变动，早知道、现端倪 \\139
8.2 董监高报酬情况，查证合理性 \\142
8.3 董监高的人员变动及任职情况，关注高管稳定度 \\143
8.4 董监高被授予的股权激励情况，补充说明"股权激励" \\145
8.5 领导人"出事"，潜在陷阱 \\146
8.6 员工情况，公司的大本营 \\146

第 9 章　公司治理　\\149

- 9.1　公司治理情况综述，表态遵守法律法规　\\150
- 9.2　公司相对于大股东在业务、人员、资产、机构、财务等方面的独立情况　\\152
- 9.3　同业竞争，红线不得触碰　\\154
- 9.4　股东会、董事会、监事会，严格按规定执行　\\155
- 9.5　高级管理人员薪资及激励情况，反观业绩合理性　\\159
- 9.6　公司内部控制和风险管理，千篇一律　\\161
- 9.7　万科股权之争是公司治理的生动案例　\\162

第 10 章　公司债券相关情况　\\166

第 11 章　财务报告，占据年报半壁江山　\\167

- 11.1　财务报告的主要内容有哪些　\\167
- 11.2　资产负债表　\\171
- 11.3　利润表　\\178
- 11.4　现金流量表　\\182
- 11.5　所有者权益表　\\185
- 11.6　财务报告附注　\\187
- 11.7　警惕财务造假　\\205

第 12 章　直接对利润表动刀　\\207

- 12.1　虚增收入，签订虚假合同　\\208
- 12.2　提前确认收入，制造繁盛假象　\\209
- 12.3　少计成本和费用，提升业绩　\\210
- 12.4　毛利率代表竞争力，但也是作假重灾区　\\210

第 13 章　对资产端动刀　\\212

- 13.1　对货币资金动刀　\\213
- 13.2　应收票据，从种类和金额判断风险　\\216
- 13.3　对预付账款动刀　\\217
- 13.4　应收账款，池子越满风险越高　\\219
- 13.5　其他应收款，容易被各种"待处理"事项塞满　\\222
- 13.6　其他流动资产，或许有隐藏的金矿　\\224
- 13.7　存货，造假高发地　\\225
- 13.8　可供出售的金融资产，可能是黄金也可能是地雷　\\230
- 13.9　对固定资产动刀　\\232

    13.10 对在建工程动刀 \\235
    13.11 无形资产，谨慎对待"研发支出资本化" \\237
    13.12 商誉，收购对象是否成为烫手山芋 \\238

第 14 章 对负债端和所有者权益的动刀 \\241

    14.1 有息负债，谨慎对待 \\241
    14.2 无息负债，多多益善 \\244
    14.3 其他应付款，警惕有藏匿的借款 \\245
    14.4 偿债能力指标，到底准不准 \\246
    14.5 所有者权益，小心少数股东权益的干扰 \\250
    14.6 净资产收益率，投资人关注的核心 \\252

第 15 章 现金流量表的重要看点 \\257

    15.1 经营活动的现金流，鉴别净利润的真伪 \\257
    15.2 经营、投资、筹资三块板，切忌跷跷板 \\259

第 16 章 财务报告的 Excel 编制 \\262

    16.1 利润表 \\262
    16.2 资产负债表 \\289
    16.3 现金流量表 \\295

第 17 章 用 Excel 分析财务报告 \\305

    17.1 比率分析法 \\305
    17.2 趋势分析法 \\325
    17.3 因素分析法 \\328
    17.4 杜邦分析 \\334

序章 认识年报

年报是上市公司年度报告的简称,是投资人了解上市公司的重要途径之一。上市公司信息披露的主要渠道包括:

(1)招股说明书。

(2)上市公告书。

(3)定期报告。

(4)临时报告等形式。

年报是定期报告的一种形式,每一年必须在规定的截止日期前公开披露,除了年报以外,定期报告还包括中期报告(也称为半年报)、季报等。

本章将对年报做一概览性的介绍,讲述年报的相关概念及年报编写的规定。

0.1 年报有什么作用

上市公司通过年度报告等形式,把公司以及与公司相关的信息公开披露给投资者和社会公众。年报等信息披露是上市公司向投资者和社会公众全面沟通信息的桥梁。年报披露的内容是投资者完整了解公司时所必要的、有用的信息。投资者认真地阅读和分析年报披露的信息,有利于捕捉年报所包含的重大线索与信息,发掘年报信息中所隐含的投资机会。面对具有丰富信息量和数据量的年报,投资者如何绕过误区、滤掉噪声、寻找投资契机,也是一门学问。

上市公司年报的"生命周期"主要涉及:

（1）上市公司编制年报。

（2）上市公司利益相关者阅读和理解年报。

（3）上市公司利益相关者的投资态度或投资行为的落实，也就是对年报的反馈取决于对年报内容的理解。

一份内容翔实、易于解读的年报，能够帮助投资者了解并掌握企业的发展状况、未来的策略等重要信息，并作出相对正确的投资决策；而一份隐瞒实情、晦涩难懂的年报不仅会浪费投资者阅读的时间，还会误导投资者的投资行为。美国投资大师沃伦·巴菲特（Warren Buffett）曾经劝诫投资人："绝对不要投资那些年报都让人看不懂的企业。"上市公司的年报对于投资人和上市公司本身的重要性不言而喻。

上市公司的年报一般有两个版本：

（1）一种是年度摘要，其内容比较简单，仅包含主要的经营指标及重大披露信息。

（2）另一种是交易所网站等指定场所披露的详细版本，详细版本的年报全文平均字数在13万字左右，内容庞大而复杂。本书介绍的是如何看懂详细版本的年报。

一份详细版本的年报主要由12个章节构成，分别是：

（1）重要提示、目录和释义。

（2）公司简介和主要财务指标。

（3）公司业务概要。

（4）经营情况讨论与分析。

（5）重要事项。

（6）股份变动及股东情况。

（7）优先股相关情况。

（8）董事、监事、高级管理人员和员工情况。

（9）公司治理。

（10）公司债券相关情况。

（11）财务报告。

（12）备查文件目录。

可以查询年报的地方包括：

（1）上海证券交易所。
（2）深圳证券交易所。
（3）巨潮资讯网。
（4）上市公司的公司主页，等等。

以巨潮资讯网为例，打开网页（www.cninfo.com.cn），输入上市公司名称，点击搜索，就能找到该上市公司的年报。

除了通过网络查询上市公司的年报，上市公司还会在主要报刊上刊登年报摘要，所选的刊物名称会在年报详细版本的"公司简介"章节中公布，这些刊物包括：

（1）《上海证券报》。
（2）《中国证券报》。
（3）《证券时报》等等。

0.2　年报的编写有哪些规定

中国证监会对年报编制的时间、内容、格式等各个方面都有严格的要求。在时间上，上市公司的年报应当在每个会计年度结束之日起的4个月内编制完成并披露。在内容上，凡是对投资者作出投资决策有重大影响的信息，均应予以披露。

0.2.1　年报披露时间的规定

法规规定，上市公司上一年度（1月1日到12月31日）的年报可以在本年度1月1日到4月30日之间的任意一天披露。因此2019年4月30日前，上市公司须披露2018年度的年报。包括在指定报刊披露年报摘要，同时在中国证监会指定的网站上披露年报正文。

至于具体哪一天披露年报，投资者可以事先了解年报披露的具体日期，以便及时掌握公司信息。我们可以在证交所网站查询各家上市公司的年报预约披露时间。以上海证交所为例，打开网页（www.sse.com.cn），点击"披露"栏目，选择"定期报告预约情况"，如图0-1所示。

> 教你读懂年报

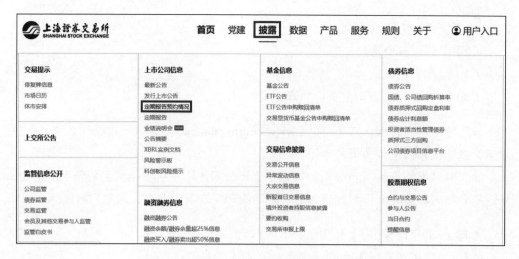

图0-1 定期报告预约情况

选择定期报告类型（年报），输入上市公司名称，点击查询，就能找到该上市公司年报的预计披露时间，如图0-2所示。

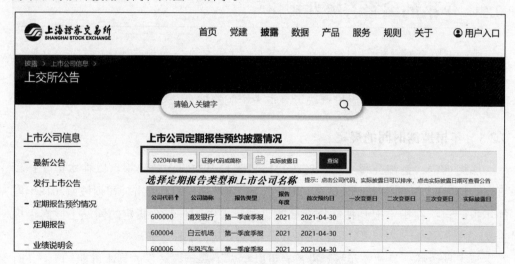

图0-2 定期公司年报预计披露时间

0.2.2 年报披露内容和格式的规定

《公开发行证券的公司信息披露内容与格式准则》规定了上市公司年报披露的基本内容和基本格式。交易所每年都会预先发出定期报告披露指引。因此，各家上市公司的年报，其基本内容一致，基本格式也统一。当然，像金融业等特殊行业的上市公司，在年报披露时还有特殊的要求，需要按照专门的方式披露财务数据。

上市公司有对外披露年报的责任，证交所对内容的真实性和完整性做了要求，但并未对年报的质量做规定。优秀年报的共同特征是：结构清晰，表达有力，排版精细。这样负责的态度不仅能让投资人对该上市公司产生好感，也让投资者在面对一堆资料时能赏心悦目，静心阅读。

0.3 年报的内容有哪些

上市公司年报如何有效地向投资者披露信息呢？年报前一半的篇幅为非财务信息，后一半的篇幅是财务信息。

0.3.1 财务信息

财务信息占据了年报的重要篇幅。原则上，这一部分的内容由财务部门负责编制。

上市公司的财务信息集中体现在年报的财务报告中。财务报告主要包括两部分内容，分别是财务报告和财务报告附注。由于财务报告反映了公司的经营状况、盈利状况以及编制财务报告的原则，因而是投资者关注的核心内容之一。

上市公司的财务信息摘要，或者说财务信息中最重要的内容也会提炼到第2章节"公司简介和主要财务指标"中。对于阅读年报时间有限的投资者而言，则可以重点翻阅这一部分的信息。

由于中国证监会对上市公司财务报告的内容和格式做出了严格的规定，上市公司只需将自己相应的财务指标按照标准模式如实反映即可。至于财务报告附注，上市公司可以通过它对财务报告内容做出补充说明，以丰富财务报告数据的信息量。财务报告附注的绝大部分项目属于强制性披露的项目，企业可以自愿增加这些项目披露的范围和详细程度。财务报告附注披露得越详细，公司的经营状况就越透明。

财务信息的详细内容，将在本书的后半部分中作详细说明。

0.3.2 非财务信息

非财务信息主要涉及公司业务、经营情况、董事及管理人员情况等重要事项。原则上，这一部分的内容由董事会秘书统筹负责编制。

这一部分的内容虽然不如财务信息那样"有一说一，有二说二"，而是以说明性的文字为主，但是，字里行间还是可以找到投资者关心的内容。例如，"公司业务概要"从行业整体发展情况出发，聚焦到企业的核心竞争力；"经营情况讨论与分析"详细地给出了企业所生产的各级各类产品，子公司、兄弟公司以及上下游公司之间的关系，专利发明水平，质量保证，国内外市场容量，研发及人才培养计划，未来市场布局等信息。

非财务信息的详细内容，将在本书的前半部分中作详细说明。

年报中的财务信息和非财务信息是相互融通的。投资者将非财务信息描述的内容与经营数据作对比，能够更清晰地了解企业发展的长处和短处，进而有的放矢地投资；甚至可能找出年报中自相矛盾的地方，避免掉入投资的陷阱。

有时，我们会发现，上市公司的同一内容可能在年报的不同章节不止一次地披露。这是正常情况，因为年报的结构固定，当同一内容的信息可以说明不同的章节时，就会反复看到这一内容。当然，同一内容在不同章节的表达方式或许不同，目的都是为了把所在章节的相关内容解说清楚。

对年报有了初步了解之后，我们将跟着年报的"主旋律"，按照年报的结构，结合各上市公司年报中的实际例子，依次了解各章节的详细内容，并探讨阅读年报时要重点关注哪些项目，如何关注，期望得到哪些有用信息，等等。

第 1 章

重要提示、目录和释义

年报中的重要提示、目录和释义,主要是向投资者提供年报的"主旋律"和年报的大致结构,同时提供了专有名词对照表,便于投资者阅读年报时查找。

对于常常阅读年报的投资者而言,这一部分基本一眼扫过。在绝大多数情况下,这一部分内容的信息量低,但是也有极少数的极端情况,下文会一一举例。

1.1 重要提示,九成以上的年报千篇一律

重要提示篇幅很短,格式基本固定,包括以下主要内容。

(1)上市公司管理层(公司董事会、监事会及董事、监事、高级管理人员等)对年度报告内容的真实性、完整性、准确性所做的承诺。如果年报内容出了问题,管理机构和人员将据此承担法律责任。

(2)由于上市公司年报的最高审议部门是公司董事会,说明了董事会审议年报时,董事们是否全部出席。

(3)会计师事务所对公司出具了什么类型的审计报告。这是会计师对报表的官方审定。

(4)公司相关负责人对财务报告真实性、准确性的声明。

(5)公司的利润分配预案或公积金转增股本预案。

(6)请投资者注意投资风险的提示。

(7)公司重大风险提示,是公司对是否存在常见违规行为的说明。

以万科A 2018年年报的释义为例,说明重要提示的内容。

【举例】万科A(SZ.000002)2018年年度报告之"重要提示"

③会计师事务所出具的审计报告类型

本公司董事会、监事会及董事、监事、高级管理人员保证2018年度报告(以下简称"本报告")所载资料不存在任何虚假记载、误导性陈述或者重大遗漏,并对其内容的真实性、准确性和完整性承担个别及连带责任。本报告已经公司第十八届董事会第十八次会议审议通过,董事会副主席林茂德因公务原因未能亲自出席本次会议,授权陈贤军董事代为出席会议并行使表决权。除此之外,其他各位董事均亲自出席了本次董事会会议。
— ①上市公司管理层对年报内容真实性、准确性、完整性的保证申明
②董事会审议年报时,董事出席情况

本报告之财务报告已经毕马威华振会计师事务所(特殊普通合伙)审计并出具了标准无保留意见的审计报告。

董事会主席郁亮,总裁、首席执行官祝九胜,执行副总裁、首席财务官、财务负责人孙嘉声明:保证本报告中财务报告的真实、准确和完整。
— ④相关负责人对财务报告真实性、准确性的声明

公司2018年度分红派息预案:2018年度拟合计派发现金股息人民币11 811 892 641.07元(含税),占公司2018年合并报表中归属于母公司股东的净利润的比例为34.97%,不送红股,不以公积金转增股本。如以2018年末公司总股份数11 039 152 001股计算,每10股派送人民币10.70元(含税)现金股息。如公司在分红派息股权登记日之前发生增发、回购、可转债转增股本等情形导致分红派息股权登记日的总股份数发生变化,每股股息将在合计派息总额不变的前提下相应调整。
— ⑤利润分配方案或公积金转增股本预案

⑥请投资者注意投资风险的提示

本报告涉及的未来计划、发展战略等前瞻性陈述,不构成本集团对投资者的实质承诺,敬请投资者注意投资风险。

本报告详细描述了公司目前面临的主要风险及应对措施,敬请投资者查阅"第八节 公司治理报告暨企业管治报告"之"十、内部控制和风险管理"部分。
— ⑦公司重大风险提示

万科A的例子,就是典型的"重要提示"表述。虽然大多数上市公司的"重要提示、目录和释义"内容大同小异,格式一致,但是偶尔也会有异常情况。异常情况出现的时候,就是投资者要特别警惕的时候。

1.2 重要提示,警惕管理层承诺的一致性

虽然重要提示的篇幅很短,格式基本固定,但投资者拿到年报后,也要浏览一遍。如果发现异常内容,需认真阅读。

特别要注意以下两个方面:

(1)上市公司管理层对年度报告内容的真实性、完整性、准确性所做的承诺。

(2)会计师事务所对公司出具了什么类型的审计报告。

上市公司管理层对年度报告内容的真实性、完整性、准确性所做的承诺,正常情况是,管理层全体人员一致保证,但是偶尔也有特例发生。

广东科龙电器股份有限公司于1984年开始生产冰箱,是中国最早生产冰箱的企业之一。广东科龙(SZ.000921)于1996年和1999年先后在香港和深圳挂牌上市。2005年5月,公司因涉嫌违反证券法规,被中国证券监督管理委员会正式立案调查。2006年,广东科龙被海信并购,公司名称改为海信科龙。

在2005年的年报中,广东科龙的"上市公司管理层对年度报告内容的真实性、完整性、准确性所做的承诺"就与众不同。

【举例】广东科龙(SZ.000921)2005年年度报告之"管理层承诺"

> 除独立非执行董事张圣平先生、路清先生、张睿佳先生以及监事曾俊洪先生、白云峰先生之外,本公司第六届董事会的董事、以及现任的本公司监事和高级管理人员保证本报告所载资料不存在虚假记载、误导性陈述或者重大遗漏,并对其内容的真实性、准确性和完整性承担个别及连带责任。

①上市公司管理层对年报内容真实性、准确性、完整性状况,存在意见分歧

> 其中:1)独立非执行董事张圣平先生、路清先生、张睿佳先生的意见是:
> 我们虽然对本报告相关事项进行了深入了解和研究,但是:(i)诚如审计报告保留意见中所言,审计师在保留意见事项上未能得到足够的审计信息;(ii)同时,因受前任管理层经营期间内无贸易背景的票据融资、公司内部往来存在差异以及2005年度公司不得已采取了倒挤主营业务成本的会计处理方法等因素影响,导致现金流量表、损益表2005年度与以前年度划分可能存在不准确。因此,我们不能保证2005年度损益表和现金流量表的准确性、真实性和完整性。请投资者特别关注。

②表明管理层中意见分歧的原因和对象

> 我们同意审计报告的保留意见及董事会对保留意见的说明,除以上所述现金流量表、损益表外,我们保证资产负债表以及公司本年度报告所载其他资料的真实性、准确性和完整性。

在"上市公司管理层对年度报告内容的真实性、完整性、准确性所做的承诺"中,广东科龙的管理层意见分作两个群体,一个群体对全部内容给出了"保证申明",另一个群体只能保证其中一部分内容的真实性、准确性和完整性。

这种情况下,投资者就要提高警惕。

1.3 重要提示,扫一眼审计报告类型

会计师事务所对年报中财务报告的审计报告类型的描述,实际上就是会计师事务所对财务报告的质量鉴定结果,一共有5种,以下编号①~⑤的审计报告类型,是按照审计结果的优到劣顺序排列的。

首当其冲的是冠以"(1)标准无保留意见的审计报告"的财务报告,这是从审计人员角度出发的审计质量合格的财务报告,是"完美无瑕"的评判,但不排除小概

率可能发生审计人员的失误或审计人员和上市公司串通,由此造成"完美无瑕"并非真的完美无瑕。

除了"(1)标准无保留意见的审计报告",还有4种鉴定结果,下面分别列在(1)之后:

(1)标准无保留意见的审计报告。
(2)附带说明段的无保留意见审计报告。
(3)保留意见的审计报告。
(4)否定意见的审计报告。
(5)无法表示意见的审计报告。

怎样的财务报告能被审计人员认为"标准无保留意见"呢?

审计人员依照独立审计准则的要求,对被审计单位的会计报表进行审查后,确认被审计单位采用的会计处理方法遵循会计准则及有关规定,会计报表反映的内容符合被审计单位的实际情况,会计报表内容完整、表达清楚、无重要遗漏,所有应该说明的重大事项或需要提醒投资者注意的事项均已表述清晰,报表项目的分类和编制方法符合规定的要求,那么审计人员会对被审计单位的会计报表"标准无保留地表示满意",给出满分的评判。

"(1)标准无保留意见的审计报告"正如上述万科A 2018年年度报告之"重要提示"中所述的那样。

除了"(1)标准无保留意见的审计报告"类型外,其他类型的审计报告或多或少存在一些问题。如果会计师事务所对上市公司财务报告出具了有解释性说明、保留意见、拒绝表示意见或否定意见的审计报告,则投资者应引起警觉。在年报第1章的"重要提示"部分,只会显示审计报告的类型,审计报告的具体内容出现在年报第11节"财务报告"部分。

这些"问题"报告中,最接近满分的是"(2)附带说明段的无保留意见审计报告"。这种类型的报告可以看作是存在瑕疵的审计报告,它的前提是,会计师对被审计单位的审计结果总体上表示满意,但会计师又认为,在审计报告的说明段中十分有必要提供更多的信息,用来说明对被审计单位持续经营能力表示怀疑的重大不确定事项,说明一贯性原则的某些例外事项,说明利用其他会计师的工作等等内容,这些内容需要提醒投资者注意。

随着问题严重程度的增加,会计师会给出:

(3)保留意见的审计报告——报表存在错误。

(4)否定意见的审计报告——报表问题严重。

(5)无法表示意见的审计报告——报表内容无凭无据、无法评论。

如果上市公司的审计报告被评定为除"(1)标准无保留意见的审计报告"以外的类型,那么这家公司的再融资、股权激励、入选成分股等方面均会受到不同程度的限制。

例如《上市公司证券发行管理办法》规定:近一年及一期财务报告被注册会计师出具保留意见、否定意见或无法表示意见的审计报告不得非公开发行股票。保留意见、否定意见或无法表示意见所涉及事项的重大影响已经消除或者本次发行涉及重大重组的除外。这就限制了"问题"企业的再融资渠道。

理论上,对"审计报告的类型"拥有决定权的会计师事务所,是普通投资人唯一能信任的上市公司审计机构。但是,随着多家上市公司的爆雷,造假的会计师事务所也浮出水面。

瑞华会计师事务所原是国内第二大会计师事务所,面对多家上市公司的假账,均能连续几年面不改色心不跳地盖上"(1)标准无保留意见的审计报告"评判。例如,瑞华所的客户之一康得新,2015年~2018年连续四年利润造假119亿元。其中,2015年虚增利润总额23.81亿元,占年报披露利润总额的144.65%;2016年虚增利润总额30.89亿元,占年报披露利润总额的134.19%;2017年虚增利润总额39.74亿元,占年报披露利润总额的136.47%;2018年虚增利润总额23.81亿元,占年报披露利润总额的722.16%。

面对康得新连续造假的四份年报,瑞华对2015年、2016年、2017年年报均出具了第1等的"(1)标准的无保留意见的审计报告"评判。只有对2018年的年报出具了第5等的"(5)无法表示意见的审计报告"评判,因为此时的康得新已深陷危机,外界对公司财务造假的质疑此起彼伏,瑞华才终于不敢继续给康得新背书。在这连续四年利润造假的背后,瑞华所从康得新公司共拿到了840万元审计费。与康得新事件如出一辙的辅仁药业,其审计机构同样是瑞华所。

由此看来,除了要扫一眼"审计报告的类型",还要连带扫一眼做审计的会计师事务所是谁,对于有前科的会计师事务所或上市公司,都要另眼相待。

1.4 重要提示,预知公司的分红策略

本节除了关注上市公司管理层的承诺和会计师事务所出具的审计报告类型,还有个看点就是公司的利润分配预案或公积金转增股本预案,俗称分红。

一般来说，分红有两种形式：

第一种是用上市公司当年创造的利润来派发现金或送红股，这是最常见的分红方式。

第二种是以公司盈余公积金转增股本，这种分红情况很少单独发生。

我们虽不能以分红多少来评判上市公司的优劣，但是对于同一行业内上市公司间分红方案的异同比较，或是发现某一家上市公司分红方案的大转变，从中多少能看出公司发展趋势的端倪。

在一个处于发展稳定期的行业中，假设两家规模和地位类似的公司，其分红方案差异明显。第一家公司每年拿出净利润的70%分红给股东，第二家公司只拿出10%。大概率的推测是，第一家公司的利润是实打实赚到的，并且公司领导人愿意分享，回馈股东。而第二家公司呢？是因为公司计划投入扩产需要资金？是因为利润有水分，公司拿不出大比例的现金进行分红？还是因为公司领导人不愿意分享，要独吞胜利成果？各种原因，可以继续在年报中顺藤摸瓜。

1.5 目录，12个章节鲜有例外

由于年报的基本章节组成被限定了，因此，正常情况下，年报的目录显示了12个章节，分别是：

（1）重要提示、目录和释义。
（2）公司简介和主要财务指标。
（3）公司业务概要。
（4）经营情况讨论与分析。
（5）重要事项。
（6）股份变动及股东情况。
（7）优先股相关情况。
（8）董事、监事、高级管理人员和员工情况。
（9）公司治理。
（10）公司债券相关情况。
（11）财务报告。
（12）备查文件目录。

熟悉年报的目录，可以帮助投资者在全面了解年报框架的基础上，根据自己的需要快速检索到想要了解的信息。

图1-1左列“格力电器2018年年报”的目录，是大部分上市公司的年报采用的结构。除了这个基本样式的年报，有些上市公司会在此基础上适当增加项目。如图1-1右列“中油资本2018年年报”的目录中，增加了第4章节“董事长报告”。需要注意的是，格力电器的年报和中油资本的年报，它们的目录虽然相差一个章节，但是主要的12个章节一成不变，中油资本只是自行增加了“董事长报告”这一章节。

格力电器2018年年报

目　录

第一节 重要提示、目录和释义 ....
第二节 公司简介和主要财务指标 ....
第三节 公司业务概要 ....
第四节 经营情况讨论与分析 ....
第五节 重要事项..........
第六节 股份变动及股东情况 ....
第七节 优先股相关情况 ....
第八节 董事、监事、高级管理人员和员工情况 ....
第九节 公司治理..........
第十节 公司债券相关情况 ....
第十一节 财务报告 ....
第十二节 备查文件目录 ....

中油资本2018年年报

目录

01	重要提示、目录和释义	001
02	公司简介和主要财务指标	006
03	公司业务概要	011
04	董事长报告 ---- *自行增加的章节*	015
05	经营情况讨论与分析	018
06	重要事项	037
07	股份变动及股东情况	062
08	优先股相关情况	069
09	董事、监事、高级管理人员情况	070
10	公司治理	079
11	公司债券相关情况	086
12	财务报告	087
13	备查文件	250

图1-1　格力电器（SZ.000651）和中油资本（SZ.000617）2018年年度报告“目录”

1.6　释义，简化专有名词便于对照

1.6.1　释义

释义的作用是对年报中常用的一些词语做出较为详尽的解释，帮助投资者更好地理解年报的内容。

例如，年报中有些名词会用缩写，释义中则写明全称和缩写的对应关系。又如，年报中经常出现的“期初”“期末”“本期”“上期”，在释义中先明确定义具体的时间点或时间段。再如，年报中必定会出现的货币单位，释义中一般会统一约定是“人民币（元）”。

如万科A 2018年年报的释义，如表1-1所示。

表1-1　万科A 2018年年度报告的释义

释义项	指	释义内容	
本公司、公司	指	万科企业股份有限公司	
万科、集团、本集团	指	万科企业股份有限公司及其附属公司	
万科物业	指	万科物业发展股份有限公司	
证监会	指	中国证券监督管理委员会	
深交所	指	深圳证券交易所	
联交所	指	香港联合交易所有限公司	
地铁集团	指	深圳市地铁集团有限公司	
钜盛华	指	深圳市钜盛华股份有限公司	
前海人寿	指	前海人寿保险股份有限公司	
印力集团	指	印力集团控股有限公司	
《公司法》	指	《中华人民共和国公司法》	← 全称和缩写的对应关系
《证券法》	指	《中华人民共和国证券法》	
《深交所上市规则》	指	《深圳证券交易所股票上市规则》	
《规范运作指引》	指	《深圳证券交易所主板上市公司规范运作指引》	
《联交所上市规则》	指	《香港联合交易所有限公司证券上市规则》	
《企业管治守则》	指	《香港联合交易所有限公司证券上市规则》附录十四《企业管治守则》	
《标准守则》	指	《香港联合交易所有限公司证券上市规则》附录十《上市发行人董事进行证券交易的标准守则》	
《公司章程》	指	《万科企业股份有限公司章程》	
收入准则	指	2017年财政部修订并发布的《企业会计准则第14号—收入》	
金融工具准则	指	2017年财政部修订并发布的《企业会计准则第22号—金融工具确认和计量》、《企业会计准则第23号—金融资产转移》、《企业会计准则第24号—套期会计》、《企业会计准则第37号—金融工具列报》	
报告期	指	2018年1月1日至2018年12月31日	← 对期限的说明
元	指	如无特殊说明,指人民币元	← 对货币单位的约定

在年报正文中,我们常常看到"适用"和"不适用"选项,即"□适用　□不适用"。要么在"适用"处打勾:√适用,要么在"不适用"处打勾:√不适用。

勾选"适用",表示这一项目适合本公司;勾选"不适用",表示这一项目不适合本公司,或者本公司不会出现这种情况。

1.6.2　公司简介和主要财务指标

公司简介是上市公司的名片,投资者一看就能知道该上市公司的身份,例如出生地、家庭地址、身份证号码等信息。但关于这家公司的来历、做什么业务之类的更深层次的信息,这一章节并未体现。

主要财务指标,浓缩了上市公司近一年度的业绩表现,以及和之前两个年度业绩的粗略比较。这一部分是第11章节"财务报告"的缩影,帮助阅读时间有限的投资者抓住财报的重点。

第 2 章

公司简介,给投资者的一张名片

公司简介介绍了公司最基本的信息,通常前后两个年度的"公司简介"内容相似度极高。

公司简介的主要内容有以下几项:

(1)公司名称及缩写。

(2)公司法定代表人。

(3)公司董事会秘书及其授权代表的姓名及联系方式。

(4)公司注册地址、办公地址及联系方式。

(5)公司选定的信息披露报刊名称。

(6)登载公司年度报告的中国证监会指定网址。

(7)公司年度报告备置地点。

(8)公司股票上市交易所、股票简称和股票代码等。

(9)其他相关资料。

下面将以"长江电力"2018年年报为例,说明"公司简介"的具体内容。

▶ 教你读懂年报 ◀

【举例】长江电力（SH.600900）2018年年度报告之"公司简介"

一、公司信息 ------ **1. 公司名称及缩写**
　　　　　　　　　　　2. 公司法定代表人

公司的中文名称	中国长江电力股份有限公司
公司的中文简称	长江电力
公司的外文名称	China Yangtze Power Co.,Ltd.
公司的外文名称缩写	CYPC
公司的法定代表人	雷鸣山

二、联系人和联系方式 ------ **3. 董秘、授权代表等的联系方式**

	董事会秘书	证券事务代表
姓名	李绍平	薛宁
联系地址	北京市西城区金融大街19号富凯大厦B座22层	北京市西城区金融大街19号富凯大厦B座22层
电话	010-58688900	010-58688900
传真	010-58688898	010-58688898
电子信箱	cypc@cypc.com.cn	cypc@cypc.com.cn

三、基本情况简介 ------ **4. 公司地址、联系方式**

公司注册地址	北京市海淀区玉渊潭南路1号B座
公司注册地址的邮政编码	100038
公司办公地址	北京市西城区金融大街19号富凯大厦B座
公司办公地址的邮政编码	100033
公司网址	http://www.cypc.com.cn
电子信箱	cypc@cypc.com.cn

四、信息披露及备置地点 ------ **5. 信息披露报纸**
　　　　　　　　　　　　　　6. 年报登载网址
　　　　　　　　　　　　　　7. 年报备置地点

公司选定的信息披露媒体名称	《中国证券报》、《上海证券报》、《证券时报》和《中国三峡工程报》
登载年度报告的中国证监会指定网站的网址	http://www.sse.com.cn，http://www.cypc.com.cn
公司年度报告备置地点	北京市西城区金融大街19号富凯大厦B座2215室

五、公司股票简况 ------ **8. 股票上市信息**

公司股票简况				
股票种类	股票上市交易所	股票简称	股票代码	变更前股票简称
A股	上海证券交易所	长江电力	600900	-

六、其他相关资料 ------ **9. 其他相关资料**

	名称	信永中和会计师事务所（特殊普通合伙）
公司聘请的会计师事务所（境内）	办公地址	北京市东城区朝阳门北大街8号富华大厦A座9层
	签字会计师姓名	詹军、邱欣

- 16 -

就长江电力的名片例子，补充说明两个注意点：

1. 公司的注册地址在北京

由于北、上、广、深是国内公认的一线城市，因此，如果公司注册于上述城市，或这几个一线城市周边，在利用资金、人才、上下游供应链等资源方面具有明显优势。长江电力注册于北京，从注册地来讲，是一张响亮的名片。

2. 没有看到它的上市时间

上市时间的披露不是必选项目，但是上市时间对于投资人了解公司沿革有很大帮助。如果年报中没有披露上市时间，投资人完全可以到公司网站或股票软件中快速找到公司的上市时间。一般情况下，上市一年以内的股票成为次新股，次新股通常股本小、盘子小，操控次新股股价比较方便，容易成为市场炒作的对象，投资人要警惕。当然，随着IPO步速的调整，新股供给速度明显提升，次新股的炒作价值在降低。不论哪种情况，选择质地优良的上市公司，仍是投资的根本。

2.1　主要财务指标，先睹为快

主要财务指标，是年报中非常重要的一个环节，由近三年的主要会计数据和财务指标组成，用简明扼要的语言表达。一般情况下，投资者翻阅年报时，会对这一部分内容重点关注，从公司的经营成果、财务状况、现金流量等方面把控公司的业绩。这一部分包括以下主要内容。

（1）公司本年度实现的一系列经营指标。
（2）采用数据列表方式提供截至报告期末公司前三年的主要会计数据和财务指标。
（3）报告期内股东权益变动情况，并逐项说明变化的原因。

主要会计数据和财务指标摘要，虽然只是年度财务报告的缩影，但是有利于投资者一目了然地快速了解上市公司在过去一个年度中财务指标的表现。对于那些相较上一年度有重大变化的项目，我们可以看到上市公司给出的解释。

会计数据是企业一年经营成果的反映，我们要看的不只是企业今年赚了多少钱，而是要与过去的年度相比较，看看企业的各项数据指标有何变化，变化的原因又是什么。

主要会计数据的具体内容是：

（1）营业收入（企业的营业收入）。
（2）归属于上市公司股东的净利润。
（3）经营活动产生的现金流量净额。
（4）归属于上市公司股东的净资产。
（5）总资产。

合并报表上的净利润，反应的不仅仅是上市公司本身的净利润，还包括其控股子公司的净利润。因此在合并报表中的"净利润"中，有一部分是归属母公司股东的，另一部分是归属子公司股东的。

归属母公司股东的净利润称为：（2）"归属于上市公司股东的净利润"或"归属于母公司所有者的净利润"；归属子公司股东的净利润称为："少数股东损益"。

（3）经营活动产生的现金流量净额，是"现金利润"。这一指标常常被忽视，但它却可以实实在在地体现出公司在经营过程中是否真正赚到了利润。

早期年报的会计数据讲的是5种利润，改革后的会计数据保留了上述3种最主要的利润，去除营业利润、利润总额这两种利润，增加了"（4）归属于上市公司股东的净资产"和"（5）总资产"。

一般来讲，营业收入扣除营业成本后可以看作经营过程中产生的利润，即为公司的毛利润。

↓

毛利润扣除"管销财"三费（管理费用、销售费用和财务费用）等项目，即为营业利润。

↓

营业利润加上营业外收益（即营业外收入扣除营业外支出）后，得到利润总额，这是税前利润，即缴纳企业所得税前的利润。

↓

利润总额扣除所得税，得到公司的净利润，其中归属于母公司所有者的净利润是上市公司股东实际得到的净利润。

公司的利润表给出了上述营业利润、利润总额和归属于母公司所有者的净利润的关系，我们可以通过表2-1的结构来梳理各种"利润"的来龙去脉。

表2-1 利润表的结构

项目	本期金额	
一、营业收入	------------------	毛利润
减：营业成本		
营业税金及附加		
销售费用		
管理费用		
财务费用		
资产减值损失		
加：公允价值变动净收益		
投资收益		
二、营业利润	------------------	毛利润－三费
加：营业外收入		
减：营业外支出		
其中：非流动资产处置净损失		
三、利润总额	------------------	税前利润
减：所得税		
四、净利润		
归属于母公司所有者的净利润	------------------	实际得到的净利润
少数股东损益		

事实上，在"归属于母公司所有者的净利润"基础上，可以进一步获得"归属于上市公司股东的扣除非经常性损益的净利润"，这是扣除非经常性损益后的净利润。

主要财务指标构成了上市公司的基本盈利能力，具体内容是：

（1）基本每股收益。

（2）稀释每股收益。

（3）扣除非经常性收益后的基本每股收益。

（4）加权平均净资产收益率。

（5）扣除非经常性损益后的加权平均净资产收益率。

（1）~（3）三者提供了"每股"的状况，也就是将相应的数据除以公司的总股本股数。

（5）加权平均净资产收益率（ROE）[1]反映了股东权益的收益水平，用来衡量公司运用自有资本的效率，体现了自有资本获得净收益的能力。一家公司的净资产收益率越高，投资带来的收益就越高。

我们来看看长江电力（SH.600900）2018年年度报告之"主要会计数据和财务指标"，如表2-2和表2-3所示。

---

[1] 净资产收益率，是公司归属于母公司所有者的净利润占净资产的百分比。公式是：
　净资产收益率=归属于母公司所有者的净利润/净资产×100%。

表2-2 长江电力（SH.600900）2018年年度报告主要会计数据（单位：元）

主要会计数据	2018年	2017年	本期比上年同期增减(%)	2016年
营业收入	51 213 965 746.52	50,145,503,769.62	2.13	48 936 114 414.96
归属于上市公司股东的净利润	22 610 936 420.39	22,260,911,324.90	1.57	20 781 182 597.33
归属于上市公司股东的扣除非经常性损益的净利润	22 054 549 240.76	22,232,454,952.05	-0.80	20 494 830 980.32
经营活动产生的现金流量净额	39 736 666 414.81	39 693 165 066.49	0.11	38 989 831 194.30
归属于上市公司股东的净资产	142 203 409 150.12	135 101 452 567.00	5.26	128 199 184 968.18
总资产	295 496 988 645.53	299 398 220 115.42	-1.30	298 894 931 938.40

表2-3 长江电力（SH.600900）2018年年度报告主要财务指标

主要财务指标	2018年	2017年	本期比上年同期增减(%)	2016年
基本每股收益（元/股）	1.0278	1.0119	1.57	0.9446
稀释每股收益（元/股）	1.0278	1.0119	1.57	0.9446
扣除非经常性损益后的基本每股收益（元/股）	1.0025	1.0106	-0.80	1.0163
加权平均净资产收益率（%）	16.31	16.91	减少0.6个百分点	16.88
扣除非经常性损益后的加权平均净资产收益率（%）	15.91	16.89	减少0.98个百分点	18.07

在财务数据方面，除了对年度整体状况的描述，年报中列出了各季度的财务数据。对于一些周期性很强的上市公司，投资者可以根据各季度业绩的起伏来把握投资时机，如表2-4所示。

表2-4 长江电力（SH.600900）2018年年度报告之"分季度主要财务数据"（单位：元）

	第一季度（1-3月份）	第二季度（4-6月份）	第三季度（7-9月份）	第四季度（10-12月份）
营业收入	8 149 471 394.12	11 060 462 239.67	19 855 653 695.92	12 148 378 416.81
归属于上市公司股东的净利润	2 832 197 456.81	5 690 226 661.66	9 399 999 924.31	4 688 512 377.61
归属于上市公司股东的扣除非经常性损益后的净利润	2 705 372 620.20	5 111 154 927.43	9 422 539 669.82	4 815 482 023.31
经营活动产生的现金流量净额	6 042 292 535.27	7 043 919 320.02	15 004 080 999.41	11 646 373 560.11

"主要会计数据和财务指标"部分，还包括"非经常性损益项目和金额"。相比净利润，更能体现上市公司真正盈利能力的财务指标是"归属于上市公司股东的扣除非经常性损益后的净利润"。非经常损益有哪些内容，它为企业贡献了多少利润，也就是利润中虚增和虚减项目的明细，在年报中都有披露，如表2-5所示。

表2-5 长江电力（SH.600900）2018年年度报告之"非经常性损益项目和金额"（单位：元）

非经常性损益项目	2018年金额	2017年金额	2016年金额
非流动资产处置损益	6 719 289.22	608 940 736.84	20 469 273.82
越权审批，或无正式批准文件，或偶发性的税收返还、减免			
计入当期损益的政府补助，但与公司正常经营业务密切相关，符合国家政策规定、按照一定标准定额或定量持续享受的政府补助除外	3 267 515.32	5 804 886.25	2 289 860.08
计入当期损益的对非金融企业收取的资金占用费			
企业取得子公司、联营企业及合营企业的投资成本小于取得投资时应享有被投资单位可辨认净资产公允价值产生的收益	10 474 742.13		
非货币性资产交换损益			
委托他人投资或管理资产的损益			
因不可抗力因素，如遭受自然灾害而计提的各项资产减值准备			
债务重组损益			
企业重组费用，如安置职工的支出、整合费用等			
交易价格显失公允的交易产生的超过公允价值部分的损益			
同一控制下企业合并产生的子公司期初至合并日的当期净损益			498 352 467.57
与公司正常经营业务无关的或有事项产生的损益			
除同公司正常经营业务相关的有效套期保值业务外，持有交易性金融资产、交易性金融负债产生的公允价值变动损益，以及处置交易性金融资产、交易性金融负债和可供出售金融资产取得的投资收益	800 015 479.62	-151 129 711.94	-45 134 100.60
单独进行减值测试的应收款项减值准备转回	1 027 147.83		
对外委托贷款取得的损益		8 209 508.42	17 535 199.98
采用公允价值模式进行后续计量的投资性房地产公允价值变动产生的损益			
根据税收、会计等法律、法规的要求对当期损益进行一次性调整对当期损益的影响			
受托经营取得的托管费收入			
除上述各项之外的其他营业外收入和支出	-108 221 391.30	-420 491 842.05	-13 951 311.54
其他符合非经常性损益定义的损益项目	15 998 784.43	39 059 904.71	
少数股东权益影响额	83 201.53	-9 130.73	-139 261 153.34
所得税影响额	-172 977 589.15	-61 927 978.65	-53 948 618.96
合计	556 387 179.63	28 456 372.85	286 351 617.01

"主要会计数据和财务指标"还为"采用公允价值计量的项目"单独列项。

可以采用公允价值[1]计量的会计科目包括交易性金融资产、可供出售金融资产、投资性房地产、持有至到期投资、减值准备准则适用的减值准备等。如表2-6所示。

表2-6　长江电力（SH.600900）2018年年度报告之"采用公允价值计量的项目"（单位：元）

项目名称	期初余额	期末余额	当期变动	对当期利润的影响金额
以公允价值计量且其变动计入当期损益的金融资产	10 270.00		-6 800.00	44 650.16
可供出售金融资产	12 790 364 146.31	17 837 105 437.90	48 097 761.51	1 212 197 229.11
以公允价值计量且其变动计入当期损益的金融负债	513 947 206.47	492 164 591.91	36 500 196.71	36 500 196.71
合计	13 304 321 622.78	18 329 270 029.81	84 591 158.22	1 248 742 075.98

"主要会计数据和财务指标"，虽然篇幅不长，但是通过分门别类的整理，能把上市公司的总体表现清晰地展现出来。

2.2　学一招，业绩早知道

年报中的主要财务指标的最早公开，并非在上市公司公布年报时。对于部分上市公司而言，在公布年报之前，会通过业绩预告或者业绩快报，提前揭示上一年度的业绩。多数情况下，公司实际业绩表现与业绩预告或者业绩快报八九不离十。但是，在极端情况下，公司年报所公布的实际业绩与预报业绩大相径庭，且通常是实际业绩远远差于预报业绩，也就是我们常说的"爆雷"。

- 业绩预告主要是对公司当期净利润情况的预计。
- 业绩快报则更加全面，一般会披露公司主要的财务数据。

业绩预告、业绩快报都是有关公司经营业绩的信息。从信息质量特征来看，业绩预告的可靠性较差，但及时性较好；业绩快报的可靠性较好，但及时性较差。

上交所和深交所关于业绩预告、业绩快报的披露规则不尽相同。深交所和上交所在《上市规则》的"第三节　业绩预告、业绩快报和盈利预测"中规定了公司业绩预告制度，也就是上市公司全年业绩预测的披露要求。主板、中小板和创业板的三大板块中，对创业板的业绩预告要求最为复杂和严格，深交所为此专门发布了《创业板信

---

[1] 公允价值，通俗点说就是这样东西现在的市价。公允价值计量的项目就是以公允价值计价而不是以历史成本计价的项目。虽然记账的时候按照买入价格计算，但是期末根据其公允价值的变动而变动。

息披露业务备忘录第11号：业绩预告、业绩快报及其修正》。需要披露年度业绩预告的，应在1月31日之前披露；需要披露年度业绩快报的，应在2月28日之前披露。

1. 业绩预告

业绩预告方面，主要预告的是归属于上市公司股东的净利润以及基本每股收益，预告的数据通常尚未经过注册会计师预审计。政策要求，如果采用数值或者比例区间进行业绩预告的，预测的区间不宜过大，区间较高数值一般不得超过区间较低数值的20%为宜，且最大区间不得超过50%。对于重大的业绩变化预计，预告会简短地给出业绩变化的主要原因。

对沪深主板、中小板和创业板的业绩预告要求分别如表2-7所示。

表2-7 沪深主板、中小板、创业板的业绩预告要求

板块	业绩预告规则	业绩预告时间
沪主板	特定情形（亏损、扭亏、变动超过50%）强制披露，上一期EPS绝对值不大于0.05的异动可以豁免	1月31日前
深主板	特定情形（亏损、扭亏、变动超过50%、资不抵债、营收低于1000万元）强制披露，上一期EPS绝对值不大于0.05的异动可以豁免	1月31日前
中小板	特定情形（亏损、扭亏、变动超过50%）强制披露，上一期EPS绝对值不大于0.05的异动可以豁免	1月31日前
创业板	强制披露	1月31日前

【举例】长安汽车（SZ.000625）2018年年度业绩预告（2019年1月30日公告）

一、本期业绩预计情况
1. 业绩预告期间：2018年1月1日至2018年12月31日
2. 预计的经营业绩：同向下降

项 目	2018年	上年同期
归属于上市公司股东的净利润	盈利：50 000万元 - 75 000万元 比上年同期下降：92.99%-89.49%	盈利：713 723.47万元
基本每股收益	约0.10元至0.16元	1.49元

归母净利润、基本每股收益的预计值

二、业绩预告预审计情况
本次业绩预告未经注册会计师预审计。

未经审计的说明

三、业绩变动原因说明
报告期内，公司整体业绩下滑，主要原因是来源于合营企业的投资收益减少。

业绩变动的简要原因

四、其他相关说明
上述预测为公司财务部门的初步估算，具体财务数据以公司2018年度报告为准，敬请投资者注意投资风险。

2. 业绩快报

业绩快报方面，主要披露的是当年度及上一年度同期的下列数据和指标：

（1）营业收入。

（2）主营业务利润。

（3）利润总额。

（4）净利润。

（5）总资产。

（6）净资产。

（7）每股收益净资产收益率。

同时，也披露了相比上年度同期增减变动的百分比，对变动幅度超过30%以上的项目，上市公司需要说明原因。

业绩快报制度提高了上市公司年度业绩信息披露的及时性，有助于积极推进中小投资者的信息知情权，能够平衡因资金不对等而形成的信息不对称现象。此外，当财务数据出现30%以上的差异时，中小板上市公司需要予以说明，有利于中小投资者清晰地把握公司经营状态的变化，从而有效把握可能的机会与规避潜在的风险。

对沪深主板、中小板和创业板的业绩快报要求分别如表2-8所示。

表2-8 沪深主板、中小板、创业板业绩快报要求

类型	业绩快报规则	业绩快报时间
沪主板	自愿披露	年度报告披露前
深主板	自愿披露；年报未披露但披露一季报业绩预告时必须披露	年度报告披露前；（年报未披露）一季报业绩预告发布时
中小板	自愿披露；年报未披露但披露一季报业绩预告时必须披露	年度报告披露前；（年报未披露）一季报业绩预告发布时
创业板	特定情形（年度报告在3～4月披露）强制披露	2月28日前

表2-9所示为长江电力（SH.600900）2018年年度报告之"业绩快报"（2019年1月17日公告）。

表2-9 长江电力2018年的业绩快报（单位：亿元）

项目	本报告期	上年同期	增减变动幅度
营业总收入	512.47	501.46 [1]	2.20%
营业利润	274.35	270.77	1.32%
利润总额	270.42	266.54	1.45%
归属于上市公司股东的净利润	226.30	222.61	1.66%
归属于上市公司股东的扣除非经常性损益的净利润	220.51	222.32	-0.81%
基本每股收益（元）	1.0286	1.0119	1.66%
加权平均净资产收益率	16.32%	16.91%	减少0.59个百分点
	本报告期末	本报告期初	增减变动幅度
总资产	2 954.59	2 993.98	-1.32%
归属于上市公司股东的所有者权益	1 422.25	1 351.01	5.27%
股本（亿股）	220.00	220.00	0.00%
归属于上市公司股东的每股净资（元）	6.46	6.14	5.27%

注：经营业绩和财务状况情况说明

2018年，公司实现利润总额270.42亿元，比上年同期上升1.45%，归属于上市公司股东的净利润226.30亿元，比上年同期上升1.66%，基本每股收益1.0286元，比上年同期上升1.66%。以上指标变动主要是由于2018年公司售电收入增加所致。

通过业绩预报和业绩快报，提前掌控上市公司的业绩走势，是投资人可以寻求的"捷径"之一。

2.3 警惕主要财务指标和预告的巨大差异

年报第2章的主要财务指标，读下来通常有窥一隅而知全貌的感觉。无论上市公司业绩表现向好还是有所退步，"主要财务指标"都会给投资人一个明确的答复。

一般而言，年报披露的当天，可能是股价有较大波动的时刻：

（1）当年报数据低于投资人预期时，股价大概率会大跌。

（2）当年报数据高于投资人预期，股价大概率会上涨。

当然，无论年报数据低于预期还是高于预期，都是正常的情况。但是如果年报披露的数据与业绩预报或业绩快报的出入过大，那么投资人要格外警惕企业财务作假的嫌疑。下面举个例子。

【举例】欧菲光（SZ.002456）2018年业绩的"峰回路转"

欧菲光是一家从事精密光电薄膜元器件研发、生产和销售的公司。主要业务板块是光学光电和智能汽车，其中，智能汽车才启动，对业绩的贡献度可以忽略。光学光电板块中又以三类产品为主，分别是触控显示产品——占比约40%，光学产品（手机摄像头模组）——占比约30%，传感器类产品（指纹识别等）——占比约25%，如图2-1所示。正在开发的智能汽车板块，主要是人机交互、ADAS高级驾驶辅助系统（含车载摄像头模组）以及车身电子。

图2-1 欧菲光公司主要产品

2018年10月20日，欧菲光（SZ.002456）发布了2018年第三季度报告，其中对2018年年度经营业绩做了预测：2018年归属于上市公司股东的净利润同比增长120%~150%，可达18亿元~20.5亿元，如表2-10所示。

表2-10 欧菲光对2018年经营业绩的预计

2018年度归属于上市公司股东的净利润变动幅度	120.00%	至	150.00%
2018年度归属于上市公司股东的净利润变动区间（万元）	180 000	至	205 000
2017年度归属于上市公司股东的净利润（万元）			82 252.14
业绩变动的原因说明	1、公司光学影像业务的产业优势继续扩大，业绩增长迅速，双摄/三摄模组出货占比显著提升，产品结构进一步优化；2、国际大客户相关业务盈利能力提升，新项目顺利导入带动公司利润水平持续改善		

注：2018年度预计的经营业绩情况，归属于上市公司股东的净利润为正值且不属于扭亏为盈的情形。

所对应的公司市值是338亿元,市盈率不超过20倍。按照这样的业绩来推算,公司秒变科技白马股。

2019年1月31日,欧菲光公告2018年业绩快报:归属于上市公司股东的净利润同比增长123.64%,与业绩预计的表述完全一致,如表2-11所示。

表2-11 欧菲光2018年业绩快报的主要财务数据和指标(单位:万元)

项目	本报告期	上年同期	增减变动幅度
营业总收入	4 305 049.96	3 379 103.14	27.40%
营业利润	189 388.17	95 659.80	97.98%
利润总额	205 687.09	98 325.20	109.19%
归属于上市公司股东的净利润	183 946.79	82 252.14	123.64%
基本每股收益(元)	0.69	0.31	123.34%
加权平均净资产收益率	18.29%	9.71%	增加8.58个百分点
	本报告期	上年同期	增减变动幅度
总资产	4 012 390.96	3 083 825.18	30.11%
归属于上市公司股东的所有者权益	1 098 830.85	910 581.59	20.67%
股本(万股)	271 286.71	271 444.60	-0.06%
归属于上市公司股东的每股净资产(元)	4.05	3.35	20.90%

注:经营业绩和财务状况情况说明

报告期财务状况

报告期内,公司实现营业总收入4 305 049.96万元,较上年同期增长27.40%;营业利润189 388.17万元,较上年同期增长97.98%;利润总额205 687.09万元,较上年同期增长109.19%;归属于上市公司股东的净利润183 946.79万元,较上年同期增长123.64%。

2019年4月15日,欧菲光公告年报延期。

2019年4月26日,欧菲光披露2018年年报,并发布2018年度业绩快报修正公告,原先优异的业绩表现,瞬间180度大反转,变成了大幅亏损,同比下降163.1%。也就是一下从预赚18亿元变成了亏损5.19亿元。如表2-12所示。

表2-12　欧菲光2018年的业绩快报修正公告（单位：万元）

项目	本报告期		上年同期	经审计数据与上年同期的增减变动幅度
	修正前	修正后		
营业收入	4 305 049.96	4 304 280.99	3 379 103.14	27.38%
营业利润	189 388.17	-67 021.46	95 659.80	-170.06%
利润总额	205 687.09	-49 581.79	98 325.20	-150.43%
归属上市公司股东的净利润	183 946.79	-51 900.83	82 252.14	-163.10%
基本每股收益（元/股）	0.69	-0.19	0.31	-161.29%
加权平均净资产收益率	18.29%	-5.88%	9.71%	-160.56%

我们在年报第2章的"主要会计数据和财务指标"部分就直接而充分地嗅出如此悲惨的味道，令不少投资者难以接受，颇有些被忽悠的感觉。如表2-13所示。

表2-13　欧菲光2018年主要会计数据和财务指标的蹊跷（单位：元）

	2018年	2017年	本年比上年增减	2016年
营业收入（元）	43 042 809 935.58	33 791 031 433.68	27.38%	26 746 418 937.61
归属于上市公司股东的净利润（元）	-519 008 316.35	822 521 428.67	-163.10%	718 825 886.71
归属于上市公司股东的扣除非经常性损益的净利润（元）	-870 858 434.96	687 779 678.44	-226.62%	594 192 705.36
经营活动产生的现金流量净额（元）	644 506 274.07	329 330 346.06	95.70%	810 682 489.05
基本每股收益（元/股）	-0.1934	0.3072	-162.96%	0.2757
稀释每股收益（元/股）	-0.1934	0.3029	-163.85%	0.2757
加权平均净资产收益率	-5.88%	9.71%	-15.59%	10.87%
	2018年末	2017年末	本年末比上年末增减	2016年末
总资产（元）	37 963 109 908.78	30 838 251 787.26	23.10%	23 434 181 047.65
归属于上市公司股东的净资产（元）	8 589 908 951.19	9 105 815 946.15	-5.67%	8 040 567 576.86

欧菲光解释，公司基于谨慎性原则，对公司及下属子公司2018年年末存在可能发生减值迹象的资产进行了清查和资产减值测试，导致报告期内实际净利润与预告净利润的差异。其中，影响最大的是公司及子公司的存货减值和应收账款计提坏账，计提金额分别为15.59亿元和1.88亿元，合计占本次计提总数的95%。如表2-14所示。

表2-14 欧菲光2018年的资产减值计提详情（单位：万元）

项目	期初余额	本年计提资产减值损失	其他变动			期末余额
			外币折算差额	非同一控制下企业合并	转销	
应收账款	46 623.75	18 804.34	631.76		57.75	66 002.11
其他应收款	2 116.63	1 741.92	0.10		303.99	3 554.65
长期应收款	676.14	1 577.65	-			2 253.79
存货	6 935.13	155 962.54	-	1 055.49	2 758.92	161 194.24
可供出售金融资产	-	836.99	16.45			853.44
固定资产	15 190.60	2 839.49	6.06	30.00	927.55	17 138.60
商誉	21 568.87	2 195.34				23 764.22
合计	93 111.12	183 958.27	654.37	1 085.49	4 048.21	274,761.04

本次计提资产减值准备计入的报告时间2018年1月1日至2018年12月31日。

对于公司突然计提大额资产减值，欧菲光方面的公告给出了两个解释：

（1）欧菲光在业绩预告时未能充分识别存货存在减值的迹象，在估计存货可变现净值时出现严重偏差，未能足额计提资产减值损失。

（2）欧菲光的成本核算系统处于不断升级过程中，致使部分生产成本结转不准确。

这个解释能否令投资人和证交所满意呢？显然不行。

从2016年~2018年的相关数据来看，欧菲光的应收账款项与存货余额总计分别为122.7亿元、151.86亿元和168.63亿元，占公司总资产的比重分别为52.36%、49.24%和44.42%。因此，一旦相关资产进行减值，对公司整体利润的影响是巨大的。

对于存货和应收账款的资产减值，一定条件下是可以冲回的，届时只要公司相关款项回收或者存货售卖，后续的经营情况都会显著提升。不过也正是这样，这两项资产减值科目成了很多上市公司调节利润的主要方向，后续章节会做进一步的介绍。

欧菲光的主要收入来源是摄像头模组和触摸类产品（包含触摸方案）。其中摄像头模组的营收占据较大，主要的下游客户是手机厂商。由于消费电子行业的更新换代极快，技术更新年年存在，上游厂商积压的旧款库存越来越难卖，最终的结果就是计提损失。欧菲光2017年存货为76.7亿元，2018年存货为89.4亿元，其中需要减值的存货，欧菲光心知肚明。

2017年欧菲光应收账款75亿元，2018年应收账款79.2亿元，2019年第一季度应收账款87.7亿元。电子行业的应收账款是有账期的，一般为3个月、6个月回款。欧菲光的应收账款逐年增长，但是如果有超过一年的账款尚未收回，那就要准备计提坏账了。坏账率有多少，欧菲光同样知晓。

存货减值、应收账减值这些潜在的雷区，2018年年报披露之前欧菲光都藏着不报，再联想到事发当时：

（1）欧菲光第一大股东质押了76.36%的股份。

（2）欧菲光第二大股东质押了83.75%的股份。

聪明的投资者一定解读到其中的原因了。

第3章
公司业务概要

"公司业务概要"是年报的重点内容之一。这一章的内容极其丰富,各家上市公司风采各异。尤其是优秀的年报,把产业环境和公司商业模式事无巨细地展现出来,供投资者评价和参考。当然,有些上市公司在这一部分介绍较少,仅作简单陈述。

投资人可以从这一章了解到公司所处行业的特点,公司所从事的主要业务、经营模式,以及公司的核心竞争力。从行业发展趋势和企业商业模式等角度,投资者能够直观地把握公司的经营实力和公司所处的行业地位等信息。

这一章的内容还包括主要资产的重大变化,例如货币资金、应收票据及应收账款、其他流动资产、可供出售金融资产、股权资产、固定资产、在建工程、无形资产等主要资产的变化概况。

这一章的实例以顺丰控股(SZ.002352)为主。

3.1 从事的主要业务,了解公司的第一步

对一家公司的了解,通常先从"这家公司是做什么的"开始。所以第3章"公司业务概要"以"公司从事的主要业务"为起点,让投资者了解这家公司所处的行业及行业特性,了解这家公司的业务版图,了解它的产品项目或服务内容以及主营业务对公司的贡献程度。

当然,"从事的主要业务"也少不了公司经营的商业模式。不同行业间的公司,商业模式的差距很大;即使同一行业内,不同公司的商业模式也可能大相径庭。

教你读懂年报

顺丰控股是一家主要经营国际、国内快递业务的国内快递企业。顺丰控股的"公司从事的主要业务"介绍,通过文字说明结合图片辅助的形式,图文并茂地描述了:

(1)公司从事的主要业务、产品及其用途,经营模式等。
(2)行业政策、发展阶段、周期性特点以及公司所处行业地位。

投资者对顺丰控股的产业环境和公司商业模式(包括业务板块)一目了然,把握住企业分析的两大核心环节——产业趋势和商业模式。

首先,来看一下顺丰控股的业务板块。

【举例】顺丰控股(SZ.002352)2018年年报之"公司从事的主要业务——公司从事的主要业务、产品及其用途"

基于不同行业、客群、场景的需求多样化，顺丰及时升级到"以用户为中心，以需求为导向，以体验为根本"的产品设计思维，聚焦行业特性，从客户应用场景出发，深挖不同场景下客户端到端全流程接触点需求及其他个性化需求，设计适合行业客户的产品服务及解决方案，形成有质量的差异化，再由产品设计牵引内部资源配置，优化产品体系。 ----补述产品和服务特征

顺丰控股同时还是一家具有网络规模优势的智能物流运营商。顺丰控股拥有通达国内外的庞大物流网络，包括以全货机+散航+无人机组成的空运"天网"，以营业服务网点、中转分拨网点、陆路运输网络、客服呼叫网络、最后一公里网络为主组成的"地网"，以及以各种大数据、区块链、机器学习及运筹优化、语音/图像/计算机视觉/智慧安检AI识别、智慧物流地图等组成的"信息网"，"天网+地网+信息网"三网合一。直营网络覆盖国内外，是国内同行中网络控制力最强、稳定性最高，也最独特稀缺的综合性物流网络体系。

顺丰控股采用直营的经营模式，由总部对各分支机构实施统一经营、统一管理，在开展业务的范围内统一组织揽收投递、集散处理和中转运输，并根据业务发展的实际需求自主调配网络资源；同时，顺丰控股大量运用信息技术保障全网执行统一规范，建立多个行业领先的业务信息系统，保障了网络整体运营质量。顺丰控股是A股目前首家采用直营模式的快递公司。

其次，来看看顺丰控股的产业环境。

【举例】顺丰控股（SZ.002352）2018年年报之"公司从事的主要业务——行业政策、发展阶段、周期性特点以及公司所处行业地位"

（二）行业发展阶段、周期性特点以及公司所处行业地位

1. 政策频出，规范指导物流行业发展

2018年3月27日，李克强总理签署国务院令，公布《快递暂行条例》……

2018年4月19日，国家邮政局印发《快递业信用体系建设工作方案》…… ----行业政策

2018年5月16日，国务院常务会议提出，确定进一步降低实体经济物流成本的措施……

2018年10月9日，国务院办公厅出台《推进运输结构调整三年行动计划（2018-2020年）》……

2018年10月19日，国务院印发《优化口岸营商环境促进跨境贸易便利化工作方案》……

2. 行业进入增速换挡期，但仍将保持较高的增长水平 ----行业发展阶段

中国快递起步于20世纪70年代末至90年代初，得益于改革开放政策后，国际贸易往来频繁，经济发展速度加快，国内及国际快递业务剧增。20世纪90年代初至21世纪初，中国市场经济得到全面发展，快递服务需求开始旺盛。进入21世纪后，我国社会经济特别是电子商务得到迅速发展，为我国快递行业提供了巨大的发展空间。2007-2016年，我国快递业务量与业务收入复合增速分别达到43.6%与31.3%。从体量看，经过多年的高速发展，我国快递业务量规模已跃居世界首位。2017年快递行业进入了整合期，国家邮政局数据显示，2018年快递行业业务量增长26.6%，业务收入增长21.8%，同比增速放缓，但仍维持较高水平。依据国家邮政局发布的《2018年12月中国快递发展指数报告》显示，快递行业服务质量指数同比提高25%，1-12月品牌集中度指数CR8为81.2，同比提升2.5，快递行业进入了提质与增量并存，降本与增效并举的新周期。此外，据国家邮政局预计，2019年中国快递业务量同比增长20%；快递业务收入同比增长19%，可见未来快递行业仍将保持较高的增长速度。

3. 主要行业特征及周期性特点　　---- 区域性和季节性

(1)快递行业发展区域特征明显

我国快递行业具有明显的区域性特征，由于经济发展水平的差距，快递业务主要集中于东部地区，中西部差距明显，中西部地区仍存在较大的市场空间。根据国家邮政总局公布的统计数据，2018年，我国东、中、西部地区快递业务量比重分别为79.9%、12.3%和7.8%，业务收入比重分别为80%、11.2%和8.8%。其中，中部地区快递业务量比重上升0.7百分点，快递业务收入比重上升0.4个百分点；西部地区快递业务量比重和快递业务收入比重均上升0.5个百分点。

(2)快递行业具有较强的季节性

快递行业的订单量呈现出很强的季节性特征，节日消费高峰以及每年第四季度社会贸易和运输业务高峰，形成快递业务需求的旺季，而春节假期期间企业生产经营活动不活跃，是快递行业业务的低谷。

最后，再看看顺丰控股年报中对商业模式的描述。

【举例】顺丰控股（SZ.002352）2018年年报之"公司从事的主要业务——经营模式"

4. 顺丰精准定位中高端，直营打造行业解决方案的科技服务公司

顺丰精准定位中高端，凭借直营模式、"天网+地网+信息网"三网合一网络资源、以及强大的科技实力，稳居国内快递行业龙头地位。截至报告期末，公司已建立起为客户提供一体化综合物流解决方案的能力，从配送延伸至价值链前端的产、供、销、配等环节，从客户需求出发，利用大数据分析，结合时效快递、经济快递、同城、重货、仓储等多元化服务，为客户提供干线运输、店配、销售预测、仓储管理等综合物流服务，领先的服务时效和质量，为公司赢得了品牌美誉度和市场号召力。

3.2 了解公司主要业务后，要深入研究产业趋势

研究一家上市公司的方法有很多，研究方法并没有对错之分，但有合适与不合适的区别。在众多的分析方法中，本书较为推荐的分解模式之一是，通过三个层面来剖析上市公司的发展现状和趋势，进而挖掘其企业价值：

- 产业趋势：相当于天时，可谓三者中最重要的。
- 商业模式：相当于地利，这是三者中次重要的。
- 人力资源：相当于人和，三者中的重要性最低。

投资人宜从产业着手，从挖掘产业发展沿革切入，把握产业环境，进而剖析产业发展趋势。例如，行业详尽的发展过程是怎样的，行业发展过程中受到哪些因素的影

响,行业发展具有哪些特色,行业老者抵御新进入者的障碍是否足够高,行业未来发展的正面影响因素、负面影响因素各有哪些,等等。

"公司业务概要"虽对公司所处的产业环境做了概要式的解说,对产业趋势给出了几条大方向的论述,但单纯从这一章的内容来看,投资者是难以完全捕捉到行业发展的全貌。因此,投资人需要结合外部公开资料,来全方位扫视公司所处的产业环境和产业发展趋势,为把脉公司核心竞争力做好准备。

在挖掘一个产业时,我们通常想知道,产业的发展沿革是怎样的?哪些节点对产业发展产生过重大影响?这个产业是否设置了准入障碍?产业是否有足够大的发展空间?等等。

另外,对于"产业"两个字的限定,并非局限于"一种"产业。因为,一家公司所处的行业,有大行业和子行业之分,可以一步步挖掘大行业和子行业的多层架构;另一种可能性是,企业涉及多个行业,分析时要把不同的行业切开。

以下同样用顺丰控股的例子,这是我们在解读顺丰控股年报的基础上,融入外部资料后,梳理和总结的快递行业的产业环境和发展趋势。分析过程和分析结果举例如下。

【举例】顺丰控股(SZ.002352)所处的产业环境剖析

1. 物流行业概览 ------- 产业环境分析,先从大行业——物流业切入

物流行业主要包括快递、零担和整车运输三种主要形式。

快递是在承诺的时限内快速的将信件、包裹和印刷品等物品按照封装上的名称地址递送给特定的单位和个人,主要承运低于30公斤的货物。行业基本已经形成以顺丰和通达系为主的相对集中的寡头市场,CR8水平为78.7%(wind)。

整车通常是因货主单次托运的货物重量较大或性质、体积、形状等其他原因,无法和其他货主托运的货物共用同一车辆,需要单独一辆汽车进行运输,其单票货重一般高于3000公斤。

零担运输介于快递和整车运输之间,是当客户需要运送的货物不足一车时,承运企业将要运往同一地方多家客户的货物通过载手段,使之达到一车基本运载能力,然后采用自有或外包车辆,运送至目的地并进行分发,主要覆盖30-3000公斤的货物;其中,30-1000公斤的货物运输为小票零担,1000-3000公斤的为大票零担。

据运联传媒估计,中国的快递、零担和整车市场规模分别在4000亿、11000亿和30000亿左右。

快递、零担和整车运营模式比较表

类别	服务对象	服务类型	服务特点	网络形态	运输工具	后台设备
快递	企业与个人	B2B B2C C2C	快速高效 标准化 门到门	轴辐式为主	飞机 货车	自动/半自动分拣
零担	企业客户为主	B2B B2C	经济集约 点到点	轴辐式或专线型	货车 火车	叉车+托盘、人工分拣
整车	企业客户为主	B2B	个性化定制 门到门	专线型为主	货车 火车	专业装郑设备

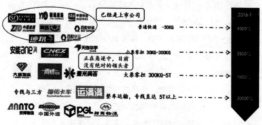

物流行业市场分类及公司情况图

▶ 教你读懂年报 ◀

2. 快递行业发展历程 ┄┄ *进而切入物流业的分支，也是顺丰控股产业环境分析的重点——快递行业*

我国快递行业的发展主要经历了以下三个时期：┄┄ *行业分析先从产业发展沿革入手，理清产业变迁的脉络*

（1）起步期：国有企业为主，中邮速递一家独大

我国快递服务起步较晚，20世纪70年代末才签订了我国的第一个快件代理协议。1980年和1984年，中邮速递先后在国内率先开展全球邮政特快专递业务和国内邮政特快专递业务。与国际快递企业不同的是，中邮速递不仅从事国际快递业务，也从事国内快递业务，其国内业务通达全国县级以上城市，是国内网点最多的快递企业，其触角不仅遍及各大中小城市，还触及偏远地区、小镇和乡村。在中国的国际快递市场，中邮速递在相当长的一段时间内保持了50%以上的市场份额，在国内快递市场，中邮速递更是一直占据着主导地位，直到民营快递企业的出现。

（2）发展期：民营快递迅速发展

随着中国经济的迅速发展，改革开放进程的不断深化，珠三角和长三角地区经济迅速发展，企业对商务文件、样品等传递的时效性、方便性、安全性的要求越来越高，而传统邮政服务由于服务不到位，运营体制不灵活，且价格偏高，已无法满足市场需求，中国民营快递业应运而生。1993年，"顺丰"和申通快递分别在珠三角和长三角成立，随后十年，天天快递、韵达快运、圆通速递、中通快递等民营企业如雨后春笋般纷纷成立。2003年，"非典"的爆发带动了电子商务的快速增长，快递需求迅速膨胀。近年来，天猫、京东等B2C平台兴起，电子商务持续发力，催生出一系列小型快递企业，快递行业迎来繁荣发展期。

（3）繁荣期：国内、国际快递业务市场基本格局形成

进入21世纪10年代，我国快递行业的竞争继续加剧，但国有和民营快递企业仍占据我国快递国内业务市场的主导地位。2011年6月，中外运——敦豪国际航空快件有限公司转让了上海全一快递有限公司、北京中外运速递有限公司及香港金果快递有限公司等三家公司100%的股权，DHL在中国的业务重新集中到国际快递业务方面。DHL退出中国的国内快递业务市场，意味着目前我国的国内快递业务市场基本被国有和民营快递企业占据。

而我国的国际业务市场，中国快递市场庞大的市场背景、较低的进入壁垒，吸引了国内外众多同行快递企业和行业外潜在进入者的目光。外资快递企业不断进入中国，尤其是四大国际快递企业FedEx、UPS、DHL、TNT在中国不断的参与合资、并购或独资，加快在中国本土的发展步伐，以求占据更多国际件市场份额。目前，四大国际快递企业在中国境内均建立起与全球网络相连的本地网络，并占据了中国国际快递服务市场大部分市场份额。

3. 快递行业发展现状 ┄┄ *经由沿革梳理，进一步深入剖析快递行业现状*

3.1 快递行业增速放缓，但未来仍旧较大提升空间

（1）快递行业增长放缓

随着中国物流市场发展环境的优化，中国经济水平的不断提高，快递业保持持续快速的发展态势。

自上世纪80年代以来，我国快递行业取得了长足的发展。近几年来，我国快递行业更是迅猛发展。2011年开始，我国快递业务量年均增长率均达到50%以上。2017年，我国快递行业总业务量达到401亿件，同比增长28.1%。快递业务总收入达4957亿元，同比增长24.7%。对比2016年，中国快递业务量51.3%的同比增速，2017年涨势明显减缓。其主要原因首先是电商平台客户需求在经历爆发式增长之后逐步平稳过渡，且需求结构开始分化，我国西部地区及乡镇及偏远地区因为地理和经济等因素，使得其在快递行业的发展存在一定的限制而影响其整体的增速。同时，从2011年起至2016年年均超50%的增长率使得我国快递业务处于一个较高的基数，未来后期想继续保持较高的增速具有较大的难度。

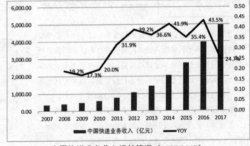

中国快递业务收入增长情况（2007-2017）

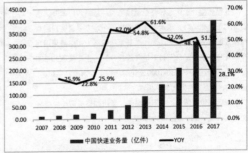

中国快递业务量增长情况（2007-2017）

(2) 我国快递行业市场未来仍具有较大的提升空间

随着快递单件价格的逐年下降，快递服务普惠特征逐步凸显。从人均快递支出与快递使用量来看，2016年我国人均快递支出为287.44元，人均快递使用量为22.6件。分别是2007年的11倍及24.9倍，是2011年的5.1倍和8.3倍。

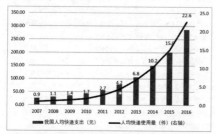

我国人均快递支出及人均快件使用量（2008-2015）

尽管保持持续快速发展态势，但快递行业目前的发展水平尚不能满足经济高速发展的要求，我国快递市场增长空间仍然十分巨大。根据顺丰控股关联交易报告书，我国人均快递支出及人均快递使用量虽然较我国之前有较大的增长，但是相比美国和日本同期年人均快递使用量来看，仍旧有较大的差距。我国人均快递使用量还是有很大的发展空间。2015年10月23日，国务院印发了《国务院关于促进快递业发展的若干意见》，对快递行业提出了发展目标：到2020年，快递市场规模稳居世界首位，基本实现乡乡有网点、村村通快递，快递业务量达到500亿件，年业务收入达到8000亿元。

同时，据国家统计局公布的数据显示，2017年，全国网上零售额为7.18亿元，同比增长32.2%，增速增加了6个百分点。其中，实际商品网上零售额5.48万亿元，增长28%，占社会消费品零售总额的比重为15%，比上年提升了2.4个百分点。对社会消费品零售总额增长的贡献率为37.9%，比上年提升7.6个百分点。网络零售对消费的拉动进一步增强。根据商务部印发的《商务发展第十三个五年规划纲要》，预计到2020年，中国网上零售额达到9.6万亿元，年均增长20%左右。从趋势上来看，中国网络零售占社会零售总额的比重仍有较大的提升空间。**而我国快递主要以电商件为主，网络零售存在的巨大空间也从一定程度上反映了我国快递行业未来仍旧具有较大的提升空间。**

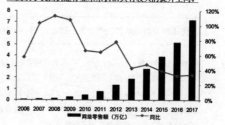

我国网络零售额（2006-2017）

3.2 国内市场行业集中度上升

2013年到2017年，快递行业集中度出现了下降再上升的形式。2013-2015年，我国快递行业集中度CR8持续下降；2016年，行业集中度CR8维持在较为稳定的水平，约为77%。而随着快递龙头企业顺丰及"三通一达"等快递企业的陆续上市，2017年起，快递行业集中度出现拐点，CR8从1月的75.7%上升至2018年2月的81.1%，处于不断上升的趋势。预计快递行业的集中度未来仍会继续改善。

2014年至2016年，快递行业集中度CR4也呈持续下降的趋势，随着五大快递企业2016年全部登陆资本市场，第一梯队的优势地位得到了强化。**2017年顺丰和"三通一达"五家民营快递市占率均处于10%-15%的水平，相对较为稳定。**其中，中通和韵达的市占率有所上升，快递行业CR4出现了拐点，从前一年的49.3%上升至49.8%。相比较而言，目前我国快递企业第二、三梯队的公司规模目前远不及第一梯队。2017年，中通、韵达和百世市场占有率上升比率为4.9%，而申通、圆通和顺丰市占率有所下降。但是，其他二线及以下快递市占率也下降2.4%，说明二线及以下快递业务有所被侵占。

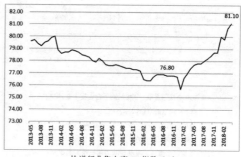

快递行业集中度CR8指数（%）

快递行业集中度CR4指数（%）

> 教你读懂年报

2017年，我国快递行业的市场占有率按业务量看占比从高到低为中通（15.3%）、圆通（13.1%）、韵达（11.7%）、申通（9.5%）、顺丰（7.9%）和百世（9.4%）。

由于快递从业主体增多，企业间竞争程度不断提高，市场竞争激烈。但是就目前我国快递行业来说，收入增速与业务量增速的差距越来越大，由于需要应对不断上涨的人工、土地、资金等成本，以及愈演愈烈的价格战，企业利润日益微薄。而快递行业具有显著的规模经济特征，这种行业特征决定了该行业应具有适度的集中性，较低的集中度必将通过并购整合而提升。

目前来看，天天快递被苏宁收购，全峰被青旅收购转型发展社区O2O服务平台，快捷与申通合作成立快运公司等，并购整合将会成为快递行业未来发展的重要动力之一，未来几年，市场集中度将继续提升，非龙头企业将会继续被洗牌，陆续转型或出局。

快递企业并购可以扩大市场覆盖范围，延伸快递网络，由此提高企业业务量并增加业务收入。其次，快递企业整合可提升企业的品牌价值，特别是知名的大型快递企业整合小型快递之后，可以使大企业的品牌、声誉等无形资产得到充分利用。最后，快递企业整合可以优化快递员，车辆配置，提高企业揽收和投递效率，从而降低经营成本。

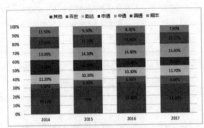

快递行业公司市场占有率（2014-2017）

4. 快递行业市场结构改变及驱动因素 ------ 由现状挖掘行业发展的转折点及驱动因素

4.1 快递细分市场：电商件为主，商务件市场集中度高

根据寄件内容的不同，快递市场主要可以细分为国际快递、国内商务快递、政府公文快递和电商快递4个领域。各细分领域的增长动力及服务要求有所不同，总体来看，**电商件占快递总量接近七成，是快递行业增长的主要驱动力**。

快递市场细分

项目	国际快递	国内商务快递	政府公文快递	电商快递
内容	国际间商务文件、个人物品	国内企业间文件	政府公文送达（如法院公文、护照等）	网络购物
增长动力	国际贸易、国际交流	国内经济	经济活动	电子商务
快递要求	多国运营许可，跨国网络，通常需要飞机运输	时效性、安全性	保证文件安全、网络覆盖全面，邮政专营	运价低廉、网络覆盖较高，送货速度较快

2017年约400亿快递业务量中，约70%为电商件。其余30%即120亿件中，约60%为商务件，即商务件约70亿件。

2017年顺丰完成业务量30.5亿件，电商件占比约10%，商务件约27亿件；邮政速递2017年实现速递类收入约340亿元，单价约20元左右，产生件量约17亿件；通达系2017业务量为236亿件，商务件占比约10%左右，件量约25亿件。商务件市场顺丰处于绝对领先地位。

4.2 微电商快速发展，B2C网购平台占据主要地位

（1）微电商市场快速发展

除传统的大型购物平台外，移动端购物技术促进网红经济，微商和个人代购的发展。格力、立白和广药集团等知名品牌纷纷试水微商。根据亿欧智库的相关数据显示，微商的成交额从2013年的224.9亿元增长至2016年的3287.7亿元，占电商总成交额的比例也从2013年的1%增长至2016年的7%，其中，个人代购等难以统计的收入并未计入。微时代电商给传统电商带来挑战的同时给快递行业带来了商机，具有较大的市场潜力。

（2）B2C网购平台已逐步超越C2C平台，占据主要地位

中国路购物普遍形式为B2C与C2C平台，电子网络技术与覆盖率的提高，促进了电商平台的发展，各大知名品牌纷纷开自己线上网购平台。由于B2C管理比C2C规范，且消费者对产品的质量和服务品质要求提升，C2C平台的优质客源逐渐被B2C分流。2015年起B2C的GMV超过50%，超过C2C成为电商网络的主要平台。根据中国产业信息网数据，2017年预计B2C交易额将达3.2万亿，C2C交易额将达2.2万亿。未来各大快递公司为竞争各大电商客源，除了价格战与时效性之外，同时还会与这些主要的电商平台发展更多的专属服务。目前，国内快递公司顺丰、中国邮政、通达系等均与天猫超市签订了优先进仓，优先派送等优先服务的协议。

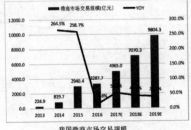

我国微商市场交易规模

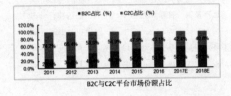

B2C与C2C平台市场份额占比

4.3 低线城市、乡镇及西部地区电商发展潜力巨大

（1）低线城市电商发展存在追赶效应

根据凯度消费者指数研究，2016年，我国北上广深四大重点城市电商渗透率已达到66%，而县级城市的电商渗透率仅为47%，我国各等级城市间的电商渗透率差距较大。目前来看，我国低等级城市与高等级城市之间存在较为显著的追赶效应，趋势上来看，省、地、县级城市的电商份额正在追赶北上广深。

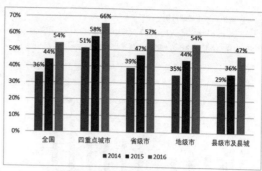

我国各层级地区电商渗透率（2014-2016）

（2）乡镇和西部偏远地区快递业务规模高速发展

东部地区快递业务量仍然占据着主要的地位并且增长率较稳定，中西部地区增长速度不输东部地区。近两年来，东部地区增长率趋于下降的同时，西部地区的增长率处于较高位。

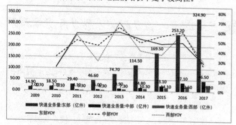

我国东中西部地区快递业务量及YOY（2009-2017）

同时，西部地区仍旧保持着高速增长的可能性。2017年，四川省的"十三五"发展规划大力推进西部快递网点和设施的发展，加快构建西部物流中心以连接全国及国际的快递网络。而根据阿里巴巴"2017年中国数字经济发展报告"显示，2017年1-11月，

甘肃、贵州及西藏成为全国31省市区（不含港澳台）电商销售增速最快的三个省份，甘肃通过阿里平台卖出的商品金额，比去年同比增长114%，位列全国第一。而其中，全国物流时效同比提升最快的十个省份依次为贵州、四川、广西、湖北、云南、重庆、黑龙江、江西、吉林和陕西。预计未来三年沿海发达地区物流发展水平趋于稳定，西部偏远地区的物流发展空间仍然较大。

2017年，中西部地区快递业务量与业务收入分别仅占全国18.9%、19.1%，但GDP总量却达到全国的32%。从人均使用量上来看，2017年全国人均使用量29.24件，其中东部地区57件（已远超美国31.4件），中部和西部仅为10.81件和7.89件。根据中国产业信息网相关数据，假设中西部人均快递使用量达到全国平均水平，则未来预计将会为快递行业贡献业务量增量158.25亿件。

中部和西部地区快递业务量预测数据

-	人均快件量（件/人）	人口（亿人）	预测人均快件量（件/人）	人均快件增量（件/人）	快件业务量增量（亿件）
中部	10.81	4.3	29.24	18.43	79.25
西部	7.89	3.7	29.24	21.35	79.00
合计			158.25		

数据来源：中国产业信息网

（3）农村地区电商发展潜力巨大

根据我国互联网络信息中心的数据显示，截止到2017年12月，我国农村网民规模将达到2.09亿人，较2016年底增加793万人，体量规模难以忽视；从互联网普及率看，我国农村地区互联网普及率仅为35.4%，远低于城镇71%的普及率。随着城镇化水平以及互联网普及率的进一步提升，农村地区电商发展潜力有望得到进一步发掘。

随着快递"下乡"的工程得到国家政策的扶持，物流时效提升以及乡镇网点覆盖率的提高，将为我国各大农产品大省带来日益增长的市场需求量。根据相关数据显示，2016年农村网购市场规模达4823亿元，同比增长36.6%，预计2017年全年将突破6000亿元。阿里巴巴2015年起发展"农村淘宝"项目，目标"网货下乡"和"农产品进城"，计划在三至五年内投资100亿元，建立1000个县级服务中心及10万个村级服务站，覆盖全国1/3的县和1/6的农村地区。

同时，定位低端电商市场的拼多多表现出来的强大的市场爆发力，便是对三四线城市及农村地区电商潜力的有力佐证。

▶ 教你读懂年报 ◀

4.4 跨境电商未来增速可期

受生活水平提高及人民币汇率升值影响，2012年开始国际港澳台快递业务量呈高速发展模式，增速均有30%-40%。

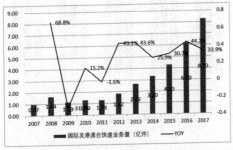

国际及港澳台快递业务量及增速（2007-2017）

国际物流模式主要有直邮和转运包税两种，国际转运包税物流公司的货款入境后大多与通达系合作负责国内部分配送，适合较重或大的货物且报关包税。而直邮模式下的EMS,DHL,顺丰等在时效方面优势明显，适合寄送小而轻的物件。

在国际物流业务量中，跨境电商占据重要地位。从2011年洋码头开始，海淘逐渐进入人们的视线，因正品保障，高性价比及货品丰富等优势抢占网购市场，并因政策红利在2014-2015年间得到了井喷式的发展，小红书等垂直海淘app出现，以及多家大型电商陆续开设了海淘平台，例如阿里巴巴旗下的天猫国际，网易的考拉海淘，京东的全球购等。同时，在"一带一路"政策的推动系啊，快递企业拥有了更多的跨境市场发展空间。使其与沿线地区国家的物流往来增加，未来跨境物流发展较有优势。

分析产业环境的目标，就是从产业特点、产业现状等因素挖掘出产业发展趋势，产业趋势的判断是决定是否投资这家公司的第一步

5. 快递企业新市场转型方向

5.1 新兴市场快速发展：仓配、冷运及快运零担 ----- 对快递行业的每一细分板块分别分析发展利弊

◆ 仓配一体化

随着B2C在电商中的占比提升，电商平台的仓配服务需求日益增加，五大快递公司为了抓住客户市场，均买地建仓为大型电商卖家或零售企业提供仓配一体化的服务。

顺丰在全国现有仓库500余个，数量为行业之首，其次是韵达共340个，圆通101个，中通19个，申通11个。仓配服务的基本内容包括了收货入库，仓储管理，方案设计，出库配送，IT信息系统跟踪管理以及售后退换货服务，此外，顺丰和韵达还提供个性化增值服务。以韵达为例，其在初端设立了与电商平台直接对接的服务，在仓储中提供包装、打印礼品卡和发票，组装等服务，终端的配送环节中设有COD代收货款等服务。

根据顺丰年报，近年来有为茅台等客户提高仓配服务，且目前主攻中高端白酒厂及一级代理，2016年仓配业务收入为40.6亿元，占营业收入的7.1%，同比增长25.6%。2017年未对该项业务进行单独数据披露。

◆ 冷运业务

（1）生鲜及医药市场需求较大

在电商买家对生鲜食品的需求增加及药品行业的发展下冷链市场规模增大，近三年来的冷链物流增长超过20%。未来生鲜及医药市场需求较大。

生鲜电商市场规模庞大，增速较高。根据艾瑞咨询的数据，2017年生鲜电商市场规模已达1391.3亿元，同比+60%，在2013-2017年复合增速高达82.04%。

（2）顺丰冷运水平处于行业前列

顺丰是该行业设立冷运最早也是设备最为完备的，不仅可以提供生鲜的冷运，还包括医药产品的冷链运输服务。根据2017年年报显示，顺丰控股冷运网络覆盖104个城市及周边区域，其中有51座食品冷库、108条食品运输干线、3座医药冷库、12条医药干线，贯通东北、华北、华东、华南和华中核心城市。食品冷库运营面积22.4万平米，医药冷库2.4万平方米，冷藏车916台，其中经过GSP认证车辆244台。目前服务的业务覆盖食品、医药行业生产、电商、经销、零售等多个领域，食品生鲜行业客户主要有：双汇、麦当劳和顶新等，医药行业客户主要有：哈药集团、赛诺菲制药、华润三九、广药集团等。2017年公司冷运业务实现营业收入达22.95亿元，同比增长59.7%。

圆通冷运和申通的申雪冷运均在2017年推出，以冷库仓储+冷藏车低温运输和宅配的形式为主，目前配送服务主要提供给生鲜产品，无医药产品冷运。快递冷运的市场渗透率较低，潜力巨大，其他几家快递企业加入竞争的可能性较大。

◆ 零担快运

（1）零担市场规模较大，集中度低

我国零担市场过万亿，进入门槛低而呈现企业数量多，集中度低的特征。根据运联传媒数据，2016年我国公路运输市场规模达到4.6万亿，其中零担市场占比约25%，规模超万亿。根据德邦招股说明书披露，企业数量自2012年就突破10000家，且每年都保持10%+的增速，2014年CR10仅为2%。美国零担市场早在20世纪初起步，上世纪80年代开始管制逐步放开，如今已形成了成熟的寡头垄断市场，2016年行业CR4、CR8、CR10分别达到40%+、60%+、70%+，远远大于中国市场同时期1%+、2%+、3%+的水平。

（2）快递企业均陆续进军零担快运行业

随着电商平台的需求产品从最初的服装生活小家电向大家电以及建材扩展，电商小件市场饱和，电商大件的市场渗透率增加，电商大件成为快递公司新的重点。且因日益增多的电商使用仓配服务后中转业务减少，除线上平台外，快递企业需要发展线下订单来保障业务量。六大快递公司均以布局快运业务，公路快运和快递行业将开始相互渗透。

快递公司快运业务发展情况

◆ 同城配市场前景广阔

同城配市场前景广阔，预计2017年市场规模将达1.5万亿元。目前的同城配送服务覆盖电商O2O、快消品、家居家电等多个领域，随着居民消费结构的提升转变，未来前景非常广阔。根据DCCI互联网数据中心的数据，2016年同城配市场规模约1万亿元，预计2017年已经达到1.5万亿元规模。根据艾瑞咨询的数据，2016年同城O2O的市场规模达到7620.6亿元，预计到2019年能实现14702.1亿元，年复合增速达到24.49%，O2O市场的快速成长或能驱动未来同城配业务的发展。

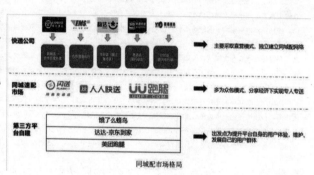

同城配市场格局

◆ 快递网点末端服务

"最后一公里"是快递以及电商行业争夺的重心，体现了对客户数据的掌握度，用以制作"客户画像"，分析现今潮流和未来发展趋势。快递公司均有重点加大网点末端的渗透率。

2015年6月，顺丰、申通、中通、韵达和普洛斯5家物流公司共同投资成立了丰巢，其中顺丰为主要持股人。然而，于2018年6月中旬，韵达和申通转让丰巢全部股份，顺丰控股将拥有丰巢科技的全部控制权。三通一达退出后，丰巢科技股东由22名降至18名。其中，深圳玮荣企业发展有限公司持股48.24%，深圳市顺丰投资有限公司持股14.43%，深圳明德控股发展有限公司持股6.69%。这也意味着，王卫麾下的顺丰系三家公司，合计持有丰巢科技69.36%。

目前，丰巢快递柜有3.5万个，用于方便消费者代收快递，不仅有利于快递市场的良性竞争环境培育，还极大的规范了快递投放的终端市场，整体上确保物品收发安全，改善消费购物体验。

2017年6月，顺丰和菜鸟的数据之争会加速阿里争夺快递终端市场。同年，菜鸟网络和中国邮政合作投资速递易，目前其分布区域和数量均高于丰巢柜，且技术水平较高，但缺乏上游业务量，在阿里系的电商平台的推动系啊，预计未来几年发展将会呈上升趋势。

因为成本投入高，商业模式单一且使用免费，智能快递柜行业仍在亏损阶段。根据相关数据显示，截至2018年5月31日，丰巢科技的资产总额为63.11亿元，净资产为45.79亿元。2018年1-5月的营业收入为2.88亿元，净利润为-2.49亿元。

5.2 电商自建物流增长迅速 ---------- 分析快递业的新进入者（电商自建物流）对行业发展的利弊

快递业的蓬勃发展，离不开电子商务的庞大市场，两者相辅相成。伴随着电商的发展和日益成熟，物流成为各个电商企业之间竞争最强有力的筹码，物流的配送速度和质量也成为了衡量企业的重要指标。显然，第三方物流快递公司已经远远不能满足电商企业的庞大订单量，以及对于配送的高标准和高要求。为此，很多电商企业打破传统快递的牢笼，通过自建物流来为自己建立一道护城河。其中，以京东、苏宁为代表的电商开始发展自营物流社会化运营，向社会开放仓配一体化供应链服务、快递和物流云三大服务体系，以提高服务品质、保障产品运送的安全。以较好的用户体验，高时效和低投诉率对传统的快递公司形成直接竞争。

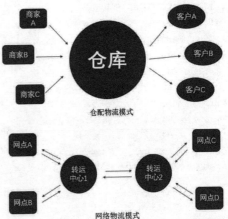

京东和苏宁的物流模式为<u>仓配模式</u>，包括仓储和配送两个环节，适用于天猫超市、京东、唯品会等B2C模式下高流量、少单品的标品供应链。以顺丰和"三通一达"为代表的传统快递公司主要是<u>网络模式快递</u>，一般包括揽收、中转、干线运输、配送等，比较适用于淘宝等C2C模式下低流量、多单品的非标品供应链。

网络快递模式的优势在于网点覆盖率广、价格便宜，更叫灵活便利。根据中国产业信息网的数据统计，网络快递模式平均履单成本为5-7元，价格便宜，适用于大部分电商平台。电商自建物流因仓储成本大，履单成本高达13-19元，且主要服务于自营电商。

2016年底，京东物流的配送点和自提点约为七千多个，而通达系快递公司均有2至3万个网点布局，差距较大。虽然京东物流的配送点和自提点增长速度较快，但短期内在网点数上仍远低于传统快递公司。京东物流全国三级区县覆盖率达94%，略低于网络快递公司的96%，差距不大；但在边远或农村地区覆盖力不强。

且2014至2016年网络快递模式电商日均单量持续远高于电商自营物流，传统快递企业市场占有率超过80%，通达系为代表的快递企业在电商快递中占比远高于电商自营物流，且顺丰、通达系和百世也陆续推出仓配一体化服务，凭借自身网络布局优势竞争仓配式。

快递市场份额。且在非电商快递中，传统快递企业由于较早占据客户资源，物流体系布局已经形成壁垒，电商自营快递占据非电商快递行业优势难度较大。

电商自建物流因其自营业务配送都是通过自己的物流体系完成，能够有效的控制过程的风险，标准化产品配送过程，且事先分仓靠近客户，略去传统快递的部分环节后更加具备时效性优势，给消费者能够带来更好的物流服务体验，有效申诉率明显低于传统快递。根据中国产业信息网数据显示，2017年10月，京东和苏宁的有效申诉率分别为0.98件/百万件与0.06件/百万件，远低于全国平均5.57件/百万件。但总体看来，顺丰申诉率仍处于行业最大。从时效差距上来看，2017年主要网络快递公司平均投递时长为2.2天，其中顺丰最低为1.8天，与京东物流的差距也在缩小。

通过以上的举例，我们对顺丰控股（SZ.002352）的产业趋势进行了分析。以顺丰控股2018年年报的数据为基础资料，我们结合自己的分析逻辑和其他外部公开资料，丰富了快递产业发展沿革、发展现状、关键转折点、产业进入障碍等内容。这些深入的产业分析，为我们之后把握公司商业模式，掌控公司核心竞争力，提供了有力的判断依据。后续会进一步举例说明。

3.3 主要资产重大变化，把握重大变化的原因

本章"公司业务概要"的第二项内容是：报告期内公司主要资产发生重大变化情况的说明，以及境外资产情况的说明。根据证监会、深交所相关规定，重大变化是指报告期期末余额较期初变动超过30%以上的情况。

事实上，主要资产重大变化的情况在财务报告附注中也会加以说明，因此，"公司业务概要"中对主要资产的重大变化说明的作用是让投资者先睹为快，对重大变化有个整体概念。

"境外资产情况的说明"给出了公司境外业务的发展状况。其中有一项指标——境外净资产占公司净资产的比重，可以看出公司在境外业务布局上的使力程度。这一比重的高低，和行业特征有关，和企业发展策略有关，所以单纯的比重并不能代表公司发展的好坏，需要结合产业环境和商业模式做进一步分析。

中油资本（SZ.000617），即中国石油集团资本股份有限公司，是中国石油天然气集团公司金融业务管理的专业化公司，是中石油金融业务整合、金融股权投资、金融资产监管、金融风险管控的平台，业务范围涵盖财务公司、银行、金融租赁、信托、保险、保险经纪、证券等多项金融业务，是央企中金融牌照最齐全、规模最大、竞争力最强的全方位综合性金融业务公司之一。

中油资本的"主要资产重大变化情况"如下。

【举例】中油资本（SZ.000617）2018年年报之"公司从事的主要业务——主要资产重大变化情况"

1. 主要资产重大变化情况

主要资产	重大变化说明
股权资产	无重大变化
固定资产	无重大变化
无形资产	无重大变化
在建工程	较年初增加121.09%，主要系本年系统建设增加所致
拆出资金	较年初增加42.05%，主要系公司根据资金头寸管理需要，调整资产配置结构所致
以公允价值计量且其变动计入当期损益的金融资产	较年初增加205.13%，主要系本年基金和企业债投资增加所致
衍生金融资产	较年初减少48.75%，主要系衍生金融工具公允价值变动所致
预付款项	较年初增加206.68%，主要系保险业务预付赔付款增加所致
应收分保账款	较年初增加88.31%，主要系公司拓展保险市场，再保规模扩大所致
应收分保合同准备金	较年初增加51.93%，主要系公司拓展保险市场，再保规模扩大所致
应收利息	较年初增加30.41%，主要系存放同业和债券投资业务规模扩大所致
其他应收款	较年初增加80.70%，主要系信托项目代垫保障基金等款项增加所致
其他流动资产	较年初增加116.58%，主要系资金清算款项增加所致
应收款项类投资	较年初减少37.48%，主要系信托和资管类投资减少所致

注：根据证监会、深交所相关规定，重大变化是指期末余额较期初变动超过30%以上。

> 变化幅度超过30%的，简要说明了变化原因

2. 主要境外资产情况

资产的具体内容	形成原因	资产规模（元）	所在地	运营模式	保障资产安全性的控制措施	收益状况（元）	境外净资产占公司净资产的比重	是否存在重大减值风险
中国石油财务（香港）有限公司	设立	186 575 586 037.38	香港	为境外中石油集团成员企业提供金融服务	通过完善而有效的内部控制措施保障资产安全	2 515 707 506.48	12.42%	否

旗下一家境外公司

3.4 公司核心竞争力分析的解读要注意什么

阅读年报时，我们常常有一种感觉：信息量很大，但不知道要抓什么好。到底哪些内容对投资判断有用？哪些内容对投资无关紧要？这需要我们头脑中对资料有删选标准，知道哪些内容可以直接拿来参考，哪些内容需要抽丝剥茧，推理摸索，以便把握到投资判断的核心。

"公司业务概要"讲了产业发展环境，也讲了公司商业模式。一家公司的经营能否成功，最重要的两个环节如下：

（1）产业发展趋势是否顺应时代潮流。

（2）公司的商业模式是否符合产业发展的要求。

如果一家公司所处的行业正处于发展上升期或稳定期，如果这家公司的商业模式能够走在行业的前端，那么，这家公司鹤立鸡群的概率就已经大于50%了。

公司核心竞争力的介绍，就是在囊括上述产业发展趋势和公司商业模式的基础上，挖掘这家公司有哪些独特而不易被模仿、复制的优点，让它领先于其他公司；公司发展之路上，建立了哪些竞争力，构筑起坚固的护城河。

继续以顺丰控股年报中的资料来举例。

【举例】顺丰控股（SZ.002352）2018年年报之"核心竞争力"（摘录）

（一）顺丰科技实力雄厚，构建行业独特核心竞争力 ---- *业内科技能力居首*

顺丰科技实力雄厚，人力+能力+财力领先同行；截止报告期末，申报和获得专利1645项，其中发明专利649项。

顺丰控股一贯重视并积极投入公司的各项智慧物流建设，旨在以科技引领、创新驱动，深入业务，积极探索，打造成为科技驱动的行业解决方案服务公司。

在人才实力方面，截至报告期末，顺丰控股科技从业人数规模超过5,754人（含外包），其中本科学历占比62%，研究生及博士占比19%，人才结构良好……

在科技实力方面，2018年，顺丰控股继续加大在大数据、人工智能、精准地图服务平台、无人化及自动化操作、智能硬件等方面的研发投入。截至报告期末，顺丰控股已获得及申报中的专利共有1,645项，软件著作权649个。在国内快递行业专利申请量排名第一……

（二）高效的行业解决方案整合能力 ---- *各大业务领域运作模式明确*

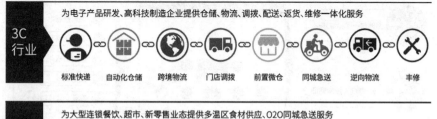

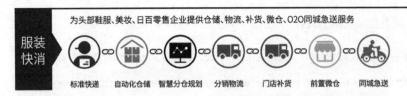

随着移动互联网向物联网技术的逐步演变，工业4.0和全渠道新零售时代的快速到来，使得企业原有的传统供应链必须通过变革转型和创新优化来快速应对数字化经济的到来。顺丰控股审时度势地着力打造方案+服务，致力成为基于顺丰DNA，以数据和科技驱动，为企业重塑供应链、提供多场景产品化的综合解决方案提供商。

（三）满意度和质量多年蝉联第一，塑造良好品牌形象 ---- *社会评价优良*

1. 满意度连续10年稳居行业榜首
2. 邮政申诉率持续低于快递同行
3. 唯一一家获得中国质量奖提名奖的快递企业
4. 快递服务全程时限排名第一
5. 顺丰首次入围BrandZ全球最具价值品牌百强榜

经过二十多年的经营，顺丰品牌已经在快递行业内享有广泛的赞誉和知名度，"顺丰"在快递行业内已经成为"快""准时""安全"的代名词，是企业客户和中高端个人客户的首选品牌。良好的市场口碑为顺丰控股带来大量优质企业客户，在3C、服装、金融保险、跨境线上贸易等领域赢得了苹果、小米、华为、优衣库、绫致、中国平安、Wish、Tophatte等一大批国内外知名企业的长期合作。

（四）A股目前首家采用直营模式的快递公司 ---- *商业模式决定的竞争优势*

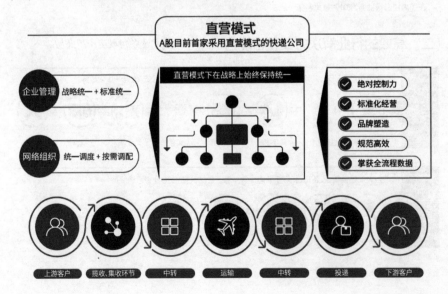

（五）独特稀缺的智慧物流网络，"天网+地网+信息网"三网合一 —— 物流网络的优势

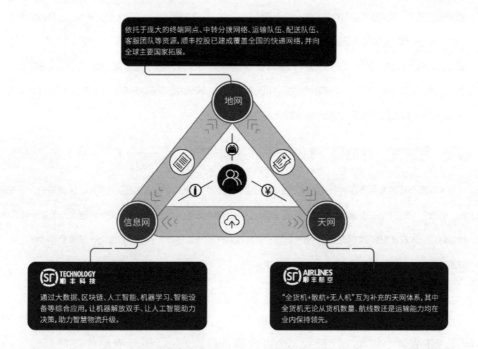

经过多年潜心经营和前瞻性战略布局，顺丰控股已形成拥有"天网+地网+信息网"三网合一、可覆盖国内外的综合物流服务网络。直营模式下的网络控制力最强、稳定性最高，加之顺丰控股一贯对于信息网的高度投入，造就了顺丰控股现今在国内同行中最独特、稀缺的庞大网络资源。

（六）投资并购整合优势资源，前瞻性布局综合物流 —— 通过收购/合作/投资等方式加强业务布局

2018年3月，顺丰控股收购广东新邦物流有限公司核心资产及相关业务，并建立"顺心捷达"快运业务独立品牌，为公司快速扩展快运业务布局奠定了网络基础和能力优势。

2018年8月，顺丰控股与美国夏晖集团宣布联合成立新夏晖，顺丰成为新夏晖的控股股东。夏晖是全球冷链供应链领导品牌，是中国冷链行业标杆企业和标准制定者之一。

2018年10月，顺丰控股与德国邮政敦豪集团（以下简称"DPDHL"）达成战略合作，顺丰控股将整合DPDHL在中国大陆、香港和澳门地区的供应链业务，且通过与DPDHL之间的《供应链战略合作协议》安排，设立顺丰敦豪供应链公司。

2018年3月，顺丰控股领投美国知名科技货代公司FlexportC+轮融资，2019年2月，Flexport开启D轮10亿美元融资，投后估值超过30亿美元。Flexport创立于2013年，由硅谷技术开发商创建，总部位于旧金山，致力于为客户提供海陆空货运、报关及货物保险等透明化服务。

(七) 稀缺的物流场地资源，先发优势明显　----占据物流场地资源优势

截至报告期末，顺丰控股持有物流场地土地面积约6173亩，总规划建筑面积约367.71万平米，已建成建筑面积约110万平米，物流场地资源账面净值合计约人民币102亿元。

截至报告期末，顺丰控股已成功布局41个城市的产业园项目，较2017年末新增济南、赣州、厦门、拉萨、广州、乌鲁木齐、南宁和扬州，未来顺丰控股将利用现有资源，满足内部需求的同时，充分考虑产业化因素，进一步加大核心战略资源布局，增强企业长足发展的核心竞争力。

(八) 有温度、有信仰、有生产力的顺丰文化　----企业文化

在顺丰控股26年的发展历程当中，优秀、强韧的企业文化基因一直发挥着极其重要的作用。成就客户、平等尊重、创新、团结、担责等等都是顺丰文化的一部分。对于顺丰来说，企业文化不只是一种信念，更是一种承诺与践行。它体现在所有顺丰员工的一言一行里，体现在顺丰的一切经营行为里，并成为一股强韧的精神力量，深深熔铸在顺丰的凝聚力、竞争力和生命力之中。

　　上市公司官方宣布的竞争力，对于投资者而言只是参考资料。我们会发现，年报中对于竞争力的描述，不少用形容词来堆砌，以规避绝对数字（例如"行业第一"）可能造成的误解。但是，投资人对企业价值进行评判时，真正有用的资料是通过"摆数据""讲事实""和同行比较"而来。因此，年报这一部分的有些参考资料可以百分之百加以利用，有些则要深入推敲和探讨。

　　"公司业务概要"对公司所处的产业环境和商业模式做了概要式的论述，但这一章的内容不足以让投资者判断公司的核心竞争力所在。投资人要做的是，先理解年报中有关产业环境和商业模式方面的资料，再根据自己的经验，找出判断公司价值所需要的资料，自行到外部公开资料中收集，最后根据各方资料去伪存真，筛出公司的核心竞争力。

　　根据前文所述的顺丰控股的产业环境和产业发展趋势，经由与同行企业的对比，梳理得到的商业模式以及通过数据比较，得到有理有据的核心竞争力如下。

　　【举例】顺丰控股（SZ.002352）的核心竞争力剖析

　　影响快递企业价值的因素多样，例如业务定位、业务量、业务模式、业务覆盖网络和运营效率，这些因素最终影响公司的盈利能力和市场价值表现。以下我们将对顺丰及四通一达的商业模式、产业链进行比较分析。

1. 业务定位

对于顺丰及四通一达[1]来说，定位不同，瓜分了国内市场。由于市场定位和运营模式的补贴，国内快递市场形成三足鼎立的格局：国际快递、国内商务快递和国外商务快递。三大国际快递占据了我国国际快递市场主要的份额，邮政和顺丰占据了商务快件主要的市场，而四通一达则占据了国内电商件快递市场主要的份额，如表3-1所示。

表3-1 快递各细分市场品牌与品牌特点

企业类型	主要品牌	主营市场
商务件企业	邮政EMS、顺丰	商务件、中高端市场为主
四通一达	四通一达	电商件
二线快递	京东、天天	电商件
其他全网型企业	宅急送、全峰和快捷等	电商件
区域型快递公司	东莞世纪同城、义务捷达等	区域市场，落地配义务为主
外资公司	FedEX、UPS、DHL、TNT、大和运输等	商务件

国内快递企业市场定位不同，但是业务之间存在交叉。顺丰主打商务件，2015年商务件业务量占比约75%，电商件占比仅10%左右。电商件在四通一达的比重占比较大，但也存在一定的非电商件业务。前文提到，中通其业务量中来自阿里巴巴旗下的电商平台占比2014年为80%，2015年为77%，2016年为76%，其他几家通达系公司情况类似。

从日均件量上看，快递市场格局较为清晰。

- 商务快递：顺丰（包含部分电商件）和EMS日均件量分别为700万件和400万件。
- 电商件快递：通达系日均件量都在700万件以上，中通和圆通均超过1200万件。
- 京东和天天等日均量约为350~450万件。
- 快捷、宅急送、全峰等三四线快递日均量在100万件左右及以下。

2. 运营模式比较

（1）业务模式

就国内五大快递企业而言，顺丰和通达系表现为不同的商业模式。其中，顺丰为

---

[1] 四通一达，是申通快递、圆通速递、中通快递、汇通快递、韵达快递五家民营快递公司的合称。

直营模式，通达系则为加盟模式。两者差异主要体现在揽收和派件上。快递业务环节可以分为：快件揽收、快件中线、干线运输和快件派送。

加盟模式下，快件中转环节（快件中转、干线运输）主要由快递公司自营枢纽中心体系承担，快件揽收和派送环节主要由加盟商网络承担；直营模式下，快件中转环节、快件揽收和派件环节均由快递公司负责。

加盟模式将揽收、派送环节分离出去的原因是由于：转运中心分拣效率和干线运输效率是决定快递企业运营效率的主要因素，而派送则相对次要，从这个角度看，网点直营和加盟模式并无优劣之分。

加盟模式创造性地解决了快递跨区服务的问题，也解决了中小民营企业内源性和外源性融资难的问题。但加盟商策略对网络的稳定性至关重要，近年来由于总部对加盟控制不力、利益分配不均，网络稳定性时有震荡，成为对总部发展的一大威胁。所以从短期来看，企业的继续发展决定于网络的稳定性，决定于总部对于加盟商的政策。

从各环节的具体实施情况来看，五大快递企业对"转运中心操作"和"揽件派件"等环节均以外包为主，而对干线运输则实施不同程度的外包。在品牌、网点、设备统一提供且保证统一服务质量标准的前提下，快递公司基本把收派、仓管和中转装卸等流程外包，如表3-2所示。

表3-2 顺丰及三通一达各业务环节

	转运中心	转运中心操作	干线运输	网点	揽件派件
顺丰	全直营	外包	直营+外包	直营	直营+外包（伙伴计划）
申通	直营+加盟	外包	自有运力为主	加盟	加盟
中通	直营为主	外包	自有运力占比较高，外包为独家合作，长途货运卡车数量超过4200辆，其中2930辆自有车，以及1270辆来自To glu Tongze运输公司的车辆，后者与中通独家合作	加盟	加盟
韵达	直营为主	外包	模式多样：包括直营车、外包合同车、临时物流卡车、承包车、网点车（对发货量较大的少部分加盟网点，在满足装载要求的情况下，自行运输）	加盟	加盟
圆通	直营+加盟	外包	主要有自由车辆运输和承运商运输两种方式，目前干线运输仍以承运商为主	加盟	加盟

注：转运中心操作包括分拣、装卸、中心操作、仓管、输单、扫码等工作，主要为简单重复新劳动，员工流动性大。

通达系为首的加盟快递均采取中心直营+加盟式的扁平化管理,通过对区域枢纽、省会城市、重要的节点城市的转运中心采用直营模式,可进一步提升干线网络的作用,加强业务管控,改善运转效率。为增强对加盟网点的控制,其中几家例如圆通甚至将主要或重点区域网点收回直营。

（2）业务网络

从覆盖地域来看,顺丰与通达系相当。截至2017年,五大快递企业的内地业务覆盖情况相当,基本实现了地级城市的全覆盖,县级覆盖率达到90%以上,如图3-1所示。

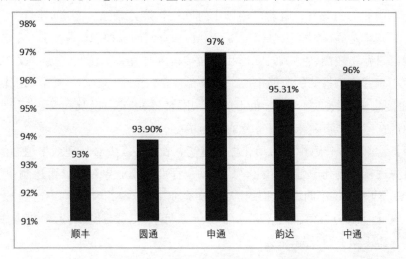

图3-1　五大快递企业县级城市覆盖率

而终端网点方面,通达系终端网点数量相当,均超过2万个,明显领先于顺丰。加盟快递中,中通、韵达、圆通加盟数量多,均有2600~3600个,单个加盟商体量小,总部对其控制力更强。申通则采用加盟网点全自营模式,加盟商数量少,单个体量大,控制力度小。

（3）转运效率

转运效率可由转运中心数量和转运中心操作效率两者来体现。

顺丰转运中心数量远远高于通达系,用以保证其时效和服务品质。圆通、申通、中通转运中心数量较为接近,韵达近年来为优化成本结构,将转运中心数量从2013年的80余家缩减至目前的57家。参见表3-3所示。

表3-3 传统快递企业转运中心数量

	转运中心	直营数量	转运中心直营比例	网点数量	网点模式
顺丰	158	158	100%	13 000	直营
申通	82	48	59%	20 000	加盟
圆通	82	60	73%	24 000	加盟
中通	75	69	92%	20 000	加盟
韵达	57	55	96%	26 000	加盟

从转运中心的角度看，直营制的顺丰对网络管控力最强，而对加盟制快递而言，转运中心直营率越高，则表明总部对转运中心和全网的管控力越强。其中，韵达和中通转运中心直营率较高，管控强，圆通和申通转运中心直营率较低，分别为73%和59%。对转运中心直营比例最低的申通来说，其现有直营转运中心48个，其中一级转运中心仅3个，主要集中在长三角地区，而北京、广州等一线城市，以及武汉、长沙、郑州、西安等中西部省会城市还未建立直营的转运中心。

除了直营率外，转运中心自动化程度越高，表明转运中心处理效率越高。顺丰作为业界最先进行自动化改造的企业，其自动化程度也是业界最高，可达到单层2万票每小时，双层4万票每小时，而在加盟制快递企业中，韵达和中通均可达到2万票左右每小时，申通为1.8万票每小时，圆通为1.2万票每小时。因此在转运中心操作效率上看，顺丰、韵达和中通领先。

从加盟商角度看，顺丰虽然是全直营，但也在末端网络采用更加灵活的外包模式，如伙伴计划。加盟制快递中，中通、韵达、圆通加盟商数量多，均有2600~3600个左右，而单个加盟商体量小，平均快递量在100多万件左右，总部对其控制更强，指令执行效果更佳，进行拆分、调整时更便利。而实行加盟网点全直营的申通加盟商数量最少，仅1600个，单个体量大，达到204万件，控制力度较小。

得益于大加盟商策略和先发优势（申通最早成立），申通在行业发展初期能够占有20%左右的市场份额，随着行业竞争加剧，采用小加盟商策略的中通和韵达后来居上。

从总部对加盟商的政策扶持上来看，中通提出收派标准化，制定统一的收派费标准来保障基层收派者的利益；圆通提出要解决"重直营、轻加盟"的问题，并"要全力以赴服务好加盟商"；韵达2014年年底起鼓励加盟商自跑仅三年时间，自跑运输量已达到总业务量的15%。

3. 运营效率比较分析

（1）网络布局及路由模式

在快递行业中，网络布局和路由模式至关重要，合理的布局可以使中间环节有效地减少，以降低空载率和单票运输成本。快递的网络布局主要有点对点的快递网络和轴辐式快递网络两种。点对点模式在任意两个城市之间均有直达运送车辆；而轴辐式运输则是根据地域和运送线路来划分为几个区块，在区块中设立中间城市为枢纽，枢纽城市之间开通直达运输，该区块范围内其他城市通过枢纽中心来中转衔接，如图3-2所示。

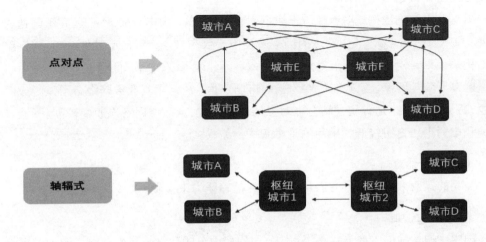

图3-2 点对点快递网络和轴辐式快递网络对比

两种快递模式无优劣之分，快递公司根据其业务定位和业务量大小来选择快递网络模式。点对点网络的时效性好，但分拣成本较高，节点运量较大并且运输成本较高；轴辐式网络分拣成本较低，因节点间运量小，所以运输成本较低。在节点的业务量足够多的情况下，点对点模式下的分拣成本少于轴辐式的转运成本，反之则选择轴辐式网络更合适。

考虑到在不同地区的经济发展差异下，各个节点间运量大小也有差异，顺丰和韵达采用点对点与轴辐式相组合的网络结构，大部分地区以轴辐式网络为主，而某些快递量大的节点间采用点对点直达运送，既发挥点对点网络较低运输成本的优势，也充分利用轴辐式网络降低分拣成本的优势。其车辆装载率更高、干线运输效率更高，有利于降低单位干线运输成本，但对信息化水平和路由规划的要求较高，如表3-4所示。

表3-4　各公司转运模式与干线枢纽比

	转运模式	干线数量	干线枢纽比
顺丰	轴辐式+点对点	9 600	60.76
圆通	轴辐式	3 475	42.38
申通	轴辐式	-	-
韵达	轴辐式+点对点	4 200	73.68
中通	轴辐式	1 980	26.4

干线枢纽比主要用于衡量网络连通度。干线枢纽比越高，表明网络连通度越高，可视为网络评价的中心指标。

根据艾媒咨询数据，韵达股份干线枢纽比为73.7%，顺丰为60.8%，远高于圆通的42.4%和中通的26.4%，其中韵达的因其转运中心仅有57个，远低于其他4家，转运路由结构最扁平，较多的采用点对点网络模式，因此联通度较高。而顺丰虽然转运中心数量远高于其他四家，但其商务件为主的市场定位，决定了其业务网络必须以时效性为重，因此采用的也是轴辐式结合点对点的网络模式，从而使网络连通度较高。圆通、中通和申通干线枢纽较低，采用的是轴辐式网络模式。

（2）运输能力

公司的运营效率在另一方面可由公司的运输能力来体现。

① 地网运输能力

国内快递运输的主要方式是汽运，公司的自由车辆数量也是衡量网络能力的标准之一。自有车辆越多，能够有效地降低用车成本，特别是在旺季时外包车辆提价的季节。根据各公司2017年财报显示，顺丰由于其直营模式，16195台自有车辆为行业第一。通达系因其加盟模式，韵达的末端配送车辆总数达20000余辆；圆通的全网运输车辆达36000辆，申通目前拥有企业统一标准的货车5000余辆；中通拥有2930辆自营卡车，且使用大容量甩挂车，能减少其30%的运输成本。

2017年年度，顺丰陆路运输快递业务量为22.59亿票，占公司2017年度总快递业务完成量的74%。

② 天网运输能力

除汽车运输之外，日益增长的快递需求使得货运飞机数量增加。目前，顺丰、EMS和圆通三家快递公司成立了航空业务。

以顺丰为例，其高时效性的一大助力就是航空能力。截至2017年，顺丰目前拥有57架货机，加上外包货机发货量。2017年上半年航空发货总量达51.4万吨，占全国总量约20%。

EMS目前拥有33架货运飞机，总运能达638吨；圆通拥有6架货运飞机，总运能达84吨。

4. 时效性与申诉率

快递公司运营效率（即转运效率、运输效率和派送效率）与快递公司的服务性价比成高度正相关。而快递公司的服务性价比则由两方面来体现，一是快递公司的服务质量，最直观的指标即为时效性与申诉率，二是快递公司的运营成本。

根据国家统计局相关统计，从2012年起，快递行业的总体时效性就呈上升趋势。2017年快递行业的平均72小时准时率为78.7%，同比增长3.2%。在资本入注和技术发展的积极影响下，快递行业的整体运营能力与运输能力都在有效提升。

在主要快递企业中，顺丰依然占据准时性与满意度榜的第一名，满意度为83.4%。三通一达的满意度都在74%~76%之间，其中，韵达和百世的满意度上升较为明显，如图3-3所示。

图3-3　快递时限准时率

有效申诉率可以衡量快递公司的服务质量和消费者满意度。随着消费者对配送品质的日益重视，行业整体均重点关注对服务质量的提升，2012年至2017年，有效申诉率呈下降趋势，如图3-4所示。

2017年12月，全国快递服务有效申诉率为6.96%，环比增加1.87%，同比减少5.72%，高于全国平均有效申诉率的快递企业有14家。行业服务质量对业务量的影响增大，甚至超过价格因素。以中通和韵达为例，两家的平均快递单价分别为11.8和11.4，均高于申通的11.2；前两者的12月的申诉率分别为2.09%和1.84%，远低于申通的10.68%，而中通和韵达2017年业务量增速为36.9%和47.3%，远高于中通的17.5%。低申诉率带来高业务量和高增长率的可能性大于低价，提高配送品质是未来快递行业提高业务量的关键，如图3-5所示。

图3-4 快递有效申诉率

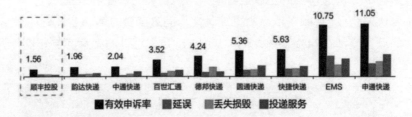

图3-5 快递企业服务质量比较

5. 盈利能力

（1）顺丰营收占据行业收入龙头

从快递企业的营业收入上来看，2017年，公司营业收入从高到低为顺丰、百世集团、圆通、中通、申通、韵达。其中顺丰控股2017年实现营业收入710.94亿元，远超于排名第二的圆通快递199.82亿元的营业收入。而归母净利润，顺丰控股2017年实现了47.7亿元，中通则排名第二实现归母净利润31.6亿元，如图3-6所示。

图3-6 快递行业公司营业收入

百世集团，2017年营业收入同比增长127%，增速位于行业第一，但其归母净利润，2017年净亏损12亿元，亏损缩窄，但状态仍未改变。

从毛利润上看，2017年，顺丰、申通、中通、圆通及韵达分布实现毛利润为142.71亿元（+26.1%），23.36亿元（+19%），43.46亿元（+26.2%），23.45亿元（+2.8%），28.94亿元（+26.4%）。毛利率分别为20.07%，18.45%，33.27%，11.73%和28.98%，如图3-7所示。

图3-7　快递行业公司归母净利润

（2）快递行业价格竞争趋势减弱，中通业务量第一

影响公司盈利能力的一个重要指标即为公司的运营成本。

2011年至2015年是快递行业高速发展的时期，业务量增速远高于业务收入增速，近年来随着市场趋于成熟稳定，且物价成本上升，致使业务量和业务收入的增速均开始放缓，业务量与业务收入的增速差距在缩小。这也在一定程度上表明我国快递行业由粗放型增长缓慢转变为精细化增长，如图3-8所示。

图3-8　快递业务量与业务收入增速对比

2017年，快递行业单价较为稳定，降幅减缓。2017年平均单价为12.34，同比降低3.1%，预计2018年降幅将持续减少，甚至不降。2017年11月中通、韵达等快递公司发布涨价通知，但从数据上看平均仅涨价0.1元，不如2016年年底涨价0.4元，涨价政策或许还未全面落实。此趋势也显示价格战参与度减小，快递价格逐渐恢复理性，市场份额仍是各大快递公司的重点，但利润关注度的比重在上升。

从业务量上考虑，中通业务量处于行业第一的地位，2017年中通业务量为62亿件，实现同比增长38%，如图3-9和图3-10所示。

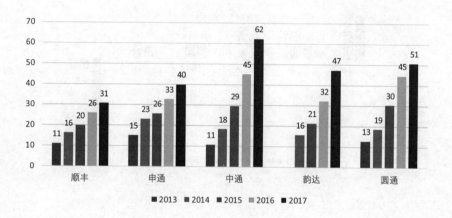

图3-9　顺丰及三通一达业务量（亿件）

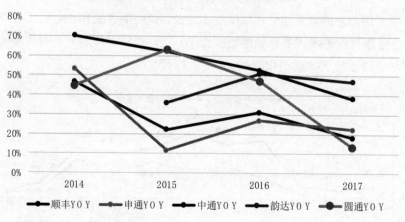

图3-10　顺丰及三通一达业务量增速

(3) 运营成本

顺丰：采取自营模式，致力于为客户提供高质量的快递服务，其收入为全口径快递服务费，加之商务件（22~23元）价格高于电商件（6~8元），因此其单票收入、毛利、净利远高于通达系。

通达系：采取加盟模式的"三通一达"收入方面主要为面单费、干线运输费和派送费。其中，中通和韵达确认的营业收入中不包含派送费。成本方面，可以归纳为运输成本、面单成本和中转费用（包括折旧摊销、中心操作人工、装卸扫描费、分拣中心费等），圆通和申通还包括派送费，如表3-5所示。

表3-5 各快递公司收入和成本

	收入	成本
顺丰	快递服务费	快递服务成本
中通	面单费，中转费	面单成本，运输成本，中转费用
韵达	面单费，中转费	面单成本，运输成本，中转费用
圆通	面单费，中转费，派送费	面单成本，运输成本，中转和派送费用
申通	面单费，中转费，派送费	面单成本，运输成本，中转和派送费用

其中，

- 顺丰：广东省首重12元，续重2元/千克，其他地区首重省内20元，续重13~18元/千克，港澳台首重30元，续重20元/千克。
- 中通：首重6~12元，续重4~7元/千克，偏远地区首重15~20元，续重15~18元/千克。
- 韵达：江浙沪5~6元不限重量，其他地区首重9~16元，续重5~10元/千克，偏远地区首重25元，续重20元/千克。
- 圆通：江浙沪8元不限重量，其他地区首重15元，续重12元/千克，偏远地区首重20~28元，续重18~22元/千克。
- 申通：首重8~15元，续重3~10元，偏远地区首重18~25元，续重12~20元/千克。

(4) 顺丰成本分析

由于业务定位的差异，商务件价格和毛利都要远高于电商价，因此顺丰盈利能力要远高于通达系。2017年，顺丰控股件量同比增长18%至30.52亿件。同时，相比于2016年，件均价和毛利均有一定程度的上涨。期间费用率较2016年有一定幅度的下滑。因此，顺丰单票扣非后净利增长至1.21元，如表3-6所示。

表3-6 顺丰盈利能力分析

		2013	2014	2015	2016	2017
件量（亿）		10.97	16.10	19.69	25.80	30.52
YoY			46.8%	22%	31%	18%
单件分析（元）	收入	24.67	23.75	24.02	22.28	23.29
	成本	18.49	19.58	19.12	17.89	18.62
	毛利	6.18	4.17	4.9	4.39	4.68
	期间费用	3.48	3.59	3.64	2.96	2.90
	营业利润	2.21	0.75	1.3	1.43	2.11
	扣非后净利	1.72	0.57	0.82	1.02	1.21

从成本构成上考虑，顺丰控股成本中占比最大的为外包成本，其中占总成本比重达49.14%；职工薪酬占比第二，达17.73%，如表3-7所示。

表3-7 顺丰成本构成（单位：亿元）

项目	2016	2017
职工薪酬	94.43	100.73
外包成本	208.57	279.21
运输成本	73.97	82.38
办公及租赁费	27.3	33.86
物资及材料费用	22.68	29.9
其他	34.70	42.15
总成本	461.65	568.23

（5）通达系成本分析

通达系快递的业务模式类似，可以进行对比分析。2016年，圆通、申通、韵达和中通单票快递业务收入分别为3.77、3.03、2.29和2.08元，同比分别下降5.5%、增长0.9%、下降3.6%和增长3.8%；单票快递业务成本分别为3.18、2.4、1.47和1.35元，同比分别下降5.4%、1.7%、7%和增长2.7%。其中，因为三通一达各公司的收入及成本计算方法不一致，因此，单票收入需要调整在同一口径下。我们对其相同的成本类别进行分析。

① 面单成本

从面单成本的角度上看，近年来电子面单快速普及，占比上升，面单费和成本持续下降。2016年中通、圆通、申通、韵达电子面单使用率为78%、73.92%、70%、60%。电子面单从传统的四联变成了两联，尺寸也相比减小，生产成本从125元/1000张下降至65元/1000张，总面单平均成本呈下降趋势。随着电子面单占比持续上升，面单成本还将进一步下降，对总运营成本影响减少。截止2017年，申通电子面单使用比率为

75.11%；圆通单票面成本有所下降，2017年为0.01元/件，上期为0.03元/件；韵达电子面单的使用比率2017年也约85.89%。

② 运输成本

从运输成本角度看，运输成本主要包括油费、车辆折旧、路段收费站和司机薪酬等。从单票运输成本来看，中通具有明显的优势，运输成本一直低于行业平均水平，这得益于其大量使用大容量甩挂车，提高了车辆装载率和转运时效，但在2016年受油价影响出现回升的趋势，未来下降空间有限；韵达单票运输成本则大幅度下滑，除了业务量上升带来的规模经济，还得益于2013年以来各项运输成本优化策略，包括转运中心合并，主动优化调减了运输线路，采用甩挂车运输、路由优化、网点自跑等，大大提高了运输效率。整体来看，单票运输成本的下降速度逐渐放缓。

③ 中转成本

从中转成本的角度看，中转费用包括员工薪酬、场地租金、设备折旧摊销等分拣中心的操作费用。由于三通一达大部分仍为人工分拣，因此，人工薪酬占中转费用较大，且与业务量呈现正相关的关系。

其中，中通因转运中心业务量高于同行，中转成本较低；圆通因对加盟商的补贴派送费隐藏在中转费中，因此单票中转成本较同行较高。

降低中转成本的核心是提高单人分拣效率，而自动化分拣设备的引入可以大大提高人工效率。韵达、中通和申通至2016年起均开始引入自动化分拣设备，其中韵达在十余个转运中心均以配备自动化分拣设备，在三通一达中配备率最高，平均节约40%的人工成本，且其他三家的单票中转成本在未来几年也呈现下降的趋势。

第 4 章
经营情况讨论与分析

经营情况讨论与分析，又称为"董事会报告"或"管理层讨论与分析"，是年报中最精华的部分，也是上市公司最花心思编写的部分。

如果说年报的第2章"主要财务指标"概述了公司经营业绩指标，第3章"公司业务概要"从宏观的角度来描述公司所处的产业状况、公司经营的商业模式等内容，那么年报的"董事会报告"和"管理层讨论与分析"章节则是通过上司公司对公司业绩的文字解读，从微观层面进一步解析公司的经营及财务状况、经营管理水平以及对公司未来发展趋势和发展前景的前瞻性判断和预期，并提示相关风险。

这一部分总结过去、分析现在、展望未来，既总结了公司在报告期内的业绩，也对未来发展进行展望，制定未来的发展战略和经营目标。主要内容包括：

（1）现状讨论与分析。

（2）报告期主要经营状况。

（3）公司关于未来发展的讨论和分析。

其中，"报告期主要经营状况"是投资者了解公司盈利能力和盈利质量的重要组成部分，这部分披露公司的研发、现金流、投资等各方面信息。投资者可以从确凿的数据层面了解上市公司的行业地位、主要优劣势、机会点和困难点，以及公司的经营和盈利能力的连续性、稳定性等，对投资者的决策判断有很大帮助。

本章的实例以中国国旅（SH.601888）（注：中国国旅已于2020年6月更名为中国中免，本书仍沿用原名）为主。

中国国旅（SH.601888），即中国国旅股份有限公司，它由子公司中国国际旅行社总社有限公司（国旅总社）、中国免税品（集团）有限责任公司（中免集团）、国旅（北京）投资发展有限公司组成，三家子公司分别主营旅游业务、商品销售业务和投资业务。但是，中国国旅目前的利润来源，90%以上来自中免集团，中免集团主营的商品销售业务是具有垄断性质的免税销售业务，例如经营机场免税店（北上广的主要机场免税店均已被中国国旅掌控）。中国国旅的年报中清晰说明了公司业务分类，以及各板块业务对业绩的贡献度。

4.1 整体经营情况讨论与分析，启动细节化说明

整体经营情况讨论与分析，把公司的主要业务切分成不同板块并分别阐述。通过整体经营情况讨论与分析，投资人可以明确，企业的各主要业务板块的发展情况和特点，为后续"主要经营情况"章节中的数据分析做好铺垫。

【举例】中国国旅（SH.601888）2018年年报之"经营情况讨论与分析"（摘录）

分别描述中国国旅三大类业务的经营情况

一、经营情况讨论与分析

2018年，公司紧密围绕"十三五"发展规划，按照高质量发展要求，多措并举，加快业务转型升级，不断提升核心竞争能力，重点项目取得突破性进展，业务布局成效显著，企业经营管理能力进一步提升。

1. 旅游服务业务

报告期内，公司按照既定发展战略，努力实施经营模式转变，推动旅行社业务资源整合，旅游服务业务取得稳步发展。……

2. 商品销售业务

报告期内，公司免税业务取得突破性进展，完成了对日上上海51%股权的并购，中选上海浦东国际机场、虹桥国际机场7年免税业务经营权，成功获得嘉年华旗下歌诗达邮轮免税经营权，与泰国皇权集团股权合作取得澳门国际机场免税经营权并顺利开业。……

3. 旅游投资业务

报告期内，公司坚持战略引领，持续深化企业发展战略，稳步拓展旅游零售商业综合体项目，……另外，报告期内，公司成立国旅（海口）投资发展有限公司，并成功竞得海口市滨海大道西侧、新港经六街以东的六块国有建设用地使用权，为公司充分把握海南离岛免税发展机遇，践行打造海南国际旅游消费中心的国家战略打下良好基础。

▶ 教你读懂年报 ◀

事实上，通过中国国旅年报第3章的对"从事的主要业务"所做的说明，投资者已经对中国国旅的业务板块和商业模式有了初步了解。年报的第4章"经营情况讨论与分析"所述的业务板块，细化了不同业务的具体内容。例如，旅游业务推出的"一带一路"、意大利超级目的地计划等系列；商品销售业务实现的对日上上海51%股权的并购，所取得的歌诗达邮轮免税和机场免税经营权等；旅游投资跟进了三亚海棠湾河心岛项目的建设，并且取得新的用地用于开发海南离岛免税业务，等等。

4.2 主要经营情况，用数字说话

公司的主要经营情况，全部用数字说话。

首先，"主要经营情况"会概述这一年度的业绩表现。

【举例】中国国旅（SH.601888）2018年年报之"主要经营情况"（摘录）

二、报告期内主要经营情况

报告期内，公司实现营业收入470.07亿元，同比增长66.21%，实现营业利润54.26亿元，同比增长40.81%，实现利润总额53.36亿元，同比增长39.17%，实现归属于上市公司股东的净利润30.95亿元，同比增长22.29%。主要原因是报告期内公司通过收购日上上海、巩固优化现有离岛免税业务和开展首都机场及香港机场免税业务带来收入增量173.23亿元，以及归属于上市公司股东的净利润增量5.04亿元。报告期公司主营业务毛利率为41.11%，比去年同期提高11.93个百分点，主要原因是公司毛利率较高的商品销售业务收入占比由2017年的55.99%提至2018年的73.64%。 ———— 总体业绩状况及主要原因

报告期内，公司旅游服务业务实现营业收入122.90亿元，同比增长0.10%，毛利率为10.01%，比上年同期提高0.41个百分点。其中入境游业务实现营业收入6.75亿元，同比增长1.12%，毛利率为11.08%，同比下降2.66个百分点。出境游业务实现营业收入63.03亿元，同比下降2.43%，毛利率为5.45%，同比提高0.43个百分点。国内游业务实现营业收入33.30亿元，同比增长2.28%，毛利率为6.33%，同比提高0.13个百分点。境外签证业务实现营业收入11.32亿元，同比增长14.91%，毛利率为23.46%，同比下降0.04个百分点。 ———— 旅游业务及各分支的业绩状况

报告期内，公司商品销售业务实现营业收入343.35亿元，同比增长119.81%，毛利率为52.24%，比上年同期提高7.67个百分点，主要原因是中免公司收购日上中国和日上上海后，对免税商品采购渠道进行了整合优化，采购议价能力明显提升。其中免税商品销售业务实现营业收入332.27亿元，同比增长123.59%，毛利率为53.09%，同比提高7.36个百分点。公司有税商品销售业务实现营业收入11.08亿元，同比增长45.90%，毛利率为26.91%，同比提高4.84个百分点。 ———— 商品销售业务及各分支的业绩状况

2018年，受益于市场宣传活动不断丰富，知名度不断提高，且旅行社产品线路增加，旅行社渠道不断拓展，三亚海棠湾免税购物中心实现营业收入80.10亿元，同比增长31.66%，其中免税商品销售收入77.71亿元，同比增长32.46%。全年接待顾客597万人次，购物人数170万人次。受益于机场客流量持续增长、经营管理水平不断提高、商品结构不断丰富，并通过营销引流、促销推进、员工激励等方式，上海机场免税店（含浦东国际机场和虹桥机场免税店，2018年3月纳入合并报表）实现营业收入104.51亿元，首都机场免税店（含T2和T3航站楼免税店）实现营业收入73.89亿元。 ———— 着重指出为商品销售业绩做出重大贡献的项目

其次,"主要经营情况"给出利润表及现金流量表的主要数据及变动情况。对于其中变动较大的数据,要记得到财务章节中寻找变动的原因。

1. 利润表及现金流量表相关科目变动分析表

科目	本期数	上年同期数	变动比例(%)
营业收入	47 007 321 221.24	28 282 286 665.72	66.21
营业成本	27 518 331 483.44	19 848 025 108.04	38.65
销售费用	11 600 651 127.90	3 528 697 579.62	228.75
管理费用	1 601 118 682.78	1 082 443 682.32	47.92
财务费用	-6 982 297.18	-142 865 818.06	不适用
经营活动产生的现金流量净额	2 722 225 217.54	3 017 128 440.28	-9.77
投资活动产生的现金流量净额	-1 905 963 152.18	1 453 802 396.75	-231.10
筹资活动产生的现金流量净额	-1 148 590 003.20	-1 896 047 560.68	不适用

寻找变动较大的原因

3. 费用

报告期内,公司销售费用同比增长 228.75%,主要是由于收购日上上海带来的销售费用增量以及机场租赁费的增加所致;管理费用同比增长 47.92%,主要是由于收购日上上海带来的管理费用增量以及薪酬增长所致;财务净收益同比下降主要是报告期汇兑损失增加所致。

5. 现金流 ——— *此处现金流说明是年报第4节给出的相应解释*

报告期公司经营活动产生的现金流量净额比上年同期下降 9.77%,主要是免税业务持续大幅增长保持了经营活动现金流净流入,但受免税业务机场租赁费增加、季节性备货量逐年加大,导致净额略有下降。报告期投资活动产生的现金流量净额比上年同期大幅下降,主要是上年存在理财支出时间性差异和收购日上中国净流入,本年收购日上上海净流出、建设工程及购置土地支出等因素影响。报告期筹资活动产生的现金流量净额比上年同期大幅增长,主要是偿还债务及子公司支付给少数股东的股利减少所致。

4.3 收入组成和成本组成的拆分,用历史走势判断公司盈利能力

从收入组成和成本组成的角度,分析每个业务板块的收入和成本,以及毛利率表现。

▶ 教你读懂年报 ◀

【举例】 中国国旅（SH.601888）2018年年报之"主要经营情况——收入和成本分析"

(1). 主营业务分行业、分产品、分地区情况

主营业务分行业情况

分行业	营业收入	营业成本	毛利率（%）	营业收入比上年增减（%）	营业成本比上年增减（%）	毛利率比上年增减（%）
旅游服务业	12 289 500 827.30	11 059 024 060.11	10.01	0.10	-0.36	增加0.41个百分点
商品销售业	34 335 071 643.36	16 398 219 142.08	52.24	119.81	89.41	增加7.67个百分点
合计	46 624 572 470.66	27 457 243 202.19	41.11	67.13	38.98	增加11.93个百分点

主营业务分产品情况

分产品	营业收入	营业成本	毛利率（%）	营业收入比上年增减（%）	营业成本比上年增减（%）	毛利率比上年增减（%）
入境游	675 295 241.93	600 464 997.81	11.08	1.12	4.24	减少2.66个百分点
出境游	6 302 617 835.08	5 959 093 701.29	5.45	-2.43	-2.87	增加0.43个百分点
国内游	3 329 924 469.59	3 119 008 402.40	6.33	2.28	2.14	增加0.13个百分点
商旅服务	516 026 916.00	209 309 054.05	59.44	-6.84	-24.62	增加9.57个百分点
境外签证	1 131 582 838.87	866 072 794.48	23.46	14.91	14.98	减少0.04个百分点
其他业务	334 053 525.83	305 075 110.08	8.67	-6.04	0.66	减少6.08个百分点
旅游服务小计	12 289 500 827.30	11 059 024 060.11	10.01	0.10	-0.36	增加0.41个百分点
免税商品销售	33 227 329 380.32	15 588 571 000.29	53.09	123.59	93.26	增加7.36个百分点
有税商品销售	1 107 742 263.04	809 648 141.79	26.91	45.90	36.84	增加4.84个百分点
商品销售小计	34 335 071 643.36	16 398 219 142.08	52.24	119.81	89.41	增加7.67个百分点

营业收入和成本怎样做分析呢？

1. 营业收入分析

先看营业收入分析。营业收入例如商业企业的商品销售收入、生产加工企业的产品销售收入、饮食业的饮食品销售收入、服务业企业的服务收入、仓储业企业的仓储收入、运输业企业的运费收入，等等。

中国国旅从行业和产品两个角度对收入做分类。有些公司，例如境外业务占一定比重的或国内业务有明显区域划分的，会增加第三个角度——按地区分类。

收入分析，主要解答的疑问是：

（1）收入是由哪个行业中贡献的，贡献比重多大？

（2）进一步，收入是由行业中的哪个产品贡献的，贡献比重多大？

（3）对于按地区分类的公司，要知道哪个地区贡献的收入最大，贡献比重有多少？

无论是按行业，还是按产品，亦或是按地区，除了数据本身还要结合公司策略进一步了解：

（1）收入贡献大的部分是不是公司的盈利点？

（2）收入贡献大的部分是不是公司未来发展的重点？

（3）有没有继续前进的潜力？

（4）收入贡献较小的部分，对公司的盈利贡献如何？

（5）是否有可能成为未来收入贡献较大者？

（6）是否可能成为新的盈利增长点？

……

对于中国国旅而言，旅游服务和商品销售几乎占据了营业收入的99%以上，另一大项投资业务的营业收入忽略不计。所以我们在收入和成本分析表中，看到的是旅游服务和商品销售两大业务。

2. 营业成本分析

再看营业成本分析。营业成本是与营业收入直接相关的，例如用于产品生产的原材料、燃料动力，发放给生产人员的工资、奖金、福利，等等。

成本分析同样是按照行业、产品、地区等细项来划分的。以"分行业"为例，内容包括成本构成项目、项目成本金额及占总成本的比例、与上年同期状况的比较，并对变动原因进行解释。参见表4-1和表4-2。

表4-1　中国国旅营业成本分析——分行业情况（单位：元）

分行业情况							
分行业	成本构成项目	本期金额	本期占总成本比例（%）	上年同期金额	上年同期占总成本比例（%）	本期金额较上年同期变动比例(%)	情况说明
旅游服务业	旅游服务成本	11 059 024 060.11	40.19	11 099 252 801.59	55.92	-0.36	非签证业务量下降所致
商品销售业	商品销售成本	16 398 219 142.08	59.59	8 657 652 890.80	43.62	89.41	收购日上上海、巩固离岛免税业务及开展香港机场、北京机场业务所致

对成本变动的说明

表4-2　中国国旅营业成本分析——分产品情况（单位：元）

分产品情况							
分产品	成本构成项目	本期金额	本期占总成本比例（%）	上年同期金额	上年同期占总成本比例（%）	本期金额较上年同期变动比例(%)	情况说明
入境游	入境游成本	600 464 997.81	2.18	576 020 770.14	2.90	4.24	业务量增加所致
出境游	出境游成本	5 959 093 701.29	21.65	6 135 472 773.51	30.91	-2.87	业务量减少所致
国内游	国内游成本	3 119 008 402.40	11.33	3 053 731 468.43	15.39	2.14	业务量增加所致
商旅服务	商旅服务成本	209 309 054.05	0.76	277 685 916.33	1.40	-24.62	业务量减少所致
境外签证	境外签证成本	866 072 794.48	3.15	753 253 843.32	3.80	14.98	业务量增加所致
其他业务	其他业务成本	305 075 110.08	1.11	303 088 029.86	1.53	0.66	业务量变化所致
免税商品销售	免税商品销售成本	15 588 571 000.29	56.65	8 065 957 735.15	40.64	93.26	收购日上上海、巩固离岛免税业务及开展香港机场、北京机场业务所致
有税商品销售	有税商品销售	809 648 141.79	2.94	591 695 155.65	2.98	36.84	收购日上上海、巩固离

事实上，前后两年成本的上下波动是很正常的情况，投资者要关注的是变化幅度特别大的项目以及变化的原因。

例如，本例中商品销售的成本增幅高达89.41%，则要进一步查看原因：收购日上上海、巩固离岛免税业务及开展香港机场、北京机场业务所致。年报此处给出的原因通常较为简单，投资者需要结合年报其他部分继续挖掘"收购日上上海""巩固离岛免税业务""开展香港机场业务""开展北京机场业务"分别对成本构成造成的影响。如果能挖掘到上述几项业务对应的营收，则能进一步从毛利率的角度分别判断这几项业务为中国国旅创造的盈利空间。

4.4 毛利率

营业收入和营业成本的结合，产出重要数据——毛利率[1]。

一般而言，毛利率越高，公司产品或服务的盈利能力越强，竞争力就越强。但是在有些情况下，虽然毛利率不高，但公司的盈利能力依然可以较好。例如，公司采用薄利多销的手段时，因为"薄利"并不能增加"营业收入－营业成本"的值，但因为"多销"导致营业收入的猛增，由此得出"营业收入－营业成本"和"营业收入"的比值（即毛利率）较低。虽然毛利率不高，但因为"营业收入"大幅增加了，仍旧可以大幅提升净利润，创造较高的盈利。

对于中国国旅年报中显示的毛利率数据，这里有两个重点：

（1）要通过毛利率初步评判一家公司的盈利能力，毛利率是盈利能力的重要指标之一。

（2）对于中国国旅这样由几大业务板块组成的公司而言，结合其历年年报数据，梳理出各大业务板块的增长走势，可以捕捉公司发展沿革不同阶段的增长主力。

首先看，中国国旅的毛利率如何决定盈利能力的。把中国国旅历年的毛利率变化以及旅游服务和商品销售两大业务的毛利率走势绘制于同一张图表中，如图4-1所示。可以清晰地看到，在2009到2016年的整整八年间，综合毛利率稳定在19%到24%，2017年开始转折，2018年更是大幅飙升。

---

[1] 毛利是营业收入扣除营业成本的值，毛利率则是毛利与营业收入的比值，
　即：毛利率＝（营业收入－营业成本）/ 营业收入 ×100%。

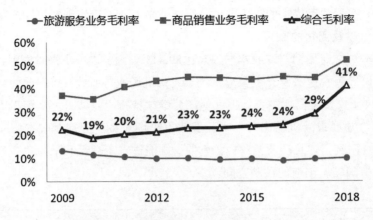

图4-1　中国国旅2009~2018年毛利率走势

在这个过程中，旅游服务的毛利率只有可怜巴巴的10%以内，而商品销售的毛利率达到了45%甚至50%，可见，旅游服务是不大能赚钱的业务，商品销售是中国国旅盈利的重点。另外，综合毛利率是因为商品销售毛利率的增长才得以随之扶摇直上，从之前的30%以下突然上升到2018年的41%，如图4-2所示。

图4-2　中国国旅2009~2018年营业收入走势

其次，看中国国旅发展沿革不同阶段的增长主力分别是什么。将中国国旅历年商品销售收入和旅游营业收入的走势绘制于同一张图中，如图4-3所示。我们可以清晰地看到，2016年及之前，中国国旅商品销售收入均低于旅游营业收入，2017年起商品销售收入高于旅游营业收入，并且迅速增长。

回看2018年的综合毛利率41%，除了商品销售业务的毛利率增长（首次超过50%）的带动，另一重要推动力就是商品销售业务的收入在整体收入中的占比提升，先从2016的42.6%跨越到2017年的56%，再从2017年的56%到2018年的73.6%。

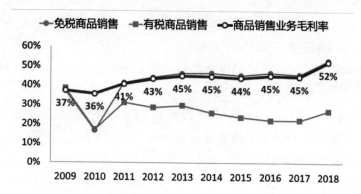

图4-3 中国国旅2009~2018年商品销售毛利率走势

在商品销售业务中，进一步把免税商品销售和有税商品销售拆开，观察各自的毛利率变化。2011年以来，商品销售业务的毛利率基本与免税商品销售的毛利率重合，是因为免税商品销售占商品销售业务的比重高达95%以上。

4.5 顺藤摸瓜，年报数据叠加外部数据，抓出主心骨

上一节提到的继续挖掘"收购日上上海""巩固离岛免税业务""开展香港机场业务""开展北京机场业务"分别对成本构成造成的影响。我们在中国国旅年报的第4章开端便找到对"收购日上上海""巩固离岛免税业务""开展香港机场业务""开展北京机场业务"的部分说明。

【举例】中国国旅（SH.601888）2018年年报之"主要经营情况——增收项目"

2018年，受益于市场宣传活动不断丰富，知名度不断提高，且旅行社产品线路增加，旅行社渠道不断拓展，三亚海棠湾免税购物中心实现营业收入80.10亿元，同比增长31.66%，其中免税商品销售收入77.71亿元，同比增长32.46%。全年接待顾客597万人次，购物人数170万人次。受益于机场客流量持续增长、经营管理水平不断提高、商品结构不断丰富，并通过营销引流、促销推进、员工激励等方式，上海机场免税店（含浦东国际机场和虹桥机场免税店，2018年3月纳入合并报表）实现营业收入104.51亿元，首都机场免税店（含T2和T3航站楼免税店）实现营业收入73.89亿元。

但是全凭年报资料仍旧单薄，我们需要根据年报给出的思路，进一步结合外部资料来充实。外部资料包括网络公开信息、特定对象（例如本例中的广州机场）的官网资料、各类书籍、杂志，等等。

通过大量资料的辨读、解析，便能把中国国旅2018年延伸的免税业务触角基本落实，至少也能掌控个八九不离十。依次找出：

（1）香港机场免税烟酒预计全年带来营业额20亿元。这一部分是合作经营的，预计国旅享受50%的权益。

（2）广州机场的新航站楼预计全年带来营业额10亿元。这是中免集团独家经营的。

（3）接手日上上海（日上免税行上海部分）51%的股权后，间接持有浦东机场和虹桥机场的经营权，预计全年带来营业额100亿元。

（4）2017年，国旅因接手日上中国（日上免税行北京部分）51%的股权，而间接取得首都机场T3免税店的经营权。2018年，中免集团直接中标首都机场T3免税店的经营权，因此对首都机场T3免税店的控制权上升到100%。

以上种种，都是提高国旅业绩的大利好，符合2018年毛利率大幅上升的状况，如图4-4所示。

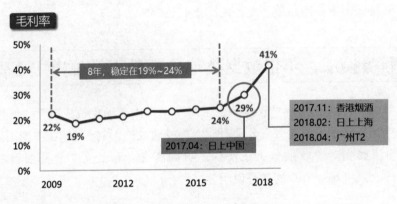

图4-4 中国国旅2009~2018年毛利率走势

4.6 收入组成有现成数据，盈利组成则要根据实际情况来推敲

看到这里，投资者可能有个疑问：收入构成和成本构成确实解剖清楚了，也能从中国国旅历年的毛利率变化以及旅游服务和商品销售两大业务的毛利率走势中，辨析出旅游服务不是赚钱的重点业务，商品销售才是中国国旅盈利的重点。但是，商品销售业务对中国国旅的盈利贡献度到底是多少呢？

这个问题在中国国旅的年报中能找到答案，但并非适用于所有公司。由于中国国旅的旅游服务基本属于"国旅总社"管辖，商品销售基本属于"中免公司"管辖，因此通过第4章"主要控股参股公司分析"给出的"国旅总社"和"中免公司"净利润，可以认为旅游服务创造的净利润就是"国旅总社"的净利润，而商品销售创造的净利润就是"中免公司"的净利润。

【举例】中国国旅（SH.601888）2018年年报之"主要经营情况——主要控股参股公司分析"

子公司名称	国旅总社 （约等于旅游服务业务）	中免公司 （约等于商品销售业务）	国旅投资公司	三亚国际免税城	日上上海	日上中国
与公司关系	全资子公司	全资子公司	全资子公司	全资孙公司	控股孙公司	控股孙公司
主要业务	旅游服务	免税品销售	项目投资	免税品销售	免税品销售	免税品销售
注册资本	87 271.25	425 000.00	100 000.00	185 055.00	842.67	5 066.94
总资产	329 940.94	1 893 208.28	484 640.82	461 472.65	374 306.86	207 528.66
净资产	114 919.75	1 297 323.77	118 449.26	329 386.32	224 708.49	83 665.68
营业收入	1 238 765.15	3 448 141.46	45 182.13	801 036.54	1 045 142.20	673 529.45
营业利润	4 866.14	527 929.97	9 831.17	153 430.43	122 421.65	45 959.48
归属于上市公司股东的净利润	-4 433.31	307 811.27	1 307.21	110 598.01	46 683.72	17 557.89

找出历年中国国旅商品销售创造的净利润走势，会惊奇地发现，中国国旅所有净利润中，2018年商品销售业务创造的净利润居然达到99.5%。即使在2016年之前商品销售的营收低于旅游服务的营收时，商品销售创造的净利润占中国国旅的净利润基本都在90%以上。如图4-5所示。

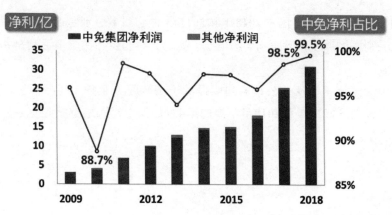

图4-5　中国国旅2009~2018年商品销售占比

这就进一步说明了商品销售对中国国旅业绩的决定性作用。在商品销售中，免税销售又占到95%以上，所以决定中国国旅业绩的核心业务就是免税销售。

4.7 通过毛利率和净利率的变化找出公司发展脉络

在年报第2章的"主要会计数据"部分，我们已经看到了中国国旅的营业收入和净利润，由此可以得到中国国旅2018年的净利率。

净利率[1]和毛利率的主要区别在于，净利率在毛利率的基础上剔除了期间费用、税费等的影响。期间费用包括管理费用、销售费用、财务费用等，税费包括所得税等。由于一家公司税费占营业收入的比重相对稳定，公司的净利率和毛利率越接近，说明它的期间费用越低——不用大量管理费用证明企业运作有效率，不用大量销售费用证明企业产品有市场，不用大量财务费用证明企业负债水平低。但是，要警惕一点，如果净利率和毛利率过于接近，可能是因为公司的利润并非来自营业收入，这时就不能用上述方法讨论公司的经营状况了。公司利润并非来自营业收入的情况，也暗示了这家公司并非一家好公司。

从表4-3利润表的角度来看，毛利率和净利率公式的分母都是营业收入，但是分子的结构不同，前者仅仅扣除了营业成本，后者还要继续扣除三费、税金，并叠加营业外收益的影响，体现的是企业的净赚能力。

中国国旅2018年的净利率＝归属于上市公司股东的净利润÷营业收入＝6.6%

中国国旅2017年的净利率＝归属于上市公司股东的净利润÷营业收入＝8.9%

参见表4-4所示。

我们之前看到的中国国旅2018年和2017年的毛利率分别是41%和29%。显然，2018年的毛利率增加了，但净利率降低了。这时，我们要寻找一下毛利率和净利率反向变化的原因。

鉴于中国国旅年报从子公司的角度提供了旅游服务业务和商品销售业务的净利润，我们先分别从2017年和2018年年报的第4章数据中抓取旅游服务业务和商品销售业务的净利率。

---

[1] 净利率，指的是企业收入1块钱能净赚多少钱，是企业盈利能力的表现，
   净利率的公式是：净利率 = 归属于母公司所有者的净利润 / 营业收入 × 100%。

表4-3 从利润表的结构看净利率和毛利率

$$毛利率 = \frac{(营业收入 - 营业成本)}{营业收入} \times 100\%$$

项目	本期金额
一、营业收入	
减：营业成本	
营业税金及附加	
销售费用	
管理费用	
财务费用	
资产减值损失	
加：公允价值变动净收益	
投资收益	
二、营业利润	
加：营业外收入	
减：营业外支出	
其中：非流动资产处置净损失	
三、利润总额	
减：所得税	
四、净利润	
归属于母公司所有者的净利润	
少数股东损益	

$$净利率 = \frac{归属于母公司所有者的净利润}{营业收入} \times 100\%$$

表4-4 中国国旅2017~2018年的净利率（单位：元）

主要会计数据	2018年	2017年	本期比上年同期增减(%)	2016年
营业收入	47 007 321 221.24	28 282 286 665.72	66.21	22 389 793 667.35
归属于上市公司股东的净利润	3 094 748 246.45	2 530 762 830.17	22.29	1 808 190 521.41
归属于上市公司股东的扣除非经常性损益的净利润	3 144 340 780.35	2 460 002 207.62	27.82	1 796 153 173.58
经营活动产生的现金流量净额	2 722 225 217.54	3 017 128 440.28	-9.77	1 936 528 564.22
	2018年年末	2017年年末	本期末比上年同期末增减（%）	2016年年末
归属于上市公司股东的净资产	16 235 305 029.88	14 033 111 253.80	15.69	12 599 356 011.85
总资产	26 847 426 306.46	20 932 207 413.07	28.26	17 287 669 905.89

【举例】 中国国旅（SH.601888）2018年年报之"主要经营情况——不同业务的盈利能力分析"

子公司名称	国旅总社	中免公司	国旅投资公司	三亚国际免税城	日上上海	日上中国
与公司关系	全资子公司	全资子公司	全资子公司	全资孙公司	控股孙公司	控股孙公司
主要业务	旅游服务	免税品销售	项目投资	免税品销售	免税品销售	免税品销售
注册资本	87 271.25	425 000.00	100 000.00	185 055.00	842.67	5 066.94
总资产	329 940.94	1 893 208.28	484 640.82	461 472.65	374 306.86	207 528.66
净资产	114 919.75	1 297 323.77	118 449.26	329 386.32	224 708.49	83 665.68
营业收入	1 238 765.15	3 448 141.46	45 182.13	801 036.54	1 045 142.20	673 529.45
营业利润	4 866.14	527 929.97	9 831.17	153 430.43	122 421.65	45 959.48
归属于上市公司股东的净利润	-4 433.31	307 811.27	1 307.21	110 598.01	46 683.72	17 557.89

2018年：
旅游服务净利率：*不适用*
商品销售净利率：*9%*

子公司名称	中国国际旅行社总社有限公司	中国免税品（集团）有限责任公司	国旅（北京）投资发展有限公司	中免集团三亚市内免税店有限公司	日上免税行（中国）有限公司
与公司关系	全资子公司	全资子公司	全资子公司	全资孙公司	控股孙公司
主要业务	旅游服务	免税品销售	项目投资	免税品销售	免税品销售
注册资本	87 271.25	425 000.00	100 000.00	170 055.00	5 066.94
总资产	348 262.88	1 362 666.28	287 611.75	402 387.51	213 712.23
净资产	122 191.16	1 008 844.77	111 596.98	286 308.51	50 213.63
营业收入	1 234 551.01	1 576 396.02	27 470.34	608 429.95	431 128.77
营业利润	14 454.05	370 895.81	172.55	122 295.59	54 212.79
归属于上市公司股东的净利润	3 403.45	249 267.09	-1 764.27	91 133.54	20 477.58

注：2017年中免公司收购日上免税行（中国）有限公司51%的股权，于2017年4月1日纳入合并报表。

2017年：
旅游服务净利率：*0.3%*
商品销售净利率：*15.6%*

中国国旅旅游服务业务已发展非常成熟，多年来毛利率稳定在10%上下，净利率维持在0~1%上下。加之从前文分析得知，2017~2018年中国国旅毛利率的迅速增长源于商品销售业务营收占总营收比例的增长，以及商品销售业务自身毛利率的提升。可以判断，2018年毛利率和净利率的倒挂是因为商品销售业务。

说到这里，投资者可能有些摸不着头脑。明明都是利好消息，为什么净利率下滑那么多？归根结底，原因在于年报第4章显示的销售费用的大幅提升，即上升228.75%！

1. 利润表及现金流量表相关科目变动分析表

科目	本期数	上年同期数	变动比例（%）
营业收入	47 007 321 221.24	28 282 286 665.72	66.21
营业成本	27 518 331 483.44	19 848 025 108.04	38.65
销售费用	11 600 651 127.90	3 528 697 579.62	228.75
管理费用	1 601 118 682.78	1 082 443 682.32	47.92
财务费用	-6 982 297.18	-142 865 818.06	不适用
经营活动产生的现金流量净额	2 722 225 217.54	3 017 128 440.28	-9.77
投资活动产生的现金流量净额	-1 905 963 152.18	1 453 802 396.75	-231.10
筹资活动产生的现金流量净额	-1 148 590 003.20	-1 896 047 560.68	不适用

销售费用提升的原因在年报第4章说明了，即收购日上上海的销售费用，以及机场租赁的费用——机场免税业务的租金。

3. 费用

报告期内，公司销售费用同比增长 228.75%，主要是由于收购日上上海带来的销售费用增量以及机场租赁费的增加所致；管理费用同比增长 47.92%，主要是由于收购日上上海带来的管理费用增量以及薪酬增长所致；财务净收益同比下降主要是报告期汇兑损失增加所致。

2018年中国国旅的免税业务租金被大大提升了。租金被提升一事年报里有提及，但更多的详细资料需要翻阅中国国旅历次公告（同样可以在"巨潮网"或中国国旅官网的"投资者关系"中找到）。一旦中国国旅某个免税店租金被调整，公告中会清晰记载。

例如，2017年8月12日公告中标北京首都国际机场T2和T3航站楼的免税店经营权，意味着巩固经营权的同时，也被提升了租金。

> 2017年7月，中国国旅股份有限公司（以下简称"公司"）全资子公司中国免税品（集团）有限责任公司（以下简称"中免公司"）及其控股子公司日上免税行（中国）有限公司（以下简称"日上免税行"）分别中标北京首都国际机场（以下简称"首都机场"）国际区免税业务招标项目第一标段和第二标段，获得T2和T3航站楼国际出境隔离区域及国际入境区免税店经营权，具体内容详见《中国国旅股份有限公司关于子公司项目中标的公告》（临2017-037号）。

约定新一轮经营权的起效时间。

> 2017年8月11日，中免公司和日上免税行分别与北京首都机场商贸有限公司（以下简称"机场商贸公司"）签署了《首都机场国际区免税业务项目合同书》（以下简称"《合同》"）。根据《合同》，经营期限自机场商贸公司将经营区域交付之日起八年，经营区域交付日自合同签订之日起应不超过六个月。因非经营方原因不能如期完成交付的，双方另行约定，最晚不超过合同签订之日起一年。
> ……

约定新一轮经营权的租金。

《合同》中明确，由中免公司运营的首都机场T2航站楼免税店首年保底经营费为 83 000.00 万元，销售额提取比例为 47.5%。由日上免税行运营的首都机场 T3 航站楼免税店首年保底经营费为 220 000.00 万元，销售额提取比例为 43.5%。

首都机场T2和T3航站楼的扣点比例，在上一轮合同中约为30%，此次新合同直接上升到47.5%和43.5%。另外，新增的广州机场免税业务，扣点比例直接是42%。扣点比例的提升，大大增加了中国国旅的销售费用，是导致净利率和毛利率倒挂的罪魁祸首。

4.8 通过主营业务现状推测未来发展

了解主营业务现状是阅读年报的重点之一。但是，投资人想知道的并不仅仅是这家公司的现状，更重要的是公司的未来，因为做投资，就是投资公司的未来。

年报在第4章提供了行业趋势说明和公司发展战略说明，但多数情况下是泛泛之谈。

【举例】 中国国旅（SH.601888）2018年年报之"公司未来发展的讨论与分析"

三、公司关于公司未来发展的讨论与分析
（一） 行业格局和趋势 ——— *对行业未来的说明*

根据要客研究院发布的《2018中国奢侈品报告》显示，2018年，全球奢侈品市场规模约3470亿美元，虽然有全球经济放缓、人民币贬值、突发政治事件、中美贸易战等因素的影响，全球奢侈品市场仍然实现12%的增长，其中，中国人全球奢侈品消费额同比增长7%至1457亿美元，占全球奢侈品市场的42%。目前，越来越多的奢侈品牌布局中国市场，并迅速抢占年轻市场，以期培养潜在客源。根据预测，2019年所有奢侈品牌的发展都将明显放缓，中国消费者将继续主导全球奢侈品消费，在资本整合以及互联网平台的助力下，预计在5-10年左右，中国消费者奢侈品本土消费将超过境外消费额。由于免税商品多以消费税及关税较高的奢侈品、香化产品为主，因此免税行业的发展有助于中产阶层的消费升级。同时，国内免税行业的发展，还能够改变国人出国购物的习惯，让更多消费在国内实现，符合政策引导消费回流的背景。

2019年，我国发展处于重要战略机遇期，改革开放推向深入，经济转型加速升级，旅游行业稳定增长的大趋势没有改变，随着国际交往日益增多，海南自贸区建设提速，出入境及海南客源市场持续增长，加上国民消费转型升级，中高端消费需求保持旺盛等利好因素，为公司发展带来新的机遇。

（二） 公司发展战略 —— 对公司未来的说明

聚焦旅游零售业务，以免税业务为核心提升价值链，以旅游零售为延伸升级产业链，提升市场竞争能力，打造世界一流的全球化旅游零售运营商。

（三） 经营计划

2019年是新中国成立70周年，也是全面建成小康社会关键之年。公司2019年工作的指导思想是：深入贯彻落实习近平新时代中国特色社会主义思想和党的"十九大"精神，在公司"十三五"战略引领下，坚持聚焦以免税为主的旅游零售主业，突出抓好重大战略项目，以核心能力全面提升推动企业转型升级，实现主营业务规模和质量跨越发展，全面完成2019年各项工作任务。2019年，公司将重点做好以下几方面工作：

1、坚持战略方向，抓好抓实重点项目

2019年，公司将切实做好北京、上海、香港、澳门、海南等大型免税店的运营，加强重点商品采购，提高供货能力；全面优化采购渠道，加大适销对路商品的引进力度；整合会员系统和会员资源，采取灵活的市场营销策略及协同营销机制，充分发挥协同作用；推动市内店国人购物政策与市内店筹备工作，吸引消费回流，积极抢占国内免税业未来战略市场；借助海南离岛免税政策进一步开放，积极挖掘离岛免税市场潜力，积极推进中免海南总部建设，强化离岛市场优势；做好北京大兴国际机场的投标工作以及香港市内店开业工作；以旅游零售业务为龙头全力推进旅游零售商业综合体项目拓展工作，形成以免税为核心，涵盖新零售、文化娱乐、餐饮等多元素的综合旅游休闲目的地；推进河心岛项目2019年度实现开业。

2、聚焦核心能力提升，实现高质量发展

围绕战略目标科学调整公司职能架构，优化管控，提高效率。免税业务根据发展战略、业务模式对组织架构和业务流程进行优化完善，对外对标世界一流免税企业，对内互取所长，全面提升核心能力；进一步优化品牌结构，整合采购渠道，持续提升采购毛利空间；围绕零售运营各个环节，逐项对标学习进行优化，提高零售运营水平；结合产品、营销、服务和公司业务特点明确市场定位和营销策略，制定详细的品牌落实战略，加强品牌的影响力、美誉度和忠诚度，起到维护公司品牌、促进经营发展的作用，同时结合新零售积极拓展线上营销模式，打造线上增长点；加快提升供应链管理运营体系，力争实现及时化、透明化、互动化和可追溯化，提高效率，节省成本；进一步完善商业综合体业务项目开发和商业运营管理体系，加强团队建设，实现项目开发和商业运营服务能力的全面提升；积极运用多种开发手段，将三亚国际免税城的项目经验进行有效提升并推广。

3、加快"走出去"步伐，推动国际化向纵深发展

制定实施"一带一路"旅游零售拓展战略，积极关注"一带一路"沿线国家重点机场的免税业务投标，择机参与；完成柬埔寨西港免税店的改扩建工程并正式营业，巩固和扩大在柬埔寨市场的占有率；重点拓展东南亚等国家市内免税店业务，以东南亚等"一带一路"沿线国家为重点，推动免税零售等重点业务走出去；密切关注亚太重点大型零售平台投标和并购机会，探索收购国内外上下游企业，争取更多的渠道资源。

4、完善顶层设计，加快信息化发展步伐

从战略高度做好信息化建设顶层设计，全面打通贯穿业务全流程的信息管理体系，对内快速打造业务关键系统，对外打通客户关系管理系统，提升客户服务水平；统一会员平台建设，打通北京、上海机场及各免税店会员系统，通过整合资源发挥协同效应；积极探索旅游新零售模式，加快传统线下零售模式向线上延展的速度，研究探索跨境电商业务，积极推进线上预订业务；进一步加强平台建设，运用数字化、人工智能等手段，加强线上推广力度，丰富预定品牌，积极提升消费者购物体验，探索在重点门店的新技术创新；以会员体系共享为核心，致力于构建线上线下融合的旅游新零售生态，引领消费升级，全面提升商业运营效率及客户体验。

5、以免税为核心，推进旅游零售产业链延伸

以旅游零售商业综合体业务为载体由免税业务向有税业务延伸，形成以免税业务为核心的旅游消费综合体产业协同发展格局；大力发展国产品退税业务，争取国产品退税政策相关配套政策，积极推进业务测试及业务模式创新工作；配合首都机场做好退税国产品样板店经营，在更多的出境免税店拓展退税业务，探索与有税业务的融合发展，使更多的国产精品进入免税店，助力中国制造、打响中国品牌；结合旅游零售商业综合体业务，积极推进有税业务，继续拓展机场高铁等交通枢纽有税业务；结合国人消费升级的需求，研究探索收购国际时尚品牌的可行性，以多元化的品牌组合吸引更多客源群体，增强竞争能力。

6、制定实施人才发展规划，夯实企业发展基础

大力培养内部人才，分层分类搭建人才选拔培养体系，通过教育培养、岗位实践、轮岗交流、基层锻炼等方式促进干部成长，加强人才梯队建设；对标领先企业明确关键岗位任职资格和门槛，继续引进战略管理、资本运作、投资、专业化经营等领域关键人才；优化人才结构，通过加大校招力度，充实后备人才队伍；修订、完善公司各项制度，突出业绩导向，推进并深化干部能上能下、薪酬能增能减、人员能进能出的市场化机制。

我们根据年报的思路，抓住重点——免税销售，进一步到外部公开资料中去找答案。

站在2018年年底的时间节点上，投资者预判2019年甚至更长远的未来，公司发展走势如何，脚踏实地的做法就是，找出可能的营业收入增长点，以及影响净利率变化的因素，综合推测公司的净利润走势。

仍以中国国旅（SH.601888）为例，2019年有哪些预期的增长点呢？ 根据前面的介绍，我们已经知道中国国旅的成长主要是依靠免税销售业务，所以就把落脚点放在免税销售上。

免税销售的发展，主要有两个驱动因素：

- 一是免税店的自然增长率。
- 二是2019年中国国旅新增免税项目。

免税店的自然增长率方面。所谓的自然增长率，指的是原有免税项目的增长（不

考虑新增免税项目）。年报第4章"行业经营性信息分析"提供了2018年全国免税行业销售额的增长，结合外部其他公开资料，我们给予2019年不同区域不同场所的免税销售10%~20%不等的增长。

【举例】中国国旅（SH.601888）2018年年报之"行业经营型信息分析"

（四） 行业经营性信息分析 —— *行业整体状况*

目前，国内免税市场的销售对象以出境游客为主，消费商品以香水、化妆品、烟、酒、精品为主。根据中国旅游研究院数据显示，2018年，中国出境旅游市场继续保持高速增长，<u>出境游市场规模和消费支出再创历史新高，达到1.48亿人次，同比增长13%</u>，出境旅游消费支出1200亿美元，中国游客依然是全球规模最大、消费能力最强的出境旅游客源。

从出境旅游消费构成上看，购物在整体出境花费的占比出现了明显下滑。根据中国旅游研究院调查，用于购物的支出从2017年的34.34%下降到了16.48%，餐饮、文化娱乐、住宿消费等获得快速增长。与此形成鲜明对比，<u>2018年中国免税行业销售额达到395亿元，接近400亿元大关，增速高达27.3%</u>。

2019年中国国旅新增免税项目方面。除了免税店的自然增长率，2019年中国国旅依旧有多个新增免税项目。2019年中国国旅新增的免税项目，多数可以从中国国旅2018年发布的公告中获得资料。

2019年预期新增的免税项目包括：

（1）澳门机场免税店，预估全年带来15亿元营收。这一部分是合作经营的，预计国旅享受50%的权益。

（2）新增北京第二机场（大兴机场）免税店，这一部分全年正常运作时，预估可带来30亿元营收。

（3）新增浦东机场卫星厅免税店，这一部分全年正常运作时，预估可带来140亿元营收。

（4）新增海口美兰机场免税店，中免集团因收购海南省免税品有限公司51%的股权，间接持有海口美兰机场25%的股权。

（5）2018年2月收购日上上海部分时，日上上海部分的批发业务没有并表，但实际上批发业务带来的净利可以是零售的10倍以上，因此，这一块同样是中国国旅2019年的增长点。

参见图4-6所示。

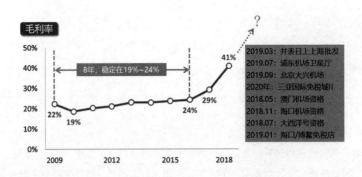

图4-6 中国国旅2009~2018年销售毛利率走势

2019年影响中国国旅净利率的因素包括：

（1）浦东机场T2航站楼的免税店租金扣点从30%上升到42.5%。

（2）新增的浦东机场卫星厅免税店扣点直接是42.5%。

（3）新增的北京第二机场（大兴机场）免税店扣点直接是47%。

从免税增量的角度来看，对营业收入的贡献极大，但从扣点比例大幅提升的角度来看，又对净利率的负面影响极大。

另外，根据中国国旅的公告，2020年上市公司可能剥离了旅游业务。这一举措对营收会造成一定的影响，但对净利润的影响就十分有限了，可以忽略。当旅游业务被剥离时，中国国旅的业务就更单纯了。

4.9 主要销售客户和供应商是企业发展策略的一面镜子

在主营业务分析部分，有一项"主要销售客户及主要供应商情况"。

【举例】中国国旅（SH.601888）2018年年报之"主要销售客户和供应商情况"

(4). 主要销售客户及主要供应商情况 —— 对前五大销售客户和前五大主要供应商的说明

前五名客户销售额 76 260.43 万元，占年度销售总额 1.62%；其中前五名客户销售额中关联方销售额 19 488.04 万元，占年度销售总额 0.41 %。

前五名供应商采购额 682 429.50 万元，占年度采购总额 22.54%；其中前五名供应商采购额中关联方采购额 0 万元，占年度采购总额 0%。

由于中国国旅是一家以旅游服务和商品销售为主营业务的公司，销售（卖旅游产品、各类商品等）不具有集中性，客户极为分散，前五大客户占年度销售总额的比例仅1.62%。采购（旅游项目、各类商品等）的集中度并无需要重点解释之处，和普通商家类似，前五大供货商占年度采购总额的比例是22.54%。

中国国旅的"主要销售客户及主要供应商情况"是由公司本身的经营性质和执行状态决定的。一般而言，同行业内"主要销售客户及主要供应商情况"的差异较小，不同行业间"主要销售客户及主要供应商情况"的差异较大，偶有例外。

这里再举一例，信维通信（SZ.300136）的"主要销售客户情况"。2015年前后的高峰时期，公司前五大客户贡献的销售金额占总销售额的比例超过80%。

为什么前五大客户的销售金额占比那么高？这就和公司的发展策略密切相关了。

2015年前后，信维通信产品以移动智能终端天线为主，以O型连接器和音/射频模组为辅，同时附加新材料、精密五金等其他产业链。在2012年以前，公司主要客户为国内客户，前五名客户销售额占总销售金额的比例从2009年到2011年不断提高。在2012年收购原莱尔德（北京）之后，信维通信逐步开展剥离国内小客户，专攻国际大客户的策略方针。当时是苹果、华为、三星、微软、索尼等国际知名品牌的供应商。

公司在2014年年报中披露："有单一客户销售比例超过30%的情况，该客户在2014年贡献的销售额达25 478.62万元，占年度销售总额比例达31.6%。该客户为公司近几年重点开发的国际大客户，经过两年多的合作，公司逐渐在技术、服务、价格等方面得到了客户的认可，逐渐成为其核心供应商，带动了销售额的快速增长。"据推测，"该客户"就是苹果公司。

投资者也许会问，前五大客户的销售金额占比越高越好，还是越低越好呢？这个问题没有固定的答案，需要结合产业特性以及公司发展状况来评判。

客户过度集中，可以让公司"背靠大山，一时无忧"，但是一旦大客户另求出路，或是自己经营不善，"把鸡蛋放同一个篮子"的劣势就显现出来了。

客户过度分散，虽然能够避免"把鸡蛋放同一个篮子"带来的缺陷，但是在公司经营时却难以抓住主心骨，没有"灵魂客户"的支撑。

所以，客户策略的制定与执行是要视情况而定的，选择适合行业和公司自身发展的策略，并全力以赴。

4.10 资产、负债情况分析，关注原因解释

年报第3章的"公司业务概要"部分，包含了"公司主要资产发生重大变化情况的说明"，但是仅对"重大变化"做了说明——报告期期末余额较期初变动超过30%以上的情况。年报第4章的"资产、负债情况分析"列出了资产负债表中的主要项目，对所列出的各项变动均作了较为粗略的解释。在仔细阅读年报第11章的"财务报告"前，可以利用这部分的资料先对资产负债表的重要项目做一个了解。

例如，中国国旅的"资产、负债情况"，做了如表4-5所示的初步情况说明。

表4-5 中国国旅2018年资产及负债状况（单位：元）

项目名称	本期期末数	本期期末数占总资产的比例（%）	上期期末数	上期期末数占总资产的比例（%）	本期期末金额较上期期末变动比例（%）	情况说明
存货	5 943 133 851.65	22.14	3 217 815 021.48	15.37	84.69	主要是合并日上上海及销售量增长备货增加所致
其他流动资产	66 858 889.23	0.25	36 142 141.58	0.17	84.99	主要是增值税留抵额增加所致
固定资产	1 932 168 701.55	7.20	1 425 746 325.10	6.81	35.52	主要是合并日上上海增加所致
在建工程	833 129 710.03	3.10	314 225 428.25	1.50	165.14	主要是合并日上上海增加及河心岛项目建设支出所致
商誉	822 460 130.18	3.06	2 130 531.70	0.01	38 503.52	主要是合并日上上海增加所致
长期待摊费用	336 666 686.78	1.25	218 986 069.64	1.05	53.74	主要是香港及广州机场改造支出所致
递延所得税资产	377 097 256.53	1.40	232 085 619.31	1.11	62.48	主要是预计负债及资产减值损失增加所致
其他非流动资产	1 261 030 913.23	4.70	41 905 940.98	0.20	2 909.19	主要是免税业务机场保证金增加所致
短期借款	289 050 000.00	1.08	102 068 400.00	0.49	183.19	主要是香港机场借款增加所致
应付职工薪酬	707 821 942.42	2.64	470 483 660.92	2.25	50.45	主要是合并日上上海及业绩增长带来的薪酬增加所致
应交税费	1 085 783 691.47	4.04	641 655 729.31	3.07	69.22	主要是合并日上上海及免税业务增长导致所得税及特许经营费增加所致
其他应付款	2 136 095 609.44	7.96	1 473 292 973.90	7.04	44.99	主要是合并日上上海及机场租赁费增加所致
预计负债	155 563 828.67	0.58	49 285 000.00	0.24	215.64	主要是预计诉讼赔偿所致
递延收益	148 566 094.97	0.55	72 686 977.75	0.35	104.39	主要是销售业务积分增加所致
递延所得税负债	123 044 922.23	0.46	4 383 708.61	0.02	2 706.87	主要是合并日上上海所致

4.11 可能面临的风险，切不可只看表面文章

企业的经营风险，指的是企业在经营管理过程中可能发生的危险，通常有以下几种。

（1）政策风险：指国家政策的变化对行业、产品的影响，例如宏观经济调控、产业政策导向，等等。

（2）市场风险：指公司的产品在市场上是否有销路，是否有竞争力，包括技术、质量、服务、销售渠道，等等。

（3）财务风险：指公司因经营管理不善，导致资金周转困难，甚至破产倒闭等的可能性。

（4）法律风险：指因签订合同不慎，陷入合同陷阱，导致企业陷入严重的经济损失。

（5）人员风险：指公司的核心团队以及员工中的冲突、流失和知识管理，等等。

一般情况下，年报总是报喜不报忧，洋洋洒洒讲了一大堆公司的光明前景，对所面临的风险一笔带过。但是，公司风险是客观存在的，有些风险是潜在的，定时炸弹不知何时爆炸，有些风险则是已经体现在经营业绩中的，需要投资人抽丝剥茧，认清风险的本质。

年报的"经营情况讨论与分析"，会罗列出公司面临的风险，但多数情况下，投资者会发现，读了等于没读，或者每家公司的风险大同小异，都是讲得不痛不痒。因此，对公司经营风险的把握，不局限于第4章的"可能面临的风险"部分。以中国国旅的"风险"为例，官方的表述是这样的。

【举例】中国国旅（SH.601888）2018年年报之"可能面对的风险"

(四) 可能面对的风险

1、政策风险。免税专营政策变化风险。口岸进境免税店通过招标方式确定经营主体，进境免税业务的争夺进入了市场化阶段，公司面临国家免税专营政策逐步放开的风险，公司将利用政策窗口期提高核心能力，积极抢占免税渠道资源，努力打造具有世界一流运营水平的免税企业。

2、投资风险。战略项目投资未达预期的风险。公司将做好项目立项、审批、科学的可行性研究、档案管理等工作，保持与各级政府、合作方的良好沟通，争取项目按期推进。强化具备旅游零售商业综合体项目的开发能力和复合产业的综合运营能力的团队建设，提高投资管理、风险控制、招商管理、项目运作等能力，保证核心业态引进。

3、财务风险。人民币对美元汇率波动加大，汇率风险是影响公司经营的重要风险之一。公司将持续关注汇率变化加强研究,制定并实施基于汇率波动的价格调整办法，锁定远期结售汇业务，减少因汇率波动带来的影响，财务与业务部门共同制定汇率损失传导与分担办法。

4、市场风险。行业竞争愈发激烈，国外免税巨头觊觎中国免税市场。公司将加强信息化建设，打造线上线下一体化的竞争优势；继续推进集中采购，提高产品采购议价能力。加强产品自主研发力度，提升产品的核心竞争力，提升服务品质。利用品牌优势，发挥落地服务专长，增强市场竞争力。

我们知道，中国国旅的业绩完全依托于免税商品的销售业务，而它在免税商品销售方面的护城河完全来自国家对免税牌照的限量发放。中国国旅旗下的中免集团，是经国务院批准的能在全国范围内开展免税业务的唯一一家公司。由此判断，中国国旅最大的经营风险，在于免税牌照这条重要护城河是否会被攻破，一旦政策放开，让免税经营成为市场竞争行为，中国国旅的宝座也就不保了。

同样的，对于处于高新技术行业的公司，它在年报中披露的风险一般不会涉及技术风险的核心。但投资人心里要明白，在判断其是否具有市场风险时，要考虑的是新技术能否研发成功，进入市场运用领域；新的技术是否具有进入障碍，是否会被替代，公司有没有应对方案，等等。

可见，不同类型企业可能面临的切实风险，不是仅仅看年报中可有可无的披露。

第 5 章
重 要 事 项

重要事项，指的是涉及重大诉讼、重大重组、关联交易等的事项。具体包括重大诉讼、仲裁事项，报告期内公司、公司董事及高级管理人员受监管部门处罚的情况，报告期内公司控股股东变更及人事变动情况，公司收购及出售资产、吸收合并事项的简要情况及进程，公司重大关联交易事项等一系列与公司经营相关的重要事项。这些都与公司估值密切相关，要着重关注。

举例来说，如果年报在这一章提到撤换会计师事务所的情况，投资人要格外谨慎，因为正常情况下不会轻易撤换会计师事务所，除非上市公司觉得合作不愉快，不能得心应手。比如，会计师事务所要出具非标准意见的审计报告，上市公司对此无法接受，就可能采取更换会计师事务所的方式，以得到上市公司期望的审计报告。上市公司更换会计师事务所必须理由充分确凿，不然很可能有玄机。

5.1 公司普通股利润分配，"预案"约等于"方案"

年报中给出的分红[1]方案虽说是"预案"，尚待提交年度股东大会，获得通过后才能最终实施，但从实际情况看，几乎所有预案都会在股东大会上获准，因此可以把"预案"约等于"方案"。

---

[1] 利润分配，通俗说就是"分红"。上市公司的分红，是在盈利中按股票份额的一定比例支付给投资者的红利，是上市公司对股东的投资回报。

分红预案包括三大类：

（1）利润分配预案。
（2）资本公积转增股本预案。
（3）盈余公积转增股本预案。

第一类（1）利润分配，既可以分发现金，也可以送红股。分发现金容易理解，上市公司直接把现金转入股东账户之下。我们常听到的"每10股派1元"就是现金分红，上市公司直接把现金发放到股票投资人的账户中。

送红股就是类似"每10股送1股"的表述，用公司未分配利润增加股本，每10股增加1股送给股东。送红股实际上是会计科目之间的调整，不涉及现金的流入、流出。

第二类（2）资本公积[1]转增股本预案，通俗地讲就是用资本公积金向股东转送股票，虽然严格来讲并非公司的分红范畴，但因为这种做法的实质等同于送红股，大家就把它看作分红的一种。我们可以看到，公司年报中"利润分配预案和资本公积转增股本预案"放在同一大标题下进行说明。资本公积转增股本的表述例如"每10股送1股"。

第三类（3）盈余公积[2]转增股本，虽在理论上可行，但实际操作很少有这种做法。

上海机场（SH.600009）的资产主要是浦东国际机场的航站楼、跑道，以及浦东国际机场航油公司40%的权益。上海机场的"利润分配预案和资本公积转增股本预案"给出了现金分红预案以及近三年的利润分配或资本公积转增股本方案。

【举例】上海机场（SH.600009）2018年年度报告之"利润分配预案和资本公积转增股本预案"

一、普通股利润分配或资本公积金转增预案
（一）现金分红政策的制定、执行或调整情况

于2018年6月28日召开的公司2017年度股东大会审议通过2017年度利润分配方案，公司以2017年末总股本1 926 958 448股为基准，向全体股东每10股派发现金红利人民币5.8元（含税）。本次利润分配股权登记日为2018年8月22日，除息日为2018年8月23日，现金红利发放日为2018年8月23日。

---

1 资本公积金是在公司的生产经营之外，由资本、资产本身及其他原因形成的股东权益收入。主要来源于股票发行的溢价收入，接受的赠与，资产增值，因合并而接受其他公司资产净额等。其中，股票发行溢价是上市公司最常见也是最主要的资本公积金的来源。

2 盈余公积是指企业按照规定从净利润中提取的各种积累资金。盈余公积根据其用途不同分为公益金和一般盈余公积两类。公益金专门用于公司职工福利设施的支出，如购建职工宿舍、托儿所、理发室等方面的支出；一般盈余公积中的法定公积金按照税后利润的10%提取（累计额已达注册资本的50%时可以不再提取），一般盈余公积中的任意公积金按照股东大会的决议提取。

上海机场2016~2018年普通股股利分配及资本公积金转增股本方案或预案（单位：元）

	分红年度	每10股送红股数（股）	每10股派息数(元)（含税）	每10股转增数（股）	现金分红的数额（含税）	分红年度合并报表中归属于上市公司普通股股东的净利润	占合并报表中归属于上市公司普通股股东的净利润的比率(%)
预案	2018年	0	6.6	0	1 271 792 575.68	4 231 432 034.89	30.06
方案	2017年	0	5.8	0	1 117 635 899.84	3 683 408 499.86	30.34
方案	2016年	0	4.4	0	847 861 717.12	2 805 650 702.03	30.22

上市公司进行利润分配有两个前提条件。

首先，当年度净利润弥补往年度亏损后仍为正。有些上市公司往年度曾发生过巨额亏损，导致账面上"未分配利润[1]"会计科目为负。如果该上市公司要对当年度的净利润进行分配，则要先弥补往年造成的亏损，即让"未分配利润"不再为负，不然就不能进行当年度的利润分配。当然，上市公司一旦形成账面亏损，是很难在短短几年内翻身的。

其次，公司在当年度盈利。从理论上讲，当年度亏损的公司，只要往年度的未分配利润和当年度的亏损相抵之后，当年度未分配利润为正，公司仍旧可以分红，但实际操作上很少有公司这样做。因此，如果公司年报预亏，投资人可以放弃获得其利润分配的遐想。

根据之前对盈余公积的介绍，在进行利润分配前，先要提取法定盈余公积，再提取任意盈余公积（多数公司跳过此步骤），形成当期可分配净利润，加上往年度的未分配利润，就是当期可供股东分配的利润。

上市公司进行资本公积转增不受上述两个条件的限制，只要公司资本公积会计科目上仍有余额，就可以进行资本公积转增。但是实际操作中，上市公司仍会遵照利润分配的两个前提条件。

无论是现金分红，还是送红股，源头都是上市公司的利润，所以投资者取得现金或红股时，要按照持股时间的长短来确定是否要缴纳股息红利个人所得税以及缴纳时采用的税率是多少：对一年以上的长线投资者免于缴纳股息红利个人所得税，即股息红利个人所得税的税率为0；对持股超过一个月但不满一年的投资者目前实行的税率是10%；但对一个月以内短期买卖的投资者实行的税率为20%。

本例中所显示的"含税"，就是因为上市公司发放的现金红利中包含了股息红利个人所得税，即税前红利，投资人到手的现金是要扣除所得税的，与年报中所显示的

---

[1] 未分配利润，指的是企业实现的净利润经过弥补亏损、提取盈余公积和向投资者分配利润后留存在企业的、历年结存的利润。未分配利润有两层含义：一是留待以后年度处理的利润；二是未指明特定用途的利润。相对于所有者权益的其他部分来说，企业对于未分配利润的使用有较大的自主权。

值略有差异。当然，如果持股超过1年，那么股息红利个人所得税就会被免除。如表5-1所示。

表5-1 上海机场股利分配及资本公积金转增股本的"含税"说明（单位：元）

分红年度	每10股送红股数（股）	每10股派息数（元）（含税）	每10股转增数（股）	现金分红的数额（含税）	分红年度合并报表中归属于上市公司普通股股东的净利润	占合并报表中归属于上市公司普通股股东的净利润的比率(%)
2018年	0	6.6	0	1 271 792 575.68	4 231 432 034.89	30.06
2017年	0	5.8	0	1 117 635 899.84	3 683 408 499.86	30.34
2016年	0	4.4	0	847 861 717.12	2 805 650 702.03	30.22

和分红有关的时间节点也值得投资人注意。

（1）"股利宣告日"指的是上市公司公告分红的日期。

（2）"股权登记日"指的是董事会规定的登记有权领取股利的股东名单的截止日期，股权登记日通常在股利宣告日的两周以后，在股权登记日拥有公司股票的人具有享受分红派息的权利。

（3）"除权除息日"指的是股权登记日的下一个交易日，是股票红利分配给股东的日期。在除权除息日当天，开盘价就是已经除权除息的价格。

（4）"实际分红日"指的是上市公司实际把分红划转到股东账户的日期。

上市公司以股票红利分配给股东，也就是公司的盈余转为增资时，或进行配股时，就要对股价进行除权[1]。沪市大盘此时在股票代码前显示XR。

上市公司将盈余以现金分配给股东，股价就要除息[2]。沪市大盘此时在股票代码前显示XD。

如果一家公司的股票既要除权又要除息，沪市大盘此时在股票代码前显示DR。

除权除息价 =（股权登记日的收盘价－每股所分红利现金额 + 配股价×每股配股数）÷（1 + 每股送红股数 + 每股配股数）

假设一家上市公司的股票价格是10元/股，分红方案是现金分红"每10股派5元"，投资人在除权日收盘前买入这只股票，想着隔天开盘就能直接赚到"每10股派5元"的现金。这是一个重大误解，不然投资人只要坐等每只股票的除权日，并在当天买入就

---

[1] 除权是指公司给股东配发股票股利时，股票的上市交易价格要除去发行公司配发给股东的那部分权值。
除权价 = 股权登记日的收盘价÷（1 + 每股送红股数）。
[2] 除息是指公司给股东发放股息红利时，股票的上市交易价格要除去发行公司发放给股东的那部分股息的红利。
除息价 = 股息登记日的收盘价－每股所分红利现金额。

好了。事实上，对于这只10元的股票，每股分红0.5元，分红之后股价就降为9.5元/股了。也就是说，股东得到0.5元现金分红的同时，损失了0.5元的股价，一进一出，股东手里的账目总数并没有变化。如果是送股或配股，股东手里的账目总数同样没有变化。

股票交易软件上显示的股价，就是投资人每一天看到的价格。如果上市公司曾经有过送股或转股，为了保证前后股价具有可比性，在实际操作中要进行"复权[1]"。

通俗地讲，复权是把有增发、送股、转股、配股的股票恢复到除权前的价位。假设一家公司2010年的股价是5元，股本100万股，至2018年的9年间，因增发、送股、转股、配股使得股本增加到1000万股，股价仍是5元。虽然9年前和9年后的股价没有变化，但因为9年后的股本是9年前的10倍，这家公司的股价实际上是9年前的10倍。如果经历过复权操作，我们就能一眼看出其股价的变化。

复权有两种方式：

（1）向前复权：向前复权就是保持现有股价不变，将以前的价格缩减，折合成相当于现价的价格。

（2）向后复权：向后复权就是保持历史价格不变，而增加以后的价格，把现价折合成相对历史走势的价格。两者直观的区别在于，向前复权的当前报价和K线（股价走势图）显示价格完全一致，向后复权的报价大多高于K线显示的价格。

5.2 坚持现金分红的公司，印象分打满分

在当今较为"浮躁"的股市中，相比股价的涨幅，现金分红并不是散户投资人关注的重点。但是现金分红得到了大机构投资人的特别重视，例如社保基金、外资机构等。因为一家能够持续、稳定分红的企业，至少说明：

（1）公司现金流充沛，经营状况良好，账面现金是真实存在的，不然拿不出现金来分红。

（2）公司愿意与股东分享，把所创造的收益拿出来，"独乐乐不如众乐乐"。

虽说长期分红的公司是好公司，但并不代表不分红的公司就是不好的公司。对于一些正处于发展顶峰的公司而言，公司上一年度的净利润要用于下一年度的扩厂、扩产，因此，这些公司的"不分红"情有可原。

分红方面被公认为楷模的企业是格力电器（SZ.000651）。格力电器成立于1989

---

[1] 复权是对股价和成交量进行权息修复，按照股票的实际涨跌绘制股价走势图，并把成交量调整成相同的股本口径。复权可以消除由于除权除息造成的价格走势畸变，保持股价走势的连续性。

年，主营空调、小家电、智能装备等产品，旗下拥有格力、TOSOT、凌达、凯邦、新元等品牌，其中以家用空调、中央空调（含压缩机/电机）为核心产品。

格力电器于1996年11月18日上市，自上市以来，仅三个年度未分红。1997年和2006年未分红，是因为这两年格力电器要扩产，急需资金；2017年未分红，据董事长董明珠的自述是："不分红是因为格力要进军芯片市场，要加大智能芯片的投入，2017年不分红是为了2018年分得更多。"但在2018年上半年，格力电器进行了分红（历年的上半年并无分红）。

除了上述三个年度外，格力电器在其余年度均实现了分红，说明公司确确实实是能赚钱的。2014年~2016年，格力电器的分红金额均占当年度净利润的70%左右，如图5-1所示。

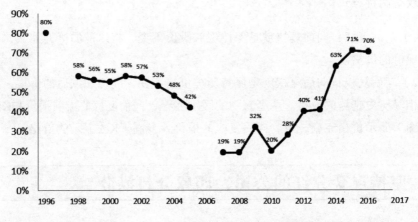

图5-1 格力电器上市以来分红比例变动图

格力电器还把分红承诺写入《公司章程》："公司最近三年以现金方式累计分配的利润不少于最近三年实现的年均可分配利润的30%"。2016年8月，格力电器公布2016年~2018年的股东回报规划。该规划进一步表示："若分红年度内无重大投资计划或重大现金支出项目（募集资金投资项目除外）发生，则其该年度现金分红比例不低于60%"。

与格力电器的大方分红形成鲜明对比的是分红爽约的辅仁药业（SH.600781）。

从财务报告看，辅仁药业近年营收和净利润均表现不错。2016年~2018年分别实现营业收入为50.1亿元、58亿元、63.2亿元，实现归属于上市公司股东的扣除非经常性损益净利润3.5亿元、3.9亿元、8.9亿元。同时，辅仁药业账面上的货币资金充足，2016年~2018年分别高达14.20亿元、12.89亿元和16.56亿元。2019年第一季度，账面上的货币资金尚有18.16亿元。

但是意外的是，2019年7月19日辅仁药业发布公告称：因资金安排原因，无法按照原定计划发放现金红利。原权益分派股权登记日、除权（息）日及现金红利发放日相应取消。

此前，辅仁药业披露2018年度权益分派实施公告：拟每10股派发现金红利1元，以公司总股本6.27亿股计算，共向股东派发红利6272万元。原定红利派发股权登记日为2019年7月19日，除权（息）日为2019年7月22日，现金红利发放日为2019年7月22日。

为何2019年一季度末有货币资金18.16亿元，但却发不出6 000多万的现金分红呢？辅仁药业回复，公司及子公司拥有现金总额1.2724亿元，其中受限金额1.2346亿元，未受限金额377万元，未受限的现金仅占账面资金的2.96%。

其中原因，不说自明。

5.3 风靡一时的高送转，何去何从

曾几何时，一项受到投资者推崇的分配预案，是那些提出高比例送红股或者高比例资本公积转增股本的预案，这种举措被称为"高送转"。简而言之，上市公司的股份数量在上升，股票价格在同比例降低，实际价值没有变化。就像一张100元人民币换成五张20元人民币那样，票子数量在增加，但是票面总价值没有任何变动。"高送转"的实质是股东权益的内部结构调整，虽然公司总股本在扩大，但公司的股东权益并不会因此而增加或减少。而且，在净利润不变的情况下，由于股本扩大，资本公积金转增股本摊薄每股收益。

2015年~2017年年初曾是"高送转"方案最疯狂时，从"10转10"到"10转15"，再到"10转20"，一浪更比一浪高。特别是2015年8月6日昆仑万维推出了"10转30"的史上最豪气方案后，全世界罕见的"10送30"方案，在中国股市中越来越多，南威软件、凯龙股份、赢时胜、大晟文化、东方通、易事特、合众思壮、合力泰、金利科技等都曾因为"10送30"风靡一时。

既然"高送转"对公司的股东权益和盈利能力没有实质性影响，也不能直接给投资者带来现金回报，为什么吸引了众多投资者的目光，成为市场炒作的对象？

主要是因为，投资者通常认为"高送转"传递的是公司未来业绩保持高增长的积极信号，同时投资者寄望"高送转"之后除权的股价有朝一日回到填权行情（"高送转"之前的行情）。因此，大多数投资者都将"高送转"看作重大利好消息，"高送转"也一度是半年报和年度出台前的炒作题材。在董事会公告"高送转"预案前后，几乎每家公司的股价都曾出现大幅上涨。

"高送转"炒作期过后，当投资人渐渐回归理性，认识到"高送转"的实质后，上市公司宣布"高送转"预案后股价表现不一，"高送转"之后的股价走势与大盘走势、公司经营业绩、股价前期走势等多种因素有关。

事实上，"高送转"的前提条件并不是每家上市公司都具备的。理论上来说，上市公司选择"高送转"会有以下几种情况。

（1）公司股价过高，影响流通，于是，通过"高送转"除权降低股价。

（2）总股本较小但业绩优良的公司，希望通过"高送转"扩张股本。这些公司通常是在中小板或创业板上市不久的公司。

（3）公司出于某些目的，希望抬高股价。例如公司打算增发新股融资时，为了卖个好价钱，总希望二级市场的股价漂亮些，以二级市场股价为基准的增发价格也能水涨船高。为了提升股价，公司可能选择用"高送转"来刺激市场。又如，公司重要股东有减持计划，必然希望二级市场价格高高在上。因此这种情况下，同样是想通过"高送转"来刺激市场。公司是否有增发计划，是否有重要股东减持计划，均可查阅公司近期公告。

因此，在市场非理性炒作"高送转"题材的背景下，作为中小投资者尤其要避免跌入"高送转"陷阱中。在上市公司正式公告"高送转"预案时，要重点关注上市公司进行"高送转"的真实目的，综合考虑公司经营业绩、成长性、股本规模、股价、每股收益等指标后分析"高送转"的合理性，警惕上市公司出于配合二级市场炒作，或者配合大股东和高管出售股票，或者配合激励对象达到行权条件，或者为了在再融资过程中吸引投资者认购公司股票等目的而推出"高送转"方案。

举个例子，天龙集团（SZ.300036）于2016年11月17日公布高送转预案后，一个月内大股东便减持套现13.25亿元，"高送转"用高价送走大股东后，转身就成了收割小股东的镰刀。

5.4 公司股权激励计划、员工持股计划或其他员工激励措施的实施情况

股权激励，是企业拿出部分股权用来激励企业高级管理人员或优秀员工的一种方法。一般情况下都是附带条件的激励，如员工需在企业干满多少年，或完成特定的目标才予以激励，当被激励的人员满足激励条件时，即可成为公司的股东，从而享有股东权利，参与企业决策、分享利润、承担风险。

股权激励是企业为了激励和留住核心人才而推行的一种长期激励机制，是最常用的激励员工的方法之一。

股权激励的方式有多种，主要包括以下几种。最常用的是股票期权和限制性股票。

（1）业绩股票，是指在年初确定一个较为合理的业绩目标，如果激励对象到年末时达到预定的目标，则公司授予其一定数量的股票或提取一定的奖励基金购买公司股票。

（2）股票期权，是指公司授予激励对象的一种权利，激励对象可以在规定的时期内以事先确定的价格购买一定数量的本公司流通股票，也可以放弃这种权利。

（3）虚拟股票，是指公司授予激励对象一种虚拟的股票，激励对象可以据此享受一定数量的分红权和股价升值收益，但没有所有权，没有表决权，不能转让和出售，在离开企业时自动失效。

（4）股票增值权，是指公司授予激励对象的一种权利，如果公司股价上升，激励对象可通过行权获得相应数量的股价升值收益，激励对象不用为行权付出现金，行权后获得现金或等值的公司股票。

（5）限制性股票，是指上市公司按照预先确定的条件授予激励对象一定数量的本公司股票，激励对象只有在工作年限或业绩目标符合股权激励计划规定的条件下，才可出售限制性股票并从中获益。

（6）延期支付，是指公司为激励对象设计一揽子薪酬收入计划，其中有一部分属于股权激励收入，股权激励收入不在当年发放，而是按公司股票公平市价折算成股票数量，在一定期限后，以公司股票形式或根据届时股票市值以现金方式支付给激励对象。

（7）经营者/员工持股，是指让激励对象持有一定数量的本公司的股票，这些股票是公司无偿赠与激励对象的、或者是公司补贴激励对象购买的、或者是激励对象自行出资购买的。

（8）管理层/员工收购，是指公司管理层或全体员工利用杠杆融资购买本公司的股份，成为公司股东，与其他股东风险共担、利益共享，从而改变公司的股权结构、控制权结构和资产结构，实现持股经营。

（9）账面价值增值权，具体分为购买型和虚拟型两种。购买型是指激励对象在期初按每股净资产值实际购买一定数量的公司股份，在期末再按每股净资产期末值回售给公司。虚拟型是指激励对象在期初不需支出资金，公司授予激励对象一定数量的名义股份，在期末根据公司每股净资产的增量和名义股份的数量来计算激励对象的收益，并据此向激励对象支付现金。

（1）～（8）前八种股权激励的方式是与证券市场相关的股权激励模式，激励对象所获的收益受到公司股票价格的影响。而最后一种（9）账面价值增值权则是与证券市场无关的股权激励模式,激励对象所获的收益仅仅和公司的每股净资产值有关,而与股价无关。

美的集团(SZ.000333)创立于1968年,是中国最具规模的白色家电生产商之一,拥有完整的空调、冰箱、洗衣机等产业链,拥有完整的小家电产品群和厨房家电产品群。

美的集团的股权激励等计划非常丰富。包括因除权除息等原因导致的历年股权激励行权价格变化的说明,新推出的股权计划说明,合伙人计划说明,事业合伙人计划说明,等等。

【举例】美的集团(SZ.000333)2018年年度报告之"公司股权激励计划、员工持股计划或其他员工激励措施的实施情况"(摘录)

十五、公司股权激励计划、员工持股计划或其他员工激励措施的实施情况

(一)第一期股权激励计划概述 ——— ***因除权除息等原因造成的行权价格变化***

1、公司于2018年4月26日披露了《2017年度利润分配实施公告》,以总股本6 584 022 574股为基数,向全体股东每10股派发现金12.00元。本次权益分派股权登记日为2018年5月3日,除权除息日为2018年5月4日。

2、公司于2018年5月7日召开第二届董事会第三十三次会议,审议通过了《关于调整第一期股票期权激励计划行权价格的议案》,根据2017年度利润分配的实施安排,第一期股权激励行权价格由10.01元/股调整为8.81元/股。

(七)2018年限制性股票激励计划概述 ——— ***最新一期股权激励的详细情况***

1、2018年3月29日,美的集团第二届董事会第三十次会议审议通过了《美的集团股份有限公司2018年限制性股票激励计划(草案)》(以下简称"《2018年限制性股票激励计划(草案)》")及其摘要。第二届监事会第二十二次会议对公司《2018年限制性股票激励计划(草案)》激励对象名单进行了核查。

2、2018年4月23日,公司召开2017年年度股东大会,审议通过了《关于公司2018年限制性股票激励计划(草案)及其摘要的议案》、《关于制定〈2018年限制性股票激励计划实施考核办法〉的议案》、《关于提请股东大会授权董事会办理2018年限制性股票激励计划相关事宜的议案》等2018年限制性股票激励计划相关议案。本次计划拟授予的限制性股票数量2 501万股,其中首次向344人授予2 221万股,占本次授予限制性股票总量的88.80%;预留280万股,占本次授予限制性股票总量的11.20%。首次授予价格为28.77元/股。

3、根据美的集团2017年度股东大会授权,2018年5月7日公司召开第二届董事会第三十三次会议审议通过《关于调整公司2018年限制性股票激励计划首次授予价格、激励对象名单及授予数量的议案》、《关于确定公司2018年限制性股票激励计划首次授予日的议案》和《关于公司2018年限制性股票激励计划首次授予相关事项的议案》,确定本次限制性股票的首次授予日为2018年5月7日,同意公司首次向343名激励对象授予2 215万股限制性股票,首次授予价格由28.77元/股调整为27.57元/股。

4、公司本次拟首向 343 名激励对象授予限制性股票 2 215 万股，但在授予日后，因 24 名激励对象放弃认缴，其所获授的合计 158 万股限制性股票予以取消，故公司首次授予限制性股票实际授予的激励对象为 319 名，实际授予的限制性股票的数量为 2 057 万股。广东正中珠江会计师事务所（特殊普通合伙）于 2018 年 6 月 8 日出具了广会验字[2018]G18027340015 号《验资报告》，审验了公司截至 2018 年 6 月 6 日止根据 2018 年限制性股票激励计划向 319 名激励对象首次授予限制性股票而定向发行限制性 A 股股票新增的注册资本和股本的实收情况。经审验，截至 2018 年 6 月 6 日止，公司已收到 319 名限制性股票激励对象缴纳的限制性股票认购款人民币 567 114 900.00 元，其中增加股本人民币 20 570 000.00 元，增加资本公积人民币 546 544 900.00 元。

5、根据中国证监会《上市公司股权激励管理办法》的有关规定，经深圳证券交易所、中国证券登记结算有限责任公司深圳分公司审核确认，公司完成了 2018 年限制性股票激励计划首次授予的限制性股票登记工作，首次授予的限制性股票上市日期为 2018 年 6 月 21 日。

（八）第一期合伙人持股计划概述 —— 历次合伙人计划和事业合伙人计划

1、公司于 2018 年 4 月 28 日披露了《关于第一期合伙人持股计划归属完毕并暨提前届满的提示性公告》，确定了第一期持股计划的第三个归属期中 30%标的股票权益的归属情况，即第一期持股计划已经完成最终的归属，其中公司现任高管（方洪波、殷必彤、朱凤涛、顾炎民、王金亮、王建国、向卫民）共计分配 179.685 万股，其他持有人共计分配 90.6 万股，剩余未归属的 24.015 万股标的股票及其对应的分红（如有）由第一期持股计划管理委员会无偿收回，并在持股计划期满前择机售出，售出收益返还公司。

如果公司实施了股权激励，则要在年报中作详细披露。包括在"重要事项"章节披露股权激励的执行情况；在"董事、监事、高级管理人员和员工情况"章节披露股权激励涉及哪些管理层成员；在"会计附注"章节披露股权激励对公司利润的影响。由于对管理层的股权激励被视为公司向管理层发放薪酬，利润表中计入公司管理费用，从而影响公司利润；在资产负债表中，则表现为所有者权益减少，资本公积增加。

公司推出股权激励计划后，也有撤销的情况，与当时的产业环境、股票价格等因素都有关联。

【举例】汇顶科技（SH.603160）股权激励计划的推出、撤销、调整

汇顶科技致力于智能人机交互技术的研究与开发，逐渐发展成为中国电容屏触控芯片、指纹识别芯片和固定电话芯片三大市场的主要竞争者，在业内树立起较强的品牌影响力。

2016年11月14日，汇顶科技曾公告拟推出2016年限制性股票激励计划（预案），包括激励对象、股票激励数量、授予价格、授予价格的法规依据、行权的考核要求、股票解锁计划。

5、本计划拟向激励对象授予限制性股票总计不超过 1000 万股，涉及的标的股票种类为人民币 A 股普通股，约占本计划签署时公司股本总额 44500 万股的 2.25%。其中，预留比例不得超过本激励计划拟授予权益数量的 20%。具体激励对象名单、授予数量尚未确定，本公司将在上述事项确定后再次召开董事会对本次股权激励事宜进行审议，并编制《深圳市汇顶科技股份有限公司 2016 年限制性股票激励计划（草案）》，对本预案进行完善和修订，授予对象名单及授予数量等相关内容将在《深圳市汇顶科技股份有限公司 2016 年限制性股票激励计划（草案）》中进行披露。

↓
激励对象、股票激励数量

2016.11预案公告时，汇顶股价最高达176元

7、本激励计划首次授予限制性股票的授予价格为 85.49 元。在本预案公告当日至激励对象完成限制性股票登记期间，若公司发生资本公积转增股本、派发股票红利、股份拆细或缩股、配股、派息等事宜，限制性股票的授予价格将做相应的调整。

↑
定价原则

二、首次授予部分限制性股票的授予价格的确定方法

首次授予部分限制性股票授予价格不低于股票票面金额，且不低于下列价格较高者：

（一）本激励计划公告前 1 个交易日公司股票交易均价（前 1 个交易日股票交易总额/前 1 个交易日股票交易总量）每股 170.98 元的 50%，为每股 85.49 元；

（二）本激励计划公告前 20 个交易日公司股票交易均价（前 20 个交易日股票交易总额/前 20 个交易日股票交易总量）每股 139.51 元的 50%，为每股 69.76 元。

（三）公司层面业绩考核要求

本激励计划首次授予限制性股票的解除限售考核年度为 2017-2020 年四个会计年度，每个会计年度考核一次，各年度业绩考核目标如下表所示：

解除限售期	业绩考核目标
第一个解除限售期	公司需满足下列两个条件之一： 以2016年净利润为基数，2017年净利润增长率不低于10%； 以2016年营业收入为基数，2017年营业收入增长率不低于10%。
第二个解除限售期	公司需满足下列两个条件之一： 以2016年净利润为基数，2018年净利润增长率不低于20%； 以2016年营业收入为基数，2018年营业收入增长率不低于20%。
第三个解除限售期	公司需满足下列两个条件之一： 以2016年净利润为基数，2019年净利润增长率不低于30%； 以2016年营业收入为基数，2019年营业收入增长率不低于30%。
第四个解除限售期	公司需满足下列两个条件之一： 以2016年净利润为基数，2020年净利润增长率不低于40%； 以2016年营业收入为基数，2020年营业收入增长率不低于40%。

——*业绩考核之公司要求*

激励对象的个人层面的考核按照公司现行薪酬与考核的相关规定组织实施。

个人层面上一年度考核结果	个人层面系数
A	100%
B	100%
C	30%
D	0%

——*业绩考核之个人要求*

若各年度公司层面业绩考核达标，激励对象个人当年实际解除限售额度=个人层面系数×个人当年计划解除限售额度

激励对象考核当年不能解除限售的限制性股票，由公司按授予价格回购注销。

8、本激励计划有效期自限制性股票授予之日起至激励对象获授的限制性股票全部解除限售或回购注销之日止，最长不超过 72 个月。 ——*股票解锁计划*

本激励计划授予的限制性股票限售期为自相应授予登记日起 12 个月。激励对象根据本激励计划获授的限制性股票在解除限售前不得转让、用于担保或偿还债务。

解除限售后，公司为满足解除限售条件的激励对象办理解除限售事宜，未满足解除限售条件的激励对象持有的限制性股票由公司回购注销。

本激励计划首次授予的限制性股票的解除限售期及各期解除限售时间安排如下表所示：

首次授予的限制性股票解除限售安排	解除限售时间	解除限售比例
第一个解除限售期	自首次授予日起12个月后的首个交易日起至首次授予日起24个月内的最后一个交易日当日止	22%
第二个解除限售期	自首次授予日起24个月后的首个交易日起至首次授予日起36个月内的最后一个交易日当日止	24%
第三个解除限售期	自首次授予日起36个月后的首个交易日起至首次授予日起48个月内的最后一个交易日当日止	26%
第四个解除限售期	自首次授予日起48个月后的首个交易日起至首次授予日起60个月内的最后一个交易日当日止	28%

股权激励计划（预案）推出后，由于资本市场波动，汇顶股价发生较大变化。公司在2017年2月份公告称，若继续推进限制性股票激励计划，将很难真正达到预期的激励目的和激励效果。2017年2月7日决定终止实施限制性股票激励计划。终止原因说明及后续措施说明如下文。

（一）终止原因

自2016年11月14日公司公告《限制性股票激励计划》后，公司股价发生了较大变化，公司若继续推进限制性股票激励计划，将很难真正达到预期的激励目的和激励效果。为充分落实员工激励，建立和完善劳动者与所有者的利益共享机制，使社会资金通过资本市场实现优化配置。经过审慎研究，决定终止实施限制性股票激励计划。

（二）后续措施

根据《上市公司股权激励管理办法》的规定，公司董事会承诺自本次终止限制性股票激励计划的董事会决议公告之日起3个月内，不再审议股权激励计划。

本次限制性股票激励计划终止实施后，公司将继续通过优化薪酬体系、完善绩效考核制度等方式来充分调动公司管理层和业务骨干的积极性。公司将结合相关法律法规和自身实际，在本次董事会决议公告之日起3个月后择机推出第二期股权激励计划，以促进公司的长期持续、健康发展。

2017年5月10日，汇顶科技重新推出2017年限制性股票激励计划（草案）。主要差别在于行权价格的调整，并小幅增加了用于股权激励的股票数量。

数量增加

5、本激励计划拟授予的限制性股票数量 1300 万股，占本激励计划草案公告时公司股本总额 44500 万股的 2.92%。其中首次授予 1040 万股，占本激励计划草案公告时公司股本总额 44500 万股的 2.34%；预留 260 万股，占本激励计划草案公告时公司股本总额 44500 万股的 0.58%，预留部分占授予权益总额的 20%。本激励计划中任何一名激励对象所获授限制性股票数量未超过本激励计划草案公告时公司股本总额的 1%。

因市场价格下跌造成的行权价格调整

7、本激励计划首次授予限制性股票的授予价格为 48.39 元。

根据股权激励规则的设定，我们可以把行权条件作为公司业绩成长目标。对于业绩目标制定得较高的公司，理论上可以认为这家公司对自己的业绩预期或业绩要求较高。由于公司股价上涨的核心动力在于公司业绩的成长，因此，这些业绩目标较高的公司更值得关注。

5.5　重大诉讼、仲裁事项，酌情判断

重大诉讼事项是指对公司财务状况、经营成果、声誉、业务活动、未来前景等可能产生较大影响的诉讼，或者公司的董事、监事、高级管理人员受到的刑事起诉。

仲裁和诉讼有类似之处，但具有较大的灵活性和便利性。仲裁在程序上可以简化，有利于快速裁决，降低解决争议的成本。

上市公司发生的重大诉讼、仲裁事项涉及金额占公司最近一期经审计净资产绝对值10%以上，且绝对金额超过500万元的，应当及时披露。由于重大诉讼、仲裁事项可能对公司的经营造成重大影响，需要逐条解读，如果遇到潜在的、影响公司发展的诉讼和仲裁，要特别警惕。

教你读懂年报

【举例】中油资本（SZ.000617）2018年年度报告之"重大诉讼、仲裁事项"（摘录）

十二、重大诉讼、仲裁事项

诉讼（仲裁）基本情况	涉案金额（万元）	是否形成预计负债	诉讼（仲裁）进展	诉讼（仲裁）审理结果及影响	诉讼（仲裁）判决执行情况	披露日期	披露索引
因与内蒙古凯创投资集团有限公司、标准基金房屋租赁纠纷，北京金亚光房地产开发有限公司（现为中油资本有限）根据协议向中国国际经济贸易仲裁委员会提起仲裁。	1 701.21	否	2016年4月7日，仲裁委裁定凯创投资支付租金和物业费、违约金及律师费。2016年10月8日，凯创投资向北京市四中院申请撤销裁决，四中院于2017年2月8日立案，2017年3月23日进行审理。2017年6月16日，四中院作出裁定，维持仲裁委原裁决。	中油资本有限胜诉。对公司利润无重大影响。	2017年7月19日，北京市二中院立案执行，已冻结凯创投资持有的部分股权资产。	—	—
因4笔金融借款合同纠纷，昆仑银行于2016年5月11日向新疆高院分别提起4宗诉讼，分别请求各被告秦皇岛东奥燃料销售有限公司、中石油铁建油品销售公司、卢昌权、张帆偿还逾期贷款，承担担保责任。	10 078.58 10 089.57 10 090.00 9 507.80	否 否 否 否	被告中石油铁建向新疆高院提出管辖权异议，新疆高院驳回。后中石油铁建将管辖权异议上诉至最高院，最高院驳回异议，并将案件移送新疆高院管辖。新疆高院分别于2017年10月13日和11月7日判决昆仑银行4宗诉讼胜诉。对方分别于2017年10月26日和11月20日向最高院上诉，后又申请撤诉，最高院分别于2018年3月19日和6月26日下达裁定，同意撤诉，一审判决生效。	昆仑银行胜诉。对公司利润无重大影响。已计提相应减值准备。	2018年9月26日，昆仑银行向新疆高院申请强制执行，已查封被执行人的部分财产。	—	—
因借款人未能偿还到期贷款，昆仑银行于2015年6月24日向乌鲁木齐铁路运输中院提起诉讼，请求被告新疆广石冶金（集团）工业有限公司、新疆广石冶金（集团）有限公司、张广为、汪家银、徐建莉、汪恩偿还逾期贷款，承担担保责任。	2 023.10	否	2015年11月3日，一审法院作出判决，昆仑银行胜诉；2015年11月16日，汪家银、徐建莉上诉至新疆高院。2016年12月27日，驳回被告上诉，维持一审判决。2017年5月19日，借款人申请再审；2017年7月27日，法院裁定驳回再审申请。	昆仑银行胜诉。对公司利润无重大影响。已计提相应减值准备。	2017年6月12日，根据已生效判决，昆仑银行向法院提出处置申请，目前尚在抵押物处置阶段。	—	—
因借款人未能偿还到期贷款，昆仑银行于2016年6月12日向乌鲁木齐铁路运输中院提起诉讼，请求被告新疆昆岗墙体材料科技有限公司及担保人喀什美城房地产开发有限公司、徐根洪、郑华芬、蔡士兵、沈素斌偿还逾期贷款，承担担保责任。	1 513.05	否	法院裁定诉前财产保全。2016年7月22日，法院裁定驳回美城房地产的管辖权异议。2016年12月19日，一审判决昆仑银行胜诉。2017年1月16日，借款人及保证人已确定不提起上诉，昆仑银行在法院完成执行立案。2017年4月6日，昆仑银行与被执行人签订执行和解协议，2017年偿还850万元。2018年4月，偿还贷款本金610.65万元，偿还欠息313.27万元，和解协议履行完毕。	昆仑银行胜诉。对公司利润无重大影响。已计提相应减值准备。	已按照执行和解协议履约完毕。	—	—

……

5.6 关联交易，警惕利润抽取或利润输送

年报中出现的"关联方"主要有两类：

- 一类是上市公司的控股股东，所谓的母公司。
- 另一类是同一控股股东的其他公司，也就是兄弟公司。

上市公司和关联方的关联交易[1]可以分为两种：

（1）"经常性"关联交易，主要发生在企业经营的两个方面，一是采购，二是销售。

（2）"非经常性"关联交易，包括关联方资金拆借、关联方融资担保、关联方的授权转让、关联方租赁、关联方代理、关联方权利许可等方面。

关联交易作为重大交易事项披露，是判断上市公司可信度的重要依据。凡是有大量关联交易的公司，投资人要重点当年度和往年数据的比对。

我们主要讲一下"经常性"关联交易。年报中的表述通常如表5-2所示。

由于关联交易的价格并非市场化，没有经过市场化的充分竞争，因此关联交易价格的合理性难以评判。

从有利的方面讲，交易双方因为存在关联关系，可以节约大量商业谈判等交易成本，也可运用行政力量保证商业合同的优先执行，从而提高交易效率。

从不利的方面讲，由于关联交易方可以运用行政力量撮合交易，从而可能造成交易价格、交易方式等方面的不公平竞争，侵犯股东或债权人的利益。

正因为关联交易的这种特性，关联交易成了关联方操纵上市公司利润的重要手段之一，抬高或压低上市公司的业绩。

抬高业绩，也就是关联方利用关联交易向上市公司输送利润，例如以高于市场价的价格购买上市公司的产品。

压低业绩，也就是利用销售产品、提供服务却无商业实质的关联交易把上市公司的利润抽走，例如以高于市场价的价格向上市公司销售产品。

抽调上市公司利润，业绩被压低，损害公司利益，对投资人而言显然是利空。但是抬高上市公司业绩的做法，眼前看可以虚张声势，利于股价上涨，实际上同样埋着定时炸弹。关联方向上市公司输送利益，必有所图，秋后算账，翻倍偿还。

---

[1] 关联交易，指的是上市公司及其控股子公司和关联方之间发生的交易。当某公司和它的关联方发生转移资源、资产、劳务或者是义务的行为时，不管有没有收取价款，都属于关联交易。

表5-2 中油资本2018年的关联交易

关联交易方	关联关系	关联交易类型	关联交易内容	关联交易定价原则	关联交易价格	关联交易金额（万元）	占同类交易金额的比例	获批的交易额度（万元）	是否超过获批额度	关联交易结算方式	可获得的同类交易市价	披露日期	披露索引
中石油集团及其下属公司	实际控制人及其控制企业	利息收入	利息收入	遵循市场价格，如没有市场价格，由双方协商确定交易价格	遵循市场价格，如没有市场价格，由双方协商确定交易价格	773 242.66	25.56%	1 500 000.00	否	通过银行结算	与本次关联交易价格持平	2018年4月12日	公告编号：2018-012
中石油集团及其下属公司	实际控制人及其控制企业	手续费及佣金收入	手续费及佣金收入	遵循市场价格，如没有市场价格，由双方协商确定交易价格	遵循市场价格，如没有市场价格，由双方协商确定交易价格	70 338.20	33.89%	100 000.00	否	通过银行结算	与本次关联交易价格持平	2018年4月12日	公告编号：2018-012
中石油集团及其下属公司	实际控制人及其控制企业	保险业务收入	保费收入	遵循市场价格，如没有市场价格，由双方协商确定交易价格	遵循市场价格，如没有市场价格，由双方协商确定交易价格	76 701.13	64.19%	120 000.00	否	通过银行结算	与本次关联交易价格持平	2018年4月12日	公告编号：2018-012
中石油集团及其下属公司	实际控制人及其控制企业	租赁收入	经营租赁	遵循市场价格，如没有市场价格，由双方协商确定交易价格	遵循市场价格，如没有市场价格，由双方协商确定交易价格	9 861.02	16.71%	25 000.00	否	通过银行结算	与本次关联交易价格持平	2018年4月12日	公告编号：2018-012
中石油集团及其下属公司	实际控制人及其控制企业	销售商品收入	销售商品收入	遵循市场价格，如没有市场价格，由双方协商确定交易价格	遵循市场价格，如没有市场价格，由双方协商确定交易价格	1 116.44	30.04%	3 000.00	否	通过银行结算	与本次关联交易价格持平	2018年4月12日	公告编号：2018-012
中石油集团及其下属公司	实际控制人及其控制企业	利息支出	利息支出	遵循市场价格，如没有市场价格，由双方协商确定交易价格	遵循市场价格，如没有市场价格，由双方协商确定交易价格	551 547.07	36.71%	800 000.00	否	通过银行结算	与本次关联交易价格持平	2018年4月12日	公告编号：2018-012

除了抽调上市公司利润，还有通过关联交易占用上市公司资金的。假设上市公司A和另一个公司B是关联方。A和B签订合同，A向B采购商品，B对A承诺交货时间。合同签订后，A预付给B的5亿采购款，计入A公司资产负债表的"预付账款"项下。不幸的是，B并没有能够按期履行合同，一年后双方解除合同，A要求B退还5亿元预付账款。又过了一年，B没有交付货物，也没有退还A的预付账款。表面上看，事情是这样发展的，但实际上，由于A和B是关联方，A给B的预付账款被大股东占用，给A公司造成重大损失。

利用关联交易造假的公司，有几个特征，上市公司符合这样的特征越多，则造假可能性越高。

（1）前几大客户的销售额占据上市公司的营收比例特别大，甚至是一家独大。

（2）上市公司的营业收入和净利润不断增长，却没有相应现金流的支撑[1]，净利润和现金流之间不匹配。同时，应收账款、应付账款、存货等大增，不合乎逻辑。

---

[1] 利润表能够体现虚增收入，但现金流量表上无法体现，因为这笔收入不存在，没有对应的现金流入。

（3）上市公司的营收大部分来自海外，并且没有现金流的支撑。

要核查关联交易，通常要关注的问题如下：

（1）关联交易的金额及占比情况。

（2）关联交易发生的原因、真实性及必要性。

（3）关联交易的决策权限、程序及定价机制。

（4）关联交易的合规性和公允性，是否对关联方存在重大依赖，未来关联交易是否可持续，是否有减少和规范关联交易的具体安排等。

（5）关联交易对企业业务独立性及财务状况的影响，是否存在关联交易非关联化的问题。

（6）关联交易的内部决策程序、内部控制措施及规范关联交易所采取的措施是否充分、有效，相关内部控制是否完善。

（7）是否有健全的内部交易关联制度。

（8）关联交易的决策和表决程序是否有瑕疵，等等。

作为一般投资人，虽然难以深入的审查，但可以通过类似关联交易金额并从占比的常识性判断等角度，来解读一家公司的关联交易是否合乎逻辑。就关联交易在上市公司采购、销售环节的占比来看，比例越低，关联交易舞弊的可能性就越小。以下举例说明。

乐视网（SZ.300104）生态圈中的关联企业曾超过80家。有的是乐视网的供应商，有的是乐视网的客户，有的同时充当供应商和客户的双重身份。2016年下半年，乐视网资金链出现断裂风险，从此整个乐视公司开始出事。

乐视网2016年的营业收入是219亿元，但提供给关联方的商品出售和服务高达117.85亿元，相应地，从关联方购进的商品和服务达到74.98亿元。2016年应收账款86.86亿元，应付账款54.21亿元，销售费用23.66亿元。2016年经营活动产生的现金流量净额是–8.527亿元。

拨开面子看里子，这些买卖的双方是同一个人——贾老板。自买自卖都是赊账，营业收入如此之高，但公司收到的现金却是负值。

接着来看神雾环保（SZ.300156）。2016年，神雾环保的前5大客户的销售额占到公司总营收的94.38%，其中的第一大客户和第二大的客户都是神雾环保的关联公司，两者的销售额占公司总营收的74.32%。2016年，神雾环保净利润7.08亿元，但是经营性净现金流才2.18亿元，就是因为上述两家关联公司在创造高额营收的同时却不付钱，理由不必多说。

5.7 关联交易，暗藏股东拆借资金

辅仁药业（SH.600781）的分红爽约背后，直面的问题是资金紧张。资金紧张了，势必要对外伸手张罗资金。有的向股东借，有的向银行借，有的向关联方借，有的向非关联公司借，等等。

在关联交易中，我们可以看到是否存在向股东的借款。

辅仁药业的货币资金在2018年半年度报告中呈现巅峰状态——16.56亿元。进一步查看"关联交易"科目，显示了和控股股东之间频繁的资金拆入和拆出。拆入总额6.3亿元，拆出总额6.8亿元，占到货币资金的三分之一以上。回溯到2017年，辅仁药业向控股股东拆入的资金同样高达6.8亿元。和股东之间的拆借只是借款的一种渠道，另外还有其他各种渠道，从辅仁药业2018年年报中可见辅仁药业对资金的渴求，如表5-3所示。

表5-3 辅仁药业2018年的关联方资金拆借（单位：元）

关联方	拆借金额	起始日	到期日	说明
拆入				
辅仁科技控股（北京）集团股份有限公司	103 000 000.00	2018.01.01	2018.12.31	
辅仁药业集团有限公司	522 400 000.00	2018.01.01	2018.12.31	
拆出				
辅仁科技控股（北京）集团股份有限公司	83 700 000.00	2018.01.01	2018.12.31	
辅仁药业集团有限公司	598 007 500.00	2018.01.01	2018.12.31	

5.8 担保的风险，体现在三个方面

上市公司面临的风险，除了在经营过程中日积月累造成，还有突发状况。突发状况尤其容易发生在非经营性的过程中，其中之一就是担保。

担保[1]的风险在于，上市公司为其他企业向银行的贷款提供担保，如果贷款公司无力偿还，上市公司则要替其还债。由于担保风险的爆发会严重影响投资人利益，因此，要在"重要事项"中做详细披露。

---

1 担保，是指当事人根据法律规定或者双方约定，为促使债务人履行债务实现债权人的权利的法律制度。担保通常由当事人双方订立担保合同，遵循平等、自愿、公平、诚实信用的原则。

年报中，对于"担保"信息的披露最后，会给出三个重要数据。投资人要把这三类数据重点拿出来，是因为这三种情况均是高风险情况。这三类情况分别是：

- 为股东、实际控制人及其关联方提供的担保。
- 直接或间接为资产负债率超过70%的被担保对象提供的债务担保余额。
- 担保总额超过净资产50%部分的金额。

1. 为股东、实际控制人及其关联方提供的担保

从担保对象的角度来看，为股东、实际控制人及其关联方提供的担保是风险最高的担保。理论上。被担保人贷款时，应该先用所持有的上市公司股权作质押，不必让上市公司做担保。一旦上述被担保人找上市公司担保，通常是因为自身已信用透支、债务缠身，没有东西可以用来抵押了。从更加糟糕的方面来讲，这一类担保通常是被担保者从上市公司吸金的途径，被担保者的初衷可能就是让上市公司买单。

2. 直接或间接为资产负债率超过70%的被担保对象提供的债务担保余额

从担保对象的资产负债率[1]角度来看，因为高负债率的情况下，一旦公司在经营过程中现金流不通畅，公司就可能被压垮，所以被担保人资产负债率的高低决定了银行向其发放贷款的安全程度。资产负债率超过70%的公司被称为高负债经营，无论经营业绩如何，高负债率都很危险。

3. 担保总额超过净资产50%部分的金额

担保总额占公司净资产的比例，说明上市公司可能承担的风险上限。也就是说，在最坏的情况下，上市公司承担的还款负担占其净资产的比例有多少。比例越高时，上市公司面临的风险就越大。一般来说，这个比例的红线值是50%，超过50%时就提示投资者：风险过大！

以上三种红线值的担保对象，如果上市公司为其担保，一方面说明上市公司管理层风险意识淡薄，另一方面也说明上市公司面临的风险超越了正常值。

以下是中油资本的"担保"说明，明确给出了上述三个红线值数据。

---

[1] 资产负债率，是公司的负债总额与资产总额的比值，表示公司总资产中有多少是通过负债筹集的。这是评价公司负债水平的综合指标，是衡量公司利用债权人资金进行经营活动能力的指标，也反映债权人发放贷款的安全程度。

▶ **教你读懂年报** ◀

【举例】中油资本（SZ.000617）2018年年度报告之"担保"情况

担保对象名称	担保额度相关公告披露日期	担保额度	实际发生日期	实际担保金额	担保类型	担保期	是否履行完毕	是否为关联方担保
航丰（天津）租赁有限公司	2017年8月28日	49 415.04	2017年10月16日	49 415.04	连带责任保证	120个月	否	否
航深（天津）租赁有限公司	2017年8月28日	16 280	2017年10月16日	16 280	连带责任保证	142个月	否	否
航益（天津）租赁有限公司	2017年8月28日	16 400	2017年10月16日	16 400	连带责任保证	142个月	否	否
航诚（天津）飞机租赁有限公司	2017年8月28日	20 000	2017年11月22日	20 000	连带责任保证	贷款期限最长不得超过132个月或飞机租赁合同的剩余租期（以二者中先到期的为准），保证期间为各项被担保债务履行期届满之日起两年。	否	否
……								

其中：	
为股东、实际控制人及其关联方提供担保的余额（D）	0
直接或间接为资产负债率超过70%的被担保对象提供的债务担保余额（E）	455 224.09
担保总额超过净资产50%部分的金额（F）	0
上述三项担保金额合计（D+E+F）	455 224.09
对未到期担保，报告期内已发生担保责任或可能承担连带清偿责任的情况说明（如有）	无
违反规定程序对外提供担保的说明（如有）	无

上市公司的担保对象，除了关联公司，还有自己的子公司。由于上市公司可以掌控其子公司的经营状态，主导其发展轨迹，因此，这一类担保的风险较小。

有时为了业务的需要，上市公司确实会为非关联公司做担保，这就是非关联公司请上市公司做担保的情况。由于上市公司的体质普遍较好，信用等级较高，从银行角度来讲，如果有上市公司为贷款人做担保，风险降低很多，因为上市公司会承担最终的还款责任。这种情况的担保同样对上市公司造成风险隐患。年报中，如果这一类担保占公司净资产比例超过10%，即使被担保方资产负债率很低，也要极度警惕。

上市公司融资，一般金额庞大，普通公司无法作为担保人。因此，现实状况中，上市公司彼此间的担保也同样存在，互为担保的上市公司可能是两家，也可能是三家，甚至更多。这种担保方式的风险在于，一旦互做担保的公司之间有一家出现问题，其他上市公司就被连带陷入困境。另外，上市公司贷款时，它最主要的担保者应该是其控股股东。只有控股股东无能为力时，才会求助其他上市公司。因此，出现上市公司相互担保的情况时，上市公司自身的体质需要打一个问号。

第 6 章

股份变动及股东情况

"股本变动及股东情况",看起来只是介绍了上市公司的股东数量、持股比例、控股股东和大股东以及变化等情况,但是隐含的重要信息可不少。

6.1 股本变动情况,了解股东控制权的涨跌

你会看到公司历次融资和拆细造成的股本变动情况,包括两项内容:

(1)股份变动情况表。
(2)限售股份变动情况。

在股权分置改革[1]后,上市公司的股份均是流通股,但其中又分为两大类:一类是"有限售条件股份";另一类是"无限售条件股份"。

有限售条件股份的存在,是一个历史遗留问题。股权分置改革之前,上市公司的股份分为流通股和非流通股。流通股容易理解,就是能够正常上市交易的股份。非流通股源于部分上市公司的国有股和法人股。这些股份的取得成本极低,不能在公开市

---

[1] 我国证券市场上发行的股票,按照股票的持股主体来划分,可以分为国家股、法人股和流通股。

国家持有的股票称为国家股,是国家在该企业中的控股。国有股的存在,有利于宏观调控,同时也说明国家看好该企业,共担经营成败。

法人股是指法人(单位)以自有资金认购的股份或原集体企业的资产重估后折算成的股份。

普通股是一个相对与国家股和法人股的概念,在二级交易市场也就是我们说的证券市场上交易的都是普通股,国家股和法人股是不上市流通的股票,是以前国家的制度缺陷,为了不让所谓的"国有资源流失"造成的。

从 2005 年 4 月进行了股权分置改革之后,慢慢的所有的股票就要全流通,就不存在国家股,普通股之说了。

场自由买卖，因此称为非流通股，但这部分股份又和流通股同股同权。2005年开始进行的股权分置改革，旨在实现企业所有股份能够自由流通买卖，把以前不能上市流通的国有股、法人股变成流通股，但为了减少大量股份集中上市给股市带来的冲击，对这部分新流通股的上市流通时间做了限制，这部分新流通股成了"有限售条件股份"，简称限售股。

对于"有限售条件股份"，按照持股人性质进一步分为国家持股、国有法人持股、其他内资持股（包括境内非国有法人持股和境内自然人持股），以及外资持股（包括境外法人持股和境外自然人持股）。

对于"无限售条件股份"，按照股票类型进一步分为：

（1）人民币普通股（A股）。
（2）境内上市的外资股（B股）。
（3）境外上市的外资股（主要指H股）。

在4000多家A股上市公司中，同时拥有A股、B股、H股的，只有晨鸣纸业（SZ.000488），同时拥有A股和B股的上市公司有170多家，同时拥有A股和H股的上市公司就更多了。

股份变动情况表分别按照持股人性质和股票类型编制明细。从股份变动情况表中，我们要特别注意限售股的占比。通常来说，限售股占比越低，风险相对较低。表6-1所示是万科A（SZ.000002）2018年年度报告之"公司股份变动情况"，万科A的限售股占比0.08%，就可以忽略不计。

表6-1 万科A2018年的股份变动情况（单位：股）

重点关注限售股比例

股份类别	2017年12月31日		增减变动（+，-）其他（注）	2018年12月31日	
	数量（股）	比例		数量（股）	比例
一、有限售条件股份					
1.国家及国有法人持股					
2.境内法人持股					
3.境内自然人持股	9 026 490	0.08%	0	9 026 490	0.08%
4.外资持股					
有限售条件股份合计	9 026 490	0.08%	0	9 026 490	0.08%
二、无限售条件股份					
1.人民币普通股	9 715 170 043	88.01%	0	9 715 170 043	88.01%
2.境外上市外资股	1 314 955 468	11.91%	0	1 314 955 468	11.91%
无限售条件股份合计	11 030 125 511	99.92%	0	11 030 125 511	99.92%
三、股份总数	11 039 152 001	100.00%	0	11 039 152 001	100.00%

事实上，随着时间的推移，限售流通股的数量会逐渐降低，直至消逝，因此限售流通股的细项分类对投资者的意义有限，反而是分析限售流通股的变动情况比较有意

义。这是因为，有限售条件股份的解禁（成为流通股）可能对股价造成较大的负面影响，因此上市公司会对报告期内的有限售条件股份的变动列出明细或用文字表述，即使没有变动，部分上市公司也会清晰地列出有限售条件股份的持有人、持有数量、解禁时间等信息，例如万科A。

如万科A（SZ.000002）2018年年度报告之"限售股份变动情况"，如表6-2所示。

表6-2 万科A2018年的限售股份变动情况（单位：股）

股东名称	上年末限售股数	本年解除限售股数	本年增加限售股数	本年末限售股数	限售原因	解除限售日期
郁亮	5 479 684	0	0	5 479 684	担任公司董事、监事、高级管理人员	按照《深交所上市公司股东及董事、监事、高级管理人员减持股份实施细则》规定执行
王文金	1 735 718	0	0	1 735 718		
解冻	1 118 059	0	0	1 118 059		
张旭	678 029	0	0	678 029		
周清平	15 000	0	0	15 000		
合计	9 026 490	0	0	9 026 490	—	—

股份变动的原因还包括"股份回购"。如果上市公司觉得股价被市场严重低估了，就会自掏腰包回购股份，市场的流通股因被回购而减少。"股份回购"对上市公司的股东而言，是一个积极的利好。

6.2 公司股东及持股情况，理清公司股权的骨架

公司股东及持股情况，年报会给出如下内容：

（1）股东数量（主要代表了散户数量）。
（2）持股5%以上的股东或前10名股东持股情况。
（3）前10名无限售条件股东持股情况。
（4）前10名有限售条件股东持股数量及限售条件等信息。

对于报告期内有重大变动的股东信息，年报中会给出相应的解释。

上述（1）股东数量（主要代表了散户数量），（2）持股5%以上的股东或前10名股东持股情况，（3）前10名无限售条件股东持股情况，这三者的信息量比较大，并且三组数据之间是相互联系的。

例如，（1）股东数量大幅减少，但（3）前10名无限售条件股东持股数量大幅增加，说明很可能大股东前一阵子在吸收市面上的筹码，股价大概率已放量下跌，这就是A股比较怪异的地方。

第6章 股份变动及股东情况

相反，如果（3）前10名无限售条件股东持股数量大幅减少，但（1）股东数量大幅增加，说明很可能大股东前一阵子在释放筹码，股价大概率已放量上涨。

我们直接通过中油资本和美的集团的例子来表述。

【举例】中油资本（SZ.000617）2018年年度报告之"股东总数"及"持股5%以上的股东或前10名股东持股情况"

中油资本2018年的股东数量及持股情况（单位：股）

| 报告期末普通股股东总数 | 16 732 | 年度报告披露日前上一月末普通股股东总数 | 21 119 | 报告期末表决权恢复的优先股股东总数（如有） | 0 | 年度报告披露日前上一月末表决权恢复的优先股股东总数（如有） | 0 |

报告期末股东总数　　年报披露前股东总数，可看出这一期间股东总数的增减

中油资本2018年持股5%以上的股东或前10名股东持股情况（单位：股）

持股5%以上的股东或前10名股东持股情况

股东名称	股东性质	持股比例	报告期末持股数量	报告期内增减变动情况	持有有限售条件的股份数量	持有无限售条件的股份数量	质押或冻结情况	
							股份状态	数量
中国石油天然气集团有限公司	国有法人	77.35%	6 984 885 466	—		6 984 885 466		
泰康资产丰华股票专项型养老金产品—中国工商银行股份有限公司	其他	2.10%	189 639 222	—		189 639 222		
航天信息股份有限公司	国有法人	1.95%	175 763 182			175 763 182		
中国航空发动机集团有限公司	国有法人	1.95%	175 763 182			175 763 182		
中国国有资本风险投资基金股份有限公司	国有法人	1.95%	175 763 182			175 763 182		
中建资本控股有限公司	国有法人	1.95%	175 763 182			175 763 182		
海峡能源产业基金管理（厦门）有限公司	境内非国有法人	1.95%	175 763 182			175 763 182		
北京市燃气集团有限责任公司	国有法人	1.95%	175 763 182			175 763 182		
中国石油集团济柴动力有限公司	国有法人	1.91%	172 523 520	—	172 523 520			
宁波梅山保税港区招财鸿道投资管理有限责任公司	境内非国有法人	0.97%	87 881 593	—		87 881 593		

教你读懂年报

	给出因非公开发行新近10大股东的公司名单
战略投资者或一般法人因配售新股成为前10名股东的情况（如有）	2017年1月3日公司完成非公开发行新股8 742 517 285股。其中由于非公开发行新股成为前十名普通股股东的有：中石油集团认购6 984 885 466股，泰康资产丰华股票专项型养老金产品—中国工商银行股份有限公司认购189 639 222股，航天信息股份有限公司、中国航空发动机集团有限公司、中国国有资本风险投资基金股份有限公司、中建资本控股有限公司、海峡能源产业基金管理（厦门）有限公司、北京市燃气集团有限责任公司各认购175 763 182股，宁波梅山保税港区招财鸿道投资管理有限责任公司认购87 881 593股。
上述股东关联关系或一致行动的说明	上述前10名股东中，中石油集团系济柴动力的控股股东，同时直接持有海峡能源投资有限公司100%股权，海峡能源投资有限公司持有海峡能源有限公司50%股权，海峡能源有限公司为海峡能源产业基金管理（厦门）有限公司的第一大股东，持有其47%股权。对照《上市公司收购管理办法》第八十三条的相关规定，<u>济柴动力、海峡能源产业基金管理（厦门）有限公司与中石油集团构成一致行动人</u>。泰康资产丰华股票专项型养老金产品—中国工商银行股份有限公司的最终受益人为中石油集团企业年金计划，泰康资产管理有限责任公司管理的中石油集团企业年金计划与中石油集团存在关联关系。因此，<u>泰康资产丰华股票专项型养老金产品-中国工商银行股份有限公司与中石油集团存在关联关系</u>。除上述情形外，未知其他股东之间是否存在关联关系以及是否属于《上市公司收购管理办法》规定的一致行动人。
给出一致行动人名单	**给出关联关系名单**

【举例】美的集团（SZ.000333）2018年年度报告之"持股5%以上的股东或前10名股东持股情况"

<table>
<tr><th colspan="9">持股5%以上的股东或前10名股东持股情况</th></tr>
<tr><th rowspan="2">股东名称</th><th rowspan="2">股东性质</th><th rowspan="2">持股比例%</th><th rowspan="2">报告期末持股数量</th><th rowspan="2">报告期内增减变动情况</th><th rowspan="2">持有限售条件的股份数量</th><th rowspan="2">持有无限售条件的股份数量</th><th colspan="2">质押或冻结情况</th></tr>
<tr><th>股份状态</th><th>数量</th></tr>
<tr><td>美的控股有限公司</td><td>境内非国有法人</td><td>33.20</td><td>2 212 046 613</td><td>0</td><td>0</td><td>2 212 046 613</td><td>质押</td><td>666 065 000</td></tr>
<tr><td>香港中央结算有限公司</td><td>境外法人</td><td>13.51</td><td>900 120 167</td><td>273 172 672</td><td>0</td><td>900 120 167</td><td></td><td></td></tr>
<tr><td>中国证券金融股份有限公司</td><td>国有法人</td><td>2.97</td><td>198 145 134</td><td>-24 532 521</td><td>0</td><td>198 145,134</td><td></td><td></td></tr>
<tr><td>方洪波</td><td>境内自然人</td><td>2.06</td><td>136 990 492</td><td>0</td><td>102 742 869</td><td>34 247 623</td><td></td><td></td></tr>
<tr><td>加拿大年金计划投资委员会—自有资金（交易所）</td><td>境外法人</td><td>1.52</td><td>101 007 256</td><td>75 842 645</td><td>0</td><td>101 007 256</td><td></td><td></td></tr>
<tr><td>美的集团股份有限公司回购专用证券账户</td><td>境内非国有法人</td><td>1.43</td><td>95 105 015</td><td>95 105 015</td><td>0</td><td>95 105 015</td><td></td><td></td></tr>
<tr><td>黄健</td><td>境内自然人</td><td>1.32</td><td>88 007 100</td><td>27 100</td><td>0</td><td>88 007 100</td><td></td><td></td></tr>
<tr><td>小米科技有限责任公司</td><td>境内非国有法人</td><td>1.24</td><td>82 500 000</td><td>0</td><td>0</td><td>82 500 000</td><td></td><td></td></tr>
<tr><td>中央汇金资产管理有限责任公司</td><td>国有法人</td><td>1.18</td><td>78 474 900</td><td>0</td><td>0</td><td>78 474 900</td><td></td><td></td></tr>
<tr><td>高瓴资本管理有限公司—HCM中国基金</td><td>境外法人</td><td>1.07</td><td>71 464 600</td><td>-42 426 538</td><td>0</td><td>71 464 600</td><td></td><td></td></tr>
<tr><td>**前10名股东按持股比例排名**</td><td></td><td colspan="2">**持股数量及增减变动**</td><td></td><td colspan="2">**持股有限售和无限售情况**</td><td colspan="2">**质押或冻结**</td></tr>
</table>

第 6 章　股份变动及股东情况

　　了解了上市公司的股权结构，投资人最想知道的就是公司里谁说了算，谁具有决定权。

　　我们先来理清"控股股东"和"大股东"的区别。根据《公司法》的规定，"控股股东"指的是出资额占公司资本总额50%以上，或者其持有的股份占股份公司股本总额50%以上的股东；也可以是出资额或者持有股份的比例虽然不足50%，但依其出资额或者持有的股份所享有的表决权已足以对股东会、股东大会的决议产生重大影响的股东。

　　"大股东"的范围就大了，凡是持股超过5%的股东都是大股东。因此，在年报中可以看到"持股5%以上的股东或前10名股东持股情况"这一条目。

　　控股股东一定是大股东，但大股东却并不一定是控股股东。美的集团的例子中，虽然没有持股50%以上的控股股东，但是大股东美的控股有限公司对美的集团的持股达到了33.2%，基本可以稳坐皇帝宝座，不会被外界入侵。另一种情况，例如2017年之前的万科，它的第一大股东是华润集团，但是华润股份和其全资子公司合计持股比例仅为14.97%，并不是控股股东。万科当年的股权结构成为日后"万科股权之争"的隐患。2018年，深圳地铁成了万科大股东后，万科的股权结构才平稳下来。万科股权经历的风浪将在第9章做详细介绍。

　　【举例】万科A（SZ.000002）2018年年度报告之"股东情况介绍"

　　（一）股东情况表　——**万科2018年年报公布的前10名股东情况**

2018年末股东总数	243 763 户（其中A股243 721户，H股42户）		2019年2月28日股东总数	239 133 户（其中A股239 089户，H股44户）			
前 10 名股东持股情况							
股东名称	股东性质	持股比例	持股总数	报告期内增减变动情况	持有有限售条件股份数量	质押或冻结的股份数量	
地铁集团	境内国有法人	29.38%	3 242 810 791	0	0	0	
HKSCC NOMINEES LIMITED 注1	境外法人	11.91%	1 314 911 984	+4 145	0	0	
钜盛华	境内非国有法人	8.39%	926 070 472	0	0	926 068 101	
安邦人寿保险股份有限公司－保守型投资组合	其他	6.34%	699 623 983	+455 946 132	0	0	
国信证券－工商银行－国信金鹏分级1号集合资产管理计划	其他	4.14%	456 993 190	0	0	0	
前海人寿保险股份有限公司－海利年年	其他	3.11%	343 829 742	-5 946 699	0	0	
招商财富－招商银行－德赢1号专项资产管理计划	其他	2.98%	329 352 920	0	0	0	
香港中央结算有限公司注2	其他	2.07%	228 786 132	+149 827 738	0	0	
中央汇金资产管理有限责任公司	境内国有法人	1.72%	189 566 000	0	0	0	
前海人寿保险股份有限公司－聚富产品	其他	1.66%	183 788 200	-34 293 183	0	0	
战略投资者或一般法人因配售新股成为前10名股东的情况	无						

2. 钜盛华及其一致行动人

截至 2018 年 12 月 31 日,钜盛华及其一致行动人合计持有公司 A 股股份 1 619 808 035 股,占公司股份总数的 14.67%。具体如下:

序号	股东名称	持有公司A股股票数量(股)	占公司总股本比例
1	钜盛华	926 070 472	8.39%
2	前海人寿保险股份有限公司－海利年年	343 829 742	3.11%
3	前海人寿保险股份有限公司－聚富产品	183 788 200	1.66%
4	前海人寿保险股份有限公司－自有资金	166 107 821	1.50%
5	前海人寿保险股份有限公司－万能型保险产品	11 800	0.00%
	合计	1 619 808 035	14.67%

(1) 钜盛华持有前海人寿 51%的股权。前海人寿为前海人寿保险股份有限公司－海利年年、前海人寿保险股份有限公司－聚富产品、前海人寿保险股份有限公司－自有资金及前海人寿保险股份有限公司－万能型保险产品的管理人。

钜盛华及其一致行动人与公司股权关系图如下:

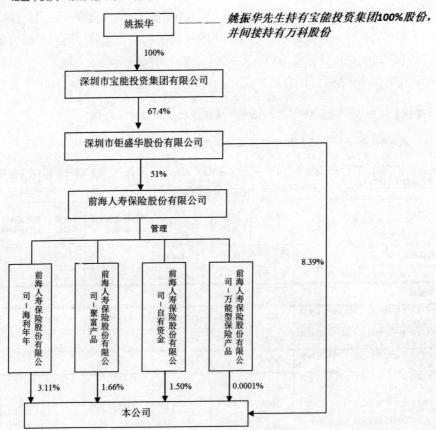

万科A的股东名单上,深圳地铁集团毫无疑问地占据了第一大股东的位置。如果我们独立来看其他股东,持股比例都不超过10%。但实际上,钜盛华因持有前海人寿

51%的股权，从而与前海人寿旗下多款产品有一致行动人的关系，除了10大股东名单中两组前海人寿产品，还有其他两组前海人寿产品。钜盛华及其一致行动人合计持有万科14.67%的股份。

进一步看"钜盛华及其一致行动人与公司股权关系图"，可以看到他们股权结构的上层是宝能投资集团，宝能投资集团由姚振华先生100%持有，所以万科这14.67%股份的话语权就在姚振华先生手中。

由于股东持股比例越高，对公司的控制权就越大，因此，对于持股比例高于10%的法人股东，年报中会对该股东做较详细地介绍。

【举例】万科A（SZ.000002）2018年年度报告之"持股10%以上股东介绍"

（一）股东情况表 ——万科2018年年报公布的前10名股东摘录

2018年末股东总数	243 763户（其中A股243 721户，H股42户）	2019年2月28日股东总数	239 133户（其中A股239 089户，H股44户）			
前10名股东持股情况						
股东名称	股东性质	持股比例	持股总数	报告期内增减变动情况	持有有限售条件股份数量	质押或冻结的股份数量
地铁集团	境内国有法人	29.38%	3 242 810 791	0	0	0
HKSCC NOMINEES LIMITED 注1	境外法人	11.91%	1 314 911 984	+4 145	0	0
钜盛华	境内非国有法人	8.39%	926 070 472	0	0	926 068 101
安邦人寿保险股份有限公司－保守型投资组合	其他	6.34%	699 623 983	+455 946 132	0	0

（四）持股10%以上股东情况

1、地铁集团

截止2018年12月31日，地铁集团持有公司A股股份3 242 810 791股，占公司股份总数的29.38%，为公司的第一大股东。具体如下：

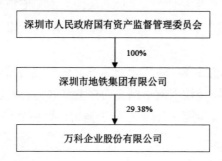

地铁集团基本情况如下：

注册时间：1998年7月31日

注册资本：人民币4 407 136万元

法定代表人：辛;**

注册地址：深圳市福田区福中一路 ***

经营范围：地铁、轻轨交通项目的建设经营、开发和综合利用；投资兴办实业（具体项目另行申报）；国内商业，物资供销业（不含专营、专控、专卖商品）；经营广告业务；自有物业管理；轨道交通相关业务咨询及教育培训。

6.3 实际控制人是公司真正的主人

公司的实际控制人，是真正支配上市公司行为的主人。实际控制人的实力和地位，实际控制人如何控制公司，能够左右上市公司的发展。因此，投资人要关注年报中对实际控制人的描述。

实际控制人未必是公司的控股股东。上市公司的控股股东，是从持有公司股票数量的角度来讲的，控股股东拥有最高比例的股票。而实际控制人是从产权关系层面来讲的，实际控制人既可以是公司的控股股东，也可以是公司控股股东的大股东。第二种情况下，控股股东与实际控制人就不是同一个主体。实际控制人通过投资关系、协议或者其他安排，实际支配着公司的行为，对公司的经营走向具有决定性话语权。

实际控制人有三大类：

（1）一类是个人。

（2）一类是地方国资委。

（3）还有一类是国务院国资委。

当然无实际控制人的情况也是合理存在的，目前100多家上市公司无实际控制人，无实际控制人的情况将在后文介绍。

上海机场控股股东为"机场集团"，"机场集团"由上海市国有资产监督委员会（以下简称"上海市国资委"）100%控股。因此，上海机场的最终实际控制人为上海市国资委。

根据《上海市机构改革方案》，设置上海市国有资产监督管理委员会，为市政府直属正局级特设机构。市政府授权上海市国有资产监督管理委员会代表市政府履行出资人职责。上海市国有资产监督管理委员会负责监管市属国有资产。

> 第6章 股份变动及股东情况

【举例】上海机场（SH.600009）2018年年度报告之"控股股东及实际控制人情况"

(一)控股股东情况

1．法人

名称	上海机场（集团）有限公司
单位负责人或法定代表人	秦云
成立日期	1997-06-09
主要经营业务	机场建设、运营管理、与国内外航空运输有关的地面服务，国际国内贸易（除专项规定），对外技术合作、咨询服务，供应链管理、第三方物流（除运输），房地产开发，实业投资（除股权投资及股权投资管理），物业管理，酒店管理，预包装食品销售（限分支机构经营），会议及展览服务，广告设计、制作、代理、发布，附设分支机构。
报告期内控股和参股的其他境内外上市公司的股权情况	截至报告期末，持有境内上市公司光大银行（601818）股份数量：62 503 186股；持有境内上市公司招商银行（600036）股份数量：25 289 560股。
其他情况说明	无

控股股东是法人——上海机场(集团)有限公司

5．公司与控股股东之间的产权及控制关系的方框图

控股股东持有上海机场53.25%的股权

(二)实际控制人情况

1．法人

实际控制人是上海是国资委，控股股东的母公司

名称	上海市国资委

5．公司与实际控制人之间的产权及控制关系的方框图

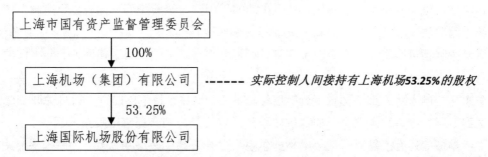

实际控制人间接持有上海机场53.25%的股权

上海市国资委虽属于地方国资委,但因为上海市国资委本身的实力,所拥有的资源较多,它能给予子公司或孙公司的资源也会比一般实际控制人更给予的要多。

除机场集团外,上海市国资委还直接或间接控股上海汽车工业(集团)总公司、上海电气(集团)总公司、上海华谊(集团)公司、上海建工(集团)总公司、上海交城建(集团)公司、上海医药(集团)有限公司、上海航空股份有限公司等大型国有企业。上述各家公司的业务板块均是和民生或城市发展密切相关的,可见上海市国资委的实力和地位。

比地方国资委高一级别的是国务院国资委,由国务院国资委实际控制的公司就是央企了。占据基础性和支柱性产业领域的行业多由央企掌控,这也正体现了国务院国资委的核心作用——确保国民经济的稳步发展。

例如,招商局集团有限公司的实际控制人是国务院国资委。招商局集团是一家综合性的大型企业集团,三大核心产业分别是,交通运输经营及相关基础设施建设(港口、公路、能源运输及物流、修船及海洋工程),金融投资与管理,和房地产开发与经营等。每一项核心产业下都有相应的优质资产上市,例如交通运输经营及相关基础设施建设板块下的招商轮船(SH.601872)、华北高速(SZ.000916),金融投资与管理板块下的招商银行(SH.600036),房地产开发与经营板块下的招商地产(SZ.000024)。

实际控制人的背景雄厚,至少可以为上市公司的发展做背书。如果有一天上市公司的发展陷入困境,至少有得力"父母"相助,不至于走入末路。

当实际控制人是个人时,对实际控制人的品性研究的重要性等同于对其能力研究的重要性。如果实际控制人的品性有问题,即使他的能力再强,那么再鲜亮的公司也不能投资。这就是探讨上市公司的又一重要组成部分——"人力资源"。因实际控制人的品性问题,造成上市公司家破人亡的案例不在少数。

例如,曾经辉煌的"德隆系",一家以新疆德隆集团为核心的庞大企业集团,实际控制人是唐氏家族。在1992~2004年的12年间,直接或间接控制着177家子孙公司和19家金融机构的巨型企业集团,最终在2004年因资金链断裂而崩塌,实际控制人唐万新也因非法吸纳公众存款罪和操纵证券价格罪被判刑。

德隆系可以看作一个企业金字塔,对于金字塔下层的上市公司而言,金字塔的实际控制人拥有很强的控制权,但只拥有很小比例的股权。控制权和股权的不平衡,刺激实际控制人将上市公司置于金字塔结构的下层,并且将下层的资产通过关联交易运送到上层,或者将上层企业的危机转移到下层公众公司,损害小股东的利益。

类似的还有"复星系""格林柯尔系""托普系"等采用占款、关联担保、关联交易等多种手段"掏空"上市公司的案例,在实际控制人的操作下,上市公司从事虚假陈述、内幕交易、操纵市场等证券违法行为,坑害着很多股民。

【举例】美的集团（SZ.000333）2018年年度报告之"控股股东及实际控制人情况"

控股股东是个人

控股东名称	法定代表人/单位负责人	成立日期	统一社会信用代码	主要经营业务
美的控股有限公司	何享健	2002-08-05	914406067429989733	对制造业、商业进行投资；国内商业、物资供销业（经营范围不含国家政策规定的专营、专控项目）；计算机软件、硬件开发；工业产品设计；信息技术咨询服务，为企业提供投资顾问及咨询服务；家电产品的安装、维修及售后服务；房地产中介服务，运输代理服务。
控股股东报告期内控股和参股的其他境内外上市公司的股权情况	除直接控股本公司外，美的控股未直接控股及参股其他境内外上市公司的股权			

实际控制人和控股股东是同一人

实际控制人姓名	国籍	是否取得其他国家或地区居留权
何享健	中国	否
主要职业及职务	现任美的控股董事长	
过去10年曾控股的境内外上市公司情况	美的集团（000333.SZ）、小天鹅（A：000418.SZ;B:200418）、库卡集团（KU2.DE）、威灵控股（00382.HK）（已退市）	

公司与实际控制人之间的产权及控制关系的方框图

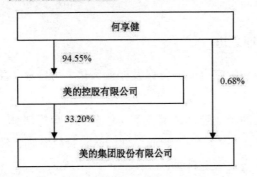

控股股东"美的控股有限公司"持有美的集团33.2%的股份，何享健持有"美的控股"94.55%的股份，法定代表人是何享健。美的集团的实际控制人同样是何享健先生，对美的集团具有绝对的话语权。因此，我们要对何享健先生的个人背景条件做充分了解。

何享健于1942年出生于广东顺德。1968年5月，集资5000元创办"北街办塑料生产组"；1980年开始制造风扇，进入家电行业，这就是美的集团的前身。

何享健曾任美的集团董事长，在其担任美的集团董事长期间，其对美的集团拥有绝对的掌控力。何享健已将美的集团董事长一职让权于方洪波，但他现任美的集团控股股东美的控股有限公司的董事长。何享健具有以下个人特征，他掌控的企业不易陷入被"主控人搅局"的局面。

1. 行事低调

作为一名广东企业家，素有"闷声发大财"的特点。但是，企业家中几乎找不到比何享健更低调的同行者。

何享健经营美的的手法与理念与众不同。在中国企业家群体中，何享健是个特立独行的特例。何享健几乎与国内的企业家们没有来往，也不参与他们的任何活动；何享健他几乎不接受媒体的采访，从不参加公众论坛，从不发表公开演讲；何享健拥有过的社会头衔除了人大代表、政协委员等之外，仅有顺德家电商会、广东家电商会会长的社会职务，这是因为美的集团的影响力所在，在当地也无法推脱。何享健最大的爱好就是做企业和打高尔夫。"我淡定得很，不搞那些名堂，企业家的本份就是做好企业。你企业做得好，什么都有，你企业做不好，什么都是虚的"。

2. 为人低调

何享健在美的拥有至高无上的权威，但他并没有表现出霸道的威权。在与下属沟通时，会注意分寸和下属的感受；出现分歧时，会给比较高职位的下属足够的面子，很少在公开场合争论到驳斥下属，有些决策他明显认为别人不对，有时会给机会让他们去尝试。

3. 推崇西方管理之道

何享健每年都会访问家电业同行以及企业大佬，与日本、香港地区的很多企业家保持着良好关系。

何享健推崇民主的企业管理之道，尤其是企业的契约精神。美的集团的分权、分利，流程化、标准化，人才培养与职业经理团队，股权激励，整体运行机制，企业文化等，处处体现这一企业管理精神。

比如，何享健曾被媒体描绘为"最轻松"的大老板。因为，他每周打三到四次高尔夫，几乎不用加班，也不用手机。在企业内部管理上，他几乎不签字，不干预日常事务，自有一班职业经理人在打理，他只需要管理与重点关注那几个职业经理人。

又如，他鼓励高管们不要埋头日常事务，要从日常事务中脱身，鼓励并支持他们到外面去考察、去学习（美的集团是较早送经理人参加EMBA培训的中国企业之一），要有时间思考。他说，你们就是要在团队没有你的时候，也能够正常运转。他自己是这样做的，也是这样要求他的高管层。

再如，不论是日常的经营管理，还是对员工的激励，该给的权力、该给的利益，都将规则设计到位，一旦经营年度结束，人力资源部门与财务部门只要根据经营责任制的约定与评分，按年度评定结果执行就行。

4. 不在企业中安插家族成员，舍得分享

媒体评论，"何老板的一个特性就是，他不会去估计人家赚多少钱，他算好今年自己赚多少，下面赚多少他不管，你该赚的去赚。"

美的集团是典型的"家族企业"，但何享健没有把美的集团当作自己的"私产"，他没有走中国传统式的家族经营之路。

在家里，何享健一般不谈论公司的事，他的子女都没有在公司任职，他的独生子是在其退休后进入美的集团董事会担任非执行董事[1]的，但并不参与日常管理。

何享健的太太作为当年23个创业者之一，在20世纪90年代被何享健劝退时只是一个普通的仓库管理员。何享健强调过，美的集团最后的CEO都会是职业经理人，家族只是一个股东。他一直推崇沃尔玛式的家族企业经营模式，台前是优秀的职业经理人操盘，而家族只是纯粹的股东。

2012年8月25日，何享健正式退休，将美的集团的千亿基业交棒给职业经理人，时隔半年后的2013年3月31日，美的集团宣布"整体上市"，可以说，这才标志着何享健正式功成身退，淡出家电江湖。

另外，无实际控制人的现象在上市公司中并不少见，通常是因为前几大股东的持股比例接近或是大股东的股权结构分散等。

在IPO的过程中，监管部门对于无实际控制人的公司只是要求有合理解释。因为股权结构过于分散、无实际控制人，易引起发审委对公司控制权是否稳定的担忧，控制权的稳定与否影响着公司未来发展的前景，包括公司的人员管理、业务的经营、决策的延缓等方面，甚至会造成公司被敌意收购的可能。尤其在高科技公司中，由于公司往往依赖于掌握核心技术的核心人物，如果公司股权并未集中在这个核心人物手中，则公司未来发展更加会飘摇不定。

---

[1] 上市公司意义上的执行董事，并没有明确的法规依据，它和非执行董事相对。所谓执行董事，本身作为一个董事，参与企业的经营。执行董事由董事会内部委任，并就该职务负有专业责任的董事。执行董事是公司的职员。
非执行董事可以持有股权，也可以不持有股权，往往是大股东委派的股权代表，不参与日常运营，只是参与董事会及其下设委员会的会议、投票、决议等重大事宜。
独立董事，首要条件就是独立第三方，不能参与日常运营，也不能持有股份，完全独立于公司，也不在公司关联方工作。

对于投资人而言，无实际控制人的上市公司，要警惕其在决策效率和管理执行方面的风险，避免出现控制权的争夺。但是有一些无实际控制人的公司，经过多年经营积累形成了良好的公司治理结构和管理制度，未必不是好公司。

无实际控制人的公司多出现在金融服务类企业中。

例如，北京银行首发前股权比例分散，通过引入战略投资者，ING持股13.64%成为最大单一股东，北京国资持股8.84%位列第二大股东。公司认为，ING持股比例较低，而且17名董事会成员中仅占2席，因此不能认定其为公司实际控制人，而其他股东更无力控制公司经营，因此公司不存在实际控制人。

又如东方证券，公司第一大股东为申能集团，持股比例25.27%，对东方证券无实际控制权。上海国资委下属五家企业——申能集团、电气集团、上海建工、上海缤纷商贸及上海市外经贸投资开发，合计持有东方证券股权超过30%，但上海市国资委表示并无一致行动安排，因此上海国资委也未实际控制东方证券。

拥有一致行动人[1]的公司，或许单个名称之间并无任何联系，我们在阅读股东列表时容易把每一个个体作为无一致行动的对象来看待。但是，割裂地看待每个个体，会忽略一致行动人的联合力量。

6.4 有限售条件股，关注解禁时间

有限售条件股份的解禁是否会对股价造成冲击，并无定论。如果解禁数量少，或是市场处于大牛市，限售股的解禁可能根本不是一回事。但如果解禁数量较多，又逢市场熊市，解禁可能带来个股跌停。

2018年5月28日，包钢股份（SH.601985）有96.38亿定向增发限售股上市流通，占公司总股本比例为21.14%，以当时股价计算，解禁市值193.73亿元，放出巨量，股价逼近跌停，如图6-1所示。

2017年5月11日，第一创业（SZ.002797）解禁9.9亿股，市值100多亿元，更是连续三个交易日一字跌停板，如图6-2所示。

证监会规定，上市公司限售股解禁必须提前3个交易日发出提示性公告。对于投资人而言，如果持有相应上市公司的股票，且该上市公司有大量限售股存在，则要密切关注限售股解禁公告。为了避免解禁可能造成的负面影响，可以进行波段操作，即在解禁前择日卖出，解禁后再买回。当然，即使解禁数量较多，以下一些情况也未必会造成解禁对股价的负面影响。

---

1 一致行动人，是指通过协议、合作、关联方关系等合法途径扩大其对一个上市公司股份的控制比例，或者巩固其对上市公司的控制地位，在行使上市公司表决权时采取相同意思表示的、两个以上的自然人、法人或者其他组织。

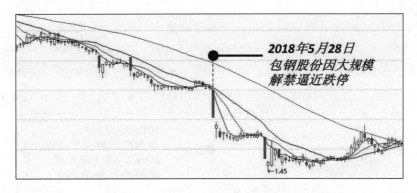

图6-1 有限售条件股份的解禁对股价的影响——逼近跌停

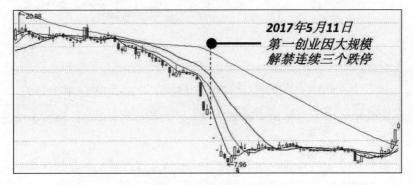

图6-2 有限售条件股份的解禁对股价的影响——连续三个跌停

第一种情况，解禁对象是上市公司的原始股东。这一类股东对公司的投资通常是长期的，正常情况下不会在解禁后立即卖出股票，因此解禁与否对股价没有影响。例如，2018年6月11日，中国核电（SH.601985）解禁市值660亿元，但这部分股份由原始股东持有，当天股价呈小涨状态，如图6-3所示。

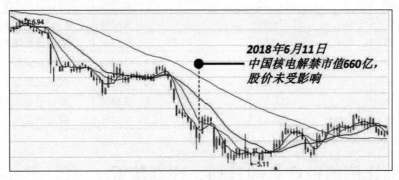

图6-3 有限售条件股份的解禁对股价的影响——未受影响

第二种情况，如果被解禁的上市公司市盈率很低，远不及行业平均水平，换句话说，这只股票已经很便宜，那么限售股解禁的影响也不明显。例如，2018年7月2日，绿地控股（SH.600606）解禁89.45亿股（是定向增发机构配售的股份），占总股本的73.51%，解禁市值近600亿元。由于绿地控股当时的动态市盈率仅仅6倍多，远低于行业市盈率，当天股价最大降幅7%，隔天止稳。对于优质股票的解禁，也就是体质好且股价处于低位的股票，限售股解禁可能是吸引场外资金进场的时机，如图6-4所示。

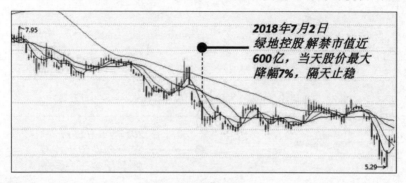

图6-4　有限售条件股份的解禁对股价的影响——迅速止稳

解禁时间除了关注上市公司在解禁前三天发布的公告，也可以根据上市公司的历次公告逐个查看。

通过华懋科技历年的首次公开发行计划、非公开发行计划和股权激励计划，梳理其历年及未来限售股解禁日期表，如表6-3所示。

表6-3　华懋科技历年及未来限售股解禁日期表

解禁日期	解禁股份数（万股）	解禁股占总股本比例（%）	解禁股份类型
2016-11-04	156.00	0.73%	股权激励限售股份
2017-09-26	13 781.25	64.43%	首发原股东限售股份
2017-11-06	117.00	0.55%	股权激励限售股份
2018-8-22	2 226.90	9.43%	非公开发行限售股份
2018-11-05	117.00	0.55%	股权激励限售股份
2018-12-17	152.10	0.49%	股权激励限售股份
2019-8-29	142.20	0.46%	股权激励限售股份
2020-8-29	106.65	0.34%	股权激励限售股份
2021-8-29	106.65	0.34%	股权激励限售股份

6.5　高比例的资产管理计划，注意防雷

上市公司的股东名单中，通常会出现一些资产管理计划，或者是类似资产管理计划性质的机构投资者，例如基金、券商、保险、银行等。

机构投资者中有些是财务投资者，有些是财富管理者。多数机构投资者除了在董事会层面参与企业的重大战略决策之外，一般不参与企业的日常经营和管理。投资完成后，机构投资者对所投资的项目很难控制，一旦发现风吹草动，容易抱团“出逃”，及时止损。因此，如果一家上市公司的大股东名单中有大量机构投资者，需要警惕。

鱼跃医疗（SZ.002223）是一家从事医疗设备研发、制造和营销的公司，是目前国内最大的康复护理、医用供氧及医用临床系列医疗器械的专业生产企业之一，产品以家用医疗器械为主。在它的大股东列表中，可以看到“投资管理中心”“社保基金”“资产管理计划”等，这一类都是财务投资者。如表6-4所示。

表6-4　鱼跃医疗2018年的财务投资者（单位：股）

股东名称	股东性质	持股比例	报告期末持股数量	报告期内增减变动情	持有有限售条件的股份数量	持有无限售条件的股份数量	质押或冻结情况	
							股份状态	数量
江苏鱼跃科技发展有限公司	境内非国有法人	26.53%	265 983 450		0	265 983 450	质押	233 420 000
吴光明	境内自然人	10.32%	103 438 537		77 578 902	25 859 635	质押	72 000 000
吴群	境内自然人	7.72%	77 389 840		58 042 380	19 347 460		
兴业银行股份有限公司—兴全趋势投资混合型证券投资基金	其他	2.80%	28 050 160		0	28 050 160		
全国社保基金一一三组合	其他	2.23%	22 384 388		0	22 384 388		
基本养老保险基金八零二组合	其他	1.59%	15 893 601		0	15 893 601		
全国社保基金四一八组合	其他	1.46%	14 672 711		0	14 672 711		
兴业银行股份有限公司—兴全新视野灵活配置定期开放混合型发起式证券投资基金	其他	1.26%	12 609 220		0	12 609 220		
江苏鱼跃医疗设备股份有限公司—第一期员工持股计划	其他	1.17%	11 749 347		11 749 347	0		
基本养老保险基金一二零一组合	其他	0.94%	9 468 841		0	9 468 841		

投资基金或类似性质的财务投资

人福医药（SH.600079）是湖北省医药工业的龙头企业，在国内麻醉药、生育调节药、维吾尔药等多个细分领域具有领先地位。

2019年2月，人福医药发布2018年业绩预告，全年亏损20多亿元，而其2018年第三季度报告显示的归属于母公司的净利润是6.48亿元。也就是说，短短一个季度业绩炸雷，从盈利6亿元到亏损20多亿元。

且不论人福医药究竟发生了什么，我们来看看此次事件背后机构投资者的策略——2018年三季度以来一大批持有人福药业的机构投资者相续出逃。2018年三季度之前，机构投资者的持股数量在4 000万股~6 000万股之间波动，2018年年底时，机构投资者的持股数量仅为2 500万股。

以汇添富基金为例，早在2018年第二季度就发现苗头不对，开始陆续减持。2018年4月28日之前，汇添富基金旗下两个专项资产管理计划合计持有人福药业5.3%的股份，并启动减持计划。至2018年二季度末减持至持股5%，至2018年三季度末减持至持股2.5%。2018年12月底~2019年1月中旬，持股比例降至1.5%。

6.6 高比例的股权质押就是定时炸弹

在股东持股情况表中，最后一列"质押或冻结[1]情况"值得注意。

上市公司股权质押，是指股权持有人（股东）将其拥有的上市公司股权作为质押担保，从债权人处借入资金的行为。对于持股5%以上的大股东来讲，股权质押的直接目的是为了其自身或相关方获得信贷资金。可能是大股东或关联方因资金紧张质押股份融资；也可能是大股东将上市公司股权质押作为增大投资杠杆的方式，在对上市公司表决权、资产收益权、剩余财产分配权等权利不受影响的情况下，扩大对资源的利用，等等。

无论股票是否处于限售期，均可作为质押标的。在实务操作中，股东的股权质押融资额=质押股票市值×质押率，其中主板、中小板、创业板质押率分别为50%~55%、40%~45%、30%~35%，质押率随交易期限、是否为限售股等情况变化而不同。由于股票质押贷款属高风险贷款业务，为控制股价波动带来的未能偿付风险，质押方还设立警戒线和平仓线，警戒线（质押股票市值÷质押融资额）一般为150%~170%，平仓线（质押股票市值÷质押融资额）一般为130%~150%，部分较为激进的券商把警戒线和平仓线分别压低到140%和120%。当质押股票市值÷质押融资额<警戒线时，质押方将通知出质人追加担保品或补充保证金，但不作强制性要求。当质押股票市值÷质押

---

[1] 质押，指的是债务人或第三人将其动产或者权利移交债权人占有，将该动产作为债权的担保，当债务人不履行债务时，债权人有权依法就该动产卖得价金优先受偿。

冻结，指的是账户中被冻结的那部分资金不能动用，是在行政执行或者司法执行过程中有关部门通知银行予以实施的一种强制措施。

融资额<平仓线时，质押方将要求出质人在隔日收盘前追加担保品或补充保证金，至履约保障水平恢复至警戒线水平，否则质押方将采取平仓措施。

上市公司大股东将其持有的上市公司股权质押，属于股东自身的经济行为，从表面看与上市公司无关，并没有改变上市公司的股权结构、财务状况，也没有影响其他投资者利益。但由于大股东在上市公司地位特殊，其大比例的股权质押，一方面说明上市公司的经营出现问题，较为缺钱；另一方面，一旦上市公司股价低于质押价格，很可能遭遇平仓，导致股价进一步下跌。

大股东的股权质押，可能增加上市公司违规风险，导致上市公司控制权变更，也会对上市公司信息披露、公司治理、内部控制、生产经营、公司业绩、股票价格、现金分红等方面造成较大影响。

股票质押比例的高低反映了上市公司股东（尤其是大股东）的融资需求。有些公司的大股东将股票质押用到极致，以最大限度融得资金，获取流动性。但公司大股东如果将其全部股份都进行了质押，将会给自身带来被强制平仓的风险，严重的可能丧失对公司的控制权。另外，质押的股份数越多，日后面临股票质押预警时，所能补充质押的股票就越少，所面临的平仓风险也就越大。为此，2017年8月，上交所、深交所联合中国证券登记结算有限责任公司针对增量质押发布四条警戒线（对存量质押的影响不大）。

（1）股票质押率上限不得超过60%。
（2）单只A股股票市场整体质押比例不超过50%。
（3）单一证券公司作为融出方接受单只A股股票质押比例分别不得超过30%。
（4）单一资管产品作为融出方接受单只A股股票质押比例分别不得超过15%。

可见，正常情况下，股票质押比例50%是投资人要关注的警戒线。

股权质押表面上看起来是冠冕堂皇的为企业解困，实际上已成为一部分企业通过股市合法敛财的工具。这个过程中，最受益的则是公司大股东，最倒霉的是中小投资者（即中小股东），很多面临平仓风险的股票，最后都是连续跌停式下跌，这个时候，中小股东只能眼睁睁地看着自己的钱一点一点地不见了。

在股票质押层面，市场上最著名的案例是乐视网（SZ.300103）。乐视网实际控制人贾跃亭所持有的股份，2014年密集质押17次，2015年加码一次，且是单次质押数量最多的一次，2018年又加码一次，让质押比例[1]高达99.54%。最终，自然以被平仓收场。

另一个案例是康得新（SZ.002450），第一大股东和第二大股东质押比例纷纷接近100%。

---

[1] 质押比例=质押股数÷总持股数量

康得新成立于2001年，成立初期主要从事预涂膜的生产与销售，用了10年时间成为全球预涂膜之王，也是世界光学膜的领军企业。它曾经被称为中国的3M，奔驰、宝马、苹果、三星、茅台、五粮液、GUCCI、CHANEL这些耳熟能详的大牌公司都是它的客户。康得新还信誓旦旦地要为"国产大飞机"提供机身复合材料，打造基于先进高分子材料的世界级生态平台企业。在裸眼3D、柔性触控、碳纤维等黑科技也走在行业的最前面。

表面上看，康得新所处的产业趋势明确而有前途，2017年它的股价创下历史新高，跻身1000亿市值公司之列。

康得新的第一大股东是康得投资集团有限公司，是一家机构遍布全球十余个国家和地区的大型跨国投资控股集团公司，业务板块包括先进高分子材料、新能源电动汽车、新型显示技术、互联网应用、金融五大核心产业板块，并控股或参股约30家企业，其中2家为上市企业。康得投资集团对康得新持股比例为24.05%。

从2017年年度及之前年度的业绩表现来看，康得新的营业收入和净利润的年增长率均保持在20%以上，2017年年底康得新的货币资金的规模高达122亿元。可见，康得新的商业模式无可挑剔，如图6-5所示。

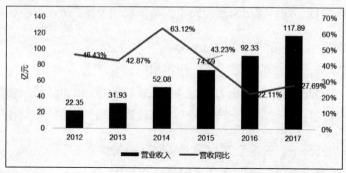

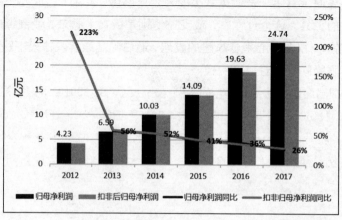

图6-5　康得新2012~2017年业绩表现

康得新的董事长是钟玉先生,北京航空航天大学系统管理工程硕士研究生、高级工程师,曾担任航空部曙光电机厂研究所副所长,社会资源优越。公开资料显示,钟玉先生具备极强的战略眼光和卓越的企业家精神。从企业领导人及员工构成来看,领导人技术出身,员工中占比最大的也是技术人员,表明公司是一家注重技术的企业,长期来看公司发展应由技术驱动,脚踏实地。看来,企业人力资源无可厚非。

以上种种迹象表明,康得新无疑是一名"三好学生"。

然而,纸上得来终觉浅,在漂亮的门面装饰背后隐藏了一颗定时炸弹——主要股东的股权质押。第一大股东康得集团自2018年以来一直在解除质押和质押股票之间循环操作,共计新增股票质押业务13笔。2019年1月3日,康得集团质押率高达99.45%。

2018年10月,康得新被证监会立案调查。

2019年1月15日康得新公告,10亿元到期债券无法兑付!

……

纸包不住火,一系列漏洞被曝光。

无论是股东的高比例股权质押,还是康得新在北京银行账户上无法使用的"122亿元"现金[1],一切都是大股东私挪资金,给中小股东造成了重大损失。

康得新的股价在2017年11月22日创了新高,而其一系列质押行为则密集发生在2018年。如果投资人在2018年及时发现非正常的质押路径,至少可以在事情暴露之前离场,减少损失。

公开数据显示,控股股东股权质押率达到100%的上市公司有几百家。从股权质押的角度来看,它们就像是定时炸弹,随时可能被引爆,如表6-5所示。

表6-5 上市公司控股股东股权质押率及持股比例列举

股票代码	股票简称	控股股东质押率	控股股东持股比例
000023.SZ	深天地A	100%	27.39%
000048.SZ	*SY康达	100%	41.65%
000403.SZ	振兴生化	100%	43.08%
000506.SZ	中润资源	100%	25.08%
000564.SZ	供销大集	100%	15.31%
000585.SZ	*ST东电	100%	9.33%
000587.SZ	金洲慈航	100%	37.04%

---

[1] 康得新公司网银上显示有122亿元。但据康得新和北京银行的协议,康得新账户余额按照零余额管理,即各子账户的资金全额归集到康得投资集团账户。简单来说,就是康得新账上的钱,会自动划到母公司账户上去。

（续表）

股票代码	股票简称	控股股东质押率	控股股东持股比例
000593.SZ	大通燃气	100%	31.00%
000609.SZ	中迪投资	100%	23.77%
000611.SZ	*ST天首	100%	11.84%
000613.SZ	大东海A	100%	19.80%
000633.SZ	合金投资	100%	20.00%
000637.SZ	茂化实华	100%	29.50%
000638.SZ	万方发展	100%	37.69%
000668.SZ	荣丰控股	100%	40.28%
000673.SZ	当代东方	100%	30.75%
000687.SZ	华讯方舟	100%	29.46%
000796.SZ	凯撒旅游	100%	28.35%
000810.SZ	创维数字	100%	54.42%
000812.SZ	陕西金叶	100%	14.50%
000818.SZ	航锦科技	100%	28.74%
000820.SZ	*ST节能	100%	49.84%
000835.SZ	长城动漫	100%	21.00%
000953.SZ	*ST河化	100%	29.59%
000978.SZ	桂林旅游	100%	16.00%
002011.SZ	盾安环境	100%	29.48%
002021.SZ	*ST中捷	100%	17.45%
002082.SZ	万邦德	100%	18.88%
002098.SZ	浔兴股份	100%	25.00%
002122.SZ	*ST天马	100%	29.97%
002143.SZ	*ST印纪	100%	66.40%
002178.SZ	延华智能	100%	9.46%
002193.SZ	如意集团	100%	32.53%
002219.SZ	恒康医疗	100%	42.57%
002229.SZ	鸿博股份	100%	19.63%
002264.SZ	新华都	100%	34.45%
002289.SZ	*ST宇顺	100%	20.42%
002295.SZ	精艺股份	100%	30.00%

(续表)

股票代码	股票简称	控股股东质押率	控股股东持股比例
002323.SZ	*ST百特	100%	44.68%
002357.SZ	富临运业	100%	44.44%
002374.SZ	丽鹏股份	100%	11.98%
002390.SZ	信邦制药	100%	21.52%
002468.SZ	申通快递	100%	29.90%
002485.SZ	希努尔	100%	63.62%
002490.SZ	山东墨龙	100%	29.53%
002499.SZ	*ST科林	100%	19.00%
……			

6.7 证券发行与上市情况，明晰股票、债券的发行状况

证券发行与上市情况，指的是股票和债券的发行状况。股票的发行以非公开发行（定向增发）和股权激励发行为主；债券的发行以公司债为主。

证券发行与上市情况主要涉及三部分内容：一是证券发行（不含优先股[1]）情况，包括股票和债券两大类；二是公司股份总数及股东结构的变动、公司资产和负债结构的变动情况说明；三是现存的内部职工股情况。

如果第一部分涉及股票发行，第二部分势必会产生相应的股份总数变动情况。

【举例】华懋科技（SH.603306）2017年年度报告之"证券发行与上市情况"

股票及其衍生证券的种类	发行日期	发行价格（或利率）	发行数量	上市日期	获准上市交易数量	交易终止日期
普通股股票类						
A股	2017年8月21日	32.23	22 269 004	2017年8月21日	22 269 004	

股票的增加是因为非公开发行

截至报告期内证券发行情况的说明（存续期内利率不同的债券，请分别说明）：

1.报告期内公司取得了中国证券监督管理委员会核发的《关于核准华懋（厦门）新材料科技股份有限公司非公开发行股票的批复》（证监许可[2017]803号），2017年8月，公司非公开发行人民币普通股（A股）2 226.9004万股，并在上海证券交易所挂牌上市，本次发行公司总股本变更为23 616.9004万股。

---

1 优先股是享有优先权的股票。优先股的股东对公司资产、利润分配等享有优先权，其风险较小。但是优先股股东对公司事务无表决权、无选举和被选举权，一般来说对公司的经营没有参与权。优先股股东不能退股，只能通过优先股的赎回条款被公司赎回。优先股是具有设定股息率和能获得稳定分红的股份。

▶ 教你读懂年报 ◀

对于非公开发行的股票,证监会要求,发行价格不能低于正式发行前20个交易日均价的90%,并且购买方在12个月内不能减持(如果购买方是大股东,则36个月内不能减持)。注意,有关非公开发行股票的定价和最短限售期的规定不是一成不变的,请查阅最新的法规,同时仔细查阅上市公司非公开发行股票的公告,其中会包含非公开发行股票的定价、发行对象、限售期等详细信息。

(二) 公司普通股股份总数及股东结构变动及公司资产和负债结构的变动情况 —— 因为股票增加等原因造成的普通股股份总数增加,以及资产和负债结构的变动

报告期内,公司非公开发行人民币普通股22 269 004股,变更后公司总股本为236,169,004股。
报告期期初资产总额为1 571 731 170.68元、负债总额为271 862 914.19元,资产负债率为17.30%;
期末,资产总额为2 409 551 110.05元、负债总额为264 665 521.65元,资产负债率为10.98%。

【举例】顺丰控股(SZ.002352)2018年年度报告之"证券发行与上市情况"

二、证券发行与上市情况

1. 报告期内证券发行(不含优先股)情况

股票及其衍生证券名称	发行日期	发行价格(或利率)	发行数量	上市日期	获准上市交易数量	交易终止日期
股票类						
人民币普通股	2018年1月11日	29.32元/股	2 556 661	2018年1月11日	2 556 661	-
人民币普通股	2018年7月9日	24.33元/股	5 231 982	2018年7月9日	5 231 982	-

股票的增加是因为限制性股票激励计划

报告期内证券发行(不含优先股)情况的说明

报告期内,公司实施2017年度限制性股票激励计划,向777名激励对象授予限制性股票2 556 661股,授予价格为29.32元/股。该等限制性股票的上市日为2018年1月11日。

报告期内,公司实施2018年度限制性股票激励计划,向1 139名首次激励对象授予限制性股票5 231 982股,授予价格为24.33元/股。该等限制性股票的上市日为2018年7月9日。

因股权激励造成的股份数增加,叠加因部分激励对象不再符合激励条件而注销造成的股份数减少,形成最终的股份总数变动

2. 公司股份总数及股东结构的变动、公司资产和负债结构的变动情况说明

报告期内,公司实施2017年度限制性股票激励计划,向777名激励对象授予限制性股票2 556 661股,授予价格为29.32元/股。该等限制性股票的上市日为2018年1月11日;报告期内,公司实施2018年度限制性股票激励计划,向1 139名首次授予激励对象授予限制性股票5 231 982股,授予价格为24.33元/股。该等限制性股票的上市日为2018年7月9日;

报告期内,因部分激励对象离职不符合激励条件,公司对该等员工合计持有的36 909股限制性股票进行回购注销。2018年8月16日,公司完成上述股票的回购注销。

综上,公司股份总数从4 411 015 524股变更为4 418 767 258股。

证监会要求,限制性股票激励的发行价格不低于定价基准日前20个交易日均价的50%。自股票授予日起12个月内不得转让,激励对象为控股股东、实际控制人,自股票授予日起36个月内不得转让。

鉴于上市公司对限制性股票激励发行价格的定价空间较大，此价格可以给投资人买卖股票作参考。一般而言，上市公司在对限制性股票激励的定价时，会给予一个"打包票"价格，也就是认为这个定价一定能让被激励者"赚到"，股价不会跌破这个定价。因此，对于一家体质优良的公司而言，如果有一天股票价格低于其限制性股票激励的定价，或许是个绝佳的买入点。

万科A在2018年发行过公司债，同样属于这一章节要披露的内容。

【举例】万科A（SZ.000002）2018年年度报告之"证券发行与上市情况"

1. 报告期内及近期证券发行情况 ———— 因发行债券增加的证券

公司债券名称	债券简称	债券代码	发行日期	发行利率	发行规模（亿元）	上市日期
万科企业股份有限公司2018年面向合格投资者公开发行住房租赁专项公司债券（第一期）	18万科01	112742	2018年8月8日至2018年8月9日	4.05%	15	2018年8月31日
万科企业股份有限公司2018年面向合格投资者公开发行住房租赁专项公司债券（第二期）	18万科02	112784	2018年10月26日至2018年10月29日	4.18%	20	2018年11月19日
万科企业股份有限公司2019年面向合格投资者公开发行住房租赁专项公司债券（第一期）	19万科01	112844	2019年2月25日至2019年2月26日	3.65%	20	2019年3月12日

内部职工股是一个历史遗留问题，目前主要出现在上市银行中。我国进行股份制试点初期，出现了一批不向社会公开发行、只对法人和公司内部职工募集股份的股份有限公司。内部职工作为投资者所持有的公司发行的股份被称为内部职工股。1993年，国务院正式发文明确规定停止内部职工股的审批和发行。

根据规定，内部职工持股的具体标准为：

（1）公开发行新股后内部职工持股比例不得超过总股本的10%；单一职工持股数量不得超过总股本的1%或50万股（按孰低原则确定）。

（2）自银行股票上市之日起，持有股份超过5万股的内部职工所持股份转让锁定期不低于3年；股份转让锁定期满后，其每年出售所持发行人的股份数不超过所持发行人股份总数的15%；5年内转让所持发行人的股份数不超过所持发行人股份总数的50%。

【举例】江苏银行（SH.600919）2018年年度报告之"证券发行与上市情况"

（一）截至报告期内证券发行情况

□适用 √不适用

> 江苏银行的员工持股均为公司合并重组前形成，继承自原来的10家城商行

（二）现存的内部职工股情况

公司现存内部职工股均为公司合并重组前形成，发行日期及价格不可考。截至报告期末，公司有内部职工股163148161股，占总股本比例为1.41%。

6.8 公司核心人物增减持股份是公司发展风向标

公司核心人物，主要指控股股东、实际控制人、大股东，以及董事、监事、高管等。一般来说，通过公司核心人物的持股变动，能够觉察到重要机构或人物对公司发展前景的看法变化。一家被低估很多的股票，公司核心人物会千方百计进行增持；而被严重高估的股票，公司核心人物一定想卖。

公司核心人物增持公司股票，大家皆大欢喜。如果是减持公司股票，可能引起市场恐慌。因此，投资人对"减持"俩字特别关注。

减持方可以选择的减持方式主要有三种，分别是：

（1）集中竞价[1]。
（2）大宗交易[2]。
（3）协议转让[3]。

如果减持方持有上市公司5%以上的股份，上述三种方式都可行；如果减持方持有上市公司的股份不足5%，则只能选择（1）集中竞价或（2）大宗交易两种方式。

公司核心人物的减持，多数情况是不好的暗示。前文提到的因分红爽约而爆雷的辅仁药业，虽然事发时已是2019年7月，但公司核心人物减持的消息从2019年3月8日起就频繁出现了。

2019年3月8日公告，持股5.9%的股东万佳鑫旺拟在未来6个月内，减持不超3697万股，占公司总股本的5.9%。2019年4月22日公告，股东平嘉鑫元、津诚豫药及其一致行动人东土大唐、东土泰耀计划通过集合竞价方式减持。2019年6月1日之后，更是连续12次披露控股股东辅仁集团股权被冻结，为减持危机加码。

正因为公司核心人物的减持可能对股市造成冲击，因此，法规对公司核心人物的减持有明确规定，举例如下。

---

[1] 集中竞价，是指在交易市场组织下，买方或卖方通过交易市场现货竞价交易系统，将可供需商品的品牌、规格等主要属性和交货地点、交货时间、数量、底价等信息对外发布要约，由符合资格的对手方自主加价或减价，按照"价格优先"的原则，在规定时间内以最高买价或最低卖价成交并通过交易市场签订电子购销合同，按合同约定进行实物交收的交易方式。

[2] 大宗交易，是指达到规定的最低限额的证券单笔买卖申报，买卖双方经过协议达成一致并经交易所确定成交的证券交易。

[3] 协议转让，是指买卖双方在证券交易所主持下通过协商最后以协议成交的方式。

（1）大股东减持或者特定股东减持[1]，采取集中竞价交易方式的，在任意连续90日内，减持股份的总数不得超过公司股份总数的1%。

持有上市公司非公开发行股份的股东，通过集中竞价交易减持该部分股份的，除遵守前款规定外，自股份解除限售之日起12个月内，减持数量不得超过其持有该次非公开发行股份数量的50%。

（2）大股东减持或者特定股东减持，采取大宗交易方式的，在任意连续90日内，减持股份的总数不得超过公司股份总数的2%。受让方在受让后6个月内，不得转让所受让的股份。

（3）大股东减持或者特定股东减持，采取协议转让方式的，单个受让方的受让比例不得低于公司股份总数的5%，转让价格下限比照大宗交易的规定执行，法律、行政法规、部门规章、规范性文件及本所业务规则另有规定的除外。

公司核心人物的持股变动会在上市公司的定期报告中披露，但是定期报告一年只有4次（一季报/半年报/三季报/年报），投资人若想及时了解核心人物的持股变化，可以通过东方财富网查询（8.1节将做详细介绍）。不过，上市公司的董事会秘书每月可以收到交易所提供的前100位股东名录，遇到特殊波动时，也可申请打印当天的股东名册。所以公司股票谁买了多少，理论上可以马上知道。

---

[1] 特定股东减持，指的是大股东以外的股东减持所持有的公司首次公开发行前发行的股份、上市公司非公开发行的股份。

第 7 章
优先股相关情况

  优先股是享有优先权的股票，相对普通股而言。优先股的股东对公司资产、利润分配等享有优先权，风险较小。但是优先股股东没有表决权，没有选举及被选举权，一般情况下，对公司的经营也没有参与权，优先股股东不能退股，只能通过优先股的赎回条款被公司赎回，优先股是具有设定股息率和能获得稳定分红的股份。在公司解散，分配剩余财产时，即优先股的索偿权先于普通股，而次于债权人。

  优先股股票实际上是股份有限公司的一种类似举债集资的形式，事先设定优先股股息率（实际是股息率的上限），一般情况下，优先股股东不会因为公司经营的好坏而增减收益。上市公司的利润分配也不会受到优先股股东收益的影响。

  优先股不是本书的重点，仅作简略说明。

第 8 章
董事、监事、高级管理人员和员工情况

作为"产业趋势""商业模式""人力资源"的最后一个重要板块,董事、监事、高级管理人员和员工情况,是判断上市公司经营管理能力的主要依据。通过年报的这一章节,可以考察公司的人员结构、专业能力、年龄结构等方面。

其中,董事、监事、高级管理人员情况,主要介绍了公司管理层。内容包括董事、监事、高级管理人员持股变动及报酬情况;董事、监事、高级管理人员的履历及在股东单位和其他单位的任职情况;董事、监事、高级管理人员的变动情况,等等。

高管的报酬和持股数量是这一章的重点。另外,公司员工的数量和专业结构、年龄结构也值得投资者关注。

8.1 董监高持股变动,早知道、现端倪

在本书7.8节曾经提到,公司核心人物的持股变动可能对股价造成异常波动。公司董监高就是"核心人物"中的重要一类。董监高的增持,股民拍手欢迎;但是董监高的减持,通常遭遇"嫌弃"。

2017年5月27日,证监会发布"董监高减持新规",新规在保持现行持股锁定期、减持数量比例规范等相关制度的基础上,做了进一步的完善,避免集中、大幅、无序减持扰乱二级市场的秩序、冲击投资者的信心。

新规适用的范围是上市公司大股东、董监高减持股份,以及股东减持其持有的公司首次公开发行前发行的股份、上市公司非公开发行的股份。

新规要求：董监高在任期届满前离职的，应当在其就任时确定的任期内和任期届满后6个月内，遵守下列限制性规定：

（1）每年转让的股份不得超过其所持有本公司股份总数的25%。
（2）离职后半年内，不得转让其所持本公司股份。

董监高的持股变动作为重大事项要在年报中披露。披露内容包括股票持有人的姓名、职务、年龄，以及持股状况和增减持状况等。

【举例】美的集团（SZ.000333）2018年年度报告之"董监高持股变动"

持股变动细节

姓名	职务	任职状态	性别	年龄	任期起始日期	任期终止日期	期初持股数（股）	本期增持股份数量（股）	本期减持股份数量（股）	其他增减变动（股）	期末持股数（股）
方洪波	董事长、总裁	现任	男	52	2012-8-25	2021-9-25	136 990 492	0	0	0	136 990 492
何剑锋	董事	现任	男	52	2012-8-25	2021-9-25	0	0	0	0	0
殷必彤	董事、副总裁	现任	男	51	2016-12-16	2021-9-25	2 109 655	0	0	0	2 109 655
顾炎民	董事、副总裁	现任	男	56	2014-4-21	2021-9-25	0	0	0	0	0
于刚	董事	现任	男	60	2018-9-26	2021-9-25	0	0	0	0	0
薛云奎	独立董事	现任	男	55	2018-9-26	2021-9-25	0	0	0	0	0
管清友	独立董事	现任	男	42	2018-9-26	2021-9-25	0	0	0	0	0
韩践	独立董事	现任	女	47	2018-9-26	2021-9-25	0	0	0	0	0
刘敏	监事会主席	现任	女	42	2016-2-1	2021-9-25	0	0	0	0	0
赵军	监事	现任	男	44	2014-4-21	2021-9-25	0	0	0	0	0
梁惠铭	职工代表监事	现任	女	36	2017-3-30	2021-9-25	0	0	0	0	0
王建国	副总裁	现任	男	43	2017-12-15	2021-9-25	0	0	0	0	0

虽然从年报或其他定期报告可以查询到董监高的持股变动，但是定期报告的曝光一年最多四次。

对于投资人而言，董监高的持股变动是其做投资决策的参考指标之一。投资决策是一件速战速决的事情，要了解董监高的持股变动，投资人最好发生当时就知道，可等不了一个季度那么长，难道董监高的持股变动就不能早知道吗？答案是，可以的！

东方财富网（http://www.eastmoney.com/）的"高管持股"栏目，统计了上市公司董事、监事、高级管理人员持有本公司股份变动情况。该组数据全部来自上交所和深交所。输入上市公司的名字或董监高的姓名，就可以查出上市公司所有董监高的持股变动，或者被指定的董监高持股变动。

通常情况下，上市公司管理层的持股变动，在一定意义上显示出公司股价与价值的偏离程度。这是因为，管理层是最了解上市公司发展实情的人群，他们对股价的判断理应比一般人更精准些，可以给投资人作参考。

如果管理层卖出上市公司的股票，说明股价已超出股票的实际价值，管理层短期内不看好股票的走势；如果管理层买入上市公司的股票，说明公司尚有发展空间，股价低于股票的实际价值，管理层短期内看好股票的走势。

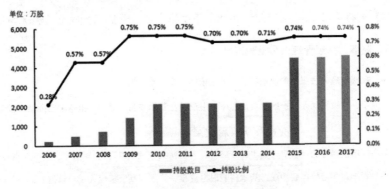

当然，管理层的买卖行为也可能因为个人的原因，和他对公司股价走势的看法没有特别的关联。但是，如果管理层有多人在同一时期买入或卖出，那就是明显的信号了。

这里又要用到格力电器的例子了。董事长董明珠女士自2014年3月7日从二级市场买入格力电器的股票以来，从未减持过1股。董明珠的每次增持，几乎都是在格力股价有调整时。这个情况从一定程度上说明董明珠对格力电器的看好，董事长对自家公司真正的看好，是公司长久发展的原动力，如图8-1所示。

图8-1 董明珠12年来持股变动

2007年以来，董明珠增持细节如下：

（1）2007年，受益于股权激励计划，董明珠新增2 500 000股。

（2）2009年，格力电器对高管实施分红（详细细节未披露），董明珠持股数目增至42 813 592股。

（3）2012年，格力电器公开发行189 976 689股新股，董明珠股权被稀释。

（4）2014年，董明珠增持57 900股，总计达到42 871 491股。

（5）2015年，格力电器分红每10股送10股后，董明珠增持1 407 000股，总计达到44 278 492股。

（6）2016年9月23日，董明珠增持20 000股，总计达到44 298 492股。

（7）2016年12月20日，董明珠增持20 000股，总计达到44 318 492股。

（8）2017年第一季度，董明珠增持130 000股，总计达到44 448 492股。

（9）2017年5月8日，董明珠增持30 000股，总计达到44 478 492股。

（10）2017年5月9日，董明珠增持10 000股，总计达到44 488 492股。

8.2 董监高报酬情况，查证合理性

管理层的激励和薪酬，很多上市公司对这部分内容一带而过，或者含糊其辞。比如在薪酬披露方面，有的公司只说某某高管不在本公司领取报酬，但也不说明其报酬的来源。假设该高管也不持有公司股票，那他为公司全心效力就值得怀疑。而如果他在关联公司领取报酬，又难逃侵害本公司利益之嫌。因此，对于这些并不涉及公司商业机密的信息尽可能地披露，是非常有必要的。

本章节除了公布高管的薪酬，还会公布薪酬的制定依据。

【举例】美的集团（SZ.000333）2018年年度报告之"董监高持股变动和薪酬变动"

四、董事、监事、高级管理人员报酬情况

董事、监事、高级管理人员报酬的决策程序、确定依据、实际支付情况

董事、监事、高级管理人员报酬的决策程序：由董事会薪酬委员会提出，报董事会批准，股东大会审议后实施。

决策程序及制度蓝本

依据公司经议通过的《<u>董事、监事与高级管理人员薪酬管理制度</u>》，公司董事、监事、高级管理人员的薪酬由基本年薪和绩效年薪构成。基本薪酬根据董事、监事与高级管理人员所承担的责任、风险、压力等确定，基本年薪保持稳定，绩效年薪与公司利润完成率、目标责任制考核结果及所在部门的绩效考评结构挂钩。公司董事、监事和高级管理人员的薪酬体系为公司的经营战略服务，并随着公司经营状况的不

断变化而作相应的调整以适应公司的进一步发展需要。公司董事、监事及高级管理人员的薪酬调整依据为：(1) 同行业薪资增幅水平；(2) 通胀水平；(3) 公司盈利状况；(4) 组织结构调整情况；(5) 岗位发生变动的个别调整等。

公司报告期内董事、监事和高级管理人员报酬情况 （单位：万元）

姓名	职务	性别	年龄	任职状态	从公司获得的税前报酬总额	是否在公司关联方获取报酬
方洪波	董事长、总裁	男	52	现任	808	
何剑锋	董事	男	52	现任	-	是
殷必彤	董事、副总裁	男	51	现任	531	
顾炎民	董事、副总裁	男	56	现任	284	
于刚	独立董事	男	60	现任	-	
薛云奎	独立董事	男	55	现任	-	
管清友	独立董事	男	42	现任	-	

……

上市公司的员工薪酬，大多数情况下比较真实。公司报表造假，也很少会在员工薪酬方面做文章。因为这些数据有简单的逻辑关联。例如一家快速发展的公司，员工数量会随着公司的壮大而迅速增加，管理层薪酬也会持续提高，员工年龄应趋于年轻。如果哪一个环节不匹配，普通人都能看出来。

8.3 董监高的人员变动及任职情况，关注高管稳定度

作为公司核心人物的董监高，其人员变动及任职情况关系到公司的经营和发展，年报中会依次给予披露。

但作为普通投资者，阅读这一部分的信息类似于了解"八卦"，要从字面上抓出潜在把柄是比较困难的。例如领导人在本行业的从业经验和资历，在本行业成功和失败的历史，员工的专业配置合理性，高管和员工的执行力，等等，还是需要结合外部资料，甚至到上市公司实地访谈，方能进一步获得信息。

▶ 教你读懂年报 ◀

【举例】美的集团（SZ.000333）2018年年度报告之"公司董事、监事、高级管理人员变动情况"（摘录）

二、公司董事、监事、高级管理人员变动情况

姓名	担任的职务	类型	日期	原因
李飞德	董事、副总裁	任期满离任	2018-9-25	任期满离任
吴世农	独立董事	任期满离任	2018-9-25	任期满离任
芮萌	独立董事	任期满离任	2018-9-25	任期满离任
郭学进	独立董事	任期满离任	2018-9-25	任期满离任
黎文靖	独立董事	任期满离任	2018-9-25	任期满离任
向卫民	副总裁	辞职	2018-12-26	个人原因
朱凤涛	董事、副总裁	辞职	2019-3-22	个人原因

三、任职情况

公司现任董事、监事、高级管理人员专业背景、主要工作经历以及目前在公司的主要职责

方洪波，男，硕士，1992年加入美的，曾任美的空调事业部总经理、美的制冷家电集团总裁、广东美的电器股份有限公司董事长兼总裁等职务，现任公司董事长兼总裁，同时在公司下属上市公司无锡小天鹅股份有限公司任董事长及库卡集团监事会成员等职务。

何剑锋，男，本科，现任公司董事。何剑锋先生同时任盈峰投资控股集团有限公司董事长兼总裁等职务。

殷必彤，男，硕士，1999年加入美的，曾任美的空调国内营销公司总经理助理和市场总监、无锡小天鹅股份有限公司董事兼总经理，现任公司董事、副总裁兼家用空调事业部总裁等职务。

……

在股东单位任职情况

任职人员姓名	股东单位名称	在股东单位担任的职务	任期起始日期	任期终止日期	在股东单位是否领取报酬津贴
何剑锋	美的控股有限公司	总裁	2016-01	-	否
赵军	美的控股有限公司	副总裁、财务总监	2013-01-01	-	是
在股东单位任职情况的说明	无				

在其他单位任职情况

任职人员姓名	其他单位名称	在其他单位担任的职务	任期起始日期	任期终止日期	在其他单位是否领取报酬津贴
方洪波	无锡小天鹅股份有限公司	董事长	2008-05	2021-08	否
	库卡集团	监事会成员	2017-03	2024-06	是
何剑锋	盈峰投资控股集团有限公司	董事长、总裁	1995-06	-	是
顾炎民	库卡集团	监事会主席	2017-01	2024-06	是
于刚	111集团	执行董事长	2011-04		是
薛云奎	上海宝信软件股份有限公司	独立董事	2016-04	2019-04	是
	地素时尚股份有限公司	独立董事	2016-04	2019-04	是

……

8.4 董监高被授予的股权激励情况，补充说明"股权激励"

上市公司的股权激励情况在年报的第5章已做披露。在"董事、监事、高级管理人员和员工情况"章节再次披露的重点是，股权激励涉及哪些管理层成员。

【举例】美的集团（SZ.000333）2018年年度报告之"公司董事、高级管理人员报告期内被授予的股权激励情况"

美的集团2018年公司董事、监事、高级管理人员被授予股权激励的情况（单位：股）

姓名	职务	报告期内可行权股数	报告期内已行权股数	报告期内已行权股数行权价格（元/股）	报告期末市价（元/股）	期初持有限制性股票数量	本期已解锁股份数量	报告期新授予限制性股票数量	限制性股票的授予价格（元/股）	期末持有限制性股票数量
李飞德	董事、副总裁	0	0	-	36.86	210 000	70 000	100 000	27.57	240 000
胡自强	副总裁	0	0	-	36.86	300 000	100 000	100 000	27.57	300 000
肖明光	财务总监	210 000	70 000	19.15	36.86	150 000	0	100 000	27.57	250 000
江鹏	董事会秘书	180 000	180 000	17.36	36.86	0	0	0	0	0
张小懿	副总裁	112 500	112 500	8.81	36.86	210 000	70 000	100 000	27.57	240 000
		230 000	50 000	18.56	36.86					
合计		732 500	412 500	--		870 000	240 000	400 000		1 030 000
备注（如有）	肖明光先生本报告期解锁的第三期股票期权数量为10.5万份，第三期剩余10.5万份未解锁；江鹏先生本报告期解锁的第二期股票期权数量为9万份，第二期已无未解锁期权；张小懿先生本报告期解锁的第二期股票期权数量为9万份，第二期已无未解锁期权；李飞德先生、胡自强先生、肖明光先生和张小懿先生本报告期分别获授10万股限制性股票，限制性股票上市日期为2018年6月21日。									

8.5 领导人"出事",潜在陷阱

2017年7月17日,鱼跃医疗(SZ.002223)董事长吴光明因涉嫌内幕交易,被证监会立案调查。2018年5月24日,证监会出具《行政处罚事先告知书》,表示,因内幕交易及短线交易,吴光明将被罚没近3 700万元。

证监会的《行政处罚事先告知书》显示的"两宗罪"之一,是涉嫌内幕交易。

2016年12月初,花王股份筹划现金分红及资本公积转增股本。因吴光明和花王股份董事长(内幕信息知情人肖国强)关系密切,在内幕信息敏感期频繁联系,吴光明利用其控制的三个他人账户,买入花王股份52万股,获利919万元。证监会判定,吴光明的行为涉嫌违反内幕交易的法规,因而没收其违法所得,罚款2 757万元。

证监会的《行政处罚事先告知书》显示的"两宗罪"之二,是涉嫌短线交易鱼跃医疗和万东医疗。

1998年,鱼跃医疗的前身成立。2008年4月,鱼跃医疗在深交所挂牌上市。截至2018年年底,吴光明父子共同持有鱼跃医疗44.6%的股份,吴光明是鱼跃医疗的实际控制人。2017年通过引入战略投资者的形式,吴光明又成为万东医疗实际控制人。

2015年7月16日至2015年10月27日期间,吴光明利用其控制的他人账户,累计买入鱼跃医疗232万股,计价7 703万元,其后全部卖出,计价8 900万元。2015年7月2日至2016年1月19日期间,吴光明利用其控制的他人账户,累计买入万东医疗407万股,计价1.6亿元,其后卖出140万股,计价3 990万元。证监会判定,吴光明作为鱼跃医疗和万东医疗的董事长,控制他人证券账户在买入鱼跃医疗、万东医疗后6个月内卖出,涉嫌违反短线交易的法规,共处以20万元罚款。

上市公司对于董监高人员的"出事"回应通常是:"本次行政处罚事先告知书仅针对吴光明先生个人,与公司无关。目前公司各项生产经营正常,不受影响。"作为鱼跃灵魂人物的吴光明是公司的法人代表人,虽然《行政处罚事先告知书》判罚的是吴光明个人,但是董事长个人的失信违法,必然给企业信誉或商誉带来负面影响,也会对上市公司日后的融资等产生负面影响。

8.6 员工情况,公司的大本营

公司员工是人力资源的重要组成部分,年报中会从员工数量、专业构成及教育程度、薪酬政策、培训计划等角度来说明公司的员工状况。如果割裂地看一家公司的员工情况,看完了通常也不知道如何评判,但是如果能把同行企业的员工情况拿出来做比较，则可以根据比较结果知道每家公司在员工安排上的着重点，从而推敲公司的发展策略。

【举例】美的集团（SZ.000333）2018年年度报告之"公司员工情况"
1、员工数量、专业构成及教育程度

母公司在职员工的数量（人）	1 339
主要子公司在职员工的数量（人）	113 426
在职员工的数量合计（人）	114 765
当期领取薪酬员工总人数（人）	114 765
母公司及主要子公司需承担费用的离退休职工人数（人）	1 913

教育程度	
教育程度类别	数量（人）
博士、硕士	3 750
大学本科	21 708
大专、中专	46 793
其他	42 514
合计	114 765

注：以上未包含海外子公司员工，海外子公司员工约3.3万人。

专业构成	
专业构成类别	专业构成人数（人）
生产人员	96 149
销售人员	4 106
技术人员/研发人员	12 321
财务人员	1 328
行政人员	861
合计	114 765

教育程度	
教育程度类别	数量（人）
博士、硕士	3 750
大学本科	21 708
大专、中专	46 793
其他	42 514
合计	114 765

2. 薪酬政策

员工的薪酬依据公司薪酬制度按时发放，公司根据岗位价值、个人绩效表现核定员工的固定工资，根据公司及个人业绩核定员工的浮动工资，薪酬分配向战略性人才倾斜，确保核心人才收入水平的市场竞争力。员工薪酬政策会根据地域差异、人才供给情况、员工流失情况、行业环境变化程度及企业支付能力作动态调整。

3. 培训计划

报告期内，公司内部培训人员达 571 476 人次，其中管理人员 14 641 人次，技术及营销类人员 166 017 人次，操作类人员 173 404 人次，主要培训工作：

（1）打造航系列领导力发展项目，推动后备人才管理培养，搭建后备领导人才培养体系，共推动后备及关键人才培养项目 48 个，培养后备管理干部 3 386 人，累计 41 415.5 人时。

（2）搭建专业能力提升体系，共推动专业能力人才项目 603 个，专业体系骨干课程授课 301 871 人次，累计 1 970 508.95 人时。

（3）开设通用能力提升途径，开设如员工大讲堂和语言类培训等通用能力人才项目共 620 个，培养通用能力人才共 60 239 人次，累计 217 628.7 人时。

（4）为提升个人综合能力，开设中高层及基层个人外训项目共 81 个，共计培养 513 人次，累计 11 161 人时。

……

第 9 章

公司治理

公司治理，指的是通过建立一套机制来控制与指导公司的行为，并处理各相关方（股东会、董事会、监事会、经理等）的矛盾与冲突。公司治理，反映的是公司制度的建设情况，对公司的日常经营管理起着重要作用。好的公司治理结构既能保障股东权利，又有助于提高经济运行的效率。公司治理同样是了解公司"人力资源"的重要途径。

公司治理明确规定了公司各个管理者的责任和权力分布。如果说个人实际控制人的品性对公司的发展尤为重要，那么公司治理的方方面面则是控制公司全体人员创造"人祸"的重要渠道，包括：

（1）股东大会、董事会、监事会、管理层等各个级别的权力与义务。

（2）生产制度、财务制度、采购制度、人事制度等各项制度。

公司治理需要解决公司的权力分配问题，核心就是股东会、董事会、监事会以及经理之间的权力分配和相互监督与牵制。公司各个管理者通过各自的法定权力构成了公司的决策、执行和监督系统，保障公司的发展。

本章，多数上市公司是固定格式的官样文章。主要介绍了公司各项"基本法"的落实情况。只有实际具有良好公司治理结构的公司，其年报才可能在这一章中表现得与众不同。也只有具有良好公司治理结构的公司，具有较低的投资风险，人力资源这方面的评价可以得到高分。

例如，管理层（总经理）和所有者（董事长）应分离。上市公司的总经理和董事长分别代表管理团队和股东，存在一定不相容的职责，管理层应该和董事会相独立。但是，目前一部分上市公司的实际控制人亲自担任董事长，还要兼职总经理甚至董秘，这是不合理的公司治理结构。

又如，股东会要和董事会职权分明。股东会是上市公司的最高决策机构，由公司股东组成。公司的重大决定事项一般由股东会决议，需要持有三分之二或者二分之一以上股份的股东同意才能执行。比如说，修改公司章程需要经过持有三分之二以上股份的股东同意。

鉴于经常召集公司所有股东开会不现实，那么由股东大会选举产生的董事会（包括部分股东和从外界聘请经验人士）则是公司的日常决策机构。董事会的成员就是董事。一般情况下，董事非终身制，有固定的任期。董事会决策同样是通过投票决定的，一人一票，董事会的人数一般为奇数。

9.1 公司治理情况综述，表态遵守法律法规

公司治理情况综述，一般表态为：上市公司严格遵守各项法律法规。

【举例】万科A（SZ.000002）2018年年度报告之"公司治理情况综述"

一、公司治理情况综述 ——— *表明公司遵守各项法律法规*

报告期内，<u>公司严格遵守《公司法》、《证券法》、《上市公司治理准则》、香港相关法律法规以及《联交所上市规则》</u>，并结合公司实际情况，不断完善和提高公司治理规范运作水平。

<u>《企业管治守则》第A.6.7条规定，独立非执行董事及其他非执行董事应出席股东大会，对公司股东的意见有公正的了解。</u>

报告期内，本公司共召开2次股东大会，因于相关时间有其他重要事务等原因，董事们未能出席每次股东大会。董事出席情况可参见本报告本章节之"四、股东与股东大会"之"2、董事出席股东大会的情况"。

<u>《企业管治守则》第A.2.7条规定，主席应至少每年与独立非执行董事举行一次没有其他董事出席的会议。</u>尽管本年度本公司主席未与全体独立非执行董事举行无其他董事出席的会议，但主席与每一位独立非执行董事均保持密切的沟通，收集任何疑虑或问题并及时进行解答，以便于必要之时召开会议。

除以上情况外，于报告期内，<u>本公司遵守了《企业管治守则》中规定的其余所有守则条文</u>。

第9章 公司治理

公司已构建了职能齐备、相互制衡的公司法人治理结构，股东大会、董事会、监事会及高级管理层严格按照《公司章程》赋予的职责，行使权利及履行义务，并充分发挥董事会专业委员会、独立董事的作用，有效实施公司治理，维护股东和公司的利益，保障公司持续健康发展。2018年，公司荣获中央电视台颁发的"2018年CCTV中国十佳上市公司"、国际权威金融杂志《机构投资者》（Institutional Investor）颁发的"2018年度亚洲区（日本除外）最佳企业管理团队和公司治理奖"、《董事会》杂志颁发的第十三届中国上市公司董事会"金圆桌奖"董事会治理特殊贡献奖等若干奖项。

公司董事、监事、高级管理人员遵守《标准守则》，公司董事、监事、高级管理人员及员工遵守公司的《内幕信息及知情人管理制度》及《员工买卖公司证券的规定》等规章制度，严格内幕信息的防控，报告期内公司并无内幕信息知情人违规买卖公司证券的行为。

比较出众的公司治理情况说明，会分门别类地介绍公司各组织架构的治理状况，以及所遵循的法律法规。

【举例】中油资本（SZ.000617）2018年年度报告之"公司治理情况综述"摘要

一、公司治理的基本状况

公司严格按照《公司法》《证券法》《上市公司治理准则》等法律法规和中国证监会、深交所有关要求，建立完善的公司治理结构和内部控制制度，形成以股东大会、董事会、监事会、管理层为架构的经营决策和管理体系，建立有效的职责分工和制衡机制，股东大会、董事会、监事会分别按其职责行使决策权、执行权和监督权。------ 表明公司遵守各项法律法规

1. 关于股东与股东大会

报告期内，公司严格遵守《公司章程》《股东大会议事规则》等相关条款，确保所有股东特别是中小股东平等行使股东权利。报告期内，公司共召开1次年度股东大会，2次临时股东大会，共审议议案11项。上述会议均邀请律师出席见证，并出具法律意见书。公司对上述股东大会均提供现场投票和网络投票，……

2. 关于董事与董事会

报告期内，公司董事会由八名董事组成，其中独立董事三名，董事会人数、构成及资格均符合法律、法规和《公司章程》的规定。公司董事会成员按照有关规定，勤勉尽责，认真负责出席董事会和股东大会。报告期内，公司共召开6次董事会会议，审议议案21项，会议的召集、召开及形成决议均按照有关规定……

3. 关于监事和监事会

报告期内，根据《公司章程》及《监事会议事规则》的规定，公司监事会由五名监事组成，其中职工代表监事两名，监事会人数、构成和资格均符合法律、法规和《公司章程》的规定。报告期内，公司共召开6次监事会会议，审议议案13项，会议的召集、召开及形成决议均按照有关规定程序执行。公司……

4. 关于投资者关系

公司通过股东大会、公告、实地调研、电话咨询、互动易平台、电子邮件等多种方式与投资者沟通交流，促进投资者对公司经营情况、投资决策、发展前景等方面的了解，与投资者继续保持良好关系。同时，公司认真对待投资者的提问、意见和建议，积极回答投资者的问题，维持与投资者的良好互动。报告期内，……

5. 关于信息披露

公司严格按照中国证监会要求和《股票上市规则》相关规定，本着"公开、公平、公正"的原则，严格履行信息披露义务。公司指定《证券时报》《中国证券报》和"巨潮资讯网"为公司信息披露的报纸和网站，真实、准确、及时地披露公司信息，确保公司所有股东公平地获得公司相关信息。2018年度，……

9.2 公司相对于大股东在业务、人员、资产、机构、财务等方面的独立情况

公司相对于大股东在业务、人员、资产、机构、财务等方面的独立情况，一般表态上市公司的大股东和下属企业之间各个功能完全独立。

【举例】万科A（SZ.000002）2018年年度报告之"公司相对于大股东在业务、人员、资产、机构、财务等方面的独立情况"

表明大股东和下属企业间各方面完全独立

二、公司相对于第一大股东在业务、人员、资产、机构、财务等方面的独立情况

公司与第一大股东地铁集团及其下属企业在业务、人员、资产、机构、财务等方面完全独立，公司具有独立完整的业务及自主经营能力。公司不存在向地铁集团报送未公开信息等违反公司治理准则的行为。

这一部分更加完整地呈现方式是，除了表明上市公司的独立性外，分项说明业务、人员、资产、机构、财务等方面独立运作的细节。

【举例】中油资本（SZ.000617）2018年年度报告之"公司相对于大股东在业务、人员、资产、机构、财务等方面的独立情况"

<u>综述各方面的独立性</u>

二、公司相对于控股股东在业务、人员、资产、机构、财务等方面的独立情况

重大资产重组过程中，中石油集团出具了《关于保持上市公司独立性的承诺函》。2018年，公司始终严格按照《公司法》《证券法》等有关法律、法规和《公司章程》的要求规范运作，与控股股东中石油集团在业务、人员、资产、机构、财务等方面严格分开，具有独立完整的业务及自主经营能力。

（一）资产完整 —— <u>资产独立的细节</u>

公司拥有独立于控股股东的生产经营场所，拥有独立完整的配套设施及固定资产。公司未以自身资产、权益或信誉为控股股东提供担保，公司对所有资产拥有完全的控制支配权，不存在资产、资金被控股股东占用而损害公司利益的情形。

（二）人员独立 —— <u>人员独立的细节，及法律法规来源</u>

公司在人事及薪酬管理等方面制定了独立的管理制度。公司董事、监事及高级管理人员严格按照《公司法》《公司章程》的有关规定产生，不存在有关法律、法规禁止的兼职情况。公司总经理、董事会秘书、财务总监、副总经理等高级管理人员均专职在公司工作并领取报酬，未在公司控股股东控制的其他企业兼任除董事以外的任何职务，未从公司控股股东处领取薪金或其他报酬；公司的财务人员亦未在控股股东、实际控制人控制的其他企业中兼职。同时，控股股东未无偿要求公司人员免费为其提供服务。

（三）财务独立 —— <u>财务独立的细节，及法律法规来源</u>

公司已按照《企业会计准则》的要求建立了一套独立、完整、规范的财务会计核算体系和财务管理制度，并建立了相应的内部控制制度，独立做出财务决策，不存在公司控股股东或其他关联方干预公司资金使用或占用公司资金的情况。公司设立了独立的财务部门，配备了专职财务人员。公司在银行单独开立账户，拥有独立的银行账号，公司控股股东不存在与公司共用银行账户，公司未将公司资金以任何方式存入控股股东、实际控制人及其关联人控制的账户；公司作为独立的纳税人，依法独立纳税。公司依法对子公司提供担保，控股股东未要求公司违法违规提供担保。

（四）机构独立 —— <u>机构独立的细节，及法律法规来源</u>

公司按照法定程序制订了《公司章程》，设立了股东大会、董事会、监事会、管理层的法人治理结构，公司具有独立的经营和办公机构，并设置了相应的组织机构。

（五）业务独立 —— <u>业务独立的细节</u>

公司拥有独立完整的业务体系，具有直接面向市场独立经营的能力。控股股东保证上市公司业务独立，未与公司进行同业竞争，公司与控股股东进行了以市场价为依据的公平合理的日常关联交易，控股股东未无偿或者以明显不公平的条件要求公司为其提供商品、服务或者其他资产。

9.3 同业竞争，红线不得触碰

同业竞争[1]是公司IPO的红线，不得触碰。

证监会已将同业竞争的核查范围从控股股东、实际控制人扩大到持股5%以上的股东。

企业实际经营中，同业竞争的存在，使得相关联企业无法彻底按照完全竞争的市场环境平等竞争，控股股东、实际控制人及高级管理人员等可能利用其表决权或职位之便，为了自身或他人的利益，任意转移上市公司的业务与商业机会，使上市公司不能有效、独立地开展业务。这种做法很容易损害到上市公司股东的利益，影响公司的可持续发展。

正常情况下，上市公司年报的这一项均为"不适用"，也就是"不存在同业竞争"的情况。

对于可能涉及的同业竞争现象，上市公司通常会在造成这一现象前采取措施，避免触犯政策红线。

例如，2014年年初，鱼跃医疗（SZ.002223）的控股股东鱼跃科技拟要约收购华润万东（SH.600055），成为其控股股东，持股比例51.51%。当时，鱼跃医疗和华润万东均涉及医学影像业务，如果鱼跃科技收购了华润万东，同时成为鱼跃医疗和华润万东的大股东，那么鱼跃医疗和华润万东之间则存在同业竞争问题。因此，鱼跃科技在收购华润万东51.51%的股权之前，对鱼跃医疗的医学影像业务进行调整。

具体调整方案是，将鱼跃医疗和医学影像诊断设备生产、研发相关的设备及存货，按照账面价值转让予华润万东。截至2014年3月底，这些设备及存货的账面值约1000万元。鱼跃医疗原用于医学影像诊断设备研发及生产的厂房则转作其他用途。此外，鱼跃医疗医学影像业务人员、合同也一并转移给华润万东。

完成上述整合后，鱼跃医疗将不再生产、开发任何医学影像领域方面的产品，不直接或间接经营、投资任何医学影像领域方面的业务或企业。鱼跃医疗与控股股东及其所控制的其他公司之间不存在同业竞争。

---

[1] 法律对同业竞争的定义是，上市公司所从事的业务与其控股股东、实际控制人及其所控制的企业所从事的业务相同或近似，双方构成或可能构成直接或间接的竞争关系。事实上，除了要避免业务相近或相似，在技术、原材料、供应商、客户等方面也要严控与控制人及其控制企业之间的关系。

9.4 股东会、董事会、监事会,严格按规定执行

股东会、董事会、监事会的说明,基本都表明了"严格按规定执行"。

【举例】万科A(SZ.000002)2018年年度报告之"股东大会情况"(摘录)

四、股东与股东大会情况

(一)本报告期股东大会情况

1. 股东大会召开情况 —— *时间、地点、参加者、参加方式、公告出处*

报告期内,公司共召开了2次股东大会,详情如下:

2018年2月23日,公司于中国深圳市盐田区大梅沙环梅路33号万科中心召开2018年第一次临时股东大会。公司A股、H股股东通过现场会议、网络投票(仅适用于A股股东)方式参加本次股东大会,所持股数占公司总股本的比例为71.23%,具体详见公司日期为2018年2月23日及2018年2月24日(分别在联交所及巨潮资讯网披露)的公告。

2018年6月29日,公司于中国深圳市盐田区大梅沙环梅路33号万科中心召开2017年度股东大会。公司A股、H股股东通过现场会议、网络投票(仅适用于A股股东)方式参加本次股东大会,所持股数占公司总股本的比例为56.84%,具体详见公司日期为2018年6月29日及2018年6月30日(分别在联交所及巨潮资讯网披露)的公告。

2. 董事出席股东大会的情况 —— *公司核心人物出席情况*

报告期内,董事努力做到亲身出席股东大会,积极了解公司股东的意见。各董事出席股东大会的情况如下[2]:

姓名	职位	亲自出席(次)
郁亮	董事会主席、执行董事	2
林茂德	董事会副主席、非执行董事	0
康典	独立董事	0
刘姝威	独立董事	1
吴嘉宁	独立董事	1
李强	独立董事	1
孙盛典	非执行董事	0
肖民	非执行董事	0
陈贤军	非执行董事	0
王文金	执行董事	2
张旭	执行董事	2

（三）股东权利

1. 召开临时股东大会 —— *股东要求召开临时股东会的条件*

按照《公司章程》，单独或者合计持有公司 10%以上股份的股东有权向董事会请求召开临时股东大会。……

2. 向股东大会提出议案 —— *提出股东大会临时议案，提名独立董事/非独立董事候选人等的条件*

公司召开股东大会，单独或合计持有本公司发行在外的有表决权的股份总额 3%以上的股东可以在股东大会召开 10 日前以书面形式向本公司提出临时提案并提交召集人。召集人应当在收到提案后 2 日内发出股东大会补充通知，公告临时提案的内容。

3. 召开临时董事会会议 —— *股东要求召开临时董事会的条件*

经代表 10%以上表决权的股东提议，可以召开临时董事会会议。董事会主席应在自接到代表 10%以上表决权的股东提议后 10 日内召集董事会会议。

4. 向董事会做出查询 —— *股东向董事会查询的方式*

股东可通过年报之公司简介中的地址向本公司寄发书面查询文件，以向董事会作出查询。股东在向本公司提供证明其持有本公司股份的种类以及持股数量的书面文件并经本公司核实股东身份后，有权依据《公司章程》的规定查阅本公司有关信息，包括《公司章程》、财务会计报告等。

……

（四）投资者关系 —— *与公司股份分布、投资者互动和沟通等内容相关*

截止 2018 年末，公司发行内资股（A 股）9 724 196 533 股，占公司总股份的 88.09%；发行在联交所上市的外资股（H 股）1 314 955 468 股，占公司总股份的 11.91%。H 股全部为公众持股，2018 年末总市值约为港币 349.78 亿元。详情请参见本报告之"第六节 股本变动及股东情况"。

公司重视投资者关系工作，持续通过多种方式加强与投资者的互动、沟通。2018 年度公司接待投资者情况请详见本报告"第四节 董事会报告"之"六、投资者互动与投资者保护情况"。

【举例】万科A（SZ.000002）2018年年度报告之"董事会""监事会"（摘录）

五、董事会

（一）董事会的组成

报告期内，公司第十八届董事会由11名董事组成，设主席1名，副主席1名。董事会成员包括：……

（二）董事会及管理层的职责

董事会负责执行股东大会的决议，……

公司管理层负责公司的生产经营管理工作，……

(三)董事会履职情况

1. 董事会会议情况

报告期内,董事会共召开12次会议,其中4次现场会议、8次通讯表决。各董事出席董事会会议的情况如下:

姓名	职位	出席董事会			
		合计次数(次)	亲自出席(次)	委托出席(次)	缺席(次)
郁亮	董事会主席、执行董事	12	12	0	0
林茂德	董事会副主席、非执行董事	12	11	1	0
康典	独立董事	12	9	3	0
刘姝威	独立董事	12	12	0	0

……

2. 董事会对股东大会决议的执行情况

(1)关于发行债券的情况

2018年第一次临时股东大会审议并批准公司在不超过人民币350亿元的范围内一次或多次发行债务融资工具。报告期内,本集团先后完成八期超短期融资券发行,发行的票面利率区间为3.13%-4.60%,……

(2)2017年度分红派息方案执行情况

根据2017年度股东大会决议,董事会组织实施了公司2017年度分红派息方案。2017年度分红派息方案为:以分红派息股权登记日股份数为基数,向全体股东每10股派现金人民币9元(含税)。

……

(3)关于增发H股股份一般性授权的情况

2017年度股东大会以特别决议方式批准授予公司董事会一般性授权,以便董事会根据市场情况和公司需要,单独或同时发行、配发及(或)处理不超过于公司2017年度股东大会通过一般性授权时公司已发行境外上市外资股(H股)20%的新增股份,……

(四)董事的培训情况

报告期内,公司董事、监事参加了多项培训、学习、考察及交流活动,持续获取专业发展。

公司董事、监事集体参加了联交所上市发行人董事网上培训,学习于2019年1月1日生效的全新企业管治机制的要求,内容涵盖2018年企业管治的最新发展、委任独立非执行董事、独立非执行董事的角色、董事出席会议及股息政策、不同投票权发行人适用的企业管治规定、重要讯息及总结等。

……

(五)独立董事

报告期内,公司非执行董事(含独立董事)8名,任期均为3年。其中,独立董事4名。每位独立董事已通过提供《联交所上市规则》第3.13条规定的独立性确认函确认其与公司的独立性,而公司亦认可独立董事的独立性。2018年,各位独立董事勤勉履职,出席董事会会议,听取公司汇报,参加专业委员会讨论,审阅董事会文件,并在公司分红派息、对外担保、衍生品投资、聘请会计师事务所、聘任高管、内部控制等方面发表独立意见,并提出建设性的建议。

1．独立董事出席董事会的情况

独立董事出席董事会情况				
独立董事姓名	本报告期应参加董事会次数	亲自出席次数	委托出席次数	缺席次数	是否连续两次未亲自参加会议
康典	12	9	3	0	否
刘姝威	12	12	0	0	否
吴嘉宁	12	12	0	0	否
李强	12	12	0	0	否

2．独立董事对公司有关事项提出异议的情况

报告期内独立董事未对公司有关事项提出异议。

（六）董事会专业委员会

公司董事会下设审计委员会、薪酬与提名委员会、投资与决策委员会三个专业委员会。各专业委员会根据《上市公司治理准则》、《企业管治守则》、《公司章程》、《董事会议事规则》以及各专业委员会实施细则，认真履行职责。每个专业委员会均由独立董事担任召集人，涉及各专业委员会职责范围内的事项经过专业委员会通过后提交董事会审议。

各位委员参加专业委员会会议情况：

姓名	职位	审计委员会会议	薪酬与提名委员会会议	投资与决策委员会会议
康典	薪酬与提名委员会召集人	-	3	-
刘姝威	审计委员会委员	6	-	-
吴嘉宁	审计委员会召集人、薪酬与提名委员会委员	6	3	-

……

六、监事会

截至2018年12月31日，监事会由3名成员组成，分别是监事会主席解冻先生、监事郑英女士及职工代表监事周清平先生，各位监事的简历详见于本报告之"第七节 董事、监事、高级管理人员及员工情况"。监事会的人数、构成符合监管要求和《公司章程》规定。

监事会的主要职能及职权包括对公司定期报告签署书面审核意见，检查公司财务，对董事、高级管理人员执行公司职务的行为进行监督等。监事会2018年度履职情况详见"第九节 监事会报告"。

【举例】万科A（SZ.000002）2018年年度报告之"董事长""总经理"等的职责（摘录）

七、本公司遵守《企业管治守则》情况

（一）企业管治职能 —— **董事会职责**

董事会负责制订公司之企业管治政策并履行以下企业管治职能：

(1) 制订、检讨企业管治政策及常规；

(2) 检讨、监察董事及高级管理人员的培训及持续专业发展；

(3) 检讨、监察公司在遵守法律及监管规定方面的政策及常规；

……

(二)主席与总裁、首席执行官 —— **董事会主席、总裁、首席执行官职责**

董事会主席和总裁承担不同的职责。根据《公司章程》,董事会主席主要负责主持董事会会议以及督促检查董事会决议的执行;总裁主要负责主持公司的日常经营管理工作、向董事会报告工作并组织实施董事会决议。

> 公司于2017年6月30日召开的第十八届董事会第一次会议选举郁亮担任本公司董事会主席、总裁、首席执行官;公司于2018年1月31日聘任祝九胜为总裁、首席执行官,董事会主席郁亮不再兼任总裁、首席执行官。

董事会主席和总裁一度为同一人(郁亮)

9.5 高级管理人员薪资及激励情况,反观业绩合理性

高级管理人员薪资及激励情况,可以看作对年报第8章"董监高报酬"的补充。

合理的薪酬制度既是激励上市公司高级管理人员的重要手段,也是投资人考察上市公司利润分配合理与否的一条途径。

研究公司薪酬制度是否合理,除了了解薪酬考核制度外,最直接的方法就是对比历年来高级管理人员薪酬的变动和上市公司业绩的变动是否匹配。有一种情况要特别注意,就是当上市公司的业绩大幅下降,高级管理人员的薪酬却未同幅度下降时,说明薪酬考核体系欠妥,有假公济私之嫌。

【举例】万科A(SZ.000002)2018年年度报告之"高级管理人员相关情况说明"(摘录)

十一、高级管理人员相关情况说明

(一)对高级管理人员的考评、激励及奖励机制的建立和实施情况

1. 薪酬构成

本集团的薪酬体系包括固定薪酬、年度奖金和经济利润奖金。

(1)**固定薪酬**。面向全员,根据岗位重要性和员工基本生活需要确定,职位越高,固定薪酬在全部收入中占比越低。

(2)**年度奖金**。根据年度利润实现完成情况,进行计算;根据净利润、销售收入及事件合伙等进行分配发放。报告期内,第十八届董事会第二次会议审议通过了《关于制定2017-2019年度奖金方案的议案》,明确了2017-2019年度集团年度奖金计算方式。

（3）经济利润奖金。

2010 年，为落实股东导向，推动经营决策与股东利益的一致性，鼓励持续创造优于社会平均水平的业绩，本集团对整体薪酬体系进行调整，减少年度奖金计提比例，经第十五届董事会第十二次会议审议，公司引入了基于经济利润（EP）的经济利润奖金制度。目前公司的经济利润奖金方案于 2018 年 1 月经第十八届董事会第四次会议审议通过。

经济利润奖金奖励对象包括在公司全职工作的董事、监事，本集团管理人员，以及本集团业务骨干和突出贡献人员。

每一年度经济利润奖金以公司当年实现的经济利润(EP)作为业绩考核指标和提取或扣减基数，采取正负双向调节机制，按照10%的固定比例提取或返还。即，如当年公司EP为正数，则按规定比例计提相应的经济利润奖金；如当年公司EP为负数，则需按相同比例从递延奖金池中返回相应的金额（简称"或有返还"）。每年提取的经济利润奖金，在提取后的三年内属于递延封闭期（简称"封闭期"），此时其为受限奖金。奖励对象委托第三方对受限奖金进行投资管理并获取投资收益，也相应承担投资损失。递延期满后，对公司不再承担任何义务。

2．2017年度经济利润奖金计提情况

公司2017年度经济利润奖金总额为人民币15.1亿元。根据2018年度第一次临时股东大会审议通过了《关于调整公司董事、监事薪酬方案的议案》，明确董事会主席经济利润奖金分配比例为公司年度经济利润奖金的1.8%-2.2%，具体授权董事会薪酬与提名委员会每年决定。据此，经董事会薪酬与提名委员会第六次会议确认，公司董事、监事、高级管理人员获得的2017年度经济利润奖金金额如下：

姓名	职位	分配 2017 年度经济利润奖金税后金额（元）
郁亮	董事会主席	14 993 186
祝九胜	总裁、首席执行官	12 416 966
解冻	监事会主席、工会主席	9 661 008
王文金	董事、执行副总裁、首席风险官	9 661 008
张旭	董事、执行副总裁、首席运营官	11 038 987
孙嘉	执行副总裁、首席财务官	11 038 987
朱旭	副总裁、董事会秘书	5 711 533
周清平	职工监事	1 445 171
合计	—	75 966 847

3．2018年度经济利润奖金计提情况

2019年3月25日，经第十八届董事会第十八次会议确认，公司2018年度经济利润奖金总额为人民币17.4亿元。2018年度经济利润奖金计划在2018年度股东大会之后分配，董事、监事和高级管理人员分配情况将在2019年度报告披露。

4. 经济利润奖金之"集体奖金"持有公司股票情况

2014年,受资本市场整体景气度影响,公司股价持续低迷,资本市场迫切希望公司主要股东、管理团队增持公司股票,提振市场信心。为回应资本市场的要求,奖励对象自愿将当时"集体奖金"账户的资金作为劣后级资金,通过国信金鹏分级1号和2号资产管理计划(以下简称"金鹏计划")购买万科A股股份。2014年5月28日至2015年1月28日,金鹏计划累计购买了495 934 792股万科A股股票,占公司目前总股本的4.49%,并进行了自愿披露。2015年1月29日至今,金鹏计划未再增持万科A股股票,也未减持其所持的万科A股股票。

(二)公司秘书

现任公司秘书为朱旭女士。为了满足《联交所上市规则》第3.18条以及第8.17条的要求,报告期内公司聘请在香港工作的陈颖杰先生作为助理公司秘书协助朱旭女士。根据《联交所上市规则》第3.29条的要求,2018年,朱旭女士及陈颖杰先生均接受了超过15个小时之相关专业培训。

2018年1月29日,陆治中先生辞去助理公司秘书及公司委任的其他一切职务。公司聘任在香港工作的陈颖杰先生于同日起接替陆治中先生担任助理公司秘书,并接替陆治中先生担任联交所替代授权代表、根据《联交所上市规则》第19A.13(2)条规定的代公司在香港接受向其送达的法律程序文件及通知书的法律程序代理人及《公司条例》(香港法例第622章)第十六部规定的获授权代表职务。

9.6 公司内部控制和风险管理,千篇一律

有些公司在年报的第4章就已披露可能面临的风险,有些公司在年报的第9章披露。无论在哪个章节披露,内容千篇一律,同一行业的各份年报,风险警示基本相同,风险均来自宏观环境,而非企业内部。例如建筑行业是环境风险、项目开发风险、人才风险、法律法规风险,等等。投资人还是要抽丝剥茧地来评估投资风险。

【举例】万科A(SZ.000002)2018年年度报告之"高级管理人员相关情况说明"(摘录)

十二、内部控制和风险管理

……

董事会认为并无重大不明朗事件或情况会严重影响公司持续经营的能力,经过认真评估,公司目前面临的主要风险和有关应对措施如下:

(一)环境风险

公司所处的行业与宏观经济和国民生活紧密相关。2018年以来经济下行压力加大,对企业持续经营产生的影响,可能导致有效需求水平的下滑。传统开发业务的销售以及产办资产运营可能会受到影响,持有型业务的收益增长也会面临一定的挑战。

……

(二)项目开发风险

面对多业态的产品设计、复杂的施工环境,要做到严守质量,严控成本,按时且安全地完成项目开发目标极具挑战。可能会因建筑材料的供应不及时、施工人员的劳动熟练度不足、劳资纠纷、安全意外事故、自然灾害、恶劣气候等因素,带来工程进度、项目成本、房屋质量和客户满意度的风险,对公司经营业绩的达成和声誉造成影响。

......

(三)新业务风险

公司围绕"城乡建设与生活服务商"的发展战略,与城市同步发展,与客户同步发展;逐步丰富产品服务体系,不断发展包括物业服务、租赁住宅、商业开发与运营、物流仓储服务、冰雪度假、养老、教育等新业务,全力服务美好生活的新要求,做"美好生活场景师"。

......

(四)人才风险

随着时代与产业环境的变化,事业发展所面临挑战的不确定性、复杂度越来越高,这对人才素质和团队协作方式提出了很高的要求。匹配事业发展的需求,眼光向外、找到并用好更优秀的人才是必然选择,如何在短时间内突破既有找人、用人的思维惯性和路径依赖,如何通过事业舞台、文化机制吸引志同道合的人才,需要管理人员以及人力资源团队迅速找到解决方案。......

(五)合规风险

公司的业务受到广泛的政策及法规监管,其中包括所处地区的公司条例、财务及税务法规、房屋销售及建筑相关法规,以及中国大陆及香港的上市规则等,且法律法规及政策的要求或变动对公司亦会产生影响。公司在2018年持续积极遵守法律法规及政策,对合法合规要求的认知水平和管理意识不断提升。

......

(六)数据安全风险

大数据、云计算、人工智能、物联网等新兴科技手段的发展正加速对社会各行业产生深刻的变革性影响。同时,公司业务多元化程度不断提升,业务流程复杂多样;物业管理、长租公寓等运营型业务规模持续扩张,数据体量与数据敏感性不断增加。......

9.7 万科股权之争是公司治理的生动案例

2015年~2017年间,闹得纷纷扬扬的万科股权之争是公司治理的生动案例,股权之争的起源是过度分散的公司股权结构,以及董事会混乱的内部治理结构。

万科公司治理的变化过程是这样的。

第9章 公司治理

万科创建于1984年9月，主要业务是从香港进货，向内地销售摄像机、投影机等教学器材。1988年，万科在王石的带领下正式进入房地产行业，万科于1990年上市，王石是万科的董事长兼总裁（两个职位一肩挑）。郁亮虽于2001年担任公司总裁，但实质上和王石是"同一伙"公司经营方，而不是我们通常以为的董事长由主要出资方担任，起到监督执行方的作用。2017年6月30日郁亮成为万科的董事长兼总裁，2018年1月13日郁亮卸任总裁，继续任职董事长。

2000年8月，万科引入央企华润股份，华润成为万科的大股东，万科创始人王石的持股比例大大降低。至此，万科从王石个人控制转变为职业经理人制度。自此之后，万科的董事长和总裁等高层的合计持股一直不到1%。

查看万科2014年年报的"股份变动及股东情况"章节，可得到如下信息。

万科2014年年报公布的股权结构

排名靠前的股东

股东名称	股东性质	持股比例	持股总数
华润股份有限公司	国有法人	14.91%	1 645 494 720
HKSCC NOMINEES LIMITED 注1	外资股东	11.91%	1 314 939 877
国信证券－工商银行－国信金鹏分级1号集合资产管理计划 注2	其他	3.30%	364 036 073
安邦人寿保险股份有限公司－稳健型投资组合	其他	2.13%	234 552 728
GIC PRIVATE LIMITED	其他	1.32%	145 335 765
刘元生	其他	1.21%	133 791 208
UBS AG	其他	1.08%	119 726 725
全国社保基金一零三组合	其他	0.72%	79 999 794
中国建设银行－博时主题行业股票证券投资基金	其他	0.65%	72 000 000
南方东英资产管理有限公司－南方富时中国A50ETF	其他	0.65%	71 787 060

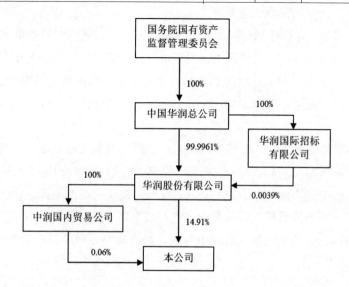

> 教你读懂年报

当时万科的大股东华润股份持有其14.91%的股份，加上华润股份全资子公司的持股，合计持股14.97%。华润股份的身份一直是财务投资者，充分信任以王石为首的管理团队，对万科的经营几乎"放任自流"，不加干涉。

排名第二的HKSCC（是公司H股非登记股东所持登记股东所持股份的名义持有人，简单看就是公司H股的一部分股东）持有其11.91%，其余持股人的持股比例均低于5%。

随着产业环境的变化，公司规模的扩充，职业经理人制度在新环境下的弊端不断出现，例如，员工的打工心态无法成就公司全局发展的大事。2014年4月，万科推出合伙人制度，例如通过集合资产管理计划买入公司股票；又如，在项目的开发过程中，要求项目经理及一线公司管理层必须跟投项目，共享利益、共担风险。又如要求管理者将年终收入购买公司股票。

虽然"公司治理"章节未提及管理层持股，但管理层持股数量和公司治理结构密切相关。当管理层持有大量上市公司股票时，一方面说明管理层对公司未来发展的信心，另一方面也说明管理层会尽力推动公司发展，为公司同时也为自己谋取更多的福利，和投资者的利益是一致的。管理层持股比例低并非100%不好，但是分散的股权结构，使得公司股权极易被稀释，让资金实力雄厚的投资者有称霸万科的机会。

2015年7月10日，宝能系第一次举牌万科，购买了占万科总股本5%的股份，这是万科股权之争的开端。而后宝能系（旗下拥有钜盛华和前海人寿等公司）先后4次举牌，分别占万科总股份的10%、15%、20%、25%，超过华润股份的持股，成为第一大股东。期间，华润股份企图夺回第一的地位，无奈宝能系财大气粗，争夺万科股权毫不手软。

2015年12月，安邦保险举牌万科。

2016年上半年，万科计划引入深圳地铁集团占大股，遭到宝能系和华润股份的反对。一是因为非公开发行价格过低（低于万科每股净资产24%），非公开发行后现有股东的权益被摊薄5%；并且深圳地铁带来的净地资产在未来两三年内无法贡献盈利，将导致万科的每股盈利被摊薄20%，影响股东回报。二是因为华润希望重新夺回大股东的位置。

从公司治理的角度看，以王石为代表的管理层与股东之间是委托代理的关系。管理层（代理人）与委托人（华润、宝能等大股东）的利益此时出现了不一致。万科管理层并没有积极主动均衡与大股东的利益，反而打起了自己的小算盘，以期牢牢掌控万科的控制权，而作为委托人，华润和宝能对管理层手中有什么底牌都不清楚。

2016年8月4日，恒大也加入股权争夺战，多次增持万科股票后荣升第三大股东。

2017年1月12日，华润将其持有的所有万科股票（当时持股比例15.3%）转让给深圳地铁集团，结束了与万科的合作。

2017年3月16日，恒大也将其持有的所有万科股票（当时持股比例13.9%）转让给深圳地铁集团。

深圳地铁集团持有万科29.38%的股份，成为万科大股东，而宝能系以25.4%的持股比例，让出大股东位置，屈居第二大股东。

万科股权之争平稳落幕，但给资本市场的教训是深刻的，给那些忽视公司治理结构的管理层上了生动一课。公司治理是一种规范公司股东会、董事会和管理层的制度安排。万科股权之争的触发，与董事会内部治理密切相关。

自2008年万科宣布无实际控制人开始，万科就已经偏离上市公司规范运作的要求，万科管理层控制董事会、监事会，越过公司股东大会自行其是。事发时，万科的经营决策和执行完全被管理层控制。从万科董事会的构成来看，已完全被万科管理层控制的董事会，体现的均是万科管理层的意志。

可见，完善的公司治理，是公司长治久安的必要条件之一。

第10章
公司债券相关情况

公司债券相关情况，是对公司债券的发行、付息、是否违约等状况的说明。包括公司债券基本状况、公司债券募集资金使用情况、公司债券评级情况等内容。投资者可以通过公司债券的偿还、公司债券等级等情况判断公司的经营状况和公司的守信程度。

发行债券[1]的主要目的就是集资，不能一概而论地评判好还是不好。如果上市公司通过发行债券开发新项目、建设新工程，那就是利好；如果是因为现金流有问题而发行债券，那就是利空了。上市公司发行债券时，是一定不会将原因描述成"补充现金流"的，多数情况是用"开发新产品""扩大市场""更新生产线"等理由来包装。所以投资者在判断上市公司的发债行为时，不能仅凭公司的一面之词，需要结合行业发展趋势、上市公司的业绩走势等来评定。

公司债券不是本书的重点，仅作简略说明。

---

1 发行债券是发行人以借贷资金为目的，依照法律规定的程序向投资人要约发行代表一定债权和兑付条件的债券的法律行为，债券发行是证券发行的重要形式之一，通过这一过程，发行者以最终债务人的身份将债券转移到它的最初投资者手中。

第 11 章
财务报告，占据年报半壁江山

熟读本书第2章~第5章的内容后，投资者对企业的业务情况、财务状况以及未来发展趋势已经有了大致了解。

本书的第6章~第11章，从重要事项、股东和股份、董监高、公司治理等角度对上市公司的状态做了更细致的剖析。

事实上，年报前10章的篇幅只占据整份年报的50%，而年报的第12章"财务报告"占据了另外50%的篇幅。"财务报告"可以用来印证年报前面各部分的分析，是企业经营情况的反映，就算上市公司在前面几个部分把自己吹捧上天，报表数据也很难掩饰公司的真实情况。

11.1 财务报告的主要内容有哪些

财务报告的主要内容包括三大块：

（1）审计报告。
（2）会计报表。
（3）会计报表附注。

11.1.1 审计报告，代表会计师事务所的意见

审计报告是会计师事务所对公司财务报告的审计结果，是会计师事务所对公司报表出示的审计意见。投资者可以通过这份意见来判断公司的财务报告是否真实。当然，

> 教你读懂年报

审计意见的核心"审计意见类型"在年报的第1章已有披露,此处的"审计报告"可以看作是对审计意见类型的扩展说明。

【举例】格力电器(SZ.000651)2018年年度报告之"审计报告"

审计报告的核心

审计意见类型	标准的无保留意见
审计报告签署日期	2019年04月26日
审计机构名称	中审众环会计师事务所(特殊普通合伙)
审计报告文号	众环审字(2019)050129号
注册会计师姓名	龚静伟、吴梓豪

审计报告 —— 会计师事务所出具的报告

众环审字(2019)050129号

珠海格力电器股份有限公司全体股东:

一、审计意见

我们审计了珠海格力电器股份有限公司(以下简称"贵公司")的财务报表,包括2018年12月31日合并及母公司的资产负债表,2018年度合并及母公司的利润表、合并及母公司的现金流量表和合并及母公司的所有者权益变动表以及财务报表附注。

我们认为,后附的财务报表在所有重大方面按照企业会计准则的规定编制,公允反映了贵公司2018年12月31日合并及母公司的财务状况以及2018年度合并及母公司的经营成果和现金流量。

二、形成审计意见的基础

我们按照中国注册会计师审计准则的规定执行了审计工作。审计报告的"注册会计师对财务报表审计的责任"部分进一步阐述了我们在这些准则下的责任。按照中国注册会计师职业道德守则,我们独立于贵公司,并履行了职业道德方面的其他责任。我们相信,我们获取的审计证据是充分、适当的,为发表审计意见提供了基础。

2018年1月1日起,新的审计报告准则开始实施。根据新准则的要求,除了无法表示意见的审计报告外,审计报告都要增加"关键审计事项"环节,这个部分披露与被审计项目相关的个性化信息,用来增加审计报告的信息含量和相关性、提高审计项目的透明度。审计报告的这个变化被业界称为是几十年来审计报告最大的变化。

三、关键审计事项

关键审计事项是根据我们的职业判断,认为对本期财务报表审计最为重要的事项。这些事项的应对以对财务报表整体进行审计并形成审计意见为背景,我们不对这些事项单独发表意见。

(一) 关联方关系及交易

关键审计事项	该事项在审计中是如何应对的
请参阅财务报告中"附注(十二)4"、"附注(十二)5"、"附注(十二)6"及"附注(十二)8"所示。 2018年度,贵公司向关联方采购原材料、固定资产等合计357 734.27万元,向关联方销售空调、智能装备等产品合计3 114 347.05万元。 由于贵公司关联方交易金额重大,关联方关系及其交易披露的完整性以及关联……	1. 我们了解、评估并测试了与识别和披露关联方关系及其交易的相关的内部控制,并复核相应的内控设计及执行的有效性; 2. 我们获取管理层就关联方关系及其交易完整性等方面的声明,并获得管理层提供的关联方关系清单,将其与其他公开渠道获取的信息进行核对; 3. 我们复核重大的采购、销售和其他合同,以识别是否存在未披露的关联方,同时获取关联交易相关的董事会决议、股东会决议,检查关联交易决策权限……

(二) 递延所得税资产的确认

关键审计事项	该事项在审计中是如何应对的
请参阅财务报告中"附注(五)25"以及"附注(七)17"所示。 截至2018年12月31日,贵公司合并资产负债表中列示了1 134 957.37万元的递延所得税资产。 递延所得税资产的确认依赖于管理层的重大判断,管理层在做出判断时需评估……	1. 我们测试了递延所得税资产确认相关的内部控制的设计和执行; 2. 我们邀请了税务专家加入团队,以协助我们从税务技术层面评估管理层的分析; 3. 我们获取管理层确定未来可利用税务利润的方法和重要假设,以及相应未来期间的财务情况预测,并评估其编制是否符合家电行业总体趋势及企业……

（三）存货跌价准备的计提

关键审计事项	该事项在审计中是如何应对的
请参阅财务报告中"附注（五）11"、"附注（七）7"以及"附注（七）43"所示。 截至2018年12月31日，贵公司合并资产负债表中存货账面价值 2 001 151.82 万元，其中存货账面余额 2 029 258.68 万元和存货跌价准备 28 106.86 万元。 存货跌价准备的确认取决于对存货可……	1. 我们测试了存货跌价准备确认相关的内部控制的设计和执行； 2. 我们评价了管理层计算可变现净值所涉及的重要判断、假设和估计，同时，我们查阅了管理层确定存货未来销售价格和至完工时发生的成本（如相关）、销售费用以及相关税金等事项的依据和文件； 3. 我们执行了检查、重新计算等审计程序，特别是对……

11.1.2 会计报表，呈现四大报表的详细资料

会计报表主要包括以下四张报表：

（1）资产负债表。

（2）利润表。

（3）现金流量表。

（4）所有者权益变动表。（从2007年起，"所有者权益变动表"被要求加入财务报告中。）

其中，（1）资产负债表、（2）利润表、（3）现金流量表是年报的核心部分，这三张表所提供的信息，彼此间既相互联系又各有侧重。

资产负债表是利润表和现金流量表的基础。

例如，资产负债表期初的"未分配利润"，加上企业当期从营业收入、其他业务收入、投资收益、营业外收入等渠道赚得的钱，扣除了成本、费用、税金，进而提取法定盈余公积和任意盈余公积并扣除当期分红，就是资产负债表期末的"未分配利润"。

又如，资产负债表期初的"货币资金"，加上企业当期在经营、投资和筹资三类活动中分别获得的现金净流量净额，加上资产负债表中货币资金的期初余额，等于货币资金的期末余额。

利润表和现金流量表也是相互关联的。

利润表当期的净利润加上资产负债表中"资产减值准备""固定资产折旧""油气资产折耗""生产性生物资产折旧""无形资产摊销""长期待摊费用摊销""处

置固定资产、无形资产和其他长期资产的损失""固定资产报废损失""公允价值变动损失""财务费用""投资损失""递延所得税资产减少""递延所得税负债增加""存货减少""经营性应收项目减少""经营性应付项目增加",可以得到经营活动产生的现金流净额。

事实上,年报中无论是财务报告部分还是非财务部分,都是围绕上述三张报表展开的,或解释说明报表内容,或提供实际做法"验证"报表数据。

一般情况下,资产负债表、利润表和现金流量表的每一份报表都分为两种——合并报表和母公司(上市公司本身)报表。投资人重点看的是合并报表,而不是母公司报表。

多数情况下,上市公司除了自身以外,还控股了一些公司。被控制的公司有自己的经营业务,甚至可能是上市公司的主营业务,是上市公司利润的主要来源,此时的上市公司是投资公司角色。这种情况下,母公司的报表没有考虑到控股子公司的财务数据,信息量极少,例如资产负债表中只有长期股权投资,利润表中只有投资收益。大量有价值的财务信息都不在母公司的财务报告中,投资者无法了解上市公司真正的利润来源。合并报表的编制,融合了母公司及所有控股子公司的会计报表数据,提供了上市公司整体财务状况和经营成果。

11.1.3 财务报告附注,答疑解惑神助攻

财务报告附注的目的在于,帮助读者深入了解财务报告的内容,是财报编制者对资产负债表、利润表和现金流量表有关内容和项目所作的说明和解释。一般而言,投资人对会计报表的疑问都能在附注中得到解释。结合前面的四张表,对上市公司的财务状况通常能做到全方位的立体了解。

11.2 资产负债表

上市公司的四张财务报表,年报中是按照其重要性依次披露的,资产负债表首当其冲。

11.2.1 重要性居四表之首

资产负债表,反映了企业报告期期末的财务状况。资产负债表中,左列是企业所拥有的经济资源(资产),右列是所承受的经济义务(负债),以及公司股东拥有的权益(所有者权益)。通俗地讲,资产负债表显示了上市公司的钱从哪里来,用到什么地方去。

为什么说资产负债表是四张财务报表中最重要的呢?因为资产负债表中蕴含着公

司的家底。投资人如果从"防雷"角度出发，资产负债表无疑是最能暴露公司隐患的报表。对于再复杂的公司，资产负债表也可以把它的资产、负债资料分门别类地显示出来，并展示许多字面以外的信息。

既然资产负债表在四张报表中的重要性首当其冲，大家一定想知道，理想中的资产负债表是什么样？虽然这是一个好问题，但是，这个所谓的理想状态并没有标准答案。因为不同行业间的差异很大，同行业间的不同企业，因为商业模式的不同，对应的理想状态也可能大相径庭。只是有些会计科目是企业藏匿行踪的重灾区。

后文将一一挖掘资产负债表中容易隐藏猫腻的项目，充分分解这张最重要的表。

11.2.2 资产=负债+所有者权益

对于资产负债表的三要素，投资人应牢记"资产=负债+所有者权益"这一恒等式。

公司的任意一种涉及资产负债表的经营活动，虽然会让"资产""负债""所有者权益"的数额发生变化，但是"资产=负债+所有者权益"这一恒等式永远不会改变。因为某项资产的增加，一定是因为某项负债的增加，或是所有者权益的增加，或是另外一项资产的减少。

例如，公司花费现金10万元购买一台机器设备，此时，"资产"中的"现金"减少10万元，"资产"中的"固定资产"增加10万元，而"负债"和"所有者权益"均无变化，恒等式成立。

又如，如果上述购买机器设备的资金来源于公司贷款，此时"资产"和"负债"均发生了变化，"资产"因增加了机器设备而增加10万元，"负债"因向银行贷款同样增加了10万元，"所有者权益"并无变化，恒等式依然成立。

再如，这台机器设备购回后就因使用不甚导致报废，此时"资产"因少了一台机器设备而减少10万元，"负债"没有变化，但"所有者权益"因报废了一台机器设备而损失10万元，恒等式还是成立的。

简明的资产负债表，左列是资产，右列是负债以及所有者权益。如表11-1所示。

表11-1 资产负债表

项目	金额	项目	金额
资产	①	负债	②
		所有者权益	③
资产总计	①	负债与所有者权益总计	②+③

实际使用中的资产负债表，在"资产""负债""所有者权益"大项下进一步罗列细项，相同类别的细项放在一起，简洁又清晰。

11.2.3 资产，按变现能力由强到弱来排列

资产，是公司把钱投向的地方，可以是看得见摸得着的机器、厂房、货品，也可以是无形资产、股权、债券，等等。

资产负债表的资产项，主要会计科目如下：

（1）流动资产项中的重要细项包括货币资金、应收票据、应收账款、预付账款、其他应收款和存货，如表11-2所示。

（2）非流动资产项中的重要细项包括固定资产、投资性房地产、在建工程、无形资产、商誉和长期待摊费用等，如表11-3所示。

表11-2 流动资产的重要细项

流动资产
货币资金
结算备付金
存放同业款项
拆出资金
以公允价值计量且其变动计入当期损益的金融资产
衍生金融资产
应收票据
应收账款
预付款项
应收保费
应收分保账款
应收分保合同准备金
其他应收款
买入返售金融资产
持有待售资产
一年内到期的非流动资产
其他流动资产

表11-3 非流动资产项中的重要细项

非流动资产
发放贷款及垫款
可供出售金融资产
持有至到期投资
长期应收款
长期股权投资

（续表）

非流动资产
投资性房地产
固定资产
在建工程
生产性生物资产
油气资产
无形资产
开发支出
商誉
长期待摊费用
递延所得税资产
其他非流动资产

资产按照流动性可分为流动资产和非流动资产，流动性按照资产变现能力的强弱来确定，变现耗用时间越短的资产，其流动性越强。按照财务报告列报准则的规定，在"资产"大项中，细项按照变现能力由强到弱的顺序，从流动资产到非流动资产依次排序，如图11-1所示。

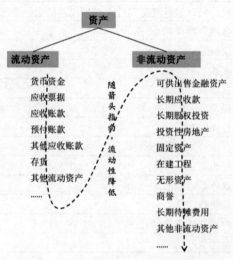

图11-1 资产大项之细项变现能力排序

流动资产中，以货币资金（相当于现金，随时存取）为始，以存货为终，中间依次是应收票据、应收账款、预付账款等。

非流动资产中，以可供出售金融资产为始，以长期待摊费用为终，中间依次是长期应收账款、长期股权投资、投资性房地产、固定资产、在建工程、无形资产、商誉、长期待摊费用等。

查看资产，重点要看资产质量，是否有大幅贬值的风险。比如货币资金、应收账款、其他应收款、存货等。同时，要关注重点资产科目的金额变动情况，与往年的比较，或与同行的比较，找出金额变动或差异的原因。

本书后续将分别对上述容易产生问题的细项进行说明。

11.2.4 负债，按偿还期限由短到长来排列

负债，是指公司欠的钱，可能欠银行的钱，可能是欠客户甲的货物款，可能是欠客户乙的服务款，等等。

资产负债表的负债项，主要会计科目如下。

流动负债项中的重要细项包括短期借款、有息负债、应付账款、预收账款、其他应付款，如表11-4所示。

表11-4 流动负债中的重要细项

流动负债
短期借款
向中央银行借款
吸收存款及同业存放
拆入资金
以公允价值计量且其变动计入当期损益的金融负债
衍生金融负债
应付票据及应付账款
预收款项
卖出回购金融资产款
应付手续费及佣金
应付职工薪酬
应交税费
其他应付款
应付分保账款
保险合同准备金
代理买卖证券款
代理承销证券款
持有待售负债
一年内到期的非流动负债
其他流动负债

非流动负债项中的重要细项包括长期借款等，如表11-5所示。

表11-5 非流动负债中的重要细项

非流动负债
长期借款
应付债券
长期应付款
长期应付职工薪酬
预计负债
递延收益
递延所得税负债
其他非流动负债

负债根据流动性划分为流动负债和非流动负债。在"负债"大项中，按照偿还期限由短期到长期，从流动负债到非流动负债依次排序，如图11-2所示。

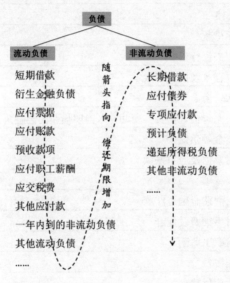

图11-2 非流动资产重要细项排序

流动负债中，以短期借款为始，以一年内到期的非流动负债为终，中间依次是应付票据、应付账款、预收款项、应付职工薪酬、应交税费，等等。

非流动负债中，以长期借款为始，以递延所得税负债为终，中间依次是应付债券、预计负债，等等。

查看负债，重点要看负债来源，偿债风险的大小。比如长短期借款、应付账款、其他应付款、预收款项等。本书后续将分别对上述容易产生问题的细项做讲解。

11.2.5 所有者权益，企业的净资产

所有者权益是公司股东自己的钱，以及公司的利润。所有者权益是通过"资产－负债"得来的。

在资产负债表中，所有者权益分为"归属于母公司所有者权益"和"少数股东权益"。

（1）归属于母公司所有者权益就是公司的净资产，包括股本（实收资本）、资本公积、盈余公积、未分配利润。

（2）少数股东权益是少数股东所投入的资产。

实收资本是指企业实际收到的投资者投入的资本。

资本公积是指企业在经营过程中由于接受捐赠、股本溢价以及法定财产重估增值等原因所形成的公积金。

盈余公积是指由投资者投入的，但金额超过法定资本的那部分投资。

未分配利润是企业留待以后年度分配或待分配的利润。

为什么会出现（1）归属于母公司所有者权益（也就是我们经常说的"净资产"），和（2）少数股东权益两个分类呢？

这是因为，当母公司拥有子公司的股权超过50%但不足100%时（假设X%），子公司股东权益的一部分（X%）属于母公司所有，其余权益（100%－X%）则属于外界其他股东所有，由于后者（100%－X%）在子公司全部股权中不足50%，因此被称为"少数股东"。

"（1）归属于母公司所有者权益"反映了所有者权益中归属于母公司所有者权益的部分。

"（2）少数股东权益"反映了所有者权益中属于非全资子公司所有者（少数股东）所应享有的份额，这部分权益不属于母公司所有者。

打个比方，A公司持有B公司60%的股份，B公司60%的权益计入"归属于母公司所有者的权益"中，B公司剩下的40%是其他人持有的，与母公司的股东无关，计入"少数股东权益"。极端情况下，上市公司可能没有子公司，此时就不存在"少数股东"一说，财务报告中也就没有"少数股东权益"这个项目，只有"所有者权益"。

说到净资产，引出一个比例值——市净率。市净率是普通股每股股价与每股净资产的比值。市净率越低，相对于每股净资产的股价就越低，一般来说，这支股票的投资价值就越高。当然，影响企业投资价值的因素，除了市净率的高低，还有投资时的市场环境、公司的经营状况等。

11.3 利润表

如果说资产负债表体现了某一时刻（报告期初和报告期末）公司的资产负债情况，利润表则体现的是，整个报告期内，上市公司做了些什么，做得怎么样，也就是说，上市公司是怎样赚钱的。

利润表的基本结构是收入减去成本、费用，再加上各项其他支出。反映了企业在某一经营期间的营业收入、营业成本、各项费用和实现利润的情况。

利润表的落脚点是净利润，是一家公司报告期内所得到的最终收益。净利润是通过利润表中一串数字的加减运算得来的，净利润的取得过程正是这一串数字要表达的。从这一串数字中，投资人可以了解到净利润的含金量。

11.3.1 利润=收入－费用

利润表中也有一个恒等式，"利润=收入－费用"。

收入和费用，从理解的角度上看，有着"营业内"和"营业外"之分，如表11-6所示。

表11-6 从利用表的构成看利润表恒等式

项目	本期金额	
一、营业收入	-------	"营业内" 收入和成本
减：营业成本		
营业税金及附加		
销售费用		
管理费用		
财务费用		
资产减值损失		
加：公允价值变动净收益		
投资收益		
二、营业利润		
加：营业外收入	-------	"营业外" 收入和成本
减：营业外支出		
其中：非流动资产处置净损失		
三、利润总额	-------	综合"营业内外"收入和成本的影响，得到净利润表现
减：所得税		
四、净利润		
归属于母公司所有者的净利润		
少数股东损益		

（1）"营业内"的收入和费用，与公司生产经营过程有着直接关系的营业性活动造成了这部分的收入和费用。

（2）"营业外"的收入和费用，则是与生产经营过程无直接关系的非营业性活动创造的收入和产生的费用。

例如,"营业内"收入可能是公司销售商品的所得,可能是公司提供服务的所得等。"营业外"收入可能是政府补贴,可能是公司一次性债务重组的收益等。

又如,"营业内"费用包括直接费用和期间费用。直接费用有原材料、员工薪资、生产设备折旧、生产消耗的燃料动力等,在利润表中属于"营业成本";期间费用,简言之就是"管销财"费用——管理费用发生于公司组织和管理经营活动,销售费用发生于公司广告、运输等支出,财务费用发生于公司借款的利息支出。"营业外"费用可以是处理无形资产造成的损失或处理固定资产造成的损失,等等。

11.3.2 利润的兄弟姐妹

利润表中出现了多种叫作"利润"的数据,乍一看有混淆视听的感觉,但其实只要跟着利润表的思路走下来,就能明白每一种利润代表的含义,如表11-7所示。

表11-7 从利用表的构成看各种"利润"

项目	本期金额
一、营业收入	
减:营业成本	
营业税金及附加	
销售费用	
管理费用	
财务费用	
资产减值损失	
加:公允价值变动净收益	
投资收益	
二、营业利润	
加:营业外收入	
减:营业外支出	
其中:非流动资产处置净损失	
三、利润总额	
减:所得税	
四、净利润	
归属于母公司所有者的净利润	
少数股东损益	

(扣除项一至六 对应减:营业成本 至 资产减值损失)

"一、营业收入"就是"营业内"收入。

接着所扣除的第一项到第六项费用是"营业内"费用。

扣除的第一项"营业成本"和第二项"营业税金及附加"属于直接费用。

扣除的第三到第五项的"管销财"三费属于期间费用。利润表中会列出营业费用、管理费用、财务费用,通过三费可以考察出公司的内部管理能力。

扣除的第六项"资产减值损失"是生产经营过程中常见的存货减值、应收账款计提坏账等,也可以理解为期间费用。

根据"利润=收入－费用"这一恒等式,"营业收入"扣除六项费用后,就是公司的"营业内"利润。由于这一过程中的收入和费用全部针对公司的生产经营过程(公司核心业务),撇开了生产经营之外各项活动的影响,因此充分显示出公司最主要的生产经营活动是否赚钱,对于判断公司自身的经营业绩尤其重要,这应该是投资人最需要关心的利润之一。

"营业内"收入扣除"营业内"费用后,要加上"公允价值变动收益"和"投资收益"。

"公允价值变动收益"是因为公司以各种资产,如投资性房地产、债务重组、非货币交换、交易性金融资产等公允价值变动形成的收益(用加号表示)或损失(用减号表示)。上市公司持有的金融资产无论是否售出,都必须按照公允价值计量。对于已经销售的金融资产确认投资收益,对于未销售的金融资产,按照公允价值确认变动收益。

"投资收益"是上市公司投资其他公司所取得的利润、股利和债券利息等收入减去投资损失后的净收益。

对于"上市公司投资其他公司"的讲法,此处做个说明。

如果上市公司和被投资公司形成控制关系,那么被投资公司要与上市公司合并报表,而非计算在投资收益中。

如果上市公司并未对被投资公司形成控制关系,则是按投资收益来计算。其中最主要的就是长期股权投资的投资收益,进一步分为两种:

(1)成本法核算的长期股权投资——只有被投资企业进行现金分红时,才能根据所收到的现金确认投资收益。

(2)权益法核算的长期股权投资——无论被投资公司是否分红,上市公司按照对被投资公司的持股比例,核算净利润。

当被投资公司对上市公司的影响比较大时,通常采用成本法核算,相对地,影响较小时则采用权益法核算。

与公司生产经营过程有着直接关系的营业性活动创造的利润,加上"公允价值变动收益"和"投资收益",就成了公司的"二、营业利润"。

此后,进入了"营业外"部分,分别是营业外收入和营业外支出,就是我们之前所说的,和公司生产经营过程没有直接关系的非营业性活动,以及与投资业务无关的收入和支出。"二、营业利润"加上营业外收入,减去营业外支出后,得到"三、利润总额"。

利润总额就是我们通常所说的税(所得税)前利润,因此"三、利润总额"扣除所得税后，得到了公司的"四、净利润"。"四、净利润"是利润表的落脚点，将在下一节详细展开。

11.3.3 净利润，并非利润表的终点

利润表中的"四、净利润"由两项数据组成：

（1）归属于母公司所有者的净利润。

（2）少数股东损益。

这种区分和资产负债表中的"归属于公司所有者权益"和"少数股东权益"是一个意思。我们经常说的公司"净利润"就是"归属于母公司的所有者权益"。

"归属于母公司股东的净利润"包括经常性损益和非经常性损益。经常性损益是和公司正常经营业务有直接关系，影响投资人判断公司经营业绩和盈利能力的各项交易和事项造成的损益。非经常性损益是和公司发生的与生产经营无直接关系，以及虽与生产经营相关，但由于其性质、金额或发生频率，影响了真实、公允地评价公司当期经营成果和获利能力的各项损益。

因此，"归属于母公司股东的净利润"还能继续抽丝剥茧，"提炼"出"归属于母公司股东的扣除非经常性损益的净利润"。归属于母公司股东的扣除非经常性损益的净利润，是在"归属于母公司所有者的净利润"中扣除"非经常性损益[1]"，是被瘦身了的净利润。

我们通常把"扣除非经常性损益"称为"扣非"。需要明确的是，"扣非"的"非"是"非经常性损益"的"非"，因为"非经常性"容易和"非经营性"混淆。"非经常性"主要以发生频率来判断；"非经营性"的判断依据则是能否以盈利为目，例如非经营性项目、非经营性资产、非经营性服务等。

对于一家上市公司而言，其净利润的暴增可能并非源自主营业务的爆发，而是因为非经常性损益造成的。例如，变卖了一部分资产，导致因非经常性损益创造的净利润大涨，反应在账面上，简单看就是净利润暴涨。另外，例如股权投资、财政补贴、债务重组、资产重组收益，以及营业外收入和营业外支出等，这些损益是一次性的，是不可持续的，同样称为"非经常性损益"。

因此，只有从扣除非经常性损益的数据中才能看出端倪。

归属于母公司股东的扣除非经常性损益的净利润，就是完完全全的、归属于上市公司所有的、扣除与主营业务无关的特殊收益后的净利润。

---

[1] 非经常性损益，是指上市公司发生的与主营业务无直接关系，以及虽与经营业务相关，但由于其性质、金额或发生频率，影响了真实、公允地反映公司正常盈利能力的各项收入、支出。

11.3.4 每股收益,将净利润落实到每一股

利润表的最后是"每股收益",分为:

(1)基本每股收益。
(2)稀释每股收益。

粗略地讲,(1)基本每股收益通过"净利润"除以"总股本"而得。精确地讲,(1)基本每股收益是"归属于母公司所有者的净利润"除以"发行在外普通股的加权平均数"而得,发行在外普通股的加权平均数=期初发行在外普通股股数+当期新发行普通股股数×已发行时间÷报告期时间-当期回购普通股股数×已回购时间÷报告期时间。

(2)稀释每股收益是以基本每股收益为基础,假设企业所有发行在外的稀释性潜在普通股均已转换为普通股,从而分别调整归属于普通股股东的当期净利润以及发行在外普通股的加权平均数计算而得的每股收益。稀释性潜在普通股包括可转换公司债券、认股权证和股份期权等。如果没有潜在普通股,稀释每股收益=基本每股收益。

粗线条地看,我们以(1)基本每股收益作为公司"每股收益"的标准;仔细地看,则应以(2)稀释每股收益作为公司"每股收益"的标准。

上一节讨论的"归属于母公司股东的净利润",包括经常性损益和非经常性损益,但是"每股收益"并没有按照"经常性"和"非经常性"来区分。单纯地看每股收益,可能会因为大量"非经常性损益"的存在,造成误判。

举个例子来说。一家销售空调的上市公司,股价20元,每股收益2元,净资产10元。从上述数据本身来看,这家公司的体质很棒。但是,细读年报发现,这家公司在房地产市场火爆时,出售了一块厂房用地的使用权,这笔资金的入账计入"非经常性损益",对应到每股收益是2.1元。由此得出,这家公司的每股收益中,主营业务空调对应的"经常性每股收益"是-0.1元,而卖地对应的"非经常性每股收益"是2.1元。第二年,这家公司没有土地可卖,业绩直接变为负。

11.4 现金流量表

如果说资产负债表和利润表体现了账面数据,现金流量表记录的是现金的实进实出。资产负债表和利润表的账面记录,加上现金流量表的实际收付记录,一些被隐藏的假案就会现原形。假设一家公司在利润表上虚增营业收入,此时,如果现金流量表的经营性现金流量上没有同步体现现金流入的增加,那么可能要给利润表批注"假货"了。

现金流量表，通俗地讲，显示了上市公司各种现金的变化，是对上市公司的重要考验。现金流量表作假难度很高，因为现金的进出都是真实存在的，可以和银行记录一笔笔对证，不具有主观成分，因此可信度也较高。

资产负债表分门别类地组织起各类数据，显示的是某一时点的资产、负债状态；利润表按照"求解"顺序，通过加减算术给出了公司在报告期内的利润来源；现金流量表的编排方式类似资产负债表，同样是把各类相关数据"模块化"，但所披露的是报告期内的现金流入和流出。现金流量表的主要内容包括：

（1）经营活动产生的现金流量。
（2）投资活动产生的现金流量。
（3）筹资活动产生的现金流量。

11.4.1 经营活动产生的现金流量

现金流量表（见表11-8）的第一大项是经营活动产生的现金流量——企业营业收入创造的现金流。这是因公司经常性经营活动相关的交易和事项产生的现金流量，是除了企业投资活动和筹资活动以外所有的交易和事项产生的现金流量。经营活动产生的现金流量是现金流量表中最重要的内容，是企业现金的主要来源。

用直接法列报经营活动现金流量时（另一种列报方法是间接法），根据上表的步骤，通过现金流入和支出的主要类别直接反映来自企业经营活动的现金流量。用直接法列报现金流量，直观显示出企业经营活动现金流量的来源和用途。

表11-8　现金流量表的结构——经营活动产生的现金流量

项　目	金　额
一、经营活动产生的现金流量：	
销售商品、提供劳务收到的现金	
收到的税费返还	
收到其他与经营活动有关的现金	
经营活动现金流入小计	
购买商品、接受劳务支付的现金	
支付给职工以及为职工支付的现金	
支付的各项税费	
支付其他与经营活动有关的现金	
经营活动现金流出小计	
经营活动产生的现金流量净额	

经营活动现金流入的主要项目包括：

（1）销售商品、提供劳务收到的现金。

（2）收到的税费返还。

（3）收到的其他与经营活动有关的现金。

其中，（1）销售商品、提供劳务收到的现金，主要是当期实现的现销销售收入（不含赊销）。

经营活动现金流出的主要项目包括：

（1）购买商品、劳务支付。

（2）支付给职工的工资。

（3）支付的各项税费。

（4）支付的其他与经营活动有关的费用。

经营活动现金流量净额是经营活动现金流入与经营活动现金流出的差额。

11.4.2 投资活动产生的现金流量

投资活动产生的现金流入包括出售资产、收回贷款、债券，出售权益证券等；产生的现金流出包括购买资产、放款、购买债券、权益证券等，如表11-9所示。

表11-9 现金流量表的结构——投资活动产生的现金流量

项　　目	金　　额
二、投资活动产生的现金流量：	
收回投资收到的现金	
取得投资收益收到的现金	
处置固定资产、无形资产和其他长期资产收回的现金净额	
处置子公司及其他营业单位收到的现金净额	
收到其他与投资活动有关的现金	
投资活动现金流入小计	
购建固定资产、无形资产和其他长期资产支付的现金	
投资支付的现金	
取得子公司及其他营业单位支付的现金净额	
支付其他与投资活动有关的现金	
投资活动现金流出小计	
投资活动产生的现金流量净额	

公司在快速发展的阶段，一般会因为投资造成大量的现金流出，例如购买机器设备、收购其他公司的股份等，从而导致"投资活动产生的现金流量净额"为负。到了收回投资的期间，例如处置固定资产、转让投资股份等，现金流净额则转正。

由于公司购买理财产品属于投资，投资结果会体现在"收回投资收到的现金"和"投资支付的现金"中。这对于擅长理财的公司而言（例如美的集团）是常见的事情。此时，不能误解为该公司投资了多少项目，只是购买理财产品了。

投资活动产生的现金流量只能用直接法列报。

11.4.3 筹资活动产生的现金流量

筹资活动的现金流入包括银行或股东投入的现金等，例如定向增资就是筹资活动的一种；筹资活动的现金流出包括归还债务，以及把股利、利润回馈投资者的现金流出等，如表11-10所示。

表11-10　现金流量表的结构——筹资活动产生的现金流量

项目	金额
三、筹资活动产生的现金流量	
吸收投资收到的现金	
取得借款收到的现金	
收到其他与筹资活动有关的现金	
筹资活动现金流入小计	
偿还债务支付的现金	
分配股利、利润或偿还利息支付的现金	
支付其他与筹资活动有关的现金	
筹资活动现金流出小计	
筹资活动产生的现金流量净额	

当筹资活动产生的现金流量净额大于零时，一般情况下是因为公司在筹集资金、扩大生产；当筹资活动产生的现金流量净额小于零时，一般情况下公司处在偿还债务阶段。

筹资活动产生的现金流量只能用直接法列报。

11.5　所有者权益表

所有者权益表，可以看作资产负债表"所有者权益"这一大科目的展开，用来清晰地向股东们汇报，上市公司这一年来的成果——所投入的资金是否增值、在哪些方面增值、增值了多少，等等。

所有者权益表（见表11-11）看起来庞大，事实上就是把资产负债表中"所有者权益"的细项更加细节化，针对上年年末余额、本年年初余额、本期增减变动金额、本年年末余额的大项和细项，依次列出股本、资本公积、盈余公积、未分配利润、少数股东权益的相应数据。

表11-11 所有者权益表

项目	①归属于母公司股东权益				⑥少数股东权益	⑦所有者权益合计
	②股本	③资本公积	④盈余公积	⑤未分配利润		
一、上年年末余额						
加：会计政策变更						
前期差错更正						
同一控制下企业合并						
其他						
二、本年年初余额						
三、本期增减变动金额（减少以"—"号填列）						
（一）综合收益总额	----- 归属于母公司股东权益					
（二）股东投入和减少资本						
1、股东投入的普通股						
2、其他权益工具持有者投入资本						
3、股份支付计入股东权益的金额	----- 股权激励导致					
4、其他						
（三）利润分配						
1、提取盈余公积						
2、提取一般风险准备						
3、对股东的分配						
4、其他						
（四）股东权益内部结转						
1、资本公积转增资本（或股本）						
2、盈余公积转增资本（或股本）						
3、盈余公积弥补亏损						
4、其他						
（五）专项储备						
1、本期提取						
2、本期使用						
（六）其他						
四、本年年末余额						

此处特地给所有者权益表表头的各项编了号①~⑦，以方便下文的说明。

前文介绍过，①归属于母公司股东权益就是上市公司的净资产。下面依次来看净资产的细项②~⑦。

由于上市公司的股票面值基本上都是1元1股，②股本就是上市公司实收资本的数额。而后溢价入股的股东，其溢价部分计入③资本公积。资本公积也包括有望获得但尚未结算的持有至到期投资、可供出售的金融资产，计入的是其公允价值与账面余额的差额。资本公积是可以转增股本的。

②股本和③资本公积可以看作上市公司的本金，④盈余公积和⑤未分配利润则属于上市公司的收益。盈余公积一是用于弥补亏损，二是可以转增股本。未分配利润是历年累积的尚未进行分配的利润，可以提取盈余公积，可以转增股本（送红股），可以现金分红等。

①归属于母公司股东权益，对应利润表中的"归属于母公司所有者的净利润"，⑥少数股东权益，对应利润表中的"少数股东损益"，因此⑦所有者权益，就对应了利润表中的"净利润"，如图11-3所示。

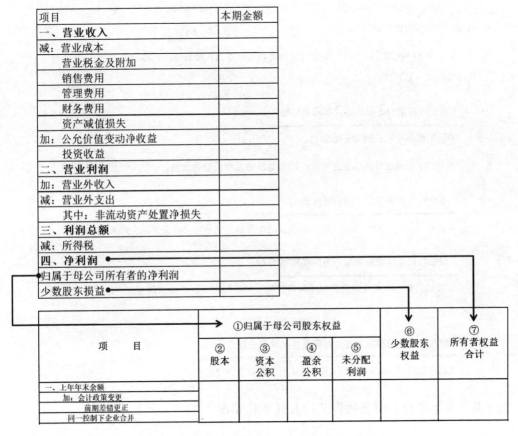

图11-3　利润表和所有者权益表的对应关系

11.6　财务报告附注

财务报告附注的主要内容包括18大项，下面以格力电器的财务报告附注为例，说明18大项内容有哪些。

11.6.1 公司基本情况

"公司基本情况"中介绍的内容，年报前文均已涉及，并无特别要关注的信息。

财务报表附注

（一）公司基本情况

珠海格力电器股份有限公司（以下简称"本公司"）于1989年12月成立，统一社会信用代码为：91440400192548256N。

截至2018年12月31日，本公司注册资本及股本为人民币6 015 730 878.00元，股本情况详见附注（七）30。

1.本公司注册地、组织形式和总部地址

本公司组织形式：股份有限公司。

本公司注册地址及总部办公地址：广东省珠海市前山金鸡西路。

2.本公司的业务性质和主要经营活动

本公司属家电行业，主要从事空调器及其配件和生活电器及其配件的生产及销售。

3.母公司以及集团最终母公司的名称

本公司的母公司是珠海格力集团有限公司，最终控制人是珠海市国有资产监督管理委员会。

4.财务报告的批准报出者和财务报告批准报出日

本财务报告于2019年4月26日经本公司董事会批准报出。

11.6.2 本年度合并财务报告范围及其变化情况

指出合并财务报告范围，以及和上一年度合并范围的不同之处，详细内容指引到附注中的相关部分。

（二）本年度合并财务报表范围及其变化情况

截至报告期末，纳入合并财务报表范围的子公司共计76家，详见本附注（九）1，本报告期合并财务报表范围变化情况详见本附注（八）。

11.6.3 财务报告的编制基础

各家上市公司的"财务报告的编制基础"的说明基本一致。

（二）本年度合并财务报表范围及其变化情况

截至报告期末，纳入合并财务报表范围的子公司共计 76 家，详见本附注（九）1，本报告期合并财务报表范围变化情况详见本附注（八）。

（三）财务报表的编制基础

1.财务报表的编制基础

本公司财务报表按照财政部发布的《企业会计准则——基本准则》（财政部令第 33 号发布、财政部令第 76 号修订）于 2006 年 2 月 15 日及其后颁布和修订的各项具体会计准则、企业会计准则应用指南、企业会计准则解释及其他相关规定（以下合称"企业会计准则"），以及中国证券监督管理委员会《公开发行证券的公司信息披露编报规则第 15 号——财务报告的一般规定》（2014 年修订）的披露规定编制。

2.持续经营

本财务报表以持续经营为基础列报。管理层认真评价了本公司自 2018 年 12 月 31 日起，未来 12 个月内的宏观政策风险、市场经营风险、企业目前和长期的盈利能力、偿债能力、财务弹性以及企业管理层改变经营政策的意向等因素，认为不存在对本公司持续经营能力产生重大影响的事项。

11.6.4 遵循企业会计准则的声明

各家上市公司年报中"遵循企业会计准则的声明"部分的说明基本一致。

（四）遵循企业会计准则的声明

本公司编制的财务报表符合企业会计准则的要求，真实、完整地反映了本公司 2018 年 12 月 31 日的财务状况及 2018 年度的经营成果和现金流量等有关信息。此外，本公司的财务报表在所有重大方面符合中国证券监督管理委员会 2014 年修订的《公开发行证券的公司信息披露编报规则第 15 号—财务报告的一般规定》有关财务报表及其附注的披露要求。

11.6.5 公司主要会计政策、会计估计和前期差错

（1）会计政策

会计政策[1]的特点是：会计政策具有选择性；会计政策具有强制性；会计政策具有层次性，包括会计原则、计量基础和会计处理方法三个层次。

---

1 会计政策，是指企业在会计确认、计量和报告中所采用的原则、基础和会计处理方法。企业采用的会计计量基础也属于会计政策。

企业应当披露的重要会计政策包括：发出存货成本的计量；长期股权投资的后续计量；投资性房地产的后续计量；固定资产的初始计量；生物资产的初始计量；无形资产的确认；非货币性资产交换的计量；收入的确认；合同收入与费用的确认；借款费用的处理；资本化与费用化；合并政策，等等。

（2）会计估计

会计估计[1]的特点是：会计估计的存在，是由于经济活动中内在不确定性因素的影响；进行会计估计时，往往以最近可利用的信息或资料为基础；进行会计估计，并不会削弱会计确认和计量的可靠性。

企业应当披露重要的会计估计，不具有重要性的会计估计可以不披露。判断会计估计是否重要，应当考虑与会计估计相关项目的性质和金额。企业应当披露的重要会计估计包括，存货可变现净值的确定；采用公允价值模式下的投资性房地产公允价值的确定；固定资产的预计使用寿命与净残值；生物资产的预计使用寿命与净残值；使用寿命有限的无形资产的预计使用寿命与净残值；可收回金额按照资产组的公允价值减去处置费用后的净额确定的，确定公允价值减去处置费用后的净额的方法；可收回金额按照资产组的预计未来现金流量的现值确定的，预计未来现金流量的确定；合同完工进度的确定；权益工具公允价值的确定；债务人债务重组中转让的非现金资产的公允价值、由债务转成的股份的公允价值和修改其他债务条件后债务的公允价值的确定；债权人债务重组中受让的非现金资产的公允价值、由权债转成的股份的公允价值和修改其他债务条件后债权的公允价值的确定；预计负债初始计量的最佳估计数的确定；金融资产公允价值的确定；承租人对未确认融资费用的分摊；出租人对未实现融资收益的分配；探明矿区权益、矿井及相关设施的折耗方法。与油气开采活动相关的辅助设备及设施的折旧方法；非同一控制下企业合并成本的公允价值的确定；其他重要会计估计。

（3）前期差错

前期差错[2]通常包括计算错误、应用会计政策错误、疏忽或曲解事实以及舞弊产生的影响，以及存货、固定资产盘盈等。

（4）会计政策变更

企业采用的会计政策，在每一会计期间和前后各期应当保持一致，不得随意变更。会计政策变更[3]并不意味着以前期间的会计政策是错误的，而是由于情况发生了变化，

---

1 会计估计，是指企业对其结果不确定的交易或事项以最近可利用的信息为基础所作的判断。
2 前期差错，是指由于没有运用或错误运用下列两种信息，而对前期财务报表造成省略或错报。这两种信息分别是编报前期财务报表时，预期能够取得并加以考虑的可靠信息；以及前期财务报告批准报出时能够取得的可靠信息。
3 会计政策变更，是指企业对相同的交易或事项由原来采用的会计政策改用另一会计政策的行为。

或者掌握了新的信息,积累了更多的经验,使得变更会计政策能够更好地反映企业的财务状况、经营成果和现金流量。

如果以前期间会计政策的运用是错误的,则属于差错,应按前期差错更正的规定进行处理。

(5) 会计估计变更

企业据以进行估计的基础发生了变化,或者由于取得新信息、积累更多经验以及后来的发展变化,可能需要对会计估计进行修订。会计估计变更[1]的依据应当真实、可靠。

如果以前期间的会计估计是错误的,则属于差错,按前期差错更正的规定进行会计处理。

(五) 公司主要会计政策、会计估计和前期差错

具体会计政策和会计估计提示:

本公司及各子公司从事空调器及其配件和生活电器及其配件的生产及销售。本公司根据实际生产经营特点,依据相关企业会计准则的规定,对收入确认等交易和事项制定了若干项具体会计政策和会计估计,详见本附注(五)的具体描述。

格力电器"公司主要会计政策、会计估计和前期差错"的篇幅很长,包括会计期间、营养周期、记账本位币、同一控制下和非同一控制下企业合并的会计处理方法、合并财务报告的编制方法、合营安排的分类及共同经营的会计处理方法、现金及现金等价物的确定标准、外币业务、金融工具、贷款及应收账款项、存货、持有待售资产、长期股权投资、投资性房地产、固定资产、在建工程、借款费用资本化、无形资产、长期待摊费用、资产减值、预计负债、职工薪酬、收入确认原则、政府补助、所得税、租赁、终止经营、分部报告、套期保值、重要会计政策和会计估计变更等内容。

对于非财务专业的投资者而言,要读通、读懂相对专业的术语难度不小,所以我们可以根据企业所处的行业特征,挑几个重点来分析,下面举两个例子。

例如,格力电器的固定资产折旧。

格力电器是一家研发、生产和销售家用电器(以空调为主)的企业,需要折旧的固定资产以制造空调的机器设备为主。由于空调是一种发展成熟的产品,格力电器制造空调用的机器设备的使用比较稳定,无须因为空调产品的更替经常更新换代。我们从格力电器的年报中可以看到,其机器设备的折旧年限是6~10年,与空调更新换代的频率(8~10年)相当,机器设备的更替对格力电器的生产成本并不造成重大冲击。

---

[1] 会计估计变更,是指由于资产和负债的当前状况及预期经济利益和义务发生了变化,从而对资产或负债的账面价值或者资产的定期消耗金额进行调整。例如,固定资产折旧方法由年限平均法改为年数总和法。

固定资产折旧采用年限平均法计提折旧。按固定资产的类别、使用寿命和预计净残值率确定的年折旧率如下：——**格力电器的固定资产折旧方案**

固定资产类别	预计净残值率（%）	预计使用年限（年）	年折旧率（%）
房屋、建筑物	5.00	20.00	4.75
机器设备	5.00	6.00-10.00	9.50-15.83
电子设备	5.00	2.00-3.00	31.67-47.50
运输设备	5.00	3.00-4.00	23.75-31.67
其他	5.00	3.00-5.00	19.00-31.67

已计提减值准备的固定资产折旧计提方法：已计提减值准备的固定资产，按该项固定资产的原价扣除预计净残值、已提折旧及减值准备后的金额和剩余使用寿命，计提折旧。

已达到预定可使用状态但尚未办理竣工决算的固定资产，按照估计价值确定其成本，并计提折旧；待办理竣工决算后，再按实际成本调整原来的暂估价值，但不需要调整原已计提的折旧额。

为什么要特别举例固定资产这一项呢？我们看看固定资产对上海机场（SH.600009）的影响，就知道固定资产对不同行业的影响程度了。如图11-4所示。

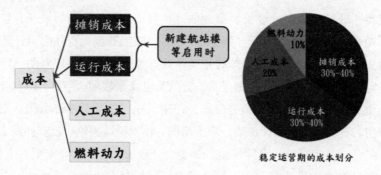

图11-4 机场的成本拆分

从机场的成本组成来看，主要有摊销成本（固定资产折旧）、人工成本、运行成本、燃料动力消耗。对于一家处于稳定运营期，也就是近年没有新增航站楼、跑道等设施的机场而言，成本中摊销成本和运行成本的占比分别是30%~40%，人工成本约占20%，燃料动力成本约占10%；如果机场近年有新增航站楼等设施，摊销成本和运行成本的占比会大幅上升。从经验值来看，机场新设施建成后的5年内，成本大幅上升，由于此时收入尚在爬坡，赶不上成本的增速，对净利润的负面影响较大。尤其是新建航站楼，对成本影响极大。

查看上海机场的年报，固定资产折旧年限显示，房屋及建筑物（例如航站楼）折旧年限8~35年，跑道及停机坪折旧年限10~30年，而且都是用的年限平均法[1]进行折旧的。这也说明了航站楼、跑道等设施在启用后的若干年会对上市公司的营业成本造成负面影响。

上海机场的固定资产折旧类别　　　　　对固定资产影响重大的类别

类别	折旧方法	折旧年限（年）	残值率	年折旧率
房屋及建筑物	年限平均法	8-35	3%	2.77%-12.13%
跑道及停机坪	年限平均法	15-30	3%	3.23%-6.47%
机械设备	年限平均法	10	3%	9.7%
通讯设备	年限平均法	6	3%	16.17%
运输设备	年限平均法	6	3%	16.17%
其他设备	年限平均法	5-11	3%	8.82%-19.4%

上海机场目前拥有两座航站楼，第一航站楼（T1）建成于1999年9月，第二航站楼（T2）建成于2008年3月；有四条跑道，第一条跑道建成于1999年9月，第二条跑道建成于2005年3月，第三条跑道建成于2008年3月，第四条跑道建成于2015年3月。另外，第五条跑道和卫星厅将于2019年下半年建成，如图11-5所示。

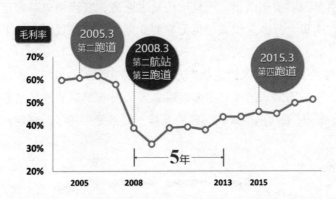

图11-5　机场新建设施对机场成本的影响

观察上海机场近年来毛利率的变化情况。由于营业收入的成长相对稳定（除了2008年~2009年受金融危机的影响，营业收入明显下降），毛利率变化的转折点处，是因为营业成本的大幅变化。2008年~2013年间，毛利率处于低谷阶段，除了金融危机的影响，第二航站楼建设、投入使用造成的摊销成本和运行成本的增加，是导致毛利率下降的主要原因。五年过后（2013年），毛利率逐渐恢复到2008年之前的水平。

近年，上海机场的固定资产折旧压力较低，因为新建固定资产对成本的压力已与客流成长相抵。要注意的是，卫星厅将于2019年下半年启用，届时固定资产折旧压力陡增，对上海机场净利润的负面影响至少5年左右。

---

[1] 平均年限法，又称直线法，是按固定资产的使用年限平均地计提折旧的方法。按此计算方法所计算的每年的折旧额是相同的，因此，在各年使用资产情况相同时，采用直线法比较恰当。它是最简单、最普遍的折旧方法。

又如，格力电器的收入确认原则。

（1）销售商品收入 ——格力电器的收入确认原则

本公司在已将商品所有权上的主要风险和报酬转移给购货方，既没有保留通常与所有权相联系的继续管理权，也没有对已售出的商品实施有效控制，收入的金额、相关的已发生或将发生的成本能够可靠地计量，相关的经济利益很可能流入企业时，确认销售商品收入。

1) 对于国内销售产品收入，本公司采用预收货款形式，于产品出库交付给购货方并开具发货单或出库单，产品销售收入金额已确定时确认收入；

2) 对于出口销售收入，本公司于根据合同约定将产品报关、离港，并取得提单，产品销售收入金额已确定时确认收入。

家电行业的产销模式主要有两类。

（1）"大压货大分销"模式，其优势在于，当旺季市场出现大量需求时，可以保证市场份额的最大化，而在淡季阶段，也能有效缓解工厂的资金压力，保证工厂运作；其劣势在于，由于强调前期囤货，一旦市场需求遇冷，直接造成高库存积压。格力电器用的就是"大压货大分销"模式，也是它的业绩震幅明显猛于市场平均的重大原因之一。

（2）以终端为导向的"以销定产"方式，优势在于运营效率、库存量控制上等方面；劣势则是，当市场需求出现集中爆发时，因为没有足够的产品储备，难以充分满足井喷需求。因此，旺季时出现断货问题的品牌一般都是采用了以销定产的产销模式，如图11-6所示。

图11-6 格力电器营业收入增速与行业销量增速的比较

格力电器采取的是"自建渠道"的营销模式。以格力电器总部授权、经销商持股的方式形成独特的区域销售公司体系，以"统一渠道，统一网络，统一市场，统一服务"为目标，找到适合自己的营销渠道建设及管理方法，并设立多样化的返利政策保障经销商的切身利益。格力电器与经销商建立了"先款后货"的交易规则，控制交易风险，避免因经销商拖欠货款而陷入财务困境，保证了公司持续充沛的现金流。

11.6.6 税项

企业日常经营，涉及的主要税项[1]包括：

（1）增值税：由于目前已全面实行"营改增"（营业税改增值税），所以只要公司开展业务，就要缴纳增值税，税率为2%~17%。有些公司免税，属于税收优惠范畴。

（2）城市维护建设税：专门用于加强城市与乡镇的维护建设的资金。计税依据是纳税人实际缴纳的增值税、消费税税额，以及出口货物、劳务或者跨境销售服务、无形资产增值税免抵税额，税率为5%或7%。

（3）教育费附加：专门用于发展教育事业的预算外资金，税率为3%。

（4）地方教育费附加：专门用于发展地方教育事业的预算外资金，税率为2%。

（5）印花税：是对合同、凭证、书据、账簿及权利许可证等文件征收的税种，纳税人通过在文件上加贴印花税票，或者盖章来履行纳税义务。对按万分之五税率贴花的资金账簿减半征收印花税，对按件贴花五元的其他账簿免征印花税。

（6）个人所得税：对于公司来说，本身不缴纳个人所得税。但是员工工资以及股东分红需要缴，公司是法定的扣缴义务人，税率为3%~45%。

（7）企业所得税：公司有了盈利就要缴纳企业所得税，企业所得税直接影响到公司的净利润。正常情况下，企业所得税的税率是25%，部分公司减免后的税率为10%~20%。

格力电器年报中的"税项"部分，首先给出了主要税种和税率。其中，最重要的企业所得税有四种税率，依次给予说明。

1.公司主要税种和税率

税种	计税依据	税率
增值税	销售商品或提供劳务的增值额	17.00%、16.00%、13.00%、11.00%、10.00%、6.00%、5.00%、3.00%
城市维护建设税	应交流转税	7.00%、5.00%
教育费附加	应交流转税	3.00%
地方教育费附加	应交流转税	2.00%
企业所得税	应纳税所得额	34.00%、25.00%、16.50%、15.00%

【注】本公司之子公司香港格力电器销售有限公司经营地为香港特别行政区，香港地区利得税税率为 <u>16.50%</u>，本公司之子公司格力电器（巴西）有限公司及巴西联合电器工商业有限公司经营地为巴西，巴西联邦企业所得税税率为 <u>34.00%</u>。

---

1 税项指的是税法中规定的应当征税的具体物品、行业或项目，是征税对象的具体化。

2.税收优惠及批文

(1) 本公司注册于广东省珠海市,享受高新技术企业优惠政策(高新技术企业证书编号 GR201744011432),所得税税率为 <u>15.00%</u>。

(2) 本公司之下列子公司被认定为高新技术企业,2018 年度按 <u>15.00%</u>的税率计缴企业所得税:

编号	纳税主体名称	证书编号	获得证书的时间	有效期
1	珠海凌达压缩机有限公司	GR201744006896	2017 年 12 月 11 日	三年
2	合肥凌达压缩机有限公司	GR201734000080	2017 年 7 月 20 日	三年
3	郑州凌达压缩机有限公司	GR201741000023	2017 年 8 月 29 日	三年
4	武汉凌达压缩机有限公司	GR201742002031	2017 年 11 月 30 日	三年

……

(3) 本公司之下列子公司享受国家西部大开发政策,所得税税率为 <u>15.00%</u>。

编号	纳税主体名称	税收优惠政策	起始时间
1	格力电器(重庆)有限公司	西部大开发税收优惠政策	2008 年 1 月 1 日
2	重庆凌达压缩机有限公司	西部大开发税收优惠政策	2015 年 1 月 1 日
3	重庆凯邦电机有限公司	西部大开发税收优惠政策	2013 年 1 月 1 日

11.6.7 合并财务报告的附注

表11-12所示为格力电器2018年的合并财务报表项目附注。

表11-12 格力电器2018年的合并财务报表项目附注(单位:元)

1.货币资金

项目	期末余额	期初余额
现金	1 678 449.67	3 058 609.51
银行存款	64 418 416 813.66	59 171 362 507.13
其他货币资金【注1】	3 608 319 521.92	8 631 465 941.28
存放中央银行款项【注2】	3 047 519 040.61	2 942 963 734.68

……

11.6.8 合并范围变更

对同一控制下企业合并[1]、非同一控制下企业合并[2]、注销主体、新设主体依次说明（见表11-13）。

表11-13 格力电器2018年的合并范围变更（单位：元）

1.非同一控制下企业合并

（1）本期发生的非同一控制下企业合并

被购买方名称	股权取得时点	股权取得成本	股权取得比例（％）	股权取得方式	购买日	购买日至期末被购买方的收入	购买日至期末被购买方的净利润
合肥晶弘电器有限公司	2018年9月30日	1 247 087 108.76	100.00	现金收购	2018年9月30日	783 787 591.39	88 808 497.39

【注】本公司本期购入合肥晶弘电器有限公司（以下简称"合肥晶弘"）100.00%股权，并于2018年9月30日完成股权交割。

（2）合并成本以及商誉

项目	合肥晶弘电器有限公司
合并成本：	
支付的现金	1 247 087 108.76
合并成本合计	1 247 087 108.76
减：取得的可辨认净资产的公允价值	1 195 282 758.29
商誉	51 804 350.47

【注】本公司本期收购合肥晶弘100.00%股权，企业合并成本1 247 087 108.76元，合肥晶弘截至2018年3月31日可辨认净资产的公允价值1 213 762 004.29元，相应可辨认净资产公允价值经众联资产评估有限公司评估，并出具【众联评报字[2018]第 1206 号】评估报告，截至2018年9月30日，合肥晶弘可辨认净资产公允价值为1 195 282 758.29元。

---

[1] 同一控制下企业合并，是指参与合并的企业在合并前后均受同一方或相同的多方最终控制且该控制并非暂时性的企业合并。
[2] 非同一控制下的企业合并，是指参与合并各方在合并前后不受同一方或相同的多方最终控制的交易合并，即排除判断属于同一控制下企业合并的情况以外的其他的企业合并。

> 教你读懂年报

（3）被购买方于购买日可辨认资产、负债的情况

项目	合肥晶弘电器有限公司	
	购买日公允价值	购买日账面价值
资产：		
货币资金	748 580 903.83	748 580 903.83
以公允价值计量且其变动计入当期损益的金融资产	3 386 861.64	3 386 861.64
应收票据及应收款项	315 299 774.89	315 299 774.89
预付款项	4 946 202.61	4 946 202.61
其他应收款	13 217 731.24	13 217 731.24

……

2. 同一控制下企业合并

（1）本期发生的同一控制下企业合并

被合并方名称	企业合并中取得的权益比例（％）	合并日	合并日的确定依据	合并本期期初至合并日的收入	合并本期至合并日的净利润	比较期间被合并方的收入	比较期间被合并方的净利润
珠海格力机电工程有限公司	100.00	2018年11月20日	取得实际控制权	3 335 640.24	184 503.98		-1 092 203.68

【注1】本公司本期向珠海市建安集团有限公司（以下简称"建安集团"）收购其持有的珠海格力机电工程有限公司（以下简称"格力机电"）100.00％股权，建安集团为本公司母公司珠海格力集团有限公司100.00％控股企业，本次股权交易为同一控制下企业合并；

【注2】本次股权交易价格为31 501 100.00元，公司与建安集团于2018年11月20日完成格力机电相应股权交割并取得格力机电控制权，根据相应会计准则，公司对本年度财务报表的比较报表进行了追溯调整，相应报表影响详见本附注（十六）6。

（2）合并日被合并方资产、负债的账面价值

项目	珠海格力机电工程有限公司	
	合并日	上年年末
资产：		
货币资金	20 984 036.41	544 526.42
应收票据及应收账款	75 244.08	
预付款项	50 000.00	
其他应收款	161 500.00	18 999 202.00

……

5.其他合并范围的变更

（1）本期注销主体情况：

本公司子公司珠海格力电器销售有限公司于 2018 年 12 月 20 日注销，自注销日起不再纳入合并范围。

（2）本期新设主体如下：

名称	设立时间	期末净资产	合并日至期末净利润
格力电器（南京）有限公司	2018 年 3 月 12 日	199 972 015.45	-27 984.55
格力电器（洛阳）有限公司	2018 年 3 月 29 日	46 907 966.47	-3 092 033.53
格力电工（南京）有限公司	2018 年 4 月 2 日	96 141 174.07	-3 858 825.93
珠海联云科技有限公司	2018 年 7 月 24 日	6 942 020.25	-57 979.75

......

11.6.9 在其他主体中的权益

这一部分的重点在于集团子公司的介绍。对于特别重要的子公司，会单独地、简明扼要地给出其财务数据，表11-4所示为格力电器2018年在其他主体中的权益。

表11-14 格力电器2018年在其他主体中的权益（单位：元）

1.在子公司中的权益

（1）企业集团的构成

序号	子公司名称	主要经营地	注册地	业务性质	持股比例（%）		表决权比例（%）	取得方式
					直接	间接		
1	格力电器（重庆）有限公司	重庆市	重庆市	工业制造	97.00		97.00	设立
2	格力电器（合肥）有限公司	合肥市	合肥市	工业制造	100.00		100.00	设立
3	格力电器（巴西）有限公司	巴西玛瑙斯	巴西玛瑙斯	工业制造	100.00		100.00	设立
4	格力电器（郑州）有限公司	郑州市	郑州市	工业制造	100.00		100.00	设立
5	格力电器（武汉）有限公司	武汉市	武汉市	工业制造	100.00		100.00	设立
6	格力电器（芜湖）有限公司	芜湖市	芜湖市	工业制造	100.00		100.00	设立
7	格力电器（石家庄）有限公司	石家庄市	石家庄市	工业制造	100.00		100.00	非同一控制下企业合并
8	格力电器（杭州）有限公司	杭州市	杭州市	工业制造	100.00		100.00	设立

......

(2) 重要的非全资子公司

重要非全资子公司的少数股东持有的权益与损益信息如下：

子公司名称	少数股东的持股比例（%）	本期归属于少数股东的损益	本期向少数股东宣告分派的股利	期末少数股东权益余额
格力电器（重庆）有限公司	3.00	31 553 387.90	30 248 255.95	67 806 238.43
珠海格力集团财务有限责任公司	10.75	111 837 263.38		608 179 691.80

(3) 重要非全资子公司的主要财务信息

1) 期末数/本期数

项目	格力电器（重庆）有限公司	珠海格力集团财务有限责任公司
流动资产	4 023 171 282.05	46 154 896 813.88
非流动资产	1 156 117 813.37	13 195 394 396.50
资产合计	5 179 289 095.42	59 350 291 210.38
流动负债	2 910 105 213.05	53 565 185 491.74

……

2) 期初数/上期数

项目	格力电器（重庆）有限公司	珠海格力集团财务有限责任公司
流动资产	4 040 982 354.65	32 185 736 453.52
非流动资产	1 228 615 794.75	15 127 204 864.66
资产合计	5 269 598 149.40	47 312 941 318.18
流动负债	3 047 085 052.15	42 617 691 448.87

……

这一部分也会给出重要的合营企业和联营企业的信息，并简明扼要地给出其财务数据。

2. 在合营安排或联营企业中的权益

（1）重要合营企业和联营企业的基础信息

被投资单位名称	主要经营地	注册地	业务性质	持股比例（%）		会计处理方法
				直接	间接	
松原粮食集团有限公司	松原市	松原市	食品生产	50.00		权益法
珠海融林股权投资合伙企业（有限合伙）	珠海市	珠海市	租赁和商业服务	91.27		权益法

（2）重要的合营企业的主要财务信息

项目	松原粮食集团有限公司	
	期末余额/本期发生额	期初余额/上期发生额
流动资产	444 584 169.27	398 157 922.29
其中：现金和现金等价物	33 685 539.79	25 924 930.27
非流动资产	108 911 970.58	107 311 782.51
资产合计	553 496 139.85	505 469 704.80
流动负债	380 277 548.33	335 317 643.57

……

11.6.10 金融工具及其风险

对于格力电器而言，它的金融工具主要有货币资金、以公允价值计量且变动计入当期损益的金融资产、衍生金融资产、应收票据及应收账款、贷款和应收账款项、买入返售金融资产、可供出售金融资产、因经营产生的其他金融负债（如应付款项）等。这些金融工具的主要目的在于为公司运营提供资金。

1. 金融工具分类信息 ------ 从期末余额、期初余额、金融资产、金融负债等角度，分门别类地给出金融工具信息

资产负债表日各类金融工具的账面价值如下：

（1）期末余额

项目	金融资产的分类				
	以公允价值计量且其变动计入当期损益的金融资产	衍生金融资产	贷款和应收款项	可供出售金融资产	合计
1、以成本或摊销成本计量					
货币资金			113 079 030 368.11		113 079 030 368.11
应收票据及应收账款			43 611 226 866.20		43 611 226 866.20

……

▶ 教你读懂年报 ◀

对于非金融企业而言，金融工具的风险主要是信用风险（交易对方不履行到期债务）、流动风险（无法及时获得充足资金）和市场风险（由于基础资产市场价格的不利变动或者急剧波动而导致衍生工具价格或者价值变动）。

2. 信用风险 ——— ***对信用风险、流动风险和市场风险的风险程度一一作出说明***

信用风险，是指金融工具的一方不能履行义务，造成另一方发生财务损失的风险。

本公司仅与经认可的、信誉良好的客户进行交易。按照本公司的政策，需对所有要求采用信用方式进行交易的客户进行信用审核。另外，本公司对应收账款余额进行持续监控，以确保本公司不致面临重大坏账风险。

本公司金融资产包括货币资金、应收票据及应收账款等，这些金融资产的信用风险源自交易对手违约，最大风险敞口等于这些工具的账面金额。本公司与客户间的贸易条款以预收款、银行承兑汇票或采取货到付款方式为主，信用交易为辅。

……

11.6.11 公允价值的披露

公允价值[1]未必是货物真实的内在价值，与市场需求相关。例如在股票或期货市场，价值偏离价格的情况就比较明显。

由于市场因素的变化，商品自身价值的变化（例如交易性金融资产、投资性房地产等）造成买卖双方对价格的重新评估的过程，这样的公允价值变动需要在年报中进行披露。

依次显示计入当期损益的金融资产、可供出售的金融资产、计入当期损益的金融负债等项目

项目	期末公允价值			
	第一层次公允价值计量	第二层次公允价值计量	第三层次公允价值计量	合计
持续的公允价值计量				
（一）以公允价值计量且其变动计入当期损益的金融资产				
1. 衍生金融资产		170 216 138.92		170 216 138.92
2. 指定为以公允价值计量且其变动计入当期损益的金融资产	1 012 470 387.43			1 012 470 387.43
其中：债务工具投资	1 012 470 387.43			1 012 470 387.43

---

[1] 公允价值，是熟悉市场情况的买卖双方在公平交易的条件下和自愿的情况下所确定的价格，或无关联的双方在公平交易的条件下，一项资产可以被买卖或者一项负债可以被清偿的成交价格。

11.6.12 关联方关系及其交易

在"重要事项"一章,已有对关联交易的论述,此处从财务报告的角度给出关联交易的数据,并包括本报告期数据和上一报告期数据。

格力电器与珠海银隆的关联交易,在格力电器年报中单独列出。

珠海银隆成立于2009年12月,是一家新能源企业,主营电动公交大巴和钛酸锂电。董明珠选定银隆作为投资对象,就是因为其掌握了钛酸锂核心技术。

珠海银隆及其子公司、控股子公司与格力电器形成关联关系,是因为格力电器董事长董明珠持有珠海银隆的股份超过5.00%(达到17.46%)。

8.与银隆新能源股份有限公司及其子公司关联交易及关联往来情况

(1)采购商品/接受劳务情况及应付、预付款项情况

关联方	关联交易类型	关联交易内容	本期发生额	上期发生额	期末余额 其他非流动资产(+)/应付账款(-)	期初余额 其他非流动资产(+)/应付账款(-)
珠海广通汽车有限公司	固定资产采购	新能源车辆及储能设备	271 844 689.83	40 268 286.42	-51 506 908.59	7 387 400.00
银隆新能源股份有限公司	固定资产采购	新能源车辆及储能设备	607 758.62	121 406.58	-763 974.36	
珠海银隆电器有限公司	固定资产采购	新能源车辆及储能设备	44 827.58		1 108 000.00	1 160 000.00
	合计		272 497 276.03	40 389 693.00	-51 162 882.95	8 547 400.00

(2)出售商品/提供劳务情况表及应收、预收款项情况

关联方	关联交易类型	关联交易内容	本期发生额	上期发生额	期末余额 应收账款(+)/预收款项(-)	应收票据	期初余额 应收账款(+)/预收款项(-)	应收票据
河北银隆新能源有限公司	销售商品	智能装备	148 377 977.28	1 498 050 281.65	11 514 400.00		1 036 007 243.88	
北方奥钛纳米技术有限公司	销售商品	智能装备		144 658 551.74	100 000.00		101 550 303.36	
成都广通汽车有限公司	销售商品	智能装备	112 147 926.28	122 703 234.98			30 648 438.91	
天津广通汽车有限公司	销售商品	智能装备	102 925 737.93	65 082 053.07			-9 532 626.79	

11.6.13 股份支付

股份支付,是"以股份为基础的支付"的简称。通俗地讲,股份支付就是指企业为获得职工以及其他方为企业的服务,或用于激励职工,向其支付的股份或以股份为结算基础的现金或其他债务交易。

11.6.14 承诺及或有事项

承诺,指由合同或协议的要求引起的义务,在未来的特定期间内,只要特定条件达到,即发生现金流出、其他资产的减少或负债的增加。因此,企业在正常经营过程中对其他单位作出的具有法律约束力的重要承诺事项,例如,企业为其联营企业提供债务担保,并承诺在未来期间以一定的价格从其联营企业购入或向其联营企业出售某项产品等,应在会计报表附注中予以披露,包括承诺事项的性质、承诺的对象、承诺

的主要内容、承诺的时间期限、承诺的金额、相关的违约责任等。此处"承诺事项"的披露仅为本主体的对外承诺。

或有事项是指过去的交易或者事项形成的,其结果须由某些未来事件的发生或不发生才能决定的不确定事项。常见的或有事项有:未决诉讼或仲裁、债务担保、产品质量保证(含产品安全保证)、环境污染整治、承诺、亏损合同、重组义务等。

11.6.15 资产负债表日后事项

资产负债表日后事项是指自年度资产负债表日至财务会计报告批准报告日之间发生的需要调整或说明的事项。

资产负债表日后事项包括资产负债表日后调整事项和资产负债表日后非调整事项。

资产负债表日后调整事项,是指对资产负债表日已经存在的情况提供了新的或进一步证据的事项。

资产负债表日后非调整事项,是指发生在资产负债表日后的事项。

11.6.16 其他重要事项

每家上市公司的"其他重要事项"不尽相同。格力电器2018年年报中的"其他重要事项"提到控股股东格力集团拟转让格力电器股份一事,因为控股股东和实际控制人可能变更,所以属于重要事项。这一重要事项虽然没有发生在报告期内(2018年1月1日~12月31日),但是在年报公告日之前发生了,同样在年报中做了披露。

7.其他对投资者决策有影响的重要事项

2019年4月8日,公司收到控股股东珠海格力集团有限公司(以下简称"格力集团")函件,根据《上市公司国有股权监督管理办法》(国务院国有资产监督管理委员会、财政部、中国证券监督管理委员会令第36号)等有关规定,<u>格力集团拟通过公开征集受让方的方式协议转让格力集团持有的格力电器总股本 15.00%的股票。本次转让价格不低于提示性公告日(2019年4月9日)前30个交易日的每日加权平均价格的算术平均值</u>,最终转让价格以公开征集并经国有资产监督管理部门批复的结果为准。

本次转让完成后,公司控股股东和实际控制人可能将发生变更。格力集团后续将进一步研究制定公开征集转让的具体方案,本次公开征集转让尚需取得国有资产监督管理部门等有权机构的批准,是否能取得批准及批准时间存在不确定性。

11.7 警惕财务造假

大多数上市公司的财务报告是整整齐齐的，光艳明亮的。但是，上市公司的财务报告并非100%可信。

如果造假构成犯罪的，参考《会计法》第四十三条"伪造、变造会计凭证、会计账簿，编制虚假财务会计报告，构成犯罪的，依法追究刑事责任"。如果造假没有构成犯罪的，参考《会计法》的规定，会有相应的处罚，比如依法吊销会计从业资格证书、罚款、财政部门通报，等等。

既然财务报告被发现造假后，上市公司将遭受严厉的处罚，那些造假的上市公司为什么要顶风作案呢？

上市公司财务造假的目的有二。

一是虚增净利润，让财报数据漂漂亮亮。这些企业在业绩不堪时，通过修饰财务报告，人为地为自己贴金，以防股价下滑、被ST、被退市等惨剧的发生。这是大多数公司的目的。虚增净利润的公司，主要出现在这样几大类。

（1）避免被 ST 或者被退市

政策要求，当上市公司净利润连续二年亏损，就要被ST；连续三年亏损，就要被退市。一些已亏损一年或连续亏损两年的企业，在下一年度会非常紧张。一旦不能扭亏为盈，后果就很严重。此时，虚增净利润或许是"最好"的解决方案。

（2）完成业绩承诺

有些公司在上市时会给出业绩承诺，这种现象尤其会出现在借壳上市的公司中，或者是被上市公司收购的公司中。一旦业绩承诺到期，财报数据就可能原形毕露。

（3）因为定向增资等融资目的，或为了让股东卖出股票套利，而需要维持股价

财务造假的另一个目的是虚减净利润，为日后的利润增长留出空间，这是少部分公司的目的。比如有些企业未雨绸缪，希望业绩能始终表现得漂漂亮亮，于是在业绩大好时隐藏利润，在业绩不好时释放利润。

除了调节净利润，如果公司因大股东占用资金等情况导致"缺钱"的窘境，同样可能通过财务上的处理障人耳目。

财务造假的最终效果体现在利润表上，因为利润表是大部分投资人最爱看的。由于现金流量表是实打实的，每一笔资金进出都可以和银行记录对账，难以作假，因此，财务造假的渠道就是利润表本身和资产负债表。

▶ 教你读懂年报 ◀

　　前文提到，资产负债表和利润表的关系是：资产负债表期初的"未分配利润"，加上企业当期从营业收入、其他业务收入、投资收益、营业外收入等渠道赚得的钱，扣除了成本、费用、税金，进而提取法定盈余公积和任意盈余公积并扣除当期分红，就是资产负债表期末的"未分配利润"。可见，财务造假可以是直接对利润表动刀（比较直接和低级），也可以在资产负债表中作假（比较间接和隐蔽），作假结果体现在利润表中，但可以通过现金流量表来检验资金出入的真实性。

第 12 章
直接对利润表动刀

财务造假的重要关键因素之一在于调节"净利润"。我们来拆解一下净利润的公式,就会发现"净利润"作假的途径有哪些。

净利润＝营业收入－营业成本－营业税金及附加－销售费用－管理费用－财务费用－资产减值损失＋公允价值变动损益＋投资收益＋营业外收入－营业外支出－所得税费用

以虚增净利润为例,作假方案包括:

(1)虚增营业收入。

(2)虚减营业成本。

(3)虚减营业税金及附加。

(4)虚减销售费用、管理费用、财务费用。

(5)虚减资产减值损失。

(6)虚增公允价值变动损益。

(7)虚增投资收益。

(8)虚增营业外收入。

(9)虚减营业外支出。

(10)虚减所得税费用。

对上述科目的造假,有些难度高,有些难度低,有些方案多,有些方案少。下面来举几个例子。

12.1 虚增收入，签订虚假合同

营业收入是上市公司创造利润的根基。根据"利润=收入－费用"，企业创造利润的途径无非有二：提高收入或降低费用。相对于提高收入而言，降低费用是比较困难的。

虚增收入的做法是无中生有，通过虚构业务或者伪造合同的方式来确认收入。虚增收入需要有下家的配合，通过隐藏的关联方打个配合，或通过难以核查的海外收入等来虚增。

北大荒（SH.600598）是由农垦集团设立的企业，主营业务包括农产品销售业务、尿素业务、土地发包业务、房地产业务等。北大荒于2002年上市，曾是一家市值200亿元、净利润上亿的农业龙头。但是，2011年的财务造假让投资人大跌眼镜。

北大荒的造假手法并不复杂，在其真实的农产品销售业务基础上，虚构合同的销售价格（合同的名义单价和实际单价不同），以此虚增收入和净利润。此次造假是借用子公司北大荒鑫亚的名义完成的。

首先，亚麻销售的合同价格高于实际价格。鑫亚向自己的参股公司青枫亚麻销售4 071吨亚麻。鑫亚与青枫亚麻串通，提高合同的销售价格，将亚麻价格提价4 600元/吨。因此，虚增利润为1 601万元。

其次，通过修改合同价格，把亏损的水稻销售改为盈利。鑫亚委托忠旺粮库代理收购、保管及销售水稻，2011年，忠旺粮库代理的水稻销售收入为7 421万元，卖亏了。为了掩盖亏损事实，鑫亚通过伪造合同等方式，确认水稻销售收入为11 403万元，虚增利润3 524万元。

从北大荒2011年的财报上看，当年实现营收133亿元，同比增长44%，实现归母净利润4.41亿元，同比增长23%。上述造假虚增净利润约5 000万元，只是财报净利润的九分之一。直到2013年11月，因北大荒造假后遗症（营收、净利表现出现转折），监管层才捕捉到其中的猫腻。

2015~2018年间，康得新（SZ.002450）通过虚构销售业务方式虚增营业收入，并通过虚构采购、生产、研发费用、产品运输费用方式虚增营业成本、研发费用和销售费用。通过上述方式，四年累计虚增利润总额119亿元，而实际净利润却为负。

上述造假的做法之一是伪造海外销售。在董事长钟玉的指挥下，康得新所谓的外销业务，实际上是以PET等外品（基材）冒充光学膜运到海外，免费送给别人，再由康得新相关人员一手炮制虚假业务合同，临摹国外客户签名，黏贴打印，虚构外销业务产业链。

12.2 提前确认收入，制造繁盛假象

什么情况被认定为提前确认收入？

我国企业会计准则第14号规定，企业销售商品时，同时符合以下5大条件，可以确认收入：

（1）企业已将商品所有权上的主要风险和报酬转移给购货方。

（2）企业既没有保留通常与所有权相联系的继续管理权，也没有对已售出的商品实施有效控制。

（3）收入的金额能够可靠地计量。

（4）相关的经济利益很可能流入企业。

（5）相关的已发生或将发生的成本能够可靠地计量。

如果企业在未同时满足以上5大条件的情况下确认收入，就是违背收入确认原则，将受到处罚。

但是，有些企业为了让账面的营业收入和净利润数据漂亮些，铤而走险，提前确认收入。

大智慧（SH.601519）是一个证券信息平台。2011年1月上市后，股价持续走低，2012年11月，股价陷入谷底，2013年起，股价走入上升通道。从业绩上看，大智慧2012年的净利润是——亏损2.7亿元；2013年，其营业收入几乎翻倍，同时扭亏为盈。2013年的惊艳表现有何蹊跷之处吗？

首先，2013年12月，大智慧出台一条营销策略：售价超过3.8万元的软件产品，如果客户在2014年3月31日前不满意，可全额退款。这条营销策略吸引了众多消费者，让大智慧创收。

根据前文给出的"收入确认原则"，由于2014年3月31日前售出软件都存在"退货"风险，不能做收入确认处理。但是，大智慧却提前确认收入，虚增收入8 744万元，虚增净利润6 826万元。

其次，2013年11月，大智慧签约为渤商所会员，一次缴纳管理软件使用费2 000万元。同时，大智慧又向渤商所销售四项服务，例如为渤商所设计企业宣传片，打造"渤商所现货投资"栏目，提供指数的研究、编制、发布、维护工作，提供大智慧策略交易平台产品和金融终端产品。2013年12月，大智慧向渤商所支付合同款。次日，渤商所又迅速向大智慧付款。但是大智慧要向渤商所提供的服务，却还差了一大截。大智慧提前虚增收入1 567万元，虚增净利润1 546万元。

再次，2013年12月，大智慧还和广告代理商阳光恒美签订400万元的广告投放框架协议，表明由大智慧提供广告投放平台的合作意向。之后，大智慧通过伪造价值300万元的"广告资源消耗排期表"，由阳光恒美配合盖章确认，虚增净利润94万元。

另外，大智慧的子公司——大智慧信息科技收购天津民泰70%的股权。2013年11月4日完成工商变更。但大智慧设定2013年10月1日作为购买日，以便提前把天津民泰纳入合并范围，虚增净利润825万元。

……

2016年7月，证监会调查认定，大智慧于2013年虚增合计净利润1.2亿元，处以警告和罚款。

恒顺众昇（SZ.300208）是一家经营机械成套装备销售、电能质量优化方案设计、工业园区开发和运营的企业。它的项目多数在海外，比如印尼、南非、津巴布韦等国家。2017年10月，证监会因其涉嫌隐瞒海外交易的关联方、信息披露违规、提前确认收入等原因给予处罚。其中，2014年恒顺众昇提前确认与四川电力、ASI、PT Metal SmeltindoSelaras的收入，合计2.92亿元，提前确认净利润1.4亿元。

12.3 少计成本和费用，提升业绩

少计成本和费用的目的，主要是推迟成本和费用的入账时间，极端情况下成本和费用不入账，以实现虚增利润。

佳电股份（SZ. 000922）为达成2011年重组期间做出的业绩承诺，通过少结转营业成本、少计销售费用等方式，在2013年和2014年分别虚增利润1.58亿元、0.40亿元。由于这一违规行为，在2014年4月22日至2017年4月7日期间买入*ST佳电且2017年4月7日仍未清仓的投资者有资格索赔。

12.4 毛利率代表竞争力，但也是作假灾区

通过对利润表各项目的计算，并结合资产负债表的数据，可以得到企业盈利能力指标，包括营业毛利率、营业净利率、总资产报酬率、净资产收益率、资本收益率等。

毛利=营业收入－营业成本，毛利率=毛利÷营业收入

毛利率反映的是企业的竞争力。在同行企业中，毛利率较高的企业，通常竞争力较强，这类企业对于自己的成本定价和产品定价有足够的话语权。

对比几大空调制造企业——格力电器（SZ.000651）、美的集团（SZ.000333）、海尔智家（SH.600690）和海信电器（SH.600060）。从空调制造的毛利率（仅空调这一单项产品）来看，格力电器遥遥领先于美的集团和海尔智家，更别提海信电器。虽然格力电器的毛利率也会随着空调行业的发展有起有落，但始终和行业老二保持5%左右的差距。可见，专注于空调本业的格力电器自有其独特之处，研发能力优势、规模经济优势、品质控制优势等，如图12-1所示。

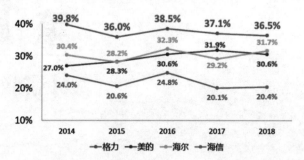

图12-1　各企业空调制造毛利率对比

不同企业的毛利率对比，除了从产品的角度切分，还能从地域、季度等角度来分析。对比几大白色家电企业的内外销毛利率（所有产品的综合毛利率，非空调这一单项产品），格力的外销比例最低，2018年为13%，美的、海尔的外销比例高达43%，这与三家企业的业务结构有关。格力是纯空调企业，另外两家是白色家电的综合生产商，还主营冰箱、洗衣机、小家电等业务。从格力内外销的毛利率差距也可以看出格力外销比例较低的原因，如图12-2所示。

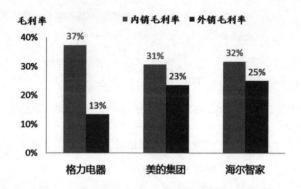

图12-2　2018年分地区毛利率表现

虽然高毛利率让人兴奋，但如果一家企业的毛利率远高于同行企业，或者毛利率的变动趋势不符合行业变动走势，也可能是造假的坑。无论是虚增营业收入还是虚减成本和费用，毛利率的表现就是"升高"。

第 13 章
对资产端动刀

上一章介绍的各种"方案",如果只是从利润表本身来判断,难度很高,但若从资产负债表的各个科目入手,大概率可以找到作假元凶,这也是我们说"资产负债表非常重要"的原因。利润表的作假和资产负债表的各个科目有什么关系呢?

虚增净利润时,净利润势必会转入所有者权益的未分配利润科目,根据"资产=负债+所有者权益",虚增所有者权益,对应着虚增资产或虚减负债。对资产负债表各科目的造假,有些科目的造假难度高,有些难度低,有些科目的造假方案多,有些方案少。相对而言,虚增资产比较容易,调减负债比较困难。

以虚增营业收入或提前确认营业收入为例,单纯从利润表的营业收入变化,难以判断真实性,但是结合其他数据,例如资产负债表中的销售费用是否随着营业收入的大增而增加,应收账款是否随着营业收入的大增而增加,或许可以发现端倪。当然,也可以结合现金流量表,看看营业收入的大增是否体现在经营性现金流量上,这同样是检验营业收入真假的方法。

拿到一份资产负债表,我们要做什么?要关注哪些重点?有三个方向要注意。

- 一是看资产质量,关注资产是否有大幅贬值的可能性,尤其要关注资产和负债占比较高的科目、容易隐藏有问题的科目。
- 二是看资产与负债的结构比例,考察上市公司负债的安全性、合理性。
- 三是结合利润表和现金流量表,判断上市公司的经营水平和盈利能力。

以上内容将在后续章节中介绍。

13.1 对货币资金动刀

货币资金是指在企业生产经营过程中处于货币形态的那部分资金，按其形态和用途不同，可分为库存现金、银行存款和其他货币资金。其他货币资金包括外埠存款、银行汇票存款、银行本票存款、信用证保证金存款、信用卡存款、存出投资款等。

货币资金是公司重要的支付手段和流通手段，也是流动资产中流动性最强的项目。一家公司拥有的货币资金量，标志着其偿债能力和支付能力的强弱，因此，公司需要一定数量的货币资金；但是货币资金的多少并不能决定一家公司的好坏，在保证业务经营的基础上，如果过量的货币资金压在账面上会导致资金使用效率过低。

货币资金的账面价值，并非一定是实打实地的真实。有些企业虚增货币资金，假装在银行存钱，但是存储在银行里的钱"不得动用"。有些企业的货币资金中，大部分是受限资金，徒有虚荣。也有些企业的资金使用效率太低，虽然没做假账但是经营能力外人看了都着急。

所以，当财报中的货币资金很多时，需要考查资金来源。借款？占用上游资源的应付账款？投资人资金？拆借资金？投资人需要查一下，不在货币资金科目下的但功能类似货币资金的理财项目。资金来源中的拆借资金一般在"其他应付款"科目下，容易被忽略，后续章节会介绍。

拿捏货币资金的猫腻，可以从哪些方面着手呢？

13.1.1 虚拟资金，假装有钱趴在账上

2018年10月，康美药业的财报因资金真实性、经营现金流、存贷双高、存货高企、股权质押等问题被广泛质疑。

康美药业2018年的第三季度季报显示，资产端的货币资金高达378亿元。但是负债端的短期借款高达124.5亿元，应付票据超过270亿元，短期融券97.5亿元，应付债券147.7亿元，合计需偿还现金类负债600多亿元，远远超过货币资金。2018年前三季度利息支出13亿元，超过净利润的三分之一。

2019年4月，康美药业2018年的年报显示，由于公司采购付款、工程款支付以及确认业务款项时的会计处理存在错误，造成公司应收账款少计6.4亿元，存货少计195亿元，在建工程少计6.3亿元。由于公司核算账户资金时存在错误，造成货币资金多计299亿元。

2019年8月底,证监会披露调查结果:康美药业三年虚增收入206亿元,虚增利润20.7亿元,同时虚增固定资产、在建工程、投资性房地产36亿元。财报上300多亿的货币资金是假的。

13.1.2 资金使用,是否受限很重要

格力电器以拥有充沛的货币资金而闻名。2018年年底,它的货币资金高达1 130亿元。在2018年年报的财务报告附注部分,可以看到,1 130亿元的货币资金包括两笔受限使用的金额,银行承兑汇票保证金、保函保证金、信用证保证金存款等30亿元,以及存放于中央银行款项中法定存款准备金30亿元。受限金额占比约5.3%。如表13-1所示。

表13-1 格力电器2018年的货币资金附注(单位:元)

项目	期末余额	期初余额
现金	1 678 449.67	3 058 609.51
银行存款	64 418 416 813.66	59 171 362 507.13
其他货币资金【注1】	3 608 319 521.92	8 631 465 941.28
存放中央银行款项【注2】	3 047 519 040.61	2 942 963 734.68
存放同业款项	42 003 096 542.25	28 862 125 464.22
合计	113 079 030 368.11	99 610 976 256.82
其中:存放在境外的款项总额	819 859 100.33	2 450 291 618.07

【注1】其他货币资金期末余额主要为银行承兑汇票保证金、保函保证金、信用证保证金存款等,其中受限制资金为2 960 352 192.82元;

【注2】公司存放中央银行款项中法定存款准备金为3 045 424 177.23元,其使用受到限制;

【注3】除上述情况之外,货币资金期末余额中无其他因抵押、质押或冻结等对使用有限制、有潜在回收风险的款项。

格力电器的同行美的集团,2018年年底的货币资金账面金额是279亿元。其中有11亿元存放于中央银行法定准备金,2亿元存放于中央银行超额存款准备金,这些款项都不能用于日常业务的运作。受限金额占比约4.7%。如表13-2所示。

表13-2　美的集团2018年的货币资金附注（单位：千元）

	2018年12月31日	2017年12月31日
库存现金	3 803	4 589
银行存款(a)	15 857 413	21 954 206
其他货币资金(b)	123 197	267 259
存放中央银行法定准备金(c)	1 126 172	1 835 051
存放中央银行超额存款准备金	204 073	305 963
存放同业款项(d)	10 573 622	23 907 132
	27 888 280	48 274 200
其中，存放在新加坡、日本、意大利、巴西及德国等的款项总额	6 316 807	10 685 588

再来看一个反面案例。

昔日新材料行业龙头康得新（SZ.002450）以预涂膜、光学膜、裸眼3D三大业务为主，客户囊括宝马、苹果、三星、奔驰、五粮液等国内外巨头。它在2008年~2017年的十年，营业收入从2.6亿元增长到118亿元，净利润从0.3亿元增长到25亿元，曾以股价稳定、市值千亿成为市场的焦点。但是，2017年11月股价登顶之后，康得新的走势翻脸了。2017年7月25日，康得新股价第一次闪崩，之后的一年内，股价又接连两次闪崩。

除了2017事发当年末的存贷双高（2017年年末，康得新有息债务109亿元，并呈现不断攀升态势；同时货币资金高达122亿元），以及第7章提到的大股东的高比例质押（从未低于95%，甚至接近100%），2019年1月又爆出债券违约：所发行的总额10亿元的2018年度第一期超短期融资券（18康得新SCP001）无法按期兑付本息，构成实质违约；发行总额5亿元的2018年度第二期超短期融资券（18康得新SCP002）同样无法兑付本息。

事实上，康得新上市以来，基本上每一年都有募资。发行"12[1]康得债"，募资9亿元；非公开定向公司债券PPN001，发行10亿元；"15康得新MTN001"，发行16亿元；2015年和2016年分别定向增发，分别募资30亿元和48亿元；2017年康得新的全资子公司在海外发行35亿美元债券，等等。

---

[1] 代表2012年发行。

爆出债券违约的同时，康得新发布公告称，自查发现公司存在被大股东占用资金的情况。但是此时，康得新账面有约150亿元的货币资金，为何无法兑付合计15亿元的两期债券呢？

2019年4月，康得新在年报披露中承认资金被大股东占用，股价被ST。康得新的大股东康得集团通过北京银行西单支行银行账户占用了上市公司122亿货币资金；经银行通知，存在22个银行账户被冻结的情况，其中5个属于主要账号。

可见，我们在评价货币资金质量的时候，要重视受限资金，特别是被冻结的资金，通常可以在报表附注中查明。正常情况下，受限资金的比例是5%左右。

13.2 应收票据，从种类和金额判断风险

应收票据是指公司持有的尚未到期、尚未兑现的票据。应收票据是企业未来收取货款的权利，是一种载有一定付款日期、付款地点、付款金额和付款人的无条件支付的债权凭证。应收票据的付款期一般在1个月以上，6个月以内。

应收票据包括"银行承兑汇票"和"商业承兑汇票"两种。

银行承兑汇票是由在承兑银行开立存款账户的存款人出票，由承兑银行承兑的票据。

商业承兑汇票是付款人签发并承兑，或由收款人签发交由付款人承兑的汇票。

相对而言，"银行承兑汇票"的风险较小（因为有银行背书），"商业承兑汇票"的风险较大。

从上市公司应收票据的种类和金额，可以大致判断其产品的竞争力。如果是市场畅销产品，应收票据通常是"银行承兑汇票"；如果这项产品竞争力不强，应收票据则容易是"商业承兑汇票"。当然，如果公司供货时能要求对方支付现金，向上游采购时能要求对方接受票据，是最"强硬"的。

一般情况下，投资人通过票据的种类来评价承兑风险。如果上市公司披露的票据都是真实的，票据的主要风险在于：

（1）能否兑付。

（2）提前贴现损失利息。

但是，如果公司使用无效票据来充当应收票据，就只能靠会计师事务去查明，普通投资者很难发现。

2019年年初,证监会认定瑞华会计师事务所在华泽钴镍(SZ.000693)年报审计中,出具了含有虚假记载的审计报告。华泽钴镍为了掩盖关联方长期占用资金的事实,安排人员搜集票据复印件,将无效票据入账充当还款,年报资产负债表中的应收票据期末余额几乎全部是造假的。

华泽钴镍2013年应收票据的期末余额为13.25亿元,占其2013年总资产的38.84%,相应票据于期前2013年11月、12月集中背书转入,并于期后2014年1月、2月集中背书转出,截至审计盘点日2014年3月7日,实存票据余额为零,具有异常性。核实后发现,13.25亿元的应收票据中,13.22亿元为无效票据。2014年故伎重演,应收票据的期末余额为13.64亿元,其中的13.62亿元为无效票据。

瑞华在应收票据的审计过程中,未对票据余额在审计基准日前后激增又剧减的重大异常情况保持必要的职业怀疑,未能及时识别财务报告的重大错报风险。

13.3 对预付账款动刀

预付账款是指企业按照购货合同的规定,预先以货币资金或货币等价物支付给供应单位的款项。例如预付的材料款等货款、预付的购货定金等。

从公司自我保护的角度而言,欠别人的越多,借别人的越少,公司的风险就越低,同时也说明公司的话语权越强。和警惕应收账款的突然增加一样,预付账款的突然增加同样不是好兆头。

下面举几个例子来说明预付账款金额的多少对公司的影响。

13.3.1 预付材料款,踩准原材料涨跌走势

华懋科技(SZ.603306)是一家专注于汽车安全领域的系统部件提供商,主要产品为汽车安全气囊布、安全气囊袋等被动安全系统部件。生产安全气囊布的主要原料有锦纶长丝(锦纶66工业丝,成本占比约75%)、涤纶长丝(成本占比约5%)、有机硅胶(成本占比约5%)。

锦纶丝的主要成分是聚脂纤维,是从石油原液中提炼分离出来的一种合成纤维。从锦纶丝POY华东市场报价与北海布伦特原油价格走势,可以发现锦纶丝作为价格受国际油价波动影响明显,有同步上涨和同步下跌的趋势,如图13-1所示。

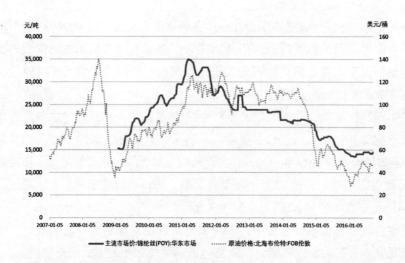

图13-1 原油价格与锦纶丝主流市场价格（POY）近年的走势[1]

根据招股说明书的披露，华懋科技原材料锦纶长丝（锦纶66 工业丝）2013年采购平均单价由2012年的39.96元/千克下降至2013年度的35.92元/千克，并于2014年第一季度进一步下降到平均单价33.79元/千克。在上市以后的年报中，虽未继续披露当期的原材料采购均价，但我们可以从上图锦纶丝POY华东市场报价走势中，判断出从2013年至今华懋科技的原材料采购价格一直处于下降通道内。直至2016年1月原油价格跌破30美元/桶后止跌小幅反弹，相应的锦纶丝报价也是到2016上半年止跌。

如果在锦纶丝价格下降的过程，华懋科技多多增加存货，囤积低价位的锦纶长丝，虽然会导致预付账款的大幅提升，但提前锁定重要原材料价格，免受后期涨价的影响，对于华懋科技营业成本的控制有极大好处。

当然，上述例子是基于公司踩准了原材料价格走势的节奏，在原材料价格低估区进行大量储备，完美控制了日后的营业成本；如果公司在囤积原材料时看错其价格走势方向，反而是在原材料的价格高峰时囤货，则会对公司日后的经营造成重大负面影响。

13.3.2 预付账款，可能作为营业收入的垫脚石

预付账款，可能是虚拟营业收入的窝点。企业通过采购原材料、预付账款项、采购设备等方式将公司的资金转移至体外关联方，账上计入预付账款，然后以销售回款的方法流入上市公司，确认为营业收入。这样不仅达到了虚增收入、利润的目的，还可以虚增经营现金流，呈现的结果就是虚增的收入利润放在了存货、在建工程或者固定资产科目。

---

[1] 华懋科技使用的锦纶长丝为安全气囊布专用锦纶66 工业丝，较图中锦纶长丝市场均价高，图中采用的锦纶丝POY 市场均价仅作为反映原材料价格变动趋势的参考。

三安光电（SH. 600703）是国内LED（发光二极管）的龙头企业，其控股股东三安集团的巨额预付账款曾引发市场的高度关注。2018年一季度末，三安集团的预付账款高达86亿元，虽然2018年底的预付账款金额降低到2015年以来的新低——49亿元，但是预付账款的疑云无法散去。多年来，三安集团在债务快速增长的同时，巨额预付账款分别流向了一些主营业务或生产规模都无法与预付账款匹配的小微企业，甚至还包含一些经营或税务异常企业。

三安集团自述，预付账款主要用于锁定大宗商品贸易价格。但是查阅其2016年下半年以来的前五大预付账款企业，可以发现事实不尽如人意。

安溪通恒贸易有限公司，注册资本3万元，收纳三安集团的预付账款约8亿元，安溪通恒却连续三年被监管层列为"经营异常"。泉州锐取商贸，注册资本200万元，收纳三安集团的预付账款6.6亿元到9.6亿元，泉州锐取因税务违规被处罚。此外，三安集团对厦门亿亨特贸易有限公司的预付账款达9亿元，对厦门亿彤贸易有限公司的预付账款达6亿元，这两家公司被显示为"查询无此纳税人"，商业行为不正常。

主要接纳预付账款的企业都"不正常"，三安集团的预付账款科目是否可以被定义为虚构资产呢？聪明的读者一定知道答案了。

13.4 应收账款，池子越满风险越高

应收账款是指公司在正常经营过程中因销售商品、产品、提供劳务等业务，被买方占用的资金，例如应由买方负担的税金、为买方垫付的各种运杂费等。通俗点讲，应收账款就是客户先拿货，过一段时间再付款。

财务操作上，通常在确认收入的同时，确认应收账款。虽然应收账款是企业的资产，但是和应收票据不同的是，应收账款并没有汇票来保证，钱掌握在他人手中。当应收账款的数额越积越多时，对公司造成的风险就越来越大，一旦客户没有按期交付货款，企业只能核销应收账款和计提坏账准备，导致资产大幅减值。

对此，投资人应重点关注以下几个问题。

（1）本期应收账款占本期营业收入的比重，占比越高风险相对越高

在公司销售产品的过程中，一般都会产生应收账款。正常情况下，应收账款的变化幅度应与营业收入的变化幅度相一致。

如果应收账款占营业收入比重突然增加，也就是应收账款的增速高于营业收入的增速，可能意味着：

（1）公司放宽赊销信用条件以刺激销售，或者公司对下游厂商议价能力的减弱，由此造成回收销售货款的能力越来越弱，这对公司的盈利是重大利空。

（2）也可能是公司通过虚构"应收账款"制造营业收入的繁荣。理论上来说，虽然随着应收账款迅速增加和销售回款速度下降，经营性现金流自然会随之下降，但是，如果经营性现金流净值的增长速度长期显著低于净利润增速，甚至为负数，且应收账款的增速一直高居不下时，需引起注意，因为这极有可能是公司虚构营业收入而非放松信用条件。

相反，如果应收账款占营业收入比重处于下降趋势中，那么多数说明公司产品的竞争力在加强。

（2）应收账款本期增加额与本期营业收入的比重，又称"未回款比值"

一般情况下，企业会虚增收入来达到虚增利润的目的，虚增收入的方式就是虚增应收账款或者应收票据，这些虚增的收入并不会通过现金流流入企业。这就是现金流差企业容易被质疑的原因。

未回款比值更能代表企业回款能力的强弱，未回款比值的走势代表企业每年回款能力的强弱变化。通过对企业各年度未回款比值的比较，可以发现企业回收货款的能力大小。

以海康威视2011~2018年的未回款比值为例。如表13-3所示。

表13-3 海康威视2011~2018年的未回款比值（单位：亿元）

	2011	2012	2013	2014	2015	2016	2017	2018
应收账款	9.48	15.97	28.79	42.82	81.26	112.43	147.05	166.19
应收账款本期增加额	4.16	6.49	12.82	14.03	38.44	31.17	34.62	19.14
营业收入	52.32	72.14	107.46	172.33	252.71	319.24	419.05	498.37
未回款比值	7.95%	9.00%	11.93%	8.14%	15.21%	9.76%	8.26%	3.84%

2011~2017年间，海康威视的未回款比值稳定在10%上下，说明海康威视各年的产品销售中，仅有10%没有收到货款。到了2018年，未回款比值进一步下降到3.84%，经营的周转更加正常，销售回款速度加快，基本不会出现被拖欠货款的现象。

（3）应收账款的账龄，账龄越长，风险相对越高

应收账款的账龄在年报的附注中会通过明细表详细列出。对于账龄不等的应收账款，公司给出的坏账准备的计提比例不尽相等。

账龄越长，下游客户因为财务状况恶化等原因导致的无法还款的可能性就越大。即使应收账款的余额并没有发生变化，但按客户欠款账龄形成了层次不同的应收账款。

就格力电器而言，它将1年以内的应收账款，坏账计提比例仅设定为5%，说明回收可能性很高；但对3年以上的应收账款，坏账准备的计提比例高达100%，说明这部分应收账款已基本不可能回收。所以，投资人要看"1年以内的应收账款"占比多高，占比越高风险越小，如表13-4所示。

表13-4 应收账款的账龄、坏账比例表（单位：元）

账龄	期末余额		
	账面余额	坏账准备	计提比例（%）
1年以内	7 102 390 980.19	355 119 549.05	5.00
1至2年	46 987 239.55	9 397 447.87	20.00
2至3年	19 920 724.75	9 960 362.41	50.00
3年以上	6 964 308.56	6 964 308.56	100.00
合计	7 176 263 253.05	381 441 667.89	5.32

每家公司的坏账准备计提比例并非有统一要求，可以自行设定。一般情况下，坏账准备计提政策一经确定，不得随意改变。

我们可以看到，将坏账准备计提比例设定得较高的企业，对自己公司的要求比较严格。

资产负债表"应收账款"科目对应的金额，取的是上表中"账面余额−坏账准备"的值。

（4）客户集中度过高

对于应收账款而言，客户集中度越高，坏账可能性也越高。企业亏损和现金流断裂，与此关系较大。

为了避免踩雷，我们可以观察前五大客户的应收账款所占的比重，判断企业是否存在严重依赖单一客户的情况。如果前五大客户占应收账款的比重达到了80%以上，一旦客户破产或者取消和这家公司的合作，该客户不仅会影响企业的销售收入，还会影响企业账款的回收。

一个例子是四川长虹（SH.600839）2003~2004年所处的窘境。当年因为公司的应收账款"爆雷"，导致大幅亏损37亿元。

四川长虹2003年年末的应收账款余额比2002年年末增长了20.36%。主要原因是，客户的应收账款大幅增加。四川长虹2003年的年报显示，应收账款前五名的客户状况如表13-5所示。

表13-5 四川长虹2003年应收账款前五大客户状况（单位：原币（美元），人民币（元））

单位名称	欠款金额		欠款时间	欠款原因
	原币	人民币		
Apex Digital Inc.	USD537 243 828.56	4 446 605 995.84	见备注	货款
陈氏辉煌家电公司	USD4 833 737.29	40 007 393.43	1年以内	货款
Thomson Multimedia	USD3 987 720.09	33 005 162.87	1年以内	货款
PETTERS CONSUMER	USD22 841 841.70	189 055 071.20	1年以内	货款
ETRON ELECTRONICS CPNY,LTD	USD2 259 895.00	18 704 472.95	1年以内	货款
合计	USD571 167 022.64	4 727 378 096.29	占总额的92.99%	

表中，海外购货商Apex Digital Inc.贡献了94%的欠款。这么多的欠款是有缘由的——2004年，Apex Digital Inc.公司宣布破产，拖欠四川长虹的款项（应收账款）直接变成坏账。

2004年年底，四川长虹对上述欠款计提了较大比例的坏账准备，对4.6亿美元的货款余额，计提3.1亿美元坏账，折合人民币26亿元。如此对四川长虹2004年年度的利润总额造成巨大负面影响，数额高达2.7亿美元，折合人民币22.4亿元。正是因为Apex Digital Inc.是四川长虹的典型大客户，直接导致四川长虹从绩优企业滑坡到巨亏企业。

（5）关联方的应收账款

由于应收账款的造假需要第三方的配合，因此难度相对较高。但如果大量应收账款来源于关联方，可疑程度就大大增加。

13.5 其他应收款，容易被各种"待处理"事项塞满

资产负债表中，与"应收账款"并列的一项是——其他应收款。"应收账款"和"其他应收款"的核算范围不同。

"应收账款"核算的是和企业主营业务相关的科目：

（1）企业因销售商品、提供劳务等经营活动，应向购货单位或接受劳务单位收取的款项。

（2）核算企业销售商品或提供劳务等应向有关债务人收取的价款及代购货单位垫付的包装费、运杂费等。

"其他应收款"核算的是和企业主营业务无关的科目：

（1）应收的各种赔款、罚款，例如因职工失职造成一定损失而应向该职工收取的赔款，或因企业财产等遭受意外损失而应向有关保险公司收取的赔款等。

（2）应收出租包装物[1]租金。

（3）应向职工收取的各种垫付款项，如为职工垫付的水电费、应由职工负担的医药费、房租费等。

（4）向企业各职能科室、车间、个人周转使用等拨出的备用金；存出保证金，如租入包装物支付的押金。

（5）预付账款转入。

（6）购买股票后应收的包括在股票价格中的已宣告发放的股利（或者在"投资收益"中计入）。

（7）其他各种应收、暂付款项。

由于"其他应收款"囊括的范围很广，因此这些数据容易被做手脚。

中水渔业（SZ.000798）是国内著名的远洋捕鱼企业。由于该公司在2015年半年度报告中"其他应收款"的期末余额少计入8 402万元，2017年11月被证监会处罚。证监会指出中水渔业的三大违法事实：

（1）账实不符金额计入其他应收款。

（2）以利润分配冲减其他应收款。

（3）知悉资金占用详情，但半年报不披露。

2014年12月，中水渔业决定收购张福赐所持有的厦门新阳洲水产品工贸有限公司55%股权。2015年3月，中审亚太审计新阳洲财报时发现，新阳洲账实不符金额8 440万元。中水渔业在2015年第一季度的财报中，将上述账实不符金额8 440万元调整到"其他应收款-其他"，调整原因是"张福赐未能提供确认资料，暂时调整入其他"。同时，中水渔业将"其他应收款增加"的原因披露为"其他应收款期末较期初增加107.3%，主要是由于公司收购张福赐所持有的新阳洲55%股权，该公司本期纳入合并报表范围所致"。

2015年4月~8月，新阳洲自查发现，张福赐存在占用公司资金的情况。后经审计，确认新阳洲对张福赐的其他应收款是1.86亿元，主要发生在2014年下半年。但是，中水渔业编制2015年半年度财报时，延续了2015年第一季度财报的会计处理，仅将2015年

---

[1] 出租包装物是随产品销售而出租给购货单位的包装物。为了保证包装物能按期收回，包装物租出时要收取押金，作为租出包装物的抵押款项，还要按租约规定收取租金，作为包装物出租的业务收入。

第一季度确认的新阳洲账实不符金额8 440万元调整到"其他应收款-其他"。实际"其他应收款"1.68亿元是账面"其他应收款"8 440万元的翻倍，差额8 400万元占到中水渔业净资产的10%。因此受到证监会的处罚。

由于其他应收款涉及的项目和主营业务无关，因此其他应收款的金额不应该接近或大于应收账款。如果金额过大的话，说明企业存在转移营业收入、股东拆借资金的可能。对投资人而言，这块数据越小越好，有些优秀的公司，"其他应收款"甚至为零。

13.6 其他流动资产，或许有隐藏的金矿

其他流动资产涉及的内容很多，投资人比较欢迎的科目是理财产品、结构性存款等，这两者的本质是货币资金。其他流动资产的细项科目也可能是待抵扣增值税、待摊费用、代付款项等。

作为资产，其他流动资产也有减值的风险，一旦其他流动资产中包含大概率无法回收的项目，投资人就要蒙受损失。因此，投资人要做的，是查看报表附注，确认其他流动资产的细项。

具体来谈谈可能计入其他流动资产的理财产品，这是隐藏的货币资金。

理财，属于公司的短期投资行为。公司的适度理财，有利于提高资金的利用效率，可以降低部分财务费用，也可以增加投资收益以提升净利润的"美观度"。

根据理财产品的产品期限、风险程度、公司核算习惯等，理财产品可能计入资产负债表的其他货币资金、其他流动资产、交易性金融资产等会计科目。

美的集团（SZ.000333）2018年的年报中，理财产品计入了"其他流动资产"科目（见表13-6）。

美的集团1年内到期的理财产品规模是15亿元，结构性存款及掉期存款（约等于理财产品）704亿元，理财规模较大。表13-6中美的集团的报表附注显示，704亿元的结构性存款及掉期存款，以及279亿货币资金，创造利息收入21.56亿元。

涪陵榨菜（SZ.002507）是一家加工涪陵青菜头的企业。涪陵榨菜放在理财产品科目中的类货币资金，有时甚至超过货币资金本身的金额。涪陵榨菜2017年年底"其他流动资产"中的银行理财产品金额为11亿元，2017年年底的货币资金是1.4亿元；2018年年底，这两项科目的金额都有所降低，分别是3.2亿元和1.1亿元。涪陵榨菜在2018年的年度股东大会上表示，未来三年中，提高对保本型或者固定收益类型的理财产品（单笔期限不超过1年）的投资总额度，达到20亿元。

表13-6 美的集团2018年年报之其他流动资产（单位：千元）

	2018年12月31日	2017年12月31日
可供出售金融资产-理财产品	1 521 007	22 094 715
结构性存款及掉期存款	70 402 509	19 252 086
待抵扣增值税进项税	2 803 315	2 988 800
待摊费用	647 648	639 409
其他	1 099 348	1 719 831
	76 473 827	46 694 841

如表13-7和表13-8所示。

表13-7 涪陵榨菜2018年的货币资金（单位：元）

	2018年年末	2018年年初
项目	期末余额	期初余额
库存现金	4 070.61	25 036.95
银行存款	1 127 438 902.54	141 314 409.31
其他货币资金	740 182.72	841 191.38
合计	1 128 183 155.87	142 180 637.64

表13-8 涪陵榨菜2018年的其他流动资产（单位：元）

	2018年年末	2018年年初
项目	期末余额	期初余额
银行理财产品	320 000 000.00	1 100 000 000.00
留抵增值税	13 923 551.35	17 005 817.82
合计	333 923 551.35	1 117 005 817.82

可见，公司所掌控的现金，除了体现在货币资金科目，也可以体现在理财产品科目。不少公司通过货币资金理财，一年以内的短期理财，一般记在其他流动资产科目。在财报的附注中，仔细查阅理财产品或类理财产品的科目，找到可控现金的实际金额。

13.7 存货，造假高发地

存货，是指企业在日常活动中持有以备出售的产成品或商品、处在生产过程中的在产品、在生产过程或提供劳务过程中耗用的材料或物料等，包括各类材料、在产品、半成品、产成品或库存商品以及包装物、低值易耗品、委托加工物资等。

> 教你读懂年报

一般情况下,企业的存货包括下列三种类型的有形资产:

(1)在正常经营过程中存储以备出售的存货。这是指企业在正常的过程中处于待销状态的各种物品,如工业企业的库存产成品及商品流通企业的库存商品。

(2)目前处于生产加工过程中,最终要出售的各种物品,如工业企业的在产品、自制半成品以及委托加工物资等。

(3)为了生产产品或提供劳务耗用而储备的各种原材料、燃料、包装物、低值易耗品等。

例如,贵州茅台(SH.600519)的存货,可能是用来酿酒的高粱和大米(称为"原材料"),可能是正在酿造中的茅台酒(称为"在产品"或者"自制半产品"),也可能是已经酿造完成的茅台酒(称为"库存商品")。

又如,绿地控股(SH.600606)的存货,可能是已经完工在售的上海绿地中心项目(称为"开发产品"),可能是建设中的上海绿地曼哈顿项目(称为"在建开发产品"),可能是所购入的江苏江阴敔山湾地块(称为"拟开发产品")。

再如,格力电器(SZ.000651)的存货,可能是用于生产空调的钢材、铜线(称为"原材料"),可能是生产中的空调(称为"在产品"),可能是刚离开生产线的成品空调(称为"产成品")。

正常情况下,存货和公司营业收入的比值是稳定的,如果这个比值突然增加,即存货大幅增加,但市场没有表现出企业的产品销售趋旺,很可能是因为产品变得滞销,或者是企业预测市场需求将趋旺而做的备货动作;相反,如果这个比值突然降低,即存货大幅减少,通常说明产品变得畅销。

不同行业的公司,对存货的敏感程度不同。处于日新月异变化中的公司,例如电子产品厂商,一旦所生产的产品成了库存积压品,其价值多半已掉落到冰点。因为对于电子产品而言,更新换代非常快,后一代的产品紧接着上一代产品的步伐问世,上一代产品的销路不畅,马上会被下一代产品填补空缺,导致上一代产品再也销售不出去了,此时上市公司应做好存货的减值工作。相对地,有些公司所处的行业变化有限,例如房地产企业,可能的情况是,房地产大势不佳时房屋滞销,但等房地产市场整体回暖时,又可以大卖,不用担心产品过时的问题。

不同行业的公司,存货的重要性也不同。我们可以通过存货和流动资产的比值,或者存货和净资产的比值,了解存货的周转对企业的重要性,比值越高越重要。例如,房地产企业的"存货:流动资产"远远高于家电行业。又如银行、证券等提供金融服务的企业,存货余额几乎为零。不同行业的存货重要性差距极大。

13.7.1 存货关键词之一：存货周转率

讨论存货的时候，我们经常会遇到"存货周转率"这个名词。存货周转率是营业成本和平均存货余额的比值，表示存货在一个年度中周转了几次。不同行业之间的存货周转率差异可能很大。一般情况下，同一行业内，存货周转率越高，企业存货转为收入的速度就越快，企业经营状况越好。

例如，啤酒行业中不同企业的存货周转率差异巨大。青岛啤酒（SH.600600）2018年的存货周转率是6.56次，而同行燕京啤酒（SZ.000729）2018年的存货周转率仅仅是1.82次。不同的存货周转率，代表了两家企业不同的经营结果。青岛啤酒年度平均存货25.22亿元周转了6.56次，对应的是174亿元的营业成本和266亿元的营业收入；燕京啤酒年度平均存货38.28亿元周转了1.82次，对应的是70亿元的营业成本和32.80亿元的营业收入。由此可见，青岛啤酒存货创造收入的能力远远超越燕京啤酒。

对于薄利多销的企业，自然是存货周转率越高越好。但是，对于追求高毛利率（"保价"，对应高利润）而非"保量"的企业而言，这一条并不适用。所以说，存货周转率的比较要针对同行企业进行，不同行业间的存货周转率差异极大。例如经营便利店零售的企业，追求高存货周转率的同时，势必放弃了高毛利率；而经营高档家具的企业，在追求高毛利率的同时，势必放弃了高存货周转率。

在同一行业中，存货周转率和毛利率一般也无法双高，虽然双高是投资人最喜闻乐见的情况。以白酒酿造行业为例，企业通过采购粮食、酿造、窖藏、蒸馏勾兑等工艺流程制造出产品。其中酿造、窖藏的时间长短直接决定了白酒的品质。由于原材料成本基本固定，为了创造高毛利率（卖出高价），生产时间拉长，存货周转率势必偏低。贵州茅台（SH.600519）2018年的存货周转率0.29次，明显低于同行企业泸州老窖（SZ.000568）的0.97次、五粮液（SZ.000858）的0.94次，以及洋河股份（SZ.002304）的0.47次。但是四者中，贵州茅台是行业之最，毛利率为90%，其他三家企业的毛利率不足70%。

存货周转率且毛利率是一对"冤家"，有点鱼和熊掌不可兼得的味道，在同行企业中难以找出存货周转率和毛利率同高的公司。但对于同一家企业而言，它的存货周转率和毛利率有可能往同一方向发展，这时是这家企业的投资时点，起点一般出现在企业经营的最坎坷阶段。例如被三聚氰胺事件拖累的优质奶粉企业，又如被空难拖累的优质航空公司，等等。

与存货周转率对应的是存货周转天数，存货周转天数=365÷存货周转率，指的是存货周转一次需要的天数。青岛啤酒的存货周转率6.56次，对应存货周转天数56天，说明青岛啤酒要用56天，把存货全部销售出去；贵州茅台的存货周转率0.29次，对应存货周转天数1 259天，说明贵州茅台要用1 259天，把存货全部销售出去。

13.7.2 还记得扇贝逃走吗

在财务造假领域，存货是高发地带。

有些企业会利用存货项目进行潜在亏损的挂账，将积压产品、残品、假冒伪劣产品等，长期隐藏在存货项目中。实际上，这些存货缺乏变现能力，是企业的无效资产，这些存货跌价准备的计提会严重削减企业的利润。

存货造假的难易程度，主要要看存货性质，如果存货是易于盘点、易于计价的物品，较难造假，审计人员经盘点可得以确认。但是如果存货是不易盘点或不易计价的物品，那么就比较容易造假了。

例如农业类公司、养殖类公司的存货数量很难核查清楚，水里有多少养殖物，山上有多少种植物，都很难数清楚。这类公司年报中的存货数量如何组织，就看公司自己了。可以先虚报数量，过一段时间再以天气原因、水流原因等消除，投资人也难择其咎。

獐子岛（SZ.002069）的"扇贝逃走"事件就是一个很经典的案例。

2006年，獐子岛以"A股水产第一股"的身份上市，营业收入从2006年的6.4亿元增长到2011年的29.4亿元，净利润从1.7亿元增长到5亿元，一度受到市场追捧。2011年以后，公司的表现开始反转，2014年出现了第一次扇贝逃走事件。2018年又来了第二次逃走、第三次逃走……

此前按獐子岛披露的消息，每年的春秋两季有海底底播虾夷扇贝的抽测。2017年的秋季抽测涉及2014~2016年年底播虾夷扇贝的海域面积135万亩。抽测结果显示，2014年年底播虾夷扇贝存量30千克/亩，2015年年底播虾夷扇贝的存量34千克/亩，2016年年底播虾夷扇贝存量40千克/亩。

事情在4个多月以后急转直下。2018年1月30日，獐子岛突然宣布底播虾夷扇贝发现存货异常，或导致几亿元规模的严重亏损。

2018年2月5日，獐子岛披露了2014、2015、2016年底播虾夷扇贝的存货盘点情况。一般来说，底播虾夷扇贝的养殖时间是3年，但这3年预计收获的131.46万亩虾夷扇贝严重缩水，例如2014年年底播虾夷扇贝的亩产从30千克锐减至0.49千克，数据偏差约60倍；2015年亩产从34千克锐减至4.37千克，2016年亩产从40千克锐减至0.84千克。因此，獐子岛①拟对107.16万亩海域成本为5.78亿元的底播虾夷扇贝存货进行核销处理；②拟对24.3万亩海域成本为1.26亿元的底播虾夷扇贝存货计提跌价准备5110.04万元。上述两项合计影响净利润6.29亿元，全部计入2017年年度损益，预计2017年年度净利润亏损。

獐子岛自述，造成上述损失的原因包括长海县降水不足、饵料少、海水异常高温、养殖规模等不合理条件。但是，我们不禁要问，公司是否及时知道上述环境因素变化？三年的养殖期内，为何不能及时对外部条件变化做出相应处理，为何在收获期才报出大额减值？重重迷雾，最终落到"存货作假"问题。

类似的情况不仅仅獐子岛一家。

尔康制药（SZ.300267）2017年的年报中，对2016年的存货进行大幅调整，调减存货2.25亿元，如此行为直接被市场怀疑造假，如表13-9所示。

表13-9 尔康制药2017年年报对2016年末合并资产负债表做调整（单位：元）

项 目	更正前金额	调整金额	更正后金额
应收账款	238 657 039.45	–11 013 181.20	227 643 858.25
存货	991 470 398.52	–224 840 865.22	766 629 533.30
其他应付款	35 769 410.19	12 077 074.75	47 846 484.94
其他综合收益	59 082 720.91	–988 250.97	58 094 469.94
未分配利润	2 013 419 713.00	–246 942 870.20	1 766 476 842.80

另外，被ST的企业也会在存货上做文章。这些企业为了重新盈利，脱掉ST的帽子，会通过人为手段，先导致企业巨额亏损，以便为以后的盈利腾出空间。

主要的人为手段之一，就是加大力度计提存货跌价准备[1]。

中国船舶（SH.600150）在2016~2017年连续两度亏损，2018年4月被上交所ST后，2018年当年又"成功"脱帽，这一"胜利"是有预谋嫌疑的。

2016年，中国船舶计提存货跌价准备37.46亿元，占平均存货余额22.22%，让存货大幅减值。2017年，继续大幅计提存货跌价准备26.33亿元，占平均存货余额18.13%。这两年中国船舶的资产减值损失几乎全是因为存货跌价。

2018年第一季度，中国船舶的存货跌价准备转回[2]，资产减值损失随之大幅降低，为–9 140万元。数据上的这一变化，直接促使中国船舶在当季度扭亏为盈，净利润7 198万元。如果当季度没有对存货跌价准备"做手脚"（转回），中国船舶仍旧是亏损状态。

以上例子说明，存货的调节，会让企业业绩发生翻天覆地的变化。认清企业存货的本质，选出存货"干净"的公司，这是在投资一家企业前需要做的功课。

---

[1] 存货跌价准备，指的是在资产负债表日，如由于存货遭受毁损、全部或部分陈旧过时或销售价格低于成本等原因，使存货成本不可以收回的部分，应按单个存货项目的成本高于其可变现净值的差额提取，并计入存货跌价损失。

[2] 存货跌价准备转回：当以前计提存货跌价准备的影响因素已经消失，计提的金额应当予以恢复，也就是在原来已经计提的存货跌价准备金额内转回。

13.8　可供出售的金融资产，可能是黄金也可能是地雷

在企业的财务报告中有三大金融资产，分别是：

（1）交易性金融资产。

（2）可供出售金融资产。

（3）持有至到期投资。

这三者较容易混淆。
这三项金融资产是上市公司所持有的其他公司的股权，按照股权的不同属性来划分。
从"持有期限"的角度来讲：
最短的是（1）交易性金融资产，持有期限一般是1年以内。
居中的是（2）可供出售金融资产，持有期限一般大于1年。
最长的是（3）持有至到期投资，持有期限是长期。

从"持有目的"的角度来讲：

（1）交易性金融资产，目的是赚取短期差价。

（2）持有至到期投资，目的是长期投资。

（3）可供出售金融资产，目的介于上述两者之间。

从"股票或债券类型"的角度来讲：

（1）交易性金融资产的类型是股票或债券。

（2）持有至到期投资的类型是债券。

（3）可供出售金融资产的类型是股票或债券。

交易性金融资产对应的股票价格变化，会对上市公司的当期利润构成直接影响，报表中体现为利润表的"公允价值变动收益"。

持有至到期投资对应的股票价格变化，对上市公司没有影响。但是，如果上市公司对被持有公司的投资按照权益法核算，则被持有公司的业绩变化直接对上市公司的业绩造成影响；如果按照成本核算，当被持有公司进行现金分红时，上市公司的业绩会受到影响。

可供出售金融资产对应的股票价格变化，会对上市公司的净资产造成影响，表现为资产负债表中的资本公积增加。

年工程进度达到87%后速度放缓，2018年年底末尚未完工。预算8亿元的21个原料药生产项目，同样始建于2012年，2015年工程进度达到95%后，2018年末的进度是98%。预算12亿的富阳制剂出口基地建设项目，2012年的工程进度是90%，2018年年底的进度是99%，等等。2018年，海正药业对这些所谓的在建工程计提了5 483万元的减值准备。

迟迟"不肯完工"的在建项目，暂时避免了计提折旧对利润的负面影响，不然会让已经处于亏损困境中的海正药业火上浇油。同时，海正药业2018年的年报显示，在建工程所包括的资本化利息支出已合计达到4.8亿元，仅2018年的资本化利息就有1.07亿元。利息资本化的操作，同样缓解了高额利息对海正药业净利润的影响。

由此可见，海正药业在建工程迟迟不转固定资产的原因，就是为了不让净利润更加难看。

13.11 无形资产，谨慎对待"研发支出资本化"

无形资产，指的是企业拥有或者控制的没有实物形态的可辨认非货币性资产。会计上通常将专利权、非专利技术、商标权等称为无形资产。

无形资产多数是由研发支出换来的。由于这些计入无形资产、开发支出的资产负债表科目并不确定何时转入利润表，研发支出资本化可能导致无形资产减值，这也是投资人容易踩雷的地方。

乐视网2017年年报显示，公司亏损139亿元，会计事务所提出了非标意见。主要原因是，乐视网对2017年的各大资产计提了减值。资产减值损失合计109亿元，其中无形资产减值损失就高达33亿元。

出现如此大比例的无形资产减值损失，主要是因为乐视网过度将研发投入进行资本化处理。实际上，无形资产里的非成熟技术或者专利，很可能受到被减值的威胁，如表13-14所示。

表13-14 乐视网近年研发投入金额及占营业收入的比例

	2013年	2014年	2015年	2016年	2017年	2018年
研发人员数量（人）	406	1 023	1 519	3 504	1 361	445
研发人员数量占比	21.00%	29.20%	31.10%	65.02%	33.59%	25.77%
研发投入金额（元）	373 971 798	805 571 805	1 224 120 437	1 859 563 101	1 004 826 507	193 025 178
研发投入占营业收入比例	15.84%	11.81%	9.40%	8.47%	14.30%	12.21%

(续表)

	2013年	2014年	2015年	2016年	2017年	2018年
研发支出资本化的金额（元）	202 575 271	482 539 371	731 874 814	1 178 084 160	706 168 537	131 802 698
资本化研发支出占研发投入的比例	54.17%	59.90%	59.79%	63.35%	70.28%	68.28%
资本化研发支出占当期净利润的比重	87.17%	374.65%	337.09%	−530.93%	−5.09%	−2.30%

乐视网的研发投入很大，研发支出资本化的金额也很高。2014年以来，资本化研发支出占研发投入的比例在60%~70%。这个比例，理论上意味着乐视网60%~70%的研发取得了极好的成果。如果研发的成功率真的这么高，企业经营就不会出现那么大的问题，导致退市结局了。

中环股份（SZ.002129）是一家生产和经营半导体材料、半导体集成电路与器件的高新技术企业。中环股份的研发支出超过营业收入的5%，2016年~2018年的研发支出分别是3.9亿元、5.0亿元和7.8亿元。这三年的研发费用资本化金额分别是2.9亿元、1.2亿元和3.6亿元。中环股份资本化的比例最高时达到了74%，而同行隆基股份（SH.601012）的资本化金额几乎为零。

13.12　商誉，收购对象是否成为烫手山芋

一家公司收购另一家公司部分或全部股权时，实际买入价格和标的公司净资产公允价值之间的差额，即为商誉。也就是说商誉越高，企业在收购过程中支付的溢价也就越高，商誉未来能为企业经营带来超额利润的潜在经济价值。

假设A公司收购B公司30%的股权，B公司30%股权对应的净资产公允价值是2亿元，但是A公司花了3亿元购买B公司30%的股权，那么实际买入价格3亿元和标的公司净资产公允价值2亿元之间的差额1亿元，就是商誉。标的公司净资产公允价值2亿元计入"长期股权投资"。

商誉不需要每年计提折旧，但政策要求，公司每年进行减值测试，如果发现被并购方业绩大幅下滑，商誉减值，则要计提减值准备，一旦发生减值，就要通过资产减值损失冲减当期利润。

对于一家擅长收购、喜欢兼并扩张的公司而言，会计政策并没有严格约束每一年对商誉实际价值的披露。而且，企业的盈利预测、折现率的选择等，存在太多的调整因素，因此，商誉为上市公司创造了制造"窝点"的空间，是上市公司利润调节的重

要手段之一。简单起见，对于商誉金额特别大的公司，例如商誉占总资产的比例超过30%的，投资人要谨慎对待，仔细排查其所收购公司的经营状况。

美的集团（SZ.000333）是收购大户，以其年报中显示的小天鹅13.6亿元商誉为例，发现小天鹅2017~2018年的净利润就超过13亿元，自然这笔商誉是安全的。

但是事情总有两面性。并购重组的过程中，高溢价、高业绩承诺的收购现象日趋增多，导致上市公司商誉总额不断攀升。有些公司所收购的标的公司，虽然盈利不及预期，但是公司为了调节利润没有及时计提减值准备，而在事态不得不暴露的时候，对商誉计提大额减值，导致企业业绩一败涂地。

商誉减值测试一般在年底进行，因此年底是商誉减值爆雷的高发时段。三季报披露时，投资人就要对所持有的股票进行商誉扫雷，对于那些存在较高商誉的企业，要持谨慎态度，万一年底计提大额的商誉减值准备，再美好的业绩都是假的。

下面举两个例子。

2012年5月11日，掌趣科技（SZ.300315）上市之后股价一路高歌猛进。从2012年7月到2015年5月，公司股价上涨1297%，最高达到77.11元，成为A股的手游第一股。短短三年时间，掌趣科技的市值从不到30亿元冲破515亿元。

事实上，上市之后的2013~2015年，掌趣科技进行大规模并购，几乎每次都伴随着较高的业绩对赌和十几倍的溢价，导致商誉猛增，商誉从上市之初的0.22亿元攀升到2018年年底的56亿元，占股东权益的66.6%。但从实际经营状况来看，掌趣所收购的玩蟹科技、上游信息和动网先锋等从2015年起就难以完成业绩承诺，商誉理应减值；2017年起，这几家企业都过了业绩对赌期，业绩好坏更是没有顾虑。可是，投资人看到的却是，掌趣科技的商誉勇攀高峰。

伴随着2013年~2015年股价的飞速上涨，是掌趣大股东的疯狂套现，这个现象为其高比例的商誉加了一个问号。

2013年起原第二大股东华谊兄弟先后套现24.7亿元，2015年起第一大股东姚文彬连续套现超过27亿元。到了2018年6月，姚文彬持股比例降到6.98%，上市公司已无实际控制人和控股股东。昔日的明星股就此陨落。

勤上股份（SZ.002638）在2016年以前主营半导体照明产业，后来主业经营不济，便通过收购的方式转战教育行业。勤上股份曾多次上演业绩大变脸，先来看看2016年的变脸，核心原因在于对商誉的处理。

2016年10月27日，勤上股份披露2016年第三季度报告，预计2016年年度归属于上市公司股东的净利润是4 700万元~5 400万元。

2017年2月28日发布2016年年度业绩预告称，预计实现归属于上市公司股东的净利润4 787万元，比上年同期增长130.74%。

一个半月后，公司发布业绩修正预告，预计2016年归属于上市公司股东的净利润为–3.96亿元，同比下降–2 010.05%。

一周后，2016年年报显示，经审计的2016年归属于上市公司股东的净利润为–4.27亿元。

勤上股份对此变脸的解释是：公司于2016年度完成对广州龙文教育科技有限公司的收购，本次收购公司资产负债表中形成商誉20亿元。2016年，由于龙文教育经营情况未达预期，为更加真实、准确地反映公司的资产状况和财务状况，对上述商誉减值4.2亿元。外加应收账款、在建工程计提约1亿的资产减值损失，合计减值5.1亿元。

2016年，勤上股份全资收购龙文教育，溢价20亿元确认为商誉。虽然龙文教育获得了很高的估值，但是被收购后业绩与预期相差甚远。2016年龙文教育预计实现净利润1亿元，实际实现扣非净利润6 642万元，达标率66%。因此，勤上股份当年计提4.6亿元商誉减值准备，导致当年净利润大跌，亏损4.3亿元。

后续情况并没好转。2017年龙文教育预计实现净利润1.3亿元，实际实现扣非净利润为8 414万元，达标率为65%。只是勤上股份这一年并没有对龙文教育计提商誉减值准备（自述会计师认为龙文教育的价值合理，无须减值）。而且其他被勤上股份收购的教育机构，例如英伦教育的净利润同样在2018年步入了"负值期"。勤上股份的商誉爆雷，是早晚的事。

只要是资产，都会贬值。从理论上讲，只要发现某项资产的实际价值低于账面价值，上市公司就会对所持有的这项资产计提资产减值准备，并将实际价值和账面价值的差额列为当期费用（净利润因此而有所减少），这是完全正确的做法。例如存货跌价准备、可供出售金融资产减值准备、持有至到期投资减值准备、长期股权投资减值准备、投资性房地产减值准备、固定资产减值准备、工程物资减值准备、在建工程减值准备、无形资产减值准备、商誉减值准备。但从上述几个小节的实际例子来看，一旦上市公司没有按照实际贬值速度逐年计提，而是突然大幅计提，就会引发公司的净利润大幅缩减，所谓的爆雷，就这样出现了。而这种爆雷，多数是因为之前年份为了提交"优秀"的净利润表现，而隐藏了一些业绩弊病，这些定时炸弹通过突然大幅计提来引爆。

第 14 章
对负债端和所有者权益的动刀

讲完了资产类科目，再来谈谈负债类科目。相比资产类科目，负债类科目中，大部分可以望文生义；而且负债类科目的"调节"余地有限，到底负债多少，多数时候能直观、正确地呈现。

14.1 有息负债，谨慎对待

借债有好坏之分。"好"的债不用归还利息，"坏"的债有财务风险（有息负债）。企业借债，自然是"坏"的债越少越好。

14.1.1 短期借款和长期借款

上市公司向银行的贷款，主要体现在短期借款和长期借款这两个科目中。投资人要关注的是这两个科目的安全性，可以从以下几个角度来判断。

首先，要看短期借款和长期借款的总额，以及对应的财务费用（从利润表中查找）。

其次，要看上市公司的贷款条件。

上市公司的借款主要分为三种形式。

- 一是保证借款，由其他公司或法人担任借款担保人才能获得贷款。
- 二是抵押借款，是以上市公司自己的财产作为抵押物才能获得贷款。
- 三是信用借款，这时无须保证人担保，也无须设定财产抵押就能获得贷款。

一般情况下，如果上市公司的贷款中有相当的比例属于信用贷款，那么银行对上市公司是相当信任的。

对比格力电器和辅仁药业的信用借款，前者在短期借款中占到三分之二以上，后者毫无信用借款，可见银行对待两家公司不同的信任态度。如表14-1和表14-2所示。

表14-1　格力电器2018年短期借款分类（单位：元）

借款条件	期末余额	期初余额
质押借款	4 354 000 000.00	3 790 000 000.00
保证借款	-	2 226 975 356.32
信用借款	17 713 750 002.70	12 629 119 688.00
合计	22 067 750 002.70	18 646 095 044.32

表14-2　辅仁药业2018年短期借款分类（单位：元）

项目	期末余额	期初余额
质押借款	20 000 000.00	39 000 000.00
抵押借款	10 000 000.00	10 000 000.00
保证借款	1 615 000 000.00	1 566 000 000.00
信用借款	-	-
抵押、保证及质押	120 000 000.00	120 000 000.00
保理借款	58 500 000.00	3 690 000.00
保证及抵押借款	133 000 000.00	211 000 000.00
保证及质押借款	221 000 000.00	80 000 000.00
应付票据	311 000 000.00	-
合计	2 488 500 000.00	2 029 690 000.00

有些企业是否为了取得贷款，将大量资产进行抵押、保证、质押等。从大禹节水（SZ.300021）的"资产权利受限情况"可以看出，2018年年末，其货币资金和固定资产都因借款（短期借款和长期借款）和长期应付款被抵押。如表14-3所示。

表14-3　大禹节水截至2018年年末的资产权利受限情况（单位：元）

项目	期末账面价值	受限原因
货币资金	43 716 949.21	银行承兑保证金、履约保证金
应收账款	97 572 019.63	应收账款保理
项目公司节水项目资产	29 271 400.00	元谋公司节水灌溉工程抵押借款
项目公司节水项目资产	79 031 903.24	云南同捷节水灌溉工程抵押借款
固定资产-房屋建筑物	156 073 140.68	短期借款抵押
固定资产-机器设备	71 573 050.90	融资租赁抵押
无形资产	24 386 594.10	土地抵押
合计	501 625 057.76	

(续表)

债项类别	债权人	金额	受限资产种类	账面价值
短期借款	中国建设银行股份有限公司酒泉分行	40 000 000.00	房屋	11 329 858.27
			土地	5 145 482.73
短期借款	中国农业发展银行酒泉市肃州区支行	126 000 000.00	房屋	144 743 282.41
			土地	19 241 111.37
长期借款	元谋县水务局	35 325 000.00	管道	29 271 400.00
长期应付款	弥勒市农业投资开发有限责任公司	24 500 000.00	东风项目工程	79 031 903.24
融资租赁	中建投租赁股份有限公司	60 000 000.00	机器设备	71 573 050.90

再次，要看企业获得贷款的利率。

企业贷款利率，在央行规定的基准利率的基础上，根据贷款企业的经营效益、信用等级等条件向上浮动。从上市公司的贷款利率的高低，可以看出银行对其的信用评判。

2019年，央行的贷款基准利率标准是，一年期贷款利率为4.35%，一到五年期贷款利率为4.75%，五年期贷款利率为4.90%。

格力电器2018年年报公布的短期借款利率是1.09%~4.35%，可见向银行的短期借款利率（4.35%）并没有任何向上浮动。如表14-4所示。

表14-4 格力电器截止2018年末的有息负债情况（单位：元）

报表项目	金额	利率区间	备注
短期借款	22 067 750 002.70	1.09%~4.35%	浮动利率
吸收存款及同业存放	315 879 779.13	0.35%~3.20%	浮动利率

美的集团2018年年报公布的长期借款主要利率区间是0.4%~5.5%。相比一到五年期贷款利率4.75%和五年期贷款利率4.9%，最高上浮12%~24%。

中国国旅2018年年报公布：本集团个别子公司存在短期借款，利率为2.1000%~5.0025%。相比年期贷款利率4.35%，最高上浮15%。

在贷款期限相同的情况下，贷款企业的信用等级越高，贷款利率自然就越低。

14.1.2 存贷双高，多数是危险的陷阱

存贷双高，"存"是指存款余额（货币资金），"贷"则是贷款余额（财务费用），源于有息负债（例如短期借款、长期借款、应付债券等）。一手是对内账上保留大量现金，另一手是对外要支付高额的财务费用。就当今借款利率大于存款利率的情况下，当企业有大量闲置现金时，首选的做法应该是归还借款。

如果一家企业长期存贷双高，它造假的可能性比较高。当然也有一些例外情况。

例如控股子公司较多的企业，它的一部分控股子公司存款较多，另一部分控股子公司贷款较多，在合并报表中综合在一起，就可能出现存贷双高的情况。这种存贷双高的发生，是真实情况但非合理状态，因为这样做的资金利用率较低，母公司完全可以通过设立财务公司等方法来加强资金管理。

又如供应链公司[1]，账面上的货币资金可以高达百亿（存高），但同时有息负债也可以高达百亿（贷高）。货币资金这端可达百亿规模，其中，除了现金和银行存款，还有约30%甚至更高的比例是各种保证金（信用证、保函、承兑汇票、贷款等的保证金）。保证金是受限资金，这种货币资金的组合是供应链企业运营中很常用的结算方式。另一端的有息负债也高，这是因为供应链公司在匹配需求端客户和供应端客户时，常常会在他们之间"张罗"供应链金融服务。例如收取需求端客户20%的定金，之后匹配相应的供应商，供应商采购原材料的资金向供应链公司借款，这部分的借款累积在一起对供应链公司的资金造成巨大压力。供应链公司向银行借款，势必就会出现高额的有息负债。

再如有些经营状况如航空母舰般坚实而稳定的优质企业，它们有能力创造丰富的现金流，同时也是银行的最爱出借资金的对象。

存贷双高的发生，虽然有真实情况存在，但更多的是造假可疑，投资人要警惕陷阱所在。

14.2 无息负债，多多益善

企业的经营不可能没有负债，负债分为有息负债和无息负债。

上市公司向银行的借款（短期借款和长期借款）属于有息负债，有息负债还包括应付债券。对于有息负债，企业是需要支付利息成本的。

有息负债相对无息负债而言，无息负债一般是经营活动中自动形成的负债，俗称赊账。例如应付票据、应付账款、预收账款、应交税费等，是企业生产经营中凭借议价能力产生的无息负债，这类负债"越多越好"。

---

[1] 供应链公司，是通过对商流、信息流、物流、资金流的控制，从采购原材料开始，制成中间产品以及最终产品，最后由销售网络把产品送到消费者手中的将供应商、制造商、分销商、零售商，直到最终用户连成一个整体的功能网链结构的公司。

应付票据和应付账款，一般是上市公司采购原材料和劳务时形成的未付款。预收账款更是体现了企业在行业中的话语权，能做到货未卖出款先到，必定是公司的产品特别热门。贵州茅台（SH.600519）、格力电器（SH.600651）、海天味业（SH.603288）等行业龙头，都是采用"先付款，后发货"的交易方式，在不支付任何利息成本的情况，占用下游客户的钱。

这里要警惕预收款项的长期挂账，此时，企业可能有隐藏利润的嫌疑。

14.3　其他应付款，警惕有藏匿的借款

其他应付款和其他应收款一样，也是和企业主营业务无关的科目。因为其他应付款对应的是非主营业务，金额不应过大（不应接近或超过应付账款），不然容易隐藏猫腻。

对其他应付款的考察，重点是搜索"其他应收款"中是否隐藏借来的资金。例如，是否存在银行借款外的有息负债？是否存在关联方拆借？是否存在向股东借款的情况？等等。

在货币资金的相关章节中，我们知道，有些资金量不够充裕的企业，可能在年中或年末通过各种渠道让账面数据漂亮起来。除了要警惕存贷双高，其他应付款和货币资金的双高同样是杀手，这时要仔细看看其他应付款的明细。

例如具有5G叠加芯片概念的国民技术（SZ.300077），2018年半年报中的货币资金到达巅峰值4.22亿元，其中受限资金仅仅0.27亿元，看起来资金较为充裕。但进一步查看它的其他应付款，结果发现其他应付款居然高达11.75亿元，这是其他应付款和货币资金双高的典型。其他应付款的明细中，非金融机构借款（银行借款外的有息负债）1.55亿元，关联方拆借2.75亿元，这两项合计4.3亿元，已经看齐货币资金的账面值4.22亿元。2018年年底，虽然国民技术爆雷的是商誉和业绩，但火苗早在之前就种下了。

又如前文介绍过的，分红爽约的辅仁药业（SH.600781），其2018年年报显示，资产端的货币资金16.56亿元，负债端的其他应付款中，往来款2.95亿元，非关联资金拆入3.91亿元，这两项合计6.86亿元。也就是说，16.56亿的货币资金中6.86亿元是借来的。另外，加上公司30多亿元的借款，现金流让人着急上火，6 000万元的分红爽约，似乎是"情有可原"。如表14-5所示。

表14-5 辅仁药业2018年的其他应付款(单位:元)

项目	期末余额	期初余额
往来款	295 467 242.60	435 997 675.01
非关联方资金拆入	391 183 200.00	-
收购少数股东股权款	-	391 183 200.00
重组服务费	-	15 000 000.00
保证金	14 900 142.36	3 114 680.32
押金	1 430 260.36	59 332.28
备用金	111 145.13	-
其他	16 676 379.69	15 515 537.51
合计	719 768 370.14	860 870 425.12

再如经营动物蛋白产业平台的佳沃股份(SZ.300268),2019年半年报显示,其他应付款22.32亿元中的21.90亿元是"资金融通款"。所谓的资金融通款,就是借款。2019年年初,佳沃股份开始规划收购智利三文鱼企业Australis Seafoods,预计花费现金64亿元,为此,佳沃股份向控股股东借款22亿元,对应21.90亿元的"资金融通款"。

14.4 偿债能力指标,到底准不准

从资产和负债的结构比例,可以衡量一家企业偿债能力。常见的指标包括,体现短期偿债能力的流动比率、速动比率、利息保障倍数等,反应长期偿债能力的产权比率等,以及资产负债率(由于资产负债率的公式中,"负债"既包括长期负债,也包括短期负债,因此无法简单归类于短期偿债能力或长期偿债能力)。这些指标在具体分析时需要做综合分析。

$$流动比率 = \frac{流动资产}{流动负债}$$

$$速动比率 = \frac{速动资产}{流动负债} = \frac{流动资产 - 存货}{流动负债}$$

$$利息保障倍数 = \frac{税后净利 + 所得税 + 利息}{利息}$$

$$产权比率 = \frac{负债合计}{股东权益合计} = \frac{负债合计}{所有者权益合计}$$

$$资产负债率 = \frac{负债}{总资产} \times 100\%$$

14.4.1 资产负债率，说明什么

用资产负债率举个例子。

资产负债表中，总资产=负债+所有者权益。总资产相当于公司能够调动的所有资源。总资产分为两部分，一部分是负债，也就是借来的钱，另一部分是所有者权益，也就是股东自身投入的钱。

资产负债率 = $\frac{负债}{总资产}$ ×100%，代表公司借债的多少。资产负债率一方面说明了公司的举债经营能力，另一方面也反应了公司偿债压力的大小。适当借债有利于企业发展，但是过度举债会让企业承担巨大的风险，其中的分寸要靠公司自身来衡量。

从安全性的角度来讲，资产负债率越低，抵抗还债风险的能力就越强，有些资料显示最高不要超过30%。如果资产负债率达到了50%，此时，负债=所有者权益，也就是说，公司变卖了所有净资产后刚够还债。如果资产负债率超过50%，那么，公司变卖所有净资产后还不够还清债务。

通过前文的介绍，我们知道，资产负债表中的任何一个数据都不是孤立存在，也不能孤立评价的。单独的一个数据，可以和企业自身往期、往年的数据比较，也可以和同行企业的同期数据做比较，甚至可以将同行企业不同期的数据做联合比较。合理的资产负债率水平，会因为不同行业而大不同。企业的安全资产负债率，应该结合自身所处的行业和公司的经营战略来确定。银行业要吸收存款放贷给借款方，而吸收到的资金都是负债，所以资产负债率天生就高。房地产业要用土地和房屋去抵押贷款，负债水平同样非常高。从理论上讲，白色家电行业的负债水平不会很高，但是那些擅长利用杠杆来扩大收入的公司，资产负债率就会比较高，比如格力电器的杠杆经营。格力电器的做法，也代表了一批发展中的优秀企业，通过借债、借钱来创造利润。

从格力电器2018年12月31日的资产负债表中，摘录出重要的几个项目（金额特别大或者项目特别重要），如表14-6所示。

表14-6 格力电器2018年12月31日的资产负债表（单位：元）

项目		项目	
货币资金	113 079 030 368.11	短期借款	22 067 750 002.70
应收票据和应收账款	43 611 226 866.20	应付票据和应付账款	49 822 799 753.31
预付款项	2 161 876 009.22	预收款项	9 792 041 417.16
其他应收款	2 553 689 544.47	应付职工薪酬	2 473 204 451.69
存货	20 011 518 230.53	应交税费	4 848 347 673.70

（续表）

项目		项目	
其他流动资产	17 110 921 223.89	其他应付款	4 747 139 263.00
固定资产	18 385 761 475.54	负债合计	158 519 445 549.35
在建工程	1 663 938 988.55	股本	6 015 730 878.00
无形资产	5 204 500 167.30	资本公积	93 379 500.71
商誉	51 804 350.47	未分配利润	81 939 701 613.83
递延所得税资产	11 349 573 709.69	所有者权益合计	92 714 711 727.46
资产总计	251 234 157 276.81	负债和所有者权益总计	251 234 157 276.81

资产组成方面，占据较大金额的是货币资金、应收票据和应收账款、存货、其他流动资产、固定资产、递延所得税资产。资产总计2 033亿元。

负债组成方面，占据较大金额的是短期借款、应付票据和应付账款，负债合计1 585亿元。所有者权益927亿元。负债和所有者权益总计2 512亿元。资产负债率63%。

我们来挖掘下这张资产负债表的深意。

我们看到，格力电器的资产项中货币资金高达1 130.8亿元，"其他流动资产"中占比最高的结构性存款[1]达141.5亿元，理财产品有8.3亿元，均可简单看作现金，那么合计现金1 280亿元。再来看负债项，其中短期借款有220.7亿元。如表14-7所示。

表14-7　格力电器2018年的其他流动资产（单位：元）

项目	期末余额	期初余额
套期工具	16 696 576.75	34 704 872.00
理财产品	833 000 000.00	3 900 000 000.00
结构性存款	14 148 400 000.00	5 084 843 183.84
待抵扣进项税及预缴税费	2 112 824 647.14	1 322 364 521.74
合计	17 110 921 223.89	10 341 912 577.58

也许投资人要问，格力电器有那么多现金，为什么还要借款、举债经营呢？

对于一些处于经营困境中的公司，通常会陷入缺乏现金的窘境，急需资金周转，此时负债借款几乎是减缓燃眉之急的唯一办法。而对于那些经营正常的公司来说，虽然账面资金可以维持公司的日常运营，但是，如果能调动到的资金越多，那么可以获

---

[1] 结构性存款也可称为收益增值产品，是运用利率、汇率产品与传统的存款业务相结合的一种创新存款。

取的收益就可能越大。虽然借来的钱需要支付一定的利息，但是公司利用这笔借款可以创造更大的价值。

14.4.2 格力电器的高资产负债率自有其因

前文介绍过，企业的经营不可能没有负债，但负债有优劣之分，包括需要偿还利息的有息负债和无须偿还利息的无息负债。

有息负债包括短期借款、长期借款、应付债券等，有较高的偿还风险；无息负债包括应付账款、预收账款、应交税费等，几乎没有偿还风险，这类负债多多益善。

前文也介绍过，通常情况下，企业的资产负债率高于70%是危险情况，但这个数据并非金标准。事实上，根据公式：资产负债率 $= \frac{负债}{总资产} \times 100\%$，在总资产固定的前提下，资产负债率的高低取决于负债的高低。负债有"好的"无息负债和"坏的"有息负债之分，如果负债科目下无息负债占据一定的分量，即使资产负债率高于70%，也未必是危险情况，反而在一定程度上说明企业对上下游的话语权。

格力电器（SZ.000651）的资产负债率不可谓不高。从2009~2018年的十年间，资产负债率虽从80%下降到63%，但仍属于"高"资产负债率。如表14-8所示。

表14-8　格力电器2009~2018年的资产负债表（单位：亿元）

	2009	2010	2011	2012	2013	2014	2015	2016	2017	2018
资产合计	515.30	656.04	852.12	1 075.67	1 337.02	1 562.31	1 616.98	1 823.70	2 149.68	2 512.34
负债合计	408.78	515.93	668.34	799.87	982.35	1 110.99	1 131.31	1 274.46	1 481.33	1 585.19
有息负债	30.19	52.12	77.49	74.50	66.81	95.25	104.44	112.45	195.29	227.75
无息负债	289.15	347.46	460.33	472.29	476.50	400.95	398.42	486.90	584.63	596.14
其中：应付票据	83.93	89.45	106.44	79.84	82.30	68.82	74.28	91.27	97.67	108.35
应付账款	116.50	137.95	156.36	226.65	274.34	267.85	247.94	295.41	345.53	389.87
预收账款	88.72	120.06	197.53	166.30	119.86	64.28	76.20	100.22	141.43	97.92
无息负债/负债	70.7%	67.3%	68.9%	59.1%	48.5%	36.1%	35.2%	38.2%	39.5%	37.6%
资产负债率	79.3%	78.6%	78.4%	74.4%	73.5%	71.1%	70.0%	69.9%	68.9%	63.1%

进一步查看格力电器的负债组成，可以看到格力电器的无息负债是有息负债的好几倍。2009年时格力电器的无息负债约是有息负债的10倍，2018年时无息负债约是有息负债的2倍。2009年时无息负债占总负债的70%，2018年的占比是37%。可见，其高资产负债率源于无息负债在总负债中的高占比。这种情况不是危险的预警，而是业内话语权的证明。当然，从2009~2018年的趋势来看，格力电器获取无息负债的能力在减弱，这和整个空调产业的演变趋势是一致的。

高资产负债率既可能出现在严重缺钱的企业中，也可能出现在现金流非常充沛的企业中，其中的差别就是负债组成，到底是有息负债占主导（缺钱企业），还是无息负债占主导（多钱企业）。

14.5 所有者权益，小心少数股东权益的干扰

少数股东权益和少数股东损益，指的是少数股东所拥有的权益或损益。资产负债表中，所有者权益分为"归属于母公司所有者权益"和"少数股东权益"，少数股东权益是少数股东所投入的资产。利润表中，净利润分为"归属于母公司所有者的净利润"和"少数股东损益"，少数股东损益是仅仅归属于少数股东的净利润。

对于大多数公司而言，所有者权益的金额高，或是净利润的金额高，一般代表着企业底气足，或者经营业绩好。但是对于一些少数股东占比较高的公司，如果单纯从所有者权益或净利润（包括所有者和少数股东）的角度来解读，可能出现重大误差。少数股东的存在，可能被母公司用来输送利润或藏匿利润。

假设有一家以组装电子产品为主业的大公司A，股价走势平平，根据市场起伏波动。但是大公司A有很多子公司，各种零部件公司、销售公司、公关公司（公司A对这些公司的持股比例高于50%）……或许，某一家上市的零部件公司的股价正突破大势轨迹，蓬勃发展；甚至，是未上市的零部件公司，公司A的大股东在其中赚得盆满钵满。这就是典型的利润输送，将公司A的利润输送到其子公司中。公司A的大股东对公司A的持股未必高，但是在那些业绩表现极佳的子公司中，持股比例绝对高。这种做法，就是典型的母鸡（母公司）养小鸡（子公司），母公司大股东虽然在母公司赚不了多少钱，但是在子公司的经营中成了大赢家。

从各企业2018年的年报来看，中国石油、中国石化、万科、中国建筑、中国平安、上汽集团等公司的少数股东权益或少数股东损益占比较高。并不是说，少数股东占比高就一定有猫腻存在，但是对于那些会披露少数股东的业绩明细的上市公司，投资人可以明确判断企业价值；而那些不披露少数股东的业绩明细的公司，就给投资人的判断造成困难。

当少数股东的业绩表现不做详细披露时，投资人的评判方式可以从简，通过比较少数股东的净资产收益率与归属于母公司所有者的净资产收益率，粗略判断少数股东收益的合理性。

房地产龙头万科A（SZ.000002）就是一家少数股东占比较高的企业。2019年三季报的资产负债表显示，合计所有者权益2 449亿元，包括归属于母公司所有者权益1 673亿元，以及少数股东权益776亿元。利润表显示，合计净利润286亿元，包括归属于母公司所有者的净利润182亿元，以及少数股东损益104亿元。少数股东权益和少数股东损益都要占据总额的三分之一左右。

2018年年报的资产负债表显示，合计所有者权益2 356亿元，包括归属于母公司所有者权益1 558亿元，以及少数股东权益798亿元。利润表显示，合计净利润493亿元，包括归属于母公司所有者的净利润338亿元，以及少数股东损益155亿元。粗略估计，2018年年末，少数股东的净资产收益率=少数股东损益÷少数股东权益=155÷798=19.4%；归属于母公司所有者的净资产收益率=归属于母公司所有者的净利润÷归属于母公司所有者权益=338÷1 558=21.7%。2018年年末，万科A的少数股东的净资产收益率与归属于母公司所有者的净资产收益率相差无几，合理。

到了2019年一季度，万科A归属于母公司所有者权益1 576亿元，少数股东权益786亿元。归属于母公司所有者的净利润11.2亿元，以及少数股东损益20.9亿元。粗略估计，2019年一季度，少数股东的净资产收益率=20.9÷786=2.7%，归属于母公司所有者的净资产收益率=11.2÷1 576=0.7%，前者是后者的四倍！而且，万科对少数股东的信息披露较少，因此，少数股东的净资产收益率远高于普通股股东时，很容易被市场质疑。

在"少数股东"事件上，除了向少数股东输送利润，也有从少数股东身上挖走利润的。这种情况基本发生于业绩不佳，需要输血的企业。通过从少数股东身上挖块肉，补贴归属于母公司所有者的净利润，让后者美丽起来。

由于"少数股东权益"和"少数股东损益"两个科目可能被用来修饰财务数据，投资人在评判企业价值时，必须要考察归属于母公司所有者权益和归属于母公司所有者的净利润，以避免少数股东的影响。

查看乐视网2015年~2018年的年报数据，少数股东损益都为负值。这些年份中，2018年年末的情况已经糟糕到极点，所有者权益和净利润皆负，并且母公司股东和少数股东的金额皆负。但在情况最好的2015年，乐视网的净利润是正值，归属于母公司股东的净利润也是正值，少数股东损益却是负值。如表14-9所示。

表14-9 乐视网2015~2018年的所有者权益及净利润（单位：元）

（摘自"所有者权益"表）	2015	2016	2017	2018
所有者权益				
股本	1 856 015 158.00	1 981 680 127.00	3 989 440 192.00	3 989 440 192.00
其他权益工具	-	-	-	-
其中：优先股	-	-	-	-
永续债	-	-	-	-
资本公积	549 148 989.30	6 197 235 638.19	8 643 234 323.02	9 048 265 511.95
减：库存股	-	-	-	-
其他综合收益	27 837 143.24	54 771 627.69	- 27 671 446.75	- 26 179 982.21
专项储备	-	-	-	-
盈余公积	179 165 369.15	286 311 762.59	286 311 762.59	286 311 762.59
一般风险准备	-	-	-	-
未分配利润	1 315 492 772.28	1 705 569 136.37	-12 228 327 856.33	-16 323 947 227.24
归属于母公司所有者权益合计	3 927 659 431.97	10 225 568 291.84	662 986 974.53	-3 026 109 742.91
少数股东权益	- 112 525 152.28	256 184 447.72	- 1 329 475 389.69	- 459 498 000.15
所有者权益合计	3 815 134 279.69	10 481 752 739.56	- 666 488 415.16	-3 485 607 743.06
负债和所有者权益合计	16 982 154 558.91	32 233 826 009.07	17 897 649 137.08	8 450 006 617.06

（摘自"净利润"表）	2015	2016	2017	2018
五、净利润（净亏损以"—"号填列）	217 116 825.56	-221 892 631.71	-18 184 307 477.13	-5 733 686 367.39
归属于母公司所有者的净利润	573 027 173.53	554 759 227.43	-13 878 044 830.01	-4 095 619 370.91
少数股东损益	-355 910 347.77	-776 651 859.14	-4 306 262 647.12	-1 638 066 996.48

14.6 净资产收益率，投资人关注的核心

对股东而言，评价企业价值的一个非常重要的指标是净资产收益率（ROE），净资产收益率是净利润与平均股东权益的比值，反映了股东权益的收益水平以及公司运用自有资本的效率。举个简单的例子。投资人出资10万元，公司一年可以帮投资人赚2万元，净资产收益率就是20%。

创业容易守业难，能够保持较长期的高净资产收益率，是企业竞争力的体现。通过以下杜邦分析的拆解，我们能从净资产收益率组成的角度来捕捉创造高净资产收益率的途径。

对于有些企业而言，例如生产制造型企业，固定资产在总资产中的比例较高，甚至超过50%，这一类公司通常被冠以"重资产"的称号。

重资产是指公司所持有的厂房、设备、原材料等有形资产。重资产公司因为把大量资金押在了固定资产上，资金利用率相对较低，获得较少的利润回报，利润率较低。

以液晶面板厂商为例，液晶面板是需要经常更新换代的产品，因此面板厂商需要投入大量资金进行生产和研发，尤其是设备方面，每更新一代产品就需要更换一批设备。同时，为提高竞争力，厂商需要扩大生产规模、丰富产品线以达到规模效应。面板厂商重资产的特性，导致厂商固定资产、在建工程等科目占资产总额比重高，两者合计占资产的比重达到50%，固定资产的折旧压力很大。

相对于占用了大量资金的重资产而言，轻资产是无形资产。因为企业的经验、规范的流程管理、治理制度、品牌、客户关系、人力资源、企业文化等无形资产占用资金比较少，轻便灵活，因此被称为轻资产。轻资产公司可以用较少的资金投入，获得较大的利润回报。例如以强大品牌获取利润的高档服装、高档酒，或者知识专利型的云南白药、同仁堂，等等。

流动资产的造假，通过现金流量表中经营活动的现金流流量净额可以看出端倪，因此相对容易对证。非流动资产中的固定资产和在建工程，体现于现金流量表中投资活动的现金流流量净额（关注度远低于经营活动），并且有"计提资产减值损失"一招，造假不太容易被发现，因此成为造假案例中非常常见的类型。

13.9.1 固定资产折旧，阶段性影响企业业绩

公司的固定资产，会按年度做折旧处理。对于重资产公司而言，其固定资产的折旧规则就尤为重要了。一旦遇到折旧规则的大变动，要格外小心。

之前举例的上海机场（SH.600009），属于固定资产占比较高的行业。当新的航站楼、跑道等设施建成后，相关设施就进入折旧程序。由于固定资产折旧直接体现在公司经营成本中，因此对净利润有重要影响。影响程度有多大，主要看折旧的年限规则：年限越短，每年的折旧金额就越多，但是受影响的年份越少；年限越长，每年的折旧金额虽然较少，但是受影响的年份却很长。一般情况下，对自身经营有十足信心的公司倾向于折旧年限较短的选择；相反地，盈利能力较弱的企业倾向于折旧年限较长的选择。

上海机场年报显示，房屋及建筑物（例如航站楼）折旧年限为8~35年，跑道及停机坪折旧年限为10~30年，用年限平均法进行折旧，如表13-13所示。

表13-13 上海机场2018年的各类固定资产折旧方法、折旧年限、残值率和年折旧率

上海机场的固定资产折旧类别　　　　　　　　对固定资产影响重大的类别

类别	折旧方法	折旧年限（年）	残值率	年折旧率
房屋及建筑物	年限平均法	8-35	3%	2.77%-12.13%
跑道及停机坪	年限平均法	15-30	3%	3.23%-6.47%
机械设备	年限平均法	10	3%	9.7%
通讯设备	年限平均法	6	3%	16.17%
运输设备	年限平均法	6	3%	16.17%
其他设备	年限平均法	5-11	3%	8.82%-19.4%

观察上海机场近年来毛利率的变化情况，图13-2说明了航站楼、跑道等设施在启用后的若干年会对上市公司的营业成本造成负面影响。造成2008年~2013年之间的毛利率低谷的重要原因之一是第二航站楼建成后的摊销成本和运行成本大幅增加。直至2013年，上海机场的毛利率恢复到2008年之前的水平。

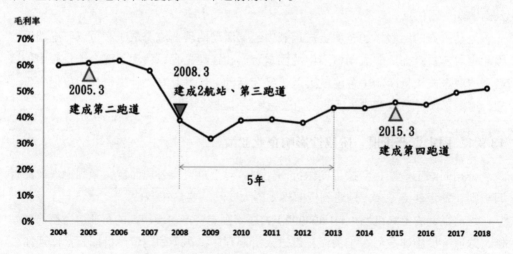

图13-2　上海机场新建设施对机场成本的影响

13.9.2 固定资产减值，告示亏损还是其他目的

对于报表中的固定资产而言，和存货一样，可以"申请"减值。只是，固定资产减值后不可以转回。前文提到过中国船舶存货跌价准备转回事件，固定资产减值"转回"就不会发生了。但是，一次性计提足够量的减值，可以人为影响企业未来的经营业绩，为未来年度的利润调节埋下伏笔。

固定资产减值，常见于重资产行业，例如石化类、钢铁类企业，由于很难公允评估，因此为企业调节利润留出了足够的空间。因为，固定资产大幅减值后，被减值的

杜邦分析是企业财务能力的重要分析方式,解释了净资产收益率的来源。

杜邦分析利用财务比率之间的关系,综合分析企业财务状况,评价企业盈利能力、股东权益回报水平、企业绩效等内容,具有鲜明的层次结构。杜邦分析法的基本思想是,将企业净资产收益率逐级分解为多项财务比率乘积,这样有助于深入分析企业经营业绩。杜邦分析以"净资产收益率"为核心财务指标。

杜邦分析表的结构如图14-1所示。

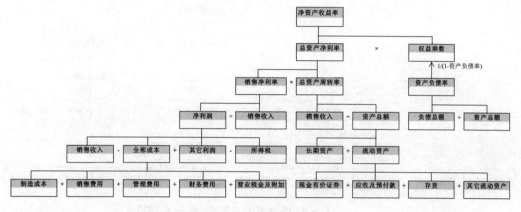

图14-1 杜邦分析表的结构

可以看出,净资产收益率是综合性最强的财务分析指标,是杜邦分析的核心。

总资产净利率是影响净资产收益率的重要指标之一,总资产净利率取决于销售净利率和总资产周转率。

总资产周转率体现了企业资产的使用效率。

总资产周转率 $=\frac{销售收入}{总资产}$,表示融资活动获得的资金,通过投资形成企业总资产,其每一单位资产能产生的销售收入。虽然不同行业的资产周转率差异很大,但对同一个企业,资产周转率越大,表明该企业的资产使用效率越高。

从企业净资产收益率的发生路径,可以分析影响净资产收益率变化的因素。例如:销售净利率反映企业成本费用控制能力。

销售净利率 $=\frac{净利润}{销售收入}=\frac{销售收入-(全部成本+所得税)}{销售收入}=1-\frac{全部成本+所得税}{销售收入}$,其中,$\frac{全部成本+所得税}{销售收入}$ 受成本费用控制能力的影响,即成本费用控制能力影响销售净利润率。

权益乘数表示企业的负债程度,反映企业财务上的融资能力。

权益乘数 $=\frac{1}{1-\frac{总负债}{总资产}}=\frac{总资产}{总资产-总负债}=\frac{总资产}{所有者权益}$。权益乘数表示股东每投入一个单位的资金,企业能借到的资金单位数。权益乘数越大,则资产负债率越高,企业的债务融资能力越强。

杜邦分析是比较分析，也就是说，如果只是以企业某一期的财务指标做杜邦分析，分析的结果并不能说明企业经营状况。我们要对企业不同期的财务指标做杜邦分析，比较企业不同期的经营状况；或是用不同企业同期的财务指标做杜邦分析，分析不同企业的经营状况。通过比较，我们可以获知企业获利能力的变化，以及与同行企业、龙头企业的优劣势比较，包括成本费用控制能力、资产使用效率、财务上的融资能力等。

以对上海机场（SH.603306）的杜邦分析为例，如图14-2所示。

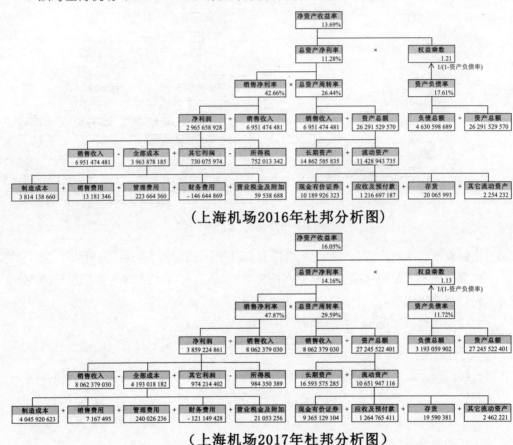

（上海机场2016年杜邦分析图）

（上海机场2017年杜邦分析图）

图14-2　上海机场2016年和2017年杜邦分析图（单位：元）

经杜邦分析发现，上海机场历年净资产收益率在2017年取得重大飞跃。

（1）从发展能力来看，2016年和2017年，上海机场的销售净利率分别为43%和48%。

（2）从营运能力来看，2016年和2017年，上海机场的总资产周转率分别为26%和30%。

（3）从资产结构来看，2016年和2017年，上海机场的资产负债率分别为18%和12%（此处计算采用年初和年末的平均值，因此和前文取年末值求得的资产负债率有所不同），如图14-3所示。

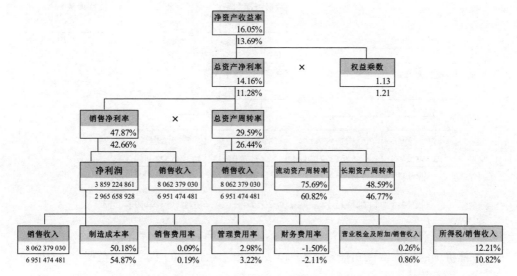

图14-3 上海机场2016年与2017年杜邦分析比较（单位：元）

对比上海机场2016年与2017年的杜邦分析表，2017年净资产收益率增长主要源于总资产净利率的增长。

（1）主要源于销售净利率增长和销售收入增长的同时，制造成本、销售费用、管理费用所占销售收入的比例在降低。

（2）主要源于总资产周转率增长，流动资产周转率和长期资产周转率均有所提高，如图14-4所示。

各上市机场中，首都机场与上海机场的实力是最为接近的。从两者2017年的杜邦分析比较可以看出，上海机场的净资产收益率（16.05%）高于首都机场的净资产收益率（14.39%）。两者净资产收益率的结构差异较大。

上海机场的盈利能力远远强于首都机场。上海机场的销售净利率达48%，而首都机场的销售净利率仅为27%。

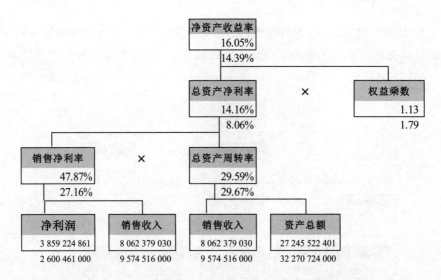

图14-4 首都机场与上海机场2017年杜邦分析比较（单位：元）

上海机场的营运能力与首都机场相当，两者的总资产周转率相似。

首都机场的平均资产负债率（44%）远高于上海机场的平均资产负债率（12%）。

总体看来，相比首都机场，上海机场的盈利能力强，财务状况较为稳健。

第15章
现金流量表的重要看点

上市公司仅仅账面利润好看不算数,现金到手才是真正盈利。资产负债表和利润表,暗藏着不少人为估算的成分,例如固定资产的折旧年限,坏账准备的计提标准等,但是现金流流量表却很正直,能排除各种主观因素。对现金流流量表的核查也很直接,与银行对账单一一对照就行。因此,对现金流量表的造假难度是最高的。

现金流量表的上述特点和现金流量表的编制方法直接相关。我国会计准则的标准是采用直接法编制。直接法是指将每笔涉及现金收支的业务按照属性归入经营、投资、筹资这三个部分。而香港、美国等地对上市公司现金流量表的要求使用间接法编制,间接法是指从企业的净利润出发,调整按照收付实现制与权责发生制这两种方法记录不一致的项目,最后倒推出当期经营活动的现金流。

直接法适用于经营、投资、筹资三大类活动现金流量表的编制,而间接法只适用于经营活动现金流量表的编制,投资和筹资活动仍旧要靠直接法。

15.1 经营活动的现金流,鉴别净利润的真伪

经营活动现金流量报表的第二种方法是间接法。间接法是在企业当期取得的"归属于母公司所有者的净利润"的基础上,通过有关项目的调整,得出"经营活动产生的现金流量净额"。间接法,体现了现金流量净额和净利润的巧妙关系。

将"归属于母公司所有者的净利润"调整成为"经营活动产生的现金流量净额",有4个步骤。

首先,扣除非经营活动的损益,也就是扣除筹资和投资活动的损益。包括:

(1)处置固定资产、无形资产、其他长期资产的损失。

(2)固定资产报废损失。

(3)财务费用。

(4)投资损失。

净利润扣除"非经营活动损益"后,得到的是"经营活动净损益"。

其次,加上未支付经营资产的费用。实际上就是加回六种在计算利润时扣除的费用。因为这六种费用并没有在本期支付现金,所以要加回。包括:

(1)计提的减值准备。

(2)计提固定资产折旧。

(3)无形资产摊销。

(4)长期待摊费用摊销。

(5)待摊费用减少。

(6)预提费用增加。

得到"经营活动应得现金"。

再次,加上非现金流动资产减少。包括:

(1)存货减少。

(2)经营性应收项目减少(应收票据减少、应收账款减少、预付账款减少、其他应收款减少)。

最后,加上经营性应付项目增加,包括:

(1)应付票据增加。

(2)应付账款增加。

(3)其他应付款增加。

(4)应付工资增加。

(5)应付福利增加。

(6)应交税金增加。

(7)递延税款贷项。

理论上讲，"经营活动产生的现金流量净额"应与利润表中的"归属于母公司所有者的净利润"数值相当，如果出现较大出入，需要进一步查明原因。

如果经营活动产生的现金流差，可能有两个原因，这两个原因都是因为企业在上下游的话语权较弱。一个原因是应收账款没有回收，在资产负债表中表现为是应收账款高企。另一个原因是应付账款已经支付，在资产负债表中表现为存货高企。

投资人常用的判断现金流好坏的数据是"净现比"。

净现比=经营活动产生的现金流量净额÷净利润，表示公司实现1元净利润时，实际流入公司的现金是多少。对于一家正常经营的公司而言，其经营活动产生的现金流量净额未必年年为正值，当企业处于快速发展时期，会因为规模扩张而去支付大量现金来购买原材料。但从长期来看（5~10年），经营活动现金流量净额÷净利润应该大于1（考虑到增值税税率为17%，这个比值约等于1.17），这时才保证确认的收入能够全部收回。

比较极端的情况是，"经营活动产生的现金流量净额"常年低于净利润，甚至常年是负值的情况，这样的公司大概率地面临危险境界，因为它在经营活动中能够实际到手的利润实在有限，甚至入不敷出。

另一种极端情况是，"经营活动产生的现金流量净额"大幅高于净利润，这个现象和营业收入的确认规则有关。

例如在房地产行业，房屋预售是很常见的。在竣工结算前，预售获得的切切实实的现金能计入经营活动产生的现金流入，却不能确认为"营业收入"，此时就会造成"经营活动产生的现金流量净额"超过净利润。这时，"经营活动产生的现金流量净额"的增长对于公司未来（竣工结算那年）的净利润增长是利好。

又如机场这类固定资产占比较高的行业，当新的航站楼建成后，开始进入折旧程序，固定资产折旧会体现在公司的经营成本中，进而影响公司的净利润，但是固定资产折旧并不会造成现金进出。因此，从财务报告的角度看，此时的经营活动产生的现金流量净额会大幅高于净利润。

15.2　经营、投资、筹资三块板，切忌跷跷板

资产负债表是三张表中最核心的，而投资人最喜欢看的是利润表，那么现金流量表可以作为打假利器。

就经营、投资、筹资三块板而言，通常有以下几种组合以及对应的经营状态。

（1）经营>0，投资>0，筹资>0。

说明企业经营有成效，投资在扩展，筹资无压力，后续重点关注其通过筹资进行的投资效果是否良好。

（2）经营>0，投资>0，筹资<0。

说明企业经营有成效，投资在扩展，无须新增资金也能维持正常的现金流。

（3）经营>0，投资<0，筹资>0。

说明企业经营有成效，投资在收缩，筹资无压力。

（4）经营>0，投资<0，筹资<0。

说明企业经营有成效，投资在收缩，筹资资金缺乏。

（5）经营<0，投资>0，筹资>0。

说明企业经营存在困难，投资在扩展，筹资在扩展，虽然现有业务低迷，但正在调整产业结构，期待新投资项目的发展。

（6）经营<0，投资>0，筹资<0。

说明企业经营存在困难，投资在扩展，但筹资不易，企业的发展完全依赖于现有投资项目产生的现金流，前景不容乐观。

（7）经营<0，投资<0，筹资>0。

说明企业经营存在困难，投资在收缩，筹资力度加强，企业可能处于初创时期或转型时期。

（8）经营<0，投资<0，筹资<0。

说明企业濒临危险。

乐视网（300104）的爆雷虽然发生在2019年年初，但如果投资人注意过它的现金流量表，可以提前好几年避开这只"为梦想窒息"的股票。从2016年起，均处于上述第（7）种境地，"初创时期"或"转型时期"。连续三年仍无起色，是否直接被判定失败呢？其历年现金流量表摘要如表15-1所示。

表15-1 乐视网历年现金流量表摘要（单位：亿元）

	2009	2010	2011	2012	2013	2014	2015	2016	2017	2018
经营活动产生的现金流量净额	0.83	0.65	1.47	1.06	1.76	2.34	8.76	−10.68	−26.41	−10.75
投资活动产生的现金流量净额	−1.28	−2.63	−8.64	−7.64	−8.98	−15.26	−29.85	−96.75	−19.50	−0.55
筹资活动产生的现金流量净额	0.39	7.08	3.07	7.18	11.15	11.53	43.65	94.77	38.54	8.64
现金及现金等价物的净增加额	−0.06	5.10	−4.10	0.60	3.92	−1.38	22.67	−12.46	−7.44	−2.66

2015年，乐视网的经营活动产生的现金流量净额8.76亿元，投资活动产生的现金流量净额–29.9亿元，筹资活动产生的现金流量净额43.7亿元。乐视网的经营活动产生的现金流量净额（8.76亿元）远远不够公司的花费，得靠大量融资（43.7亿元）来维持经营和加大投资。

到了2016年，情况更糟——经营方面赚不到钱，全部依赖于融资来弥补亏损和加大投资。当年度，经营活动产生的现金流量净额变负（–10.7亿元），投资活动产生的现金流量净额加剧（–96.8亿元），筹资活动产生的现金流量净额更是高达94.8亿元。

2017年的经营活动产生的现金流量净额高达–26.4亿元，2018年的经营活动产生的现金流量净额是–10.8亿元，以至于成了"为梦想赌博"的企业。

第 16 章
财务报告的Excel编制

年报中,财务报告的篇幅占了近半。为了更好地理解财务报告的来龙去脉,这一章,我们将通过实际例子,利用Excel表来编制企业的三份财务报告——资产负债表、利润表和现金流量表。

财务报告的框架通常包括三部分:表头、正表和附注。

(1)表头:注明报表名称、编制企业、编制日期、货币单位等。

(2)正表:报表的基本内容。

(3)附注:对正表中未能说明的事项或明细作补充说明。

以下将分别介绍三张报表的编制过程。

16.1 利润表

利润表体现的是某一期间(月/季/年)的企业经营成果。从财务报告的角度来讲,利润表可以每年结算一次,利润表的科目在结算之后都归零,利润表上的差额转入资产负债表的未分配利润科目下。利润表也可按月或按季结算,但每月或每季结算后并不归零,到年底清算。

编制"利润表",可以通过"普通日记账簿"生成的"累计试算表"计算而得,资产负债表若是直接利用利润表的结果编制将更容易,现金流量表根据"日记账簿"来编制。

下面将先介绍利润表的编制,之后介绍资产负债表的编制,最后介绍现金流量表的编制。

16.1.1 利润表的制表原则

实际工作中,企业一般按"月"编制利润表,但由于除年终外各月度的利润具有预期性,因此利润只有在年终计算后分配。

利润表的结构有多种,最常用的是"多步式利润表",按照企业损益的构成因素,将"利润表"分解成多个步骤。包括:

(1)营业利润。
(2)利润总额。
(3)净利润。
(4)归属于母公司所有者的净利润。

如表16-1所示。

表16-1 利润表结构

项目	本期金额	
一、营业收入		"营业内"收入和成本
减:营业成本		
营业税金及附加		
销售费用		
管理费用		
财务费用		
资产减值损失		
加:公允价值变动净收益		
投资收益		
二、营业利润		
加:营业外收入		"营业外"收入和成本
减:营业外支出		
其中:非流动资产处置净损失		
三、利润总额		综合"营业内外"收入和成本的影响,得到净利润表现
减:所得税		
四、净利润		
归属于母公司所有者的净利润		
少数股东损益		

16.1.2 利润表的数据源

正式编制利润表之前,我们必须准备好"数据源"。用"普通日记账簿"生成"累计试算表"。

第一步：打开"普通日记账簿"。

打开文件"01普通日记账簿"的"日记账簿"工作表。这份普通日记账簿是基于贸易性企业的，并且是不考虑相关税金情况下的普通日记账簿，记录的是"2019年1月~3月普通日记账簿"，如表16-2所示。

表16-2 普通日记账簿

年	月	日	凭证类别	凭证号数	摘要	科目代码	科目名称	借方	贷方
2019	1	1	记	130101-001	期初开账	1002	银行存款	¥5,000,000.00	
2019	1	1	记	130101-001	期初开账	3101	实收资本		¥5,000,000.00
2019	1	5	记	130105-002	提取备用金	1101	现金	¥3,000.00	
2019	1	5	记	130105-002	转备用金	1002	银行存款		¥3,000.00
2019	1	5	记	130105-003	购入货品	1243	库存商品	¥100,000.00	
2019	1	5	记	130105-003	购入货品	2121	应付账款		¥100,000.00
2019	1	10	记	130110-004	购入货品	1243	库存商品	¥160,000.00	
2019	1	10	记	130110-004	购入货品	2121	应付账款		¥160,000.00
2019	1	15	记	130115-005	卖出商品	1131	应收账款	¥300,000.00	
2019	1	15	记	130115-005	卖出商品	5101	营业收入		¥300,000.00
2019	1	15	记	130115-006	库存商品转营业成本	4101	营业成本	¥150,000.00	
2019	1	15	记	130115-006	库存商品转营业成本	1243	库存商品		¥150,000.00
2019	1	20	记	130120-007	卖出商品	1131	应收账款	¥200,000.00	
2019	1	20	记	130120-007	卖出商品	5101	营业收入		¥200,000.00
2019	1	20	记	130120-008	库存商品转营业成本	4101	营业成本	¥100,000.00	
2019	1	20	记	130120-008	库存商品转营业成本	1243	库存商品		¥100,000.00
2019	1	25	记	130125-009	1月租金	550108	租金费用	¥10,000.00	
2019	1	25	记	130125-009	1月水电	550109	水电费用	¥3,500.00	
2019	1	25	记	130125-009	付1月租金、水电费	1002	银行存款		¥13,500.00
2019	1	25	记	130125-010	1月交通费	550103	交通费用	¥660.00	
2019	1	25	记	130125-010	1月通讯费	550104	通讯费用	¥220.00	
2019	1	25	记	130125-010	1月办公用品费	550106	办公用品费用	¥260.00	
2019	1	25	记	130125-010	1月打印费	550107	打印费用	¥140.00	
2019	1	25	记	130125-010	付1月交通、通讯、办公用品、打印费	1101	现金		¥1,280.00
2019	1	31	记	130131-011	1月营销费	550102	营销费用	¥1,050.00	
2019	1	31	记	130131-011	1月交际费	550105	交际费用	¥1,800.00	
2019	1	31	记	130131-011	付1月营销、交际费	1002	银行存款		¥2,850.00
2019	1	31	记	130131-012	1月业务员工资	550101	业务员工资费用	¥35,000.00	
2019	1	31	记	130131-012	1月人事工资	550201	人事工资费用	¥12,000.00	
2019	1	31	记	130131-012	付1月工资	1002	银行存款		¥47,000.00
2019	1	31	记	130131-013	1月应收款转银行存款	1002	银行存款	¥300,000.00	
2019	1	31	记	130131-013	1月应收款	1131	应收账款		¥300,000.00
2019	1	31	记	130131-014	1月应收款转银行存款	1002	银行存款	¥200,000.00	
2019	1	31	记	130131-014	1月应收款	1131	应收账款		¥200,000.00
2019	1	31	记	130131-015	银行存款转1月应付款	2121	应付账款	¥100,000.00	

（续表）

年	月	日	凭证类别	凭证号数	摘要	科目代码	科目名称	借方	贷方
2019	1	31	记	130131-015	1月应付款	1002	银行存款		¥100,000.00
2019	1	31	记	130131-016	银行存款1月应付款	2121	应付账款	¥160,000.00	
2019	1	31	记	130131-016	1月应付款	1002	银行存款		¥160,000.00
2019	2	8	记	130208-001	购入货品	1243	库存商品	¥210,000.00	
2019	2	8	记	130208-001	购入货品	2121	应付账款		¥210,000.00
2019	2	15	记	130215-002	卖出商品	1131	应收账款	¥300,000.00	
2019	2	15	记	130215-002	卖出商品	5101	营业收入		¥300,000.00
2019	2	15	记	130215-003	库存商品转营业成本	4101	营业成本	¥150,000.00	
2019	2	15	记	130215-003	库存商品转营业成本	1243	库存商品		¥150,000.00
2019	2	18	记	130218-004	购入货品	1243	库存商品	¥150,000.00	
2019	2	18	记	130218-004	购入货品	2121	应付账款		¥150,000.00
2019	2	20	记	130220-005	卖出商品	1131	应收账款	¥320,000.00	
2019	2	20	记	130220-005	卖出商品	5101	营业收入		¥320,000.00
2019	2	20	记	130220-006	库存商品转营业成本	4101	营业成本	¥160,000.00	
2019	2	20	记	130220-006	库存商品转营业成本	1243	库存商品		¥160,000.00
2019	2	25	记	130225-007	2月租金	550108	租金费用	¥10,000.00	
2019	2	25	记	130225-007	2月水电	550109	水电费用	¥3,800.00	
2019	2	25	记	130225-007	付2月租金、水电费	1002	银行存款		¥13,800.00
2019	2	25	记	130225-008	2月交通费	550103	交通费用	¥800.00	
2019	2	25	记	130225-008	2月通讯费	550104	通讯费用	¥300.00	
2019	2	25	记	130225-008	2月打印费	550107	打印费用	¥200.00	
2019	2	25	记	130225-008	付2月交通、通讯、打印费	1101	现金		¥1,300.00
2019	2	28	记	130228-009	2月营销费	550102	营销费用	¥1,300.00	
2019	2	28	记	130228-009	2月交际费	550105	交际费用	¥900.00	
2019	2	28	记	130228-009	付2月营销、交际费	1002	银行存款		¥2,200.00
2019	2	28	记	130228-010	2月业务员工资	550101	业务员工资费用	¥35,500.00	
2019	2	28	记	130228-010	2月人事工资	550201	人事工资费用	¥12,000.00	
2019	2	28	记	130228-010	付2月工资	1002	银行存款		¥47,500.00
2019	2	28	记	130228-011	2月应收款	1002	银行存款	¥300,000.00	
2019	2	28	记	130228-011	2月应收款转银行存款	1131	应收账款		¥300,000.00
2019	2	28	记	130228-012	2月应收款	1002	银行存款	¥320,000.00	
2019	2	28	记	130228-012	2月应收款转银行存款	1131	应收账款		¥320,000.00
2019	2	28	记	130228-013	银行存款转2月应付款	2121	应付账款	¥210,000.00	
2019	2	28	记	130228-013	2月应付款	1002	银行存款		¥210,000.00
2019	2	28	记	130228-014	银行存款转2月应付款	2121	应付账款	¥150,000.00	
2019	2	28	记	130228-014	2月应付款	1002	银行存款		¥150,000.00
2019	3	4	记	130304-001	卖出商品	1131	应收账款	¥100,000.00	
2019	3	4	记	130304-001	卖出商品	5101	营业收入		¥100,000.00
2019	3	4	记	130304-002	库存商品转营业成本	4101	营业成本	¥50,000.00	
2019	3	4	记	130304-002	库存商品转营业成本	1243	库存商品		¥50,000.00
2019	3	5	记	130305-003	提取备用金	1101	现金	¥3,000.00	
2019	3	5	记	130305-003	转备用金	1002	银行存款		¥3,000.00

(续表)

年	月	日	凭证类别	凭证号数	摘要	科目代码	科目名称	借方	贷方
2019	3	6	记	130306-004	购入货品	1243	库存商品	¥130,000.00	
2019	3	6	记	130306-004	购入货品	2121	应付账款		¥130,000.00
2019	3	8	记	130308-005	购入货品	1243	库存商品	¥190,000.00	
2019	3	8	记	130308-005	购入货品	2121	应付账款		¥190,000.00
2019	3	12	记	130312-006	卖出商品	1131	应收账款	¥280,000.00	
2019	3	12	记	130312-006	卖出商品	5101	营业收入		¥280,000.00
2019	3	12	记	130312-007	库存商品转营业成本	4101	营业成本	¥140,000.00	
2019	3	12	记	130312-007	库存商品转营业成本	1243	库存商品		¥140,000.00
2019	3	20	记	130320-008	卖出商品	1131	应收账款	¥320,000.00	
2019	3	20	记	130320-008	卖出商品	5101	营业收入		¥320,000.00
2019	3	20	记	130320-009	库存商品转营业成本	4101	营业成本	¥160,000.00	
2019	3	20	记	130320-009	库存商品转营业成本	1243	库存商品		¥160,000.00
2019	3	25	记	130325-010	3月租金	550108	租金费用	¥10,000.00	
2019	3	25	记	130325-010	3月水电	550109	水电费用	¥3,100.00	
2019	3	25	记	130325-010	付3月租金、水电费	1002	银行存款		¥13,100.00
2019	3	25	记	130325-011	3月交通费	550103	交通费用	¥750.00	
2019	3	25	记	130325-011	3月通讯费	550104	通讯费用	¥230.00	
2019	3	25	记	130325-011	3月打印费	550106	办公用品费用	¥110.00	
2019	3	25	记	130325-011	付3月交通、通讯、打印费	1101	现金		¥1,090.00
2019	3	31	记	130331-012	3月营销费	550102	营销费用	¥800.00	
2019	3	31	记	130331-012	3月交际费	550105	交际费用	¥450.00	
2019	3	31	记	130331-012	付3月营销、交际费	1002	银行存款		¥1,250.00
2019	3	31	记	130331-013	3月业务员工资	550101	业务员工资费用	¥22,000.00	
2019	3	31	记	130331-013	3月人事工资	550201	人事工资费用	¥11,000.00	
2019	3	31	记	130331-013	付3月工资	1002	银行存款		¥33,000.00
2019	3	31	记	130331-014	3月应收款转银行存款	1002	银行存款	¥100,000.00	
2019	3	31	记	130331-014	3月应收款	1131	应收账款		¥100,000.00
2019	3	31	记	130331-015	3月应收款转银行存款	1002	银行存款	¥280,000.00	
2019	3	31	记	130331-015	3月应收款	1131	应收账款		¥280,000.00
2019	3	31	记	130331-016	3月应收款转银行存款	1002	银行存款	¥320,000.00	
2019	3	31	记	130331-016	3月应收款	1131	应收账款		¥320,000.00
2019	3	31	记	130331-017	银行存款转3月应付款	2121	应付账款	¥130,000.00	
2019	3	31	记	130331-017	3月应付款	1002	银行存款		¥130,000.00
2019	3	31	记	130331-018	银行存款转3月应付款	2121	应付账款	¥190,000.00	
2019	3	31	记	130331-018	3月应付款	1002	银行存款		¥190,000.00

第二步：利用"普通日记账簿"生成初始"数据透视表"。

（1）选中"日记账簿"工作表的A2~J114单元格。

（2）单击功能区"插入"按键，并单击"数据透视表"，如图16-1所示。

图16-1 生成数据透视表-1

（3）在弹出的对话框中确认"表/区域"，"表/区域"应为"日记账簿!$A$2:$J$114"，如图16-2所示。

（4）单击"确定"按钮。

EXCEL自动生成"sheet1"工作表，即为用于编制"数据透视表"的工作表，如图16-3所示。

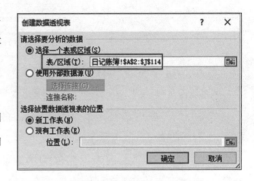

图16-2 生成数据透视表-2

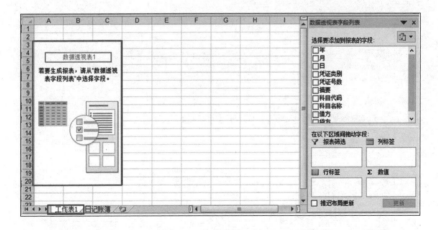

图16-3 生成数据透视表-3

（5）右击"sheet1"的标签，选择"重命名"，如图16-4所示。

（6）在原"sheet1"标签处，键入"数据透视表"，则工作表名称改写为"数据透视表"，如图16-5所示。

图16-4　生成数据透视表-4　　　　　　图16-5　生成数据透视表-5

（7）在"数据透视表"工作表中，将字段列表中的"月"移到"报表筛选"区域，表示"数据透视表"可以按"月"筛选数据。

（8）在"数据透视表"工作表中，将字段列表中的"科目代码"和"科目名称"移到"行标签"区域，表示报表的行信息将显示"科目代码"和"科目　名称"。

（9）在"数据透视表"工作表中，将字段列表中的"借方"和"贷方"移到"∑数值"区域，表示报表的数据将显示"借方"和"贷方"的信息。

由于"日记账簿"工作表的I列"借方"和J列"贷方"单元格中存在空白单元格，因此"∑数值"的计算方式预设为"计数项"，如图16-6所示。

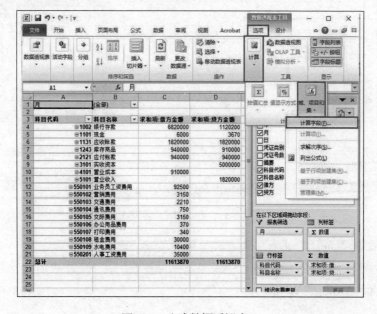

图16-6　生成数据透视表-6

第三步：调整“数据透视表”的报表布局。

（1）在选中“数据透视表”中任意单元格的情况下，单击功能区“数据透视表工具”按钮，并依次单击“设计→报表布局→以表格形式显示”选项，如图16-7所示。

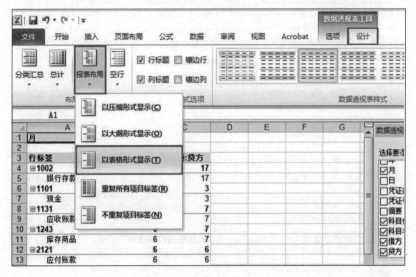

图16-7　调整报表布局-1

“科目代码”与“科目名称”默认为分两行显示，经调整两者显示于同一行，如图16-8所示。

	A	B	C	D	E	F
1	月	(全部)				
2						
3	科目代码	科目名称	计数项:借方	计数项:贷方		
4	⊟1002	银行存款	8	17		
5	1002 汇总		8	17		
6	⊟1101	现金	2	3		
7	1101 汇总		2	3		
8	⊟1131	应收账款	7	7		
9	1131 汇总		7	7		
10	⊟1243	库存商品	6	7		
11	1243 汇总		6	7		
12	⊟2121	应付账款	6	6		

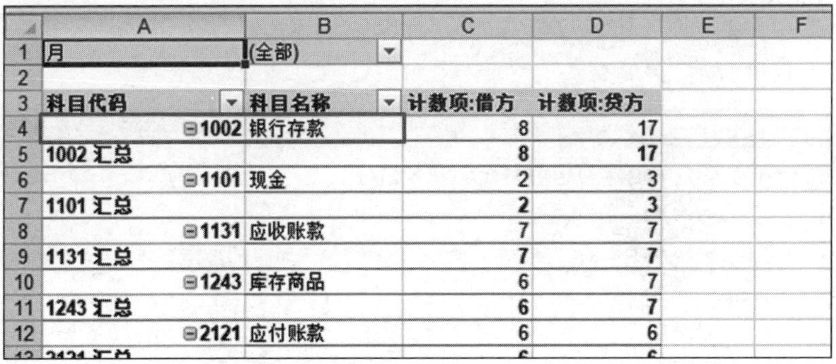

图16-8　调整报表布局-2

（2）在选中的“数据透视表”中任意单元格的情况下，单击功能区“数据透视表工具”按钮，并依次单击“设计→分类汇总→不要显示分类汇总”选项，如图16-9所示。

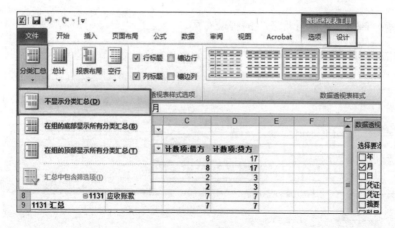

图16-9　调整报表布局-3

则报表中的各科目逐行显示，之间不再出现“汇总”项目，如图16-10所示。

	A	B	C	D	E
1	月	(全部)			
2					
3	科目代码	科目名称	计数项:借方	计数项:贷方	
4	⊟1002	银行存款	8	17	
5	⊟1101	现金	2	3	
6	⊟1131	应收账款	7	7	
7	⊟1243	库存商品	6	7	
8	⊟2121	应付账款	6	6	
9	⊟3101	实收资本		1	

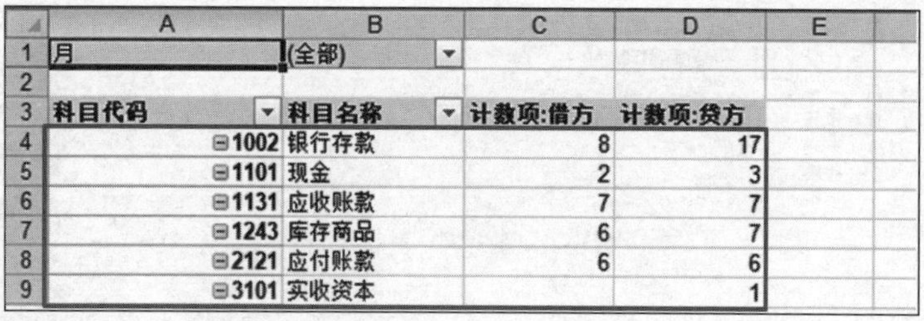

图16-10　调整报表布局-4

（3）单击“∑数值”中“计数项:借方”的下拉菜单按钮，并选择“值字段设置”选项，如图16-11所示。

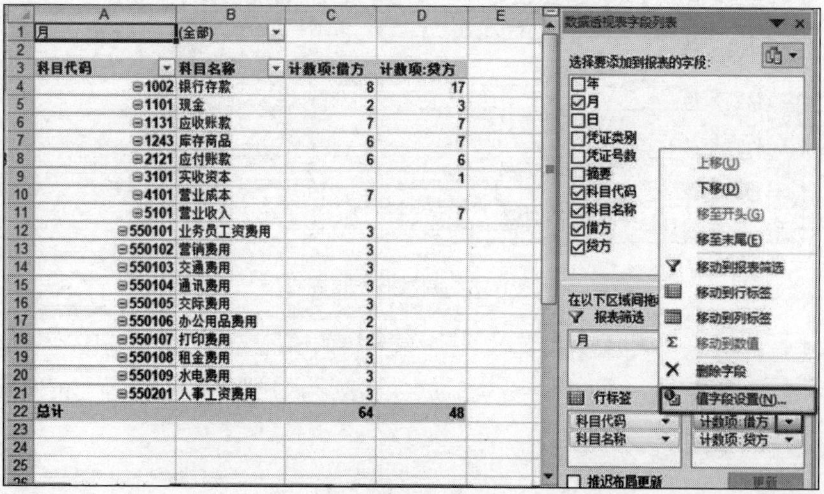

图16-11　调整报表布局-5

（4）在弹出的对话框中，“值汇总方式”选择“求和”，则“自定义名称”自动将“计数项:借方”调整为“求和项:借方”，如图16-12所示。

（5）在“自定义名称”中，将“求和项:借方”改为“求和项:借方金额”，如图16-13所示。

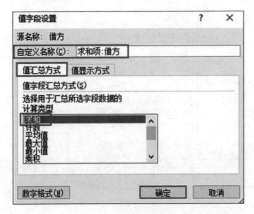

图16-12　调整报表布局-6

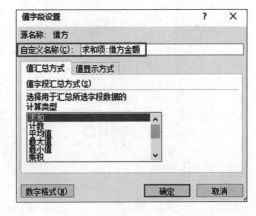

图16-13　调整报表布局-7

（6）单击“确定”按钮。

“数据透视表”的“∑数值”中的字段预设为计算相关字段的“项目个数”，即计算符合条件的字段个数。经调整，“数据透视表”C列的计算方式调整为“求和”，且C3单元格的字段名调整为“求和项:借方金额”，如图16-14所示。

	A	B	C	D
1	月	(全部)		
2				
3	科目代码	科目名称	求和项:借方金额	计数项:贷方
4	1002	银行存款	6820000	17
5	1101	现金	6000	3
6	1131	应收账款	1820000	7
7	1243	库存商品	940000	7
8	2121	应付账款	940000	6
9	3101	实收资本		1
10	4101	营业成本	910000	
11	5101	营业收入		7
12	550101	业务员工资费用	92500	
13	550102	营销费用	3150	
14	550103	交通费用	2210	
15	550104	通讯费用	750	
16	550105	交际费用	3150	
17	550106	办公用品费用	370	
18	550107	打印费用	340	
19	550108	租金费用	30000	
20	550109	水电费用	10400	
21	550201	人事工资费用	35000	
22	总计		11613870	48

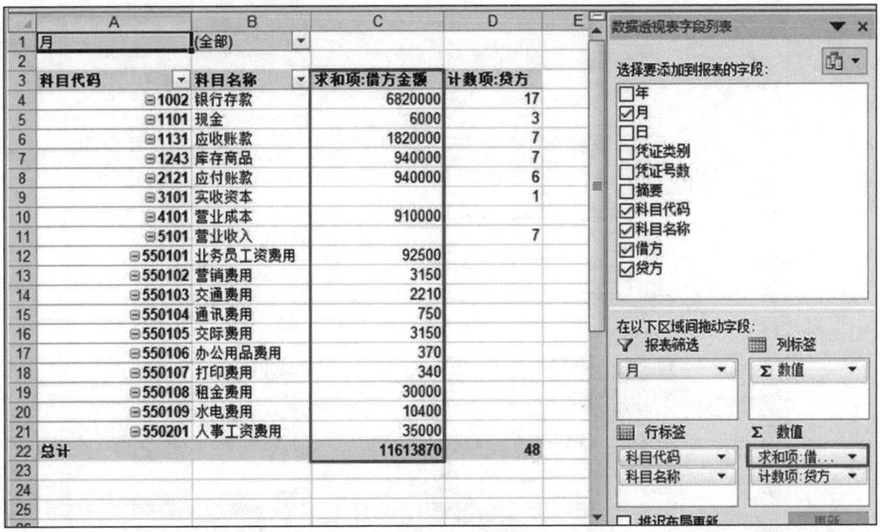

图16-14　调整报表布局-8

（7）对“∑数值”中“计数项:贷方”执行类似的操作。

"数据透视表"D列的计算方式调整为"求和",且D3单元格的字段名调整为"求和项:贷方金额",如图16-15所示。

图16-15 调整报表布局-9

第四步:增加"借方余额"和"贷方余额"信息。

(1)在"02 日记账簿-数据透视表"的"调整布局"工作表中,在选中"数据透视表"中任意单元格的情况下,单击功能区"数据透视表工具"按钮,并依次单击"选项→计算→域、项目和集→计算字段"选项,如图16-16所示。

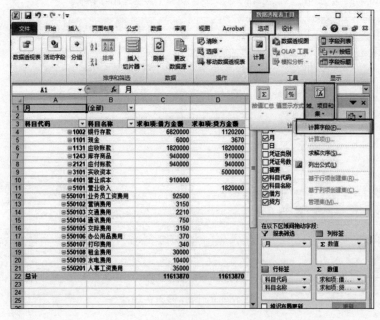

图16-16 增加借方余额信息-1

（2）在弹出的对话框中，将"名称"中的"字段1"改写为"借方余额"，将"公式"中的"=0"改写为"=IF(借方>贷方,借方–贷方,0)"。

公式表示，如果"借方金额>贷方金额"，则"借方余额"等于"借方金额-贷方金额"的值，否则"借方余额"等于"0"，如图16-17所示。

图16-17　增加借方余额信息-2

IF函数
这些指标在具体分析时需要做综合分的函数之一，IF函数执行真（TRUE）假（FALSE）值判断，根据逻辑计算的真假值，返回不同结果。 　　IF函数的语法是IF（logical_test,value_if_true,value_if_false）。参数的意义是： 　　• Logical_test：计算结果为TRUE或FALSE的任意值或表达式。 　　• Value_if_true：Logical_test为TRUE时返回的值。 　　• Value_if_false：Logical_test为FALSE时返回的值。

"公式"编制方式
改写"公式"时，可以自行键入全部信息，也可在需要键入"借方"和"贷方"等已有字段之处，双击"字段"列表中的相关字段名，则该字段会显示在"公式"中。此方法方便快捷、不易出错。

（3）单击"确定"按钮。

"数据透视表"中增加了E列"借方余额"字段。"∑数值"中也增加了"求和项：借方余额"字段，如图16-18所示。

图16-18 增加借方余额信息-3

（4）再次单击功能区"数据透视表工具"按钮，并依次单击"选项→计算→域、项目和集→计算字段"选项。

（5）在弹出的对话框中，将"名称"中的"字段2"改为"贷方余额"，将"公式"中的"=0"改为"=IF(贷方>借方,贷方–借方,0)"。

公式表示，如果"借方金额<贷方金额"，则贷方余额填入"贷方金额-借方金额"的值，否则填入"0"。

（6）单击"确定"按钮。

"数据透视表"中增加了F列"贷方余额"字段。"∑数值"中也增加了"求和项：贷方余额"字段。

由此形成的"累计试算表"，就是建立在数据透视表基础上的，如图16-19所示。

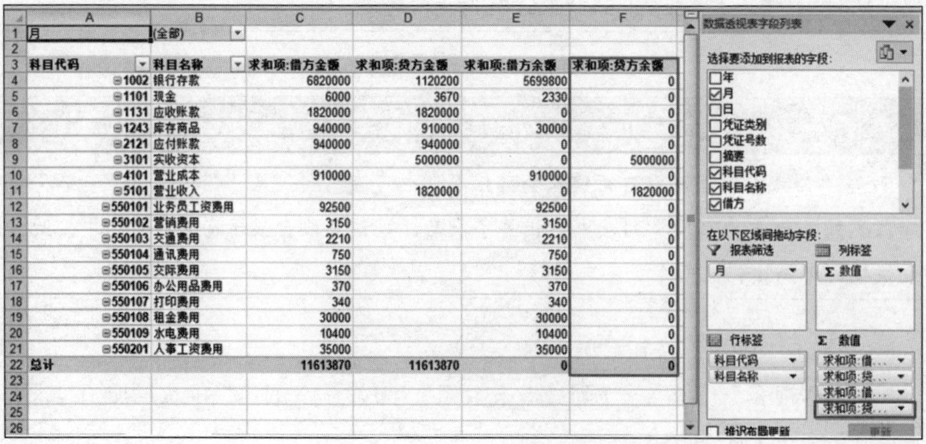

图16-19 增加贷方余额信息

借方余额
根据"借方余额"的定义,E22单元格自动设置的公式为"=C22-D22",而非E4~E21单元格的求和。而"=C22-D22"的结果必定为零,因此E22单元格的数据并非我们所需要的。同理,F22单元格的数据同样并非我们所需要的。

第五步:复制"累计试算表"的数据到新的工作表中。

(1)在文件"03 日记账簿-累计试算表"中,新建"工作表",如图16-20所示。

图16-20 编制累计试算表-1

(2)将新建的"工作表"重命名为"累计试算表2"。

(3)复制"累计试算表1"工作表中A3~F22单元格。

(4)将复制的数据粘贴到"累计试算表2"工作表中,如图16-21所示。

	A	B	C	D	E	F	G
1	科目代码	科目名称	求和项:借	求和项:贷	求和项:借	求和项:贷	贷方余额
2	1002	银行存款	6820000	1120200	5699800	0	
3	1101	现金	6000	3670	2330	0	
4	1131	应收账款	1820000	1820000	0	0	
5	1243	库存商品	940000	910000	30000	0	
6	2121	应付账款	940000	940000	0	0	
7	3101	实收资本		5000000	0	5000000	
8	4101	营业成本	910000		910000	0	
9	5101	营业收入		1820000	0	1820000	
10	550101	业务员工资	92500		92500	0	
11	550102	营销费用	3150		3150	0	
12	550103	交通费用	2210		2210	0	
13	550104	通讯费用	750		750	0	
14	550105	交际费用	3150		3150	0	
15	550106	办公用品费	370		370	0	
16	550107	打印费用	340		340	0	
17	550108	租金费用	30000		30000	0	
18	550109	水电费用	10400		10400	0	
19	550201	人事工资费	35000		35000	0	
20	总计		11613870	11613870	0	0	

图16-21 编制累计试算表-2

(5)选中"累计试算表2"整张工作表。

(6)双击A列、B列之间的间隔线,如图16-22所示。

	A	B	C	D	E	F
1	科目代码	科目名称	求和项:借方金额	求和项:贷方金额	求和项:借方余额	求和项:贷方余额
2	1002	银行存款	6820000	1120200	5699800	0
3	1101	现金	6000	3670	2330	0
4	1131	应收账款	1820000	1820000	0	0
5	1243	库存商品	940000	910000	30000	0
6	2121	应付账款	940000	940000	0	0
7	3101	实收资本		5000000	0	5000000
8	4101	营业成本	910000		910000	0
9	5101	营业收入		1820000	0	1820000
10	550101	业务员工资费用	92500		92500	0
11	550102	营销费用	3150		3150	0
12	550103	交通费用	2210		2210	0
13	550104	通讯费用	750		750	0
14	550105	交际费用	3150		3150	0
15	550106	办公用品费用	370		370	0
16	550107	打印费用	340		340	0
17	550108	租金费用	30000		30000	0
18	550109	水电费用	10400		10400	0
19	550201	人事工资费用	35000		35000	0
20	总计		11613870	11613870	0	0

图16-22 编制累计试算表-3

报表信息自动展开，各列宽度适应信息宽度，便于阅读，如图16-23所示。

	A	B	C	D	E	F
1	科目代码	科目名称	求和项:借方金额	求和项:贷方金额	求和项:借方余额	求和项:贷方余额
2	1002	银行存款	6820000	1120200	5699800	0
3	1101	现金	6000	3670	2330	0
4	1131	应收账款	1820000	1820000	0	0
5	1243	库存商品	940000	910000	30000	0
6	2121	应付账款	940000	940000	0	0
7	3101	实收资本		5000000	0	5000000
8	4101	营业成本	910000		910000	0
9	5101	营业收入		1820000	0	1820000
10	550101	业务员工资费用	92500		92500	0
11	550102	营销费用	3150		3150	0
12	550103	交通费用	2210		2210	0
13	550104	通讯费用	750		750	0
14	550105	交际费用	3150		3150	0
15	550106	办公用品费用	370		370	0
16	550107	打印费用	340		340	0
17	550108	租金费用	30000		30000	0
18	550109	水电费用	10400		10400	0
19	550201	人事工资费用	35000		35000	0
20	总计		11613870	11613870	0	0

图16-23 编制累计试算表-4

（7）在第10行之前插入空行。

（8）在A10单元格键入"5501"。

（9）在B10单元格键入"营业费用"。

（10）在C10单元格键入"=sum(C11:C19)"，即C11~C19单元格的求和。

（11）在D10单元格键入"=sum(D11:D19)"，即D11~D19单元格的求和。

（12）在E10单元格键入"=IF(C10>D10,C10-D10,0)"。

（13）在F10单元格键入"=IF(C10<D10,D10-C10,0)"。

二级科目550101~550109归并到一级科目"5501营业费用"之下，如图16-24所示。

科目代码	科目名称	求和项:借方金额	求和项:贷方金额	求和项:借方余额	求和项:贷方余额
1002	银行存款	6820000	1120200	5699800	0
1101	现金	6000	3670	2330	0
1131	应收账款	1820000	1820000	0	0
1243	库存商品	940000	910000	30000	0
2121	应付账款	940000	940000	0	0
3101	实收资本		5000000	0	5000000
4101	营业成本	910000		910000	0
5101	营业收入		1820000	0	1820000
5501	营业费用	142870	0	142870	0
550101	业务员工资费用	92500		92500	0
550102	营销费用	3150		3150	0
550103	交通费用	2210		2210	0
550104	通讯费用	750		750	0
550105	交际费用	3150		3150	0
550106	办公用品费用	370		370	0
550107	打印费用	340		340	0
550108	租金费用	30000		30000	0
550109	水电费用	10400		10400	0
550201	人事工资费用	35000		35000	0
总计		11613870	11613870	0	0

图16-24　编制累计试算表-5

（14）用同样的方法，将二级科目550201归并到一级科目"5502 管理费用"之下，如图16-25所示。

科目代码	科目名称	求和项:借方金额	求和项:贷方金额	求和项:借方余额	求和项:贷方余额
1002	银行存款	6820000	1120200	5699800	0
1101	现金	6000	3670	2330	0
1131	应收账款	1820000	1820000	0	0
1243	库存商品	940000	910000	30000	0
2121	应付账款	940000	940000	0	0
3101	实收资本		5000000	0	5000000
4101	营业成本	910000		910000	0
5101	营业收入		1820000	0	1820000
5501	营业费用	142870	0	142870	0
550101	业务员工资费用	92500		92500	0
550102	营销费用	3150		3150	0
550103	交通费用	2210		2210	0
550104	通讯费用	750		750	0
550105	交际费用	3150		3150	0
550106	办公用品费用	370		370	0
550107	打印费用	340		340	0
550108	租金费用	30000		30000	0
550109	水电费用	10400		10400	0
5502	管理费用	35000	0	35000	0
550201	人事工资费用	35000		35000	0
总计		11613870	11613870	0	0

图16-25　编制累计试算表-6

（15）选中第11~19行。

（16）单击鼠标右键（简称右击），选择"隐藏"，如图16-26所示。

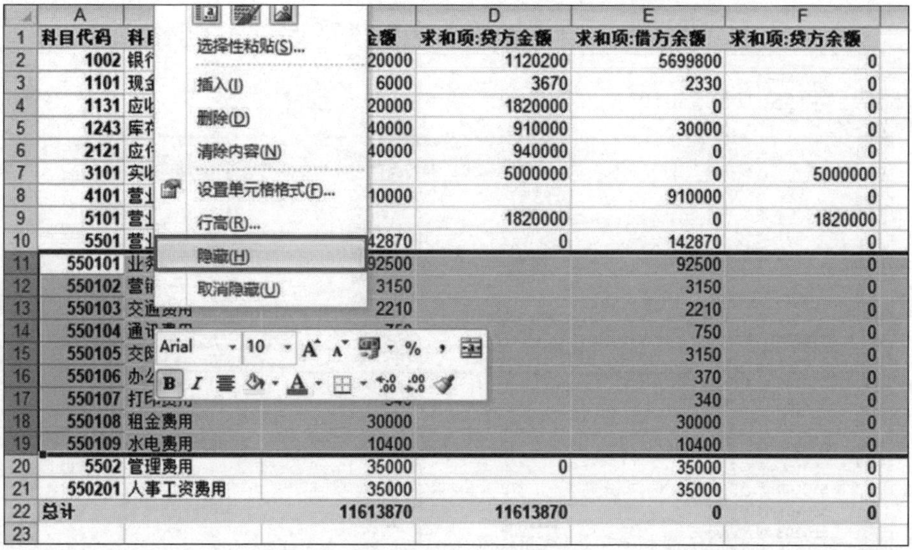

图16-26 编制累计试算表-7

第11~19行的数据被隐藏，也就是二级目录下的550101~550109的科目信息被隐藏了，如图16-27所示。

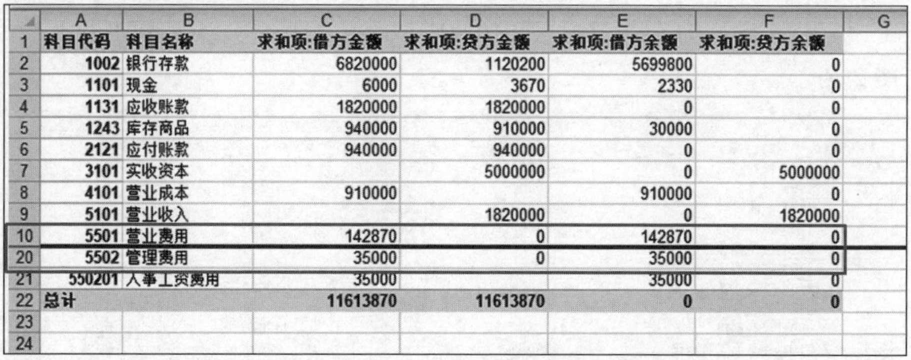

图16-27 编制累计试算表-8

取消隐藏

如果要重新显示第11~19列的数据，则同时选中第10列、第20列，并用鼠标右键单击之，选择"取消隐藏"。第11~19列的数据便恢复显示，如图16-28所示。

（17）用同样的方法隐藏550201科目。最终，仅保留了一级科目的"累计试算表"，如图16-29所示。

▶ 第 16 章　财务报告的 Excel 编制 ◀

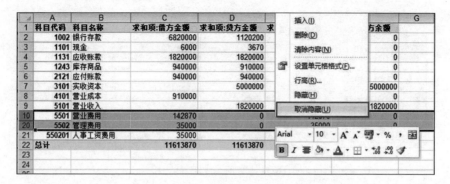

图16-28　编制累计试算表-9

图16-29　编制累计试算表-10

（18）将C1单元格"求和项:借方金额"改写为"借方金额"。

（19）将D1单元格"求和项:贷方金额"改写为"贷方金额"。

（20）将E1单元格"求和项:借方余额"改写为"借方余额"。

（21）将F1单元格"求和项:贷方余额"改写为"贷方余额"，如图16-30所示。

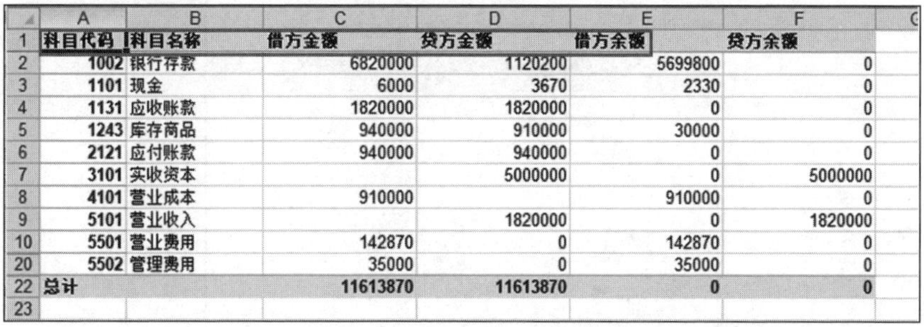

图16-30　编制累计试算表-11

（22）删除E22单元格的值，并键入"=SUM(E2:E10)+E20"。表示E22单元格的值，为E列各一级科目的借方余额的求和。

（23）删除F22单元格的值，并键入"=SUM(F2:F10)+F20"。表示F22单元格的值，为F列各一级科目的贷方余额的求和，如图16-31所示。

- 279 -

	A	B	C	D	E	F
1	科目代码	科目名称	借方金额	贷方金额	借方余额	贷方余额
2	1002	银行存款	6820000	1120200	5699800	0
3	1101	现金	6000	3670	2330	0
4	1131	应收账款	1820000	1820000	0	0
5	1243	库存商品	940000	910000	30000	0
6	2121	应付账款	940000	940000	0	0
7	3101	实收资本		5000000	0	5000000
8	4101	营业成本	910000		910000	0
9	5101	营业收入		1820000	0	1820000
10	5501	营业费用	142870	0	142870	0
20	5502	管理费用	35000	0	35000	0
22		总计	11613870	11613870	6820000	6820000

图16-31　编制累计试算表-12

16.1.3　2019年第一季度利润表的编制

我们将分别编制"2019年第一季度利润表"和"2019年1月利润表"。

"2019年第一季度利润表"的编制，步骤如下。

第一步：设定"累计试算表"工作表的信息查找范围。

（1）打开文件"04利润表-原始"。

"04利润表-原始"的"日记账簿"工作表，即为文件"03 日记账簿-累计试算表"的"日记账簿"工作表。

"04利润表-原始"的"累计试算表"工作表，即为文件"03 日记账簿-累计试算表"的"累计试算表1"工作表。

"04利润表-原始"的"利润表-原始"工作表，是"利润表"的基本样式，如图16-32所示。

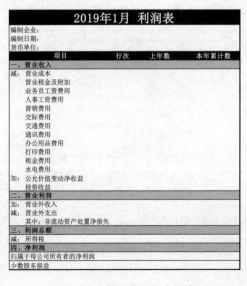

图16-32　利润表的基本样式

固定资产在未来年度的折旧金额会显著降低，减轻未来业绩压力。另外，如果减值后固定资产金额低于公允价值，而未来年度的资产以公允价值处置，可以通过财报上的账面价值和公允价值之间的差额带来额外非营业收入。在投资固定资产占比较高的公司时，这一会计项目需要格外留意！

下面举个例子——驰宏锌锗（SH.600497）。这是一家以有色冶炼加工为主营业务的企业。冶金行业的企业通常是重资产企业。

2016年12月27日，驰宏锌锗发布公告称公司面临巨额亏损，主要原因是——计提了大额资产减值准备。最终，2016年的资产减值损失高达19.4亿元，其中，固定资产减值就高达18.6亿元。

2016年的前三季度，驰宏锌锗实现净利润7 000亿元，为什么在2016年年底爆出巨额的资产减值呢？是否存在做低业绩的嫌疑呢？做低业绩的目的又是什么呢？

驰宏锌锗自称，计提大额资产减值准备，是因为一家刚刚投入使用的子公司——呼伦贝尔驰宏矿业有限公司。呼伦贝尔驰宏于2007年筹资建设，计划投资额34亿元，之后几度追加，实际投资额51亿元。

驰宏锌锗自爆"计提大额资产减值"，正在筹划公司上市以来的最大一笔增发，募资47亿元用于3个项目建设和偿还银行贷款，其中偿还贷款金额高达37亿元，是定增的主要目的。如果定增不成，将使驰宏锌锗的融资计划破产。所以，计提大额资产减值的一大可能是，压低股价，利于定增。同时，这样的操作也减轻了呼伦贝尔驰宏未来的业绩压力，抹去驰宏锌锗当时在期货市场上套期保值的损失，为驰宏锌锗未来业绩的提升预留空间。

13.10　对在建工程动刀

在建工程，指的是企业资产的新建、改建、扩建或技术改造、设备更新和大修理工程等尚未完工的工程支出。在建工程这一科目，需要关注工程进度、在建工程转固定资产的进程、借款费用的资本化的计量等是否合理，是否存在停工现象。

另一项和在建工程科目紧密相关的资产是工程物资。工程物资主要指为了建设固定资产，预先买入原材料，或者是为了购买材料支付预付款。一旦工程启动，工程物资就转入在建工程科目，工程完工后，又从在建工程科目转入固定资产科目。

13.10.1　在建工程减值，套利的武器

固定资产是公司现有产能的体现，而在建工程则代表了公司未来产能的提升空间。

教你读懂年报

在建工程和固定资产密切相关，在建工程是固定资产的前奏，在建工程完工投入使用后，便成为固定资产。

固定资产需要计提折旧，但在建工程不用计提折旧。有时，企业为了出具优秀的净利润数据，故意将已完工的在建工程保留在"在建工程"项下，以便免于计提折旧。投资人可以通过对比前后几个年度的在建工程明细表，来发现被隐藏的秘密。

在建工程不用计提折旧，但在建工程可以"申请"减值。在建工程的减值，也是一个隐藏秘密的地方。

彩虹股份（SH.600707）是昔日CRT彩色显像管的龙头企业。在20世纪90年代初相当热门，一度供不应求。但是随着液晶、等离子、背投等显示技术的出现，彩色显像管行业没落了，从2004年起走上了下坡路。

彩虹股份2009年再一次落入深渊时，决定转型。最终募集35亿元，转型玻璃基板行业，发展OLED业务。

2009年，股市经历了从6 124点到1 664点的断崖式暴跌后，市场一片惨淡。为此，彩虹股份给定向增资穿上了美丽的外衣——国家重点扶持、高技术壁垒、高利润空间、进口替代，等等。

可是2010年，也就是转型后的第一年，彩虹股份就对在建工程计提减值准备3亿元，2011年计提4亿元，2012年计提19亿元……直到2016年，累计计提资产减值损失31亿元，其中大部分是在建工程减值。定向增资的35亿元才到位，资产就开始计提减值，几年间大部分定增金额被亏损。审计师连续六年出具非标意见，市场为之唏嘘。

13.10.2　在建工程迟迟不转固定资产，以免"现原形"

理论上，在建工程完工后，要转为固定资产，并接受"固定资产折旧"的要求。如果企业的在建工程长期没有转为固定资产，就有蹊跷了，要么是在建工程"烂尾"，需要计提减值，要么就是在"避免折旧"，修饰利润。当然，在建工程不转为固定资产还有一个好处，可以将相应的利息费用进行资本化处理，同样有利于修饰利润。

举一个例子。

成立于1998年的海正药业（SH.600267），主营药品的生产和销售，包括抗肿瘤药、抗感染药、心血管药、抗寄生虫药、内分泌药等，2000年上市后，业绩稳中有升，但是净利润却持续下降，2015年起走上了亏损之路。2015年~2018年，累计亏损11.75亿元，配不上百亿元的收入，自认为导致净利润下降甚至亏损的原因是，产品盈利能力的下降。

事实上，海正药业的盈利能力要比公布的数据更糟糕。近年来，在建工程不仅规模大，而且建设速度异常缓慢。预算15亿元的二期生物工程项目，2012年始建，2015

- 236 -

（2）在"累计试算表"工作表中，选中B4~F21单元格。

（3）单击功能区的"公式"按钮，并单击"定义名称"选项，如图16-33所示。

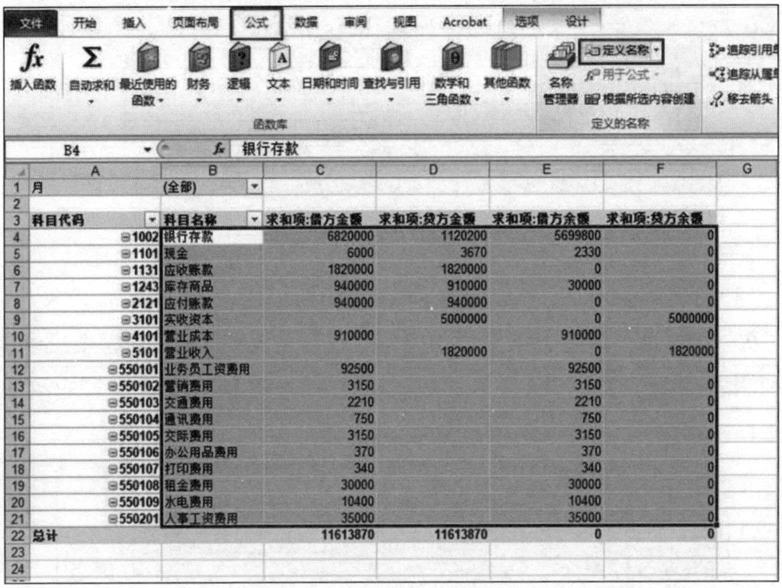

图16-33　设定信息查找范围-1

（4）在弹出的对话框中，把"名称"中的"银行存款"改写为"累计试算表信息"。确认"引用位置"的数据为"=累计试算表!$B$4:$F$21"。

之后，若公式中出现"累计试算表信息"，则是针对上述定义的区域，即"累计试算表"工作表的"B4~F21单元格"，如图16-34所示。

图16-34　设定信息查找范围-2

（5）单击"确定"按钮。

第二步：键入"利润表"的"表头"数据。

（1）在文件"05 利润表（季度）-编制"中，按住Ctrl键的同时单击"利润表-原始"工作表的标签，并向右移动鼠标，如图16-35所示。

图16-35　复制"利润表-原始"-1

（2）"利润表-原始"工作表的标签右上角出现黑色三角箭号后，放开鼠标。

文件"05 利润表（季度）-编制"中出现新的工作表，即"利润表-原始（2）"工作表。"利润表-原始（2）"工作表的数据与"利润表-原始"工作表的数据是完全相同的，如图16-36所示。

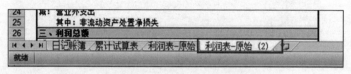

图16-36　复制"利润表-原始"-2

（3）将"利润表-原始(2)"工作表的名称重命名为"利润表-2019年第一季度"。

（4）把B2单元格的内容修改为"2019年第一季度　利润表"。

（5）在B3单元格的"编制企业："后，键入"兴旺贸易有限公司"。

（6）在B4单元格的"编制日期："后，键入"2019年3月31日"。

（7）在B5单元格的"货币单位："后，键入"人民币"，如图16-37所示。

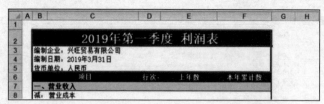

图16-37　填写利润表的表头

第三步：键入"利润表"的"正表"数据。

（1）删除第7行、第10行、第22行和第28行的序列号（一、二、三、四），以便将Excel表格中的数据通过公式自动对应到"利润表"中。

（2）在F7单元格（营业收入）中键入"=IF(ISNA(VLOOKUP(B7,累计试算表信息,4,FALSE)),0,IF(VLOOKUP(B7,累计试算表信息,4,FALSE)<>0,－VLOOKUP(B7,累计

试算表信息,4,FALSE),VLOOKUP(B7,累计试算表信息,5,FALSE)))"，如图16-38所示。

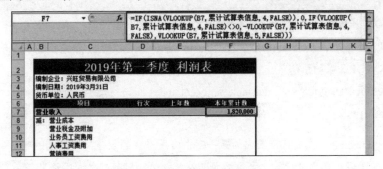

图16-38　填写利润表的正表-1

上述公式的意思是，在"累计试算表信息"（"累计试算表"工作表的B4~F21单元格）的首列，寻找与B7单元格数据（营业收入）相同的单元格。如果找到了，查看与该单元格位于同一行的E列数据（0）和F列数据（1820000），取不为"0"的数据（1820000）填入F7单元格。如果找不到，则F7单元格为"0"。

IS类函数

IS类函数，可以检验数值的类型，并根据参数取值返回 TRUE 或 FALSE。IS类函数在用公式检验计算结果时十分有用，它与函数 IF 结合，可以在公式中查出错误值。

IS类函数包括9种，分别是ISBLANK（value）、ISERR（value）、ISERROR（value）、ISLOGICAL（value）、ISNA（value）、ISNONTEXT（value）、ISNUMBER（value）、ISREF（value）、ISTEXT（value）。这些公式中，value为需要检验的单元格数值。

IS类函数的返回值为逻辑值TRUE或者FALSE。例如，在下列情况下，IS类函数返回TRUE。

- ISBLANK的数值为空白单元格。
- ISERR的数值为任意错误值，#N/A（值不存在）除外。
- ISERROR的数值为任意错误值，包括#N/A、#VALUE!、#REF!、#DIV/0!、#NUM!、#NAME?、#NULL!等。
- ISLOGICAL的数值为逻辑值。
- ISNA的数值为错误值#N/A。
- ISNONTEXT的数值为任意不是文本的项（数值为空白单元格时也返回TRUE）。
- ISNUMBER的数值为数字。
- ISREF的数值为引用。
- ISTEXT的数值为文本。

VLOOKUP函数

VLOOKUP函数，用于按列查找所需的值，返回被查询列所对应的值。与之对应的是HLOOKUP函数，用于按行查找。

VLOOKUP函数的语法是：

VLOOKUP（lookup_value,table_array,col_index_num,range_lookup）

各参数的意义是：

- lookup_value：在查找范围内的第一列中需要查找的数值，查找范围可以是工作表、数据区域、定义名称等，文本格式可以是数值、引用或文本字符串。
- table_array：数值的查找范围。
- col_index_num：table_array中待返回的匹配值的列序号，用正整数表示。
- range_lookup：表示VLOOKUP函数查找时是精确匹配，还是模糊匹配。如果range_lookup为FALSE或0，则精确匹配，当找不到数据时返回错误值#N/A。如果range_lookup为TRUE或1（不填写该参数即默认为TRUE），VLOOKUP函数查找模糊匹配值，返回小于lookup_value的最大数值。

（3）在F8单元格（营业成本）中键入"=IF(ISNA(VLOOKUP(C8,累计试算表信息,4,FALSE)),0,IF(VLOOKUP(C8,累计试算表信息,4, FALSE)<>0,VLOOKUP(C8, 累计试算表信息,4,FALSE),—VLOOKUP(C8, 累计试算表信息,5,FALSE)))"，如图16-39所示。

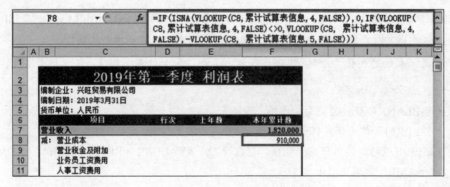

图16-39　填写利润表的正表-2

上述公式的意思是，在"累计试算表信息"的首列，寻找与C8单元格数据（营业成本）相同的单元格。如果找到了，查看与该单元格位于同一行的E列数据（910000）和F列数据（0），取不为"0"的数据（910000）填入F8单元格。如果找不到，则F8单元格为"0"。

> **小提示**
>
> F7单元格的公式为"=IF(ISNA(VLOOKUP(B7,数据透视表信息,4,FALSE)),0, IF(VLOOKUP(B7,数据透视表信息,4,FALSE)<>0,-VLOOKUP(B7,数据透视表信息,4, FALSE),VLOOKUP(B7,数据透视表信息,5,FALSE)))"。
>
> F8单元格的公式为"=IF(ISNA(VLOOKUP(C8,数据透视表信息,4,FALSE)),0, IF(VLOOKUP(C8,数据透视表信息,4,FALSE)<>0,VLOOKUP(C8,数据透视表信息,4,FALSE), -VLOOKUP(C8,数据透视表信息,5,FALSE)))"。
>
> F7单元格的公式为何与F8单元格的公式相差一组正负号呢？因为F7单元格中的"营业收入"为"收入"类，数额增加记为贷方，F8单元格中的"营业成本"为"成本"类，数额增加记为借方。

（4）右击F8单元格（营业成本），选择"复制"选项，如图16-40所示。

图16-40　填写利润表的正表-3

（5）右击F9单元格（营业税金及附加），依次选择"粘贴选项→公式"选项，如图16-41所示。

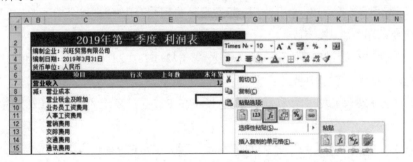

图16-41　填写利润表的正表-4

F8单元格的公式被快速复制到F9单元格。F9单元格的公式为"=IF(ISNA(VLOOKUP(C9, 累计试算表信息,4,FALSE)),0,IF(VLOOKUP(C9,累计试算表信息,4,FALSE)<>0, VLOOKUP(C9,累计试算表信息,4,FALSE),—VLOOKUP(C9,累计试算表信息,5,FALSE)))"。即把F8单元格公式中的"C8"调整为"C9"。

（6）F10"业务员工资费用"、F11"人事工资费用"、F12"营销费用"、F13"交际费用"、F14"交通费用"、F15"通讯费用"、F16"办公用品费用"、F17"打印费用"、F18"租金费用"、F19"水电费用"的公式与F8"营业成本"类似。用复制公式的方式可快速建立公式。

（7）右击F7单元格（营业收入），选择"复制"选项。

（8）右击F20单元格（公允价值变动净收益），依次选择"粘贴选项→公式"选项。

（9）将F20单元格公式中的"B"改写为"C"。

则F20单元格的公式为"=IF(ISNA(VLOOKUP(C20,累计试算表信息,4,FALSE)),0,IF(VLOOKUP(C20,累计试算表信息,4,FALSE)<>0,—VLOOKUP(C20,累计试算表信息,4,FALSE),VLOOKUP(C20,累计试算表信息,5,FALSE)))"。

这是因为在"营业收入"公式中，"营业收入"位于"利润表"的B列，而在"公允价值变动净收益"公式中，"公允价值变动净收益"位于"利润表"的C列，因此，复制公式后，要将原公式中的"B"改成"C"。

（10）F21"投资收益"和F23"营业外收入"公式与F20"公允价值变动净收益"的公司类似，用复制公式的方式可快速建立公式，也就是直接将F20单元格的公式复制到F21单元格和F23单元格。

（11）F24"营业外支出"公式与F8"营业成本"类似。用复制公式的方式可快速建立公式。

（12）F27"所得税"，根据企业实际支付情况调整，并填入"利润表"。

（13）在F22单元格（营业利润）键入"=F7-SUM(F8:F19)+F20+F21"。表示"营业利润=营业收入－营业成本－营业税金及附加－（业务员工资费用+人事工资费+营销费用+交际费用+交通费用+通讯费用+办公用品费用+打印费用+租金费用+水电费用）+公允价值变动净收益+投资收益"。

（14）在F26单元格（利润总额）键入"=F22+F23-F24"，表示"利润总额=营业利润+营业外收入－营业外支出"。

（15）在F28单元格（净利润）键入"=F26-F27"，表示"净利润=利润总额－所得税"。

（16）一家企业实际可以获得的净利润，落脚点是F29单元格"归属于母公司所有者的净利润"。当这家企业的母公司持有其股权为100%时，该公司的净利润就是"归属于母公司所有者的净利润"。

（17）"利润表"正表编制完成，如图16-42所示。

2019年第一季度 利润表

编制企业：兴旺贸易有限公司
编制日期：2019年3月31日
货币单位：人民币

项目	行次	上年数	本年累计数
营业收入			1,820,000
减：营业成本			910,000
营业税金及附加			0
业务员工资费用			92,500
人事工资费用			35,000
营销费用			3,150
交际费用			3,150
交通费用			2,210
通讯费用			750
办公用品费用			370
打印费用			340
租金费用			30,000
水电费用			10,400
加：公允价值变动净收益			0
投资收益			0
营业利润			732,130
加：营业外收入			0
减：营业外支出			0
其中：非流动资产处置净损失			
利润总额			732,130
减：所得税			0
净利润			732,130
归属于母公司所有者的净利润			
少数股东损益			

图16-42　填写利润表的正表-5

由于本节重点在于给出"本年累计数"的计算方法，故忽略"行次"和"上年数"的具体数据。

16.1.4　2019年1月利润表的编制

上一节编制了"2019年第一季度利润表"，如果要编制"2019年1月利润表"，如何操作呢？

利用之前编制的"累计试算表"，可以在"2019年第一季度利润表"的基础上，用很简单的方式编制"2019年1月利润表"。步骤如下。

第一步：修改"累计试算表"工作表。

（1）打开文件"05 利润表（季度）-编制"。

（2）在"累计试算表"工作表中，在第1行B列的"月"下拉列表中选择"1"，表示选择"1月"，如图16-43所示。

图16-43 编制利润表（月度）-1

（3）单击"确定"按钮，则报表中显示的是2019年1月的数据，如图16-44所示。

科目代码	科目名称	求和项:借方金额	求和项:贷方金额	求和项:借方余额	求和项:贷方余额
⊟1002	银行存款	5500000	326350	5173650	0
⊟1101	现金	3000	1280	1720	0
⊟1131	应收账款	500000	500000	0	0
⊟1243	库存商品	260000	250000	10000	0
⊟2121	应付账款	260000	260000	0	0
⊟3101	实收资本		5000000	0	5000000
⊟4101	营业成本	250000		250000	0
⊟5101	营业收入		500000	0	500000
⊟550101	业务员工资费用	35000		35000	0
⊟550102	营销费用	1050		1050	0
⊟550103	交通费用	660		660	0
⊟550104	通讯费用	220		220	0
⊟550105	交际费用	1800		1800	0
⊟550106	办公用品费用	260		260	0
⊟550107	打印费用	140		140	0
⊟550108	租金费用	10000		10000	0
⊟550109	水电费用	3500		3500	0
⊟550201	人事工资费用	12000		12000	0
总计		6837630	6837630	0	0

图16-44 编制利润表（月度）-2

第二步：修改"利润表-2019年第一季度"工作表。

（1）重命名"利润表-2019年第一季度"，改写为"利润表-2019年1月"。

（2）在"利润表-2019年1月"工作表中，改写B2单元格为"2019年1月 利润表"。"编制时间"可根据实际情况更改，例如"2019年1月31日"。

至此"2019年1月利润表"工作表编制完成，如图16-45所示。

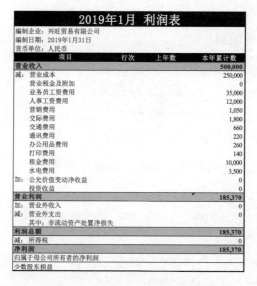

图16-45 编制利润表(月度)

16.2 资产负债表

"资产负债表"提供了某个时间节点上企业三方面的重要信息:

(1)资产总额及结构,体现企业拥有或控制的资源及分布情况。

(2)负债总额及结构,体现企业未来要清偿的债务和清偿时间。

(3)所有者拥有的权益,可以判断资产保值及增值的情况,以及对企业负债的保障程度。

从开账起,每一期"资产负债表"的"期末余额"都会在下一期"资产负债表"的"期初金额"中体现。因此,"资产负债表"是具有累计性质的财务报告。

16.2.1 资产负债表的制表原则

"资产负债表"的计算原则是,"资产=负债+所有者权益"的平衡原则。因此,"资产负债表"正表的基本结构包括两部分,左列显示资产的各项目,反映企业资金的分布状况和存在形式。右列显示权益的各项目,反映企业的负债、所有者权益和增值情况。左右两列金额始终保持平衡,体现"资产"和"权益"的本质联系。

"资产负债表"的"资产"包括①流动资产,②长期投资,③固定资产,④无形资产……

"资产负债表"的"负债"包括①流动负债,②长期负债……

16.2.2 资产负债表的编制

会计账中的"资产"通常以借方余额表示,而"负债"和"所有者权益"通常以贷方余额表示,与"资产负债表"的基本结构对应。

下面将利用"累计试算表"和"利润表"编制"资产负债表"。同样,本例将忽略"行次"和"期初数"的具体数据。步骤如下。

第一步:键入"资产负债表"的"表头"数据。

(1)打开文件"07 资产负债表-原始"。

"07 资产负债表-原始"的"日记账簿"工作表,即为文件"05 利润表(季度)-编制"的"日记账簿"工作表。

"07 资产负债表-原始"的"累计试算表"工作表,即为文件"05 利润表(季度)-编制"的"累计试算表"工作表。

"07 资产负债表-原始"的"利润表-2019年第一季度"工作表,即为文件"05 利润表(季度)-编制"的"利润表-2019年第一季度"工作表。

"07 资产负债表-原始"的"资产负债表-原始"工作表,是"资产负债表"的基本样式,如图16-46所示。

图16-46 资产负债表的基本样式

（2）复制"资产负债表-原始"工作表，并建立新的工作表"资产负债表-2019年第一季度"。

（3）在"资产负债表-2019年第一季度"工作表的C3~C5单元格中，依次键入"表头"数据，如图16-47所示。

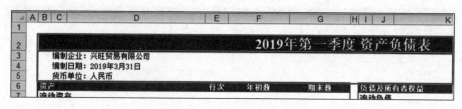

图16-47 编制资产负债表-1

第二步：键入"资产负债表"的"正表"数据—资产。

（1）在G8单元格（现金）中键入"=IF(ISNA(VLOOKUP(C8,累计试算表信息,4,FALSE)),0,IF(VLOOKUP(C8,累计试算表信息,4,FALSE)<>0,VLOOKUP(C8,累计试算表信息,4,FALSE),-VLOOKUP(C8,累计试算表信息,5,FALSE)))"。

（2）上述公式的意思是，在"累计试算表信息"的首列，寻找与C8单元格数据（现金）相同的单元格。如果找到了，查看与该单元格位于同一行的E列数据（2330）和F列数据（0），取不为"0"的数据（2330）填入G8单元格。如果找不到，则G8单元格为"0"。

（3）G9"银行存款"~G21"其他流动资产"，G24"长期股权投资"~G25"长期债权投资"，G28"固定资产原价"~G34"固定资产清理"，G37"无形资产"~G39"其他长期资产"，以及G42"递延税款借项"的公式与G8"现金"类似。用复制公式的方式可快速建立公式。

对于减项G29"累计折旧"、G31"固定资产减值准备"，公式中要把针对C列的信息查找更改为针对D列，因为在"资产负债表"的报表中，"累计折旧"和"固定资产减值准备"位于D列。

（4）G22单元格（流动资产合计）已预设公式"=SUM(G8:G21)"。

（5）G26单元格（长期投资合计）已预设公式"=SUM(G24:G25)"。

（6）G35单元格（固定资产合计）已预设公式"=SUM(G32:G34)"。

（7）G40单元格（无形资产及其他资产合计）已预设公式"=SUM(G37:G39)"。

（8）G43单元格（递延税项（借项）合计）已预设公式"=G42"。

（9）G44单元格（资产合计）已预设公式"=G22+G26+G35+G40+G43"。表示"资产合计=流动资产+长期投资+固定资产+无形资产及其他资产+递延税项"。

（10）"正表"数据—资产部分，键入完成，如图16-48"编制资产负债表之资产总计"所示。

资产	行次	年初数	期末数
流动资产			
现金			2,330
银行存款			5,699,800
短期投资			0
应收票据			0
应收股利			0
应收利息			0
应收账款			0
其他应收款			0
预付账款			0
应收补贴款			0
库存商品			30,000
待摊费用			0
一年内到期的长期债权投资			0
其他流动资产			0
流动资产合计			5,732,130
长期投资			
长期股权投资			0
长期债权投资			0
长期投资合计			0
固定资产			
固定资产原价			0
减：累计折旧			0
固定资产净值			0
减：固定资产减值准备			0
固定资产净额			0
在建工程			0
固定资产清理			0
固定资产合计			0
无形资产及其他资产			
无形资产			
长期待摊费用			
其他长期资产			
无形资产及其他资产合计			0
递延税项			
递延税款借项			
递延税项(借项)合计			0
资产总计			5,732,130

图16-48　编制资产负债表之资产总计

第三步：键入"资产负债表"的"正表"数据—负债及所有者权益。

（1）在N8单元格（短期借款）中键入"=IF(ISNA(VLOOKUP(J8,累计试算表信息,4,FALSE)),0,IF(VLOOKUP(J8,累计试算表信息,4,FALSE)<>0, -VLOOKUP(J8,累计试算表信息,4,FALSE),VLOOKUP(J8,累计试算表信息,5,FALSE)))"。

上述公式的意思是，在"累计试算表信息"的首列，寻找与J8单元格数据（短期借款）相同的单元格。如果找到了，查看与该单元格位于同一行的E列数据和F列数据，取不为"0"的数据填入N8单元格。如果找不到，则N8单元格为"0"。

（2）单元格N9"应付票据"~N21"其他流动负债"，单元格N24"长期借款"~N28"其他长期负债"，单元格N31"递延税款贷项"，单元格N36"实收资本"，单元格N39"资本公积"，单元格N40"盈余公积"和单元格N41"法定公益金"的公式，与单元格N8"短期借款"类似。用复制公式的方式可快速建立公式。

单元格N41"法定公益金"公式中要把针对J列的信息查找更改为针对K列。

（3）单元格N37"已归还资本"的公式与G8单元格中的"现金"类似。用复制公式的方式可快速更新公式。

公式中要把针对J列的信息查找更改为针对K列的信息查找。

（4）在N38单元格（实收资本净额）键入"=N36-N37"，表示"实收资本净额=实收资本－已归还资本"。

（5）在N42单元格（未分配利润），先键入"="，其次单击"利润表-2019年第一季度"工作表的E28单元格，再次键入"+"，最后单击"利润表-2019年第一季度"工作表的F28单元格，并按下Enter键。表示"未分配利润=净利润上年数+净利润本年累计数"，"净利润上年数"和"净利润本年累计数"的数据，可以在"利润表-2019年第一季度"中找到。

（6）N22单元格（流动负债合计）已预设公式"=SUM(N8:N21)"。

（7）N29单元格（长期负债合计）已预设公式"=SUM(N24:N28)"。

（8）N32单元格（递延税项（贷项）合计）已预设公式"=N31"。

（9）N33单元格（负债合计）已预设公式"=N22+N29+N32"。

（10）N43单元格（所有者权益合计）已预设公式"=+N38+N39+N40+N42"。

（11）N44单元格（负债和所有者权益合计）已预设公式"=N33+N43"。

（12）"正表"数据—负债及所有者权益部分，键入完成，如图16-49所示。

负债及所有者权益	行次	年初数	期末数
流动负债			
短期借款			0
应付票据			0
应付账款			0
预收账款			0
应付工资			0
应付福利费			0
应付股利			0
应交税金			0
其他应交款			0
其他应付款			0
预提费用			0
预计负债			0
一年内到期的长期负债			0
其他流动负债			0
流动负债合计			0
长期负债			
长期借款			0
应付债券			0
长期应付票据			0
专项应付款			0
其他长期负债			0
长期负债合计			0
递延税项			
递延税款贷项			0
递延税项(贷项)合计			0
负债合计			0
所有者权益			
实收资本			5,000,000
减： 已归还投资			0
实收资本净额			5,000,000
资本公积			0
盈余公积			0
其中：法定公益金			0
未分配利润			732,130
所有者权益合计			5,732,130
负债和所有者权益总计			5,732,130

图16-49　编制资产负债表之负债和所有者权益总计

（13）完整的"资产负债表"，如图16-50所示。

图16-50 编制完整的资产负债表

16.3 现金流量表

"现金流量表"显示的是企业在一定时期（月/季/年，以年为主）内现金流入和流出的状况，也可预测企业在未来一段时间内对现金的需求量。

企业动用的资金有大有小，数百元、上千万元都有可能，用"现金流量表"进行管理一目了然。

16.3.1 现金流量表的制表原则

"现金流量表"中所说的"现金"，可以是现金，也可以是现金等价物。"现金"，是指企业库存现金以及可以随时用于支付的银行存款。"现金等价物"，是指企业持有的期限短、流动性强、易于转换为已知金额的现金，以及价值变动风险很小的投资。

"现金流量表"最常用的格式将企业的业务活动分为三类,即"经营活动""投资活动""筹资活动"。"现金流量"是指企业现金的流动方向,现金流入企业为"流入",现金流出企业为"流出"。相应的,企业的"现金流量"划分为:

(1)经营活动的现金流量(包括"流入"和"流出")。

(2)投资活动的现金流量(包括"流入"和"流出")。

(3)筹资活动的现金流量(包括"流入"和"流出")。

(4)汇率变动对现金的影响额(如果企业有外币业务,会涉及此项)。

(5)现金及现金等价物净增加额(为"经营活动的现金流量""投资活动的现金流量""筹资活动的现金流量"以及"汇率变动对现金的影响额"的求和,是"期末现金余额"和"期初现金余额"的差额)。

16.3.2 现金流量表的编制

"现金流量表"编制的主要方法是"直接法"。"直接法"确定"日记账簿"中每笔业务的属性,归入按现金流动属性分类的"经营""投资"和"筹资"三类现金收支项目,由现金流入流出净额合计得到一个期间内的现金净流量。在这种方法下,现金流量表中"经营""投资"和"筹资"的流入、流出、流量净额的关系非常直观。

以下将利用"直接法"编制"现金流量表"。同样,本例将忽略"行次"的具体数据。步骤如下。

第一步:键入"现金流量表"的"表头"数据。

(1)打开文件"09现金流量表-原始"。

"09现金流量表-原始"的"日记账簿"工作表,即为文件"08 资产负债表-编制"的"日记账簿"工作表。

"09现金流量表-原始"的"累计试算表"工作表,即为文件"08 资产负债表-编制"的"累计试算表"工作表。

"09现金流量表-原始"的"利润表-2019年第一季度"工作表,即为文件"08 资产负债表-编制"的"利润表-2019年第一季度"工作表。

"09现金流量表-原始"的"资产负债表-2019年第一季度"工作表,即为文"08 资产负债表-编制"的"资产负债表-2019年第一季度"工作表。

"09现金流量表-原始"的"现金流量表-原始"工作表,是"现金流量表"的基本样式。如图16-51所示。

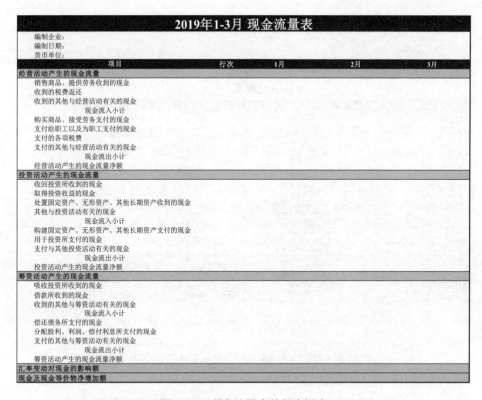

图16-51 现金流量表的基本样式

（2）复制"现金流量表-原始"工作表，并建立新的工作表"现金流量表-2019年1~3月"。

（3）在"现金流量表-2019年1~3月"工作表的C3~C5单元格中，依次键入"表头"数据，如图16-52所示。

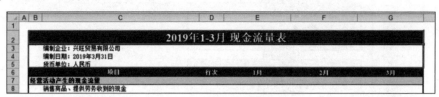

图16-52 编制现金流量表-1

第二步：对"日记账簿"中涉及"现金"和"银行存款"的记录，进行"现金流量项目分类"。

（1）打开"09现金流量表-原始"的"日记账簿"工作表，对于每一组借贷记录，查看是否涉及"现金"或者"银行存款"的变化，如果"现金"或者"银行存款"有变化，才需要进行"现金流量项目分类"，如图16-53所示。

（2）“现金流量项目分类”的项目按照“现金流量表”的项目编制，如图16-54所示。

普通日记账簿

年	月	日	凭证类别	凭证号数	摘要	科目代码	科目名称	借方	贷方
2019	1	1	记	130101-001	期初开账	1002	银行存款	¥5,000,000.00	
2019	1	1	记	130101-001	期初开账	3101	实收资本		¥5,000,000.00
2019	1	5	记	130105-002	提取备用金	1101	现金	¥3,000.00	
2019	1	5	记	130105-002	转备用金	1002	银行存款		¥3,000.00
2019	1	5	记	130105-003	购入货品	1243	库存商品	¥100,000.00	
2019	1	5	记	130105-003	购入货品	2121	应付账款		¥100,000.00
2019	1	10	记	130110-004	购入货品	1243	库存商品	¥160,000.00	
2019	1	10	记	130110-004	购入货品	2121	应付账款		¥160,000.00
2019	1	15	记	130115-005	卖出商品	1131	应收账款		
2019	1	15	记	130115-005	卖出商品	5101	营业收入		
2019	1	15	记	130115-006	库存商品转营业成本	4101	营业成本	¥150,000.00	
2019	1	15	记	130115-006	库存商品转营业成本	1243	库存商品		¥150,000.00
2019	1	20	记	130120-007	卖出商品	1131	应收账款	¥200,000.00	
2019	1	20	记	130120-007	卖出商品	5101	营业收入		¥200,000.00
2019	1	20	记	130120-008	库存商品转营业成本	4101	营业成本	¥100,000.00	
2019	1	20	记	130120-008	库存商品转营业成本	1243	库存商品		¥100,000.00
2019	1	25	记	130125-009	1月租金	550108	租金费用	¥10,000.00	
2019	1	25	记	130125-009	1月水电	550109	水电费用	¥3,500.00	
2019	1	25	记	130125-009	付1月租金、水电费	1002	银行存款		¥13,500.00
2019	1	25	记	130125-010	1月交通费	550103	交通费用	¥660.00	
2019	1	25	记	130125-010	1月通讯费	550104	通讯费用	¥220.00	

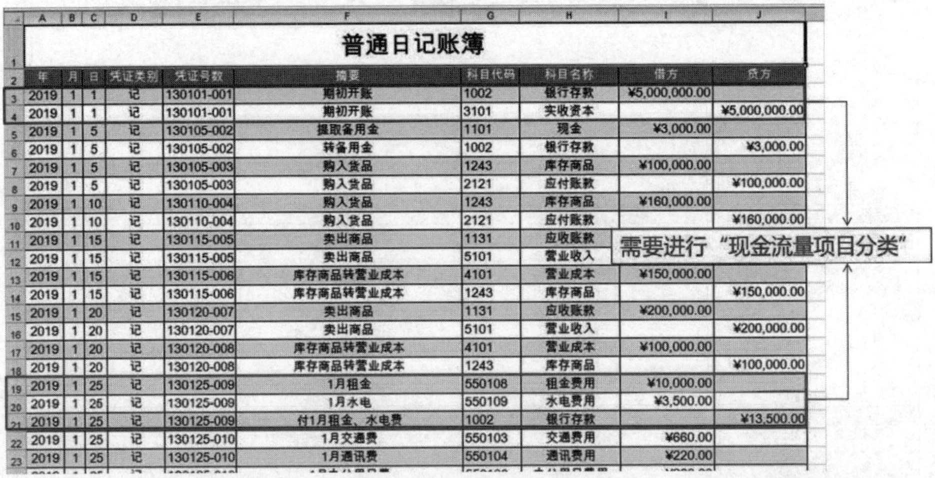

图16-53　编制现金流量表-2

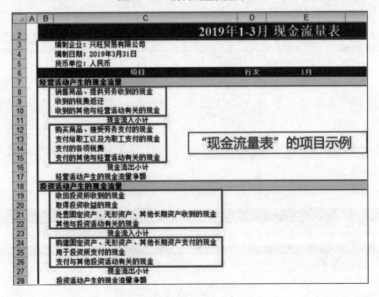

图16-54　编制现金流量表-3

实际操作时，“现金流量项目分类”的项目，要在相应的“现金流量表”的项目之前加上“经营活动—”或“投资活动—”或“筹资活动—”，使得各项目与其对应的业务活动相匹配。如图“编制现金流量表-4”中的C8单元格（销售商品、提供劳务收到的现金）对应的“现金流量项目分类”的项目，应是“经营活动—销售商品、提供劳务收到的现金”。

（3）在"日记账簿"工作表中，在K2单元格中键入"现金流量项目分类"，表示K列将添加"现金流量项目分类"，记录"日记账簿"相应项目对应的"现金流量表"项目。如图16-55所示。

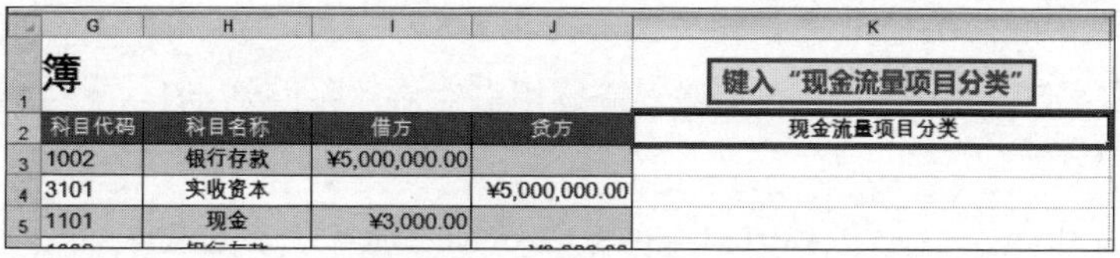

图16-55　编制现金流量表-4

（4）第1组（凭证号数130101－001），在K4单元格（"实收资本"）中键入"筹资活动1—吸收投资所收到的现金"。如图16-56的"编制现金流量表-5"所示。

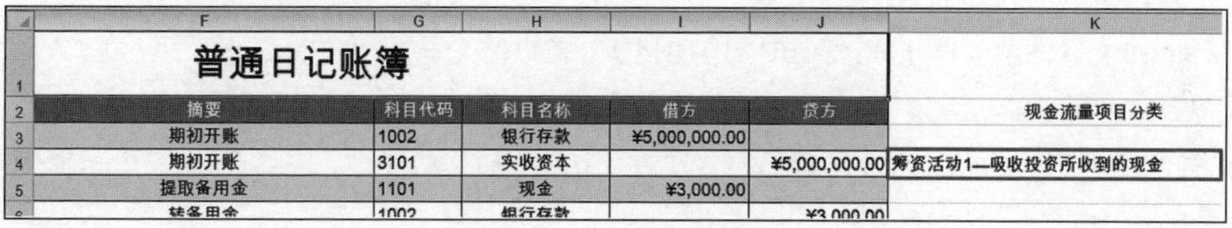

图16-56　编制现金流量表-5

这是因为，第1组借记"银行贷款"，贷记"实收资本"，"实收资本"对应到"筹资活动－吸收投资所收到的现金"。同时，由于"日记账簿"涉及"1月""2月"和"3月"的账目，因此把1月的"筹资活动"表示为"筹资活动1"，以对月份作区别，便于"现金流量表"对数据的引用。对于"经营活动""投资活动"和"筹资活动"后出现的"1""2"和"3"均是这个原因，不再赘述。

（5）第2组（凭证号数130105－002），不用进行"现金流量项目分类"。

这是因为，第2组借记"现金"，贷记"银行存款"，由于两者都是资金账户，互相调拨，并非对外的流入或流出。

（6）第3组（凭证号数130105－003），不用进行"现金流量项目分类"。

这是因为，第3组借记"库存商品"，贷记"应付账款"，由于未涉及"现金"或"银行存款"，不计入"现金流量表"。

其他未涉及"现金"或"银行存款"的组别均做类似的操作，不再赘述。

（7）第9组（凭证号数130125－009），K19单元格（"租金费用"）和K20单元格（"水电费用"）中分别键入"经营活动1—支付的其他与经营活动有关的现金"。

这是因为，第9组借记"租金费用"和"水电费用"，贷记"银行存款"，"租金费用"和"水电费用"对应到"经营活动1—支付的其他与经营活动有关的现金"。

第10组和第11组的"现金流量项目分类"，与第9组是类似的。

（8）第12组（凭证号数130131－012），K30单元格（“业务员工资费用”）和K31单元格（“人事工资费用”）中分别键入“经营活动1—支付给职工以及为职工支付的现金”。

这是因为，第12组借记“业务员工资费用”和“人事工资费用”，贷记“银行存款”，“业务员工资费用”和“人事工资费用”对应“经营活动1—支付给职工以及为职工支付的现金”。

（9）第13组（凭证号数130131－013），K34单元格（“应收账款”）中键入“经营活动1—销售商品、提供劳务收到的现金”。

这是因为，第13组借记“银行存款”，贷记“应收账款”，“应收账款”对应“经营活动1—销售商品、提供劳务收到的现金”。

第14组的“现金流量项目分类”，与第13组是类似的。

（10）第15组（凭证号数130131－015），K37单元格（“应付账款”）中键入“经营活动1—购买商品、接受劳务支付的现金”。

这是因为，第15组借记“应付账款”，贷记“银行存款”，“应付账款”对应“经营活动1—购买商品、接受劳务支付的现金”。

第16组的“现金流量项目分类”，与第15组是类似的。

（11）“1月”的“现金流量项目分类”完成，如图16-57所示。

	D	E	F	G	H	I	J	K
1			普通日记账簿					
2	凭证类别	凭证号数	摘要	科目代码	科目名称	借方	贷方	现金流量项目分类
3	记	130101-001	期初开账	1002	银行存款	¥5,000,000.00		
4	记	130101-001	期初开账	3101	实收资本		¥5,000,000.00	筹资活动1—吸收投资所收到的现金
5	记	130105-002	提取备用金	1101	现金	¥3,000.00		
6	记	130105-002	转备用金	1002	银行存款		¥3,000.00	
7	记	130105-003	购入货品	1243	库存商品	¥100,000.00		
8	记	130105-003	购入货品	2121	应付账款		¥100,000.00	
9	记	130110-004	购入货品	1243	库存商品	¥160,000.00		
10	记	130110-004	购入货品	2121	应付账款		¥160,000.00	
11	记	130115-005	卖出商品	1131	应收账款	¥300,000.00		
12	记	130115-005	卖出商品	5101	营业收入		¥300,000.00	
13	记	130115-006	库存商品转营业成本	4101	营业成本	¥150,000.00		
14	记	130115-006	库存商品转营业成本	1243	库存商品		¥150,000.00	
15	记	130120-007	卖出商品	1131	应收账款	¥200,000.00		
16	记	130120-007	卖出商品	5101	营业收入		¥200,000.00	
17	记	130120-008	库存商品转营业成本	4101	营业成本	¥100,000.00		
18	记	130120-008	库存商品转营业成本	1243	库存商品		¥100,000.00	
19	记	130125-009	1月租金	550108	租金费用	¥10,000.00		经营活动1—支付的其他与经营活动有关的现金
20	记	130125-009	1月水电	550109	水电费用	¥3,500.00		经营活动1—支付的其他与经营活动有关的现金
21	记	130125-009	付1月租金、水电费	1002	银行存款		¥13,500.00	
22	记	130125-010	1月交通费	550103	交通费用	¥660.00		经营活动1—支付的其他与经营活动有关的现金
23	记	130125-010	1月通讯费	550104	通讯费用	¥220.00		经营活动1—支付的其他与经营活动有关的现金
24	记	130125-010	1月办公用品费	550106	办公用品费用	¥260.00		经营活动1—支付的其他与经营活动有关的现金
25	记	130125-010	1月打印费	550107	打印费用	¥140.00		经营活动1—支付的其他与经营活动有关的现金
26	记	130125-010	付1月交通、通讯、办公用品、打印费	1101	现金		¥1,280.00	
27	记	130131-011	1月营销费	550102	营销费用	¥1,050.00		经营活动1—支付的其他与经营活动有关的现金
28	记	130131-011	1月交际费	550105	交际费用	¥1,800.00		经营活动1—支付的其他与经营活动有关的现金
29	记	130131-011	付1月营销、交际费	1002	银行存款		¥2,850.00	
30	记	130131-012	1月业务员工资	550101	业务员工资费用	¥35,000.00		经营活动1—支付给职工以及为职工支付的现金
31	记	130131-012	1月人事工资	550201	人事工资费用	¥12,000.00		经营活动1—支付给职工以及为职工支付的现金
32	记	130131-012	付1月工资	1002	银行存款		¥47,000.00	
33	记	130131-013	1月应收款转银行存款	1002	银行存款	¥300,000.00		
34	记	130131-013	1月应收款	1131	应收账款		¥300,000.00	经营活动1—销售商品、提供劳务收到的现金
35	记	130131-014	1月应收款转银行存款	1002	银行存款	¥200,000.00		
36	记	130131-014	1月应收款	1131	应收账款		¥200,000.00	经营活动1—销售商品、提供劳务收到的现金
37	记	130131-015	银行存款转1月应付款	2121	应付账款	¥100,000.00		经营活动1—购买商品、接受劳务支付的现金
38	记	130131-015	1月应付款	1002	银行存款		¥100,000.00	
39	记	130131-016	银行存款1月应付款	2121	应付账款	¥160,000.00		经营活动1—购买商品、接受劳务支付的现金

图16-57　编制现金流量表-6

"2月"和"3月"的"现金流量项目分类"与"1月"类似。

第三步：键入"现金流量表"的"正表"数据。

（1）在"现金流量表-2019年1~3月"工作表的E8单元格（1月，经营活动—销售商品、提供劳务收到的现金）中键入"=SUMIF(日记账簿!$K$3:$K$114,"经营活动1—销售商品、提供劳务收到的现金",日记账簿!$J$3:$J$114)"。

上述公式表示，在"日记账簿"工作表的K3~K114单元格中，如果找到"经营活动1—销售商品、提供劳务收到的现金"，则将所有"经营活动1—销售商品、提供劳务收到的现金"单元格对应的J列数据求和。

"日记账簿!$K$3:$K$114"是将"日记账簿!K3:K114"设置为"绝对位置"，当其他单元格的公式同样引用"K3~K114单元格"时，便于公式的复制。"日记账簿!$J$3:$J$114"是同样的道理。

SUMIF函数

SUMIF函数根据指定条件对若干单元格、区域或引用求和。SUMIF函数语法是SUMIF（range，criteria，sum_range）。各参数的意义是：

- range：条件区域，用于条件判断的单元格区域。
- criteria：求和条件，由数字、逻辑表达式等组成的判定条件。criteria参数可使用通配符，包括问号（?）和星号（*）。问号（?）匹配任意单个字符，星号（*）匹配任意一串字符。如果要查找就是问号或星号本身，那么在该问号或星号前输入波形符（~）。
- sum_range：实际求和区域，需要求和的单元格、区域或引用。当省略第三个参数时，则条件区域即为实际求和区域。

（2）在E12单元格（1月，经营活动—购买商品、接受劳务支付的现金）中键入"=SUMIF(日记账簿!$K$3:$K$114,"经营活动1—购买商品、接受劳务支付的现金",日记账簿!$I$3:$I$114)"。

上述公式表示，在"日记账簿"工作表的K3~K114单元格中，如果找到"经营活动1—购买商品、接受劳务支付的现金"，则将所有"经营活动1—购买商品、接受劳务支付的现金"对应的I列数据求和。

（3）E8单元格公式"=SUMIF(日记账簿!$K$3:$K$114,"经营活动1—销售商品、提供劳务收到的现金",日记账簿!$J$3:$J$114)"，E12单元格公式"=SUMIF(日记账簿!$K$3:$K$114,"经营活动1—购买商品、接受劳务支付的现金",日记账簿!$I$3:$I$114)"，两者除了求和条件引用的对象不同，实际求和区域相差一列，即前者J列、后者I列。

这是因为，E8单元格贷记"经营活动—销售商品、提供劳务收到的现金"，而E12单元格借记"经营活动—购买商品、接受劳务支付的现金"，因此前者的实际求和区域位于贷方，而后者的实际求和区域位于借方。

（4）E9单元格（1月，经营活动—收到的税费返还）~E10单元格（1月，经营活动—收到的其他与经营活动有关的现金），E19单元格（1月，投资活动—收回投资所收到的现金）~E22单元格（1月，投资活动—其他与投资活动有关的现金），E30单元格（1月，筹资活动—吸收投资所收到的现金）~E32单元格（1月，筹资活动—收到的其他与筹资活动有关的现金），与E8单元格（记贷方）做类似的操作。

（5）E13单元格（1月，经营活动—支付给职工以及为职工支付的现金）~E15单元格（1月，经营活动—支付的其他与经营活动有关的现金），E24单元格（1月，投资活动—购建固定资产、无形资产、其他长期资产支付的现金）~E26单元格（1月，投资活动—支付与其他投资活动有关的现金），E34单元格（1月，筹资活动—偿还债务所支付的现金）~E36单元格（1月，筹资活动—支付的其他与筹资活动有关的现金），与E12单元格（记借方）做类似的操作。

（6）E11单元格（1月，经营活动—现金流入小计）中键入"=sum(E8:E10)"，表示E11单元格（小计）是"1月，经营活动—现金流入"各项的求和。

（7）E23单元格（1月，投资活动—现金流入小计）和E33单元格（1月，筹资活动—现金流入小计），与E11单元格做类似的操作。

（8）在E16单元格（1月，经营活动—现金流出小计）中键入"=SUM(E12:E15)"，表示E16单元格（小计）是"1月，经营活动—现金流出"各项的求和。

（9）E27单元格（1月，投资活动—现金流出小计）和E37单元格（1月，筹资活动—现金流出小计），与E16单元格做类似的操作。

（10）在E17单元格（1月，投资活动—经营活动产生的现金流量净额）中键入"=E11-E16"，表示E17单元格（现金流量净额）是"1月，经营活动—现金流入"和"1月，经营活动—现金流出"的差额。

（11）E28单元格（1月，投资活动—经营活动产生的现金流量净额）和E38单元格（1月，筹资活动—经营活动产生的现金流量净额），与E17单元格做类似的操作。

（12）E39单元格（1月，汇率变动对现金的影响额），根据实际情况填写。

（13）在E40单元格（1月，现金及现金等价物净增加额）中键入"=E17+E28+E38+E39"，表示"现金及现金等价物的净增加额=经营活动产生的现金流量+投资活动产生的现金流量+筹资活动产生的现金流量+汇率变动影响额"。

"1月"的"现金流量表"的数据设置完毕。

(14)"2月"和"3月"的第8~第38行数据,只需在同行"1月"数据的基础上,改写公式中的"1"(1月)为"2"(2月)或"3"(3月)即可。

例如F15单元格(2月,经营活动—支付的其他与经营活动有关的现金),则将E15单元格公式"=SUMIF(日记账簿!$K$3:$K$114,"经营活动1—支付的其他与经营活动有关的现金",日记账簿!$I$3:$I$114)"公式中"经营活动1—支付的其他与经营活动有关的现金"改写为"经营活动2—支付的其他与经营活动有关的现金"即可,即"=SUMIF(日记账簿!$K$3:$K$114,"经营活动2—支付的其他与经营活动有关的现金",日记账簿!$J$3:$J$114)"。

(15)"2月"和"3月"的第39行~第40行数据,与"1月"数据做类似的操作。

"现金流量表"编制完成,如图16-58所示。

2013年1-3月 现金流量表

编制企业:兴旺贸易有限公司
编制日期:2013年3月31日
货币单位:人民币

项目	行次	1月	2月	3月
经营活动产生的现金流量				
销售商品、提供劳务收到的现金		500,000	620,000	700,000
收到的税费返还		0	0	0
收到的其他与经营活动有关的现金		0	0	0
现金流入小计		500,000	620,000	700,000
购买商品、接受劳务支付的现金		260,000	360,000	320,000
支付给职工以及为职工支付的现金		47,000	47,500	33,000
支付的各项税费		0	0	0
支付的其他与经营活动有关的现金		17,630	17,300	15,440
现金流出小计		324,630	424,800	368,440
经营活动产生的现金流量净额		175,370	195,200	331,560
投资活动产生的现金流量				
收回投资所收到的现金		0	0	0
取得投资收益的现金		0	0	0
处置固定资产、无形资产、其他长期资产收到的现金		0	0	0
其他与投资活动有关的现金		0	0	0
现金流入小计		0	0	0
购建固定资产、无形资产、其他长期资产支付的现金		0	0	0
用于投资所支付的现金		0	0	0
支付与其他投资活动有关的现金		0	0	0
现金流出小计		0	0	0
投资活动产生的现金流量净额		0	0	0
筹资活动产生的现金流量				
吸收投资所收到的现金		5,000,000	0	0
借款所收到的现金		0	0	0
收到的其他与筹资活动有关的现金		0	0	0
现金流入小计		5,000,000	0	0
偿还债务所支付的现金		0	0	0
分配股利、利润、偿付利息所支付的现金		0	0	0
支付的其他与筹资活动有关的现金		0	0	0
现金流出小计		0	0	0
筹资活动产生的现金流量净额		5,000,000	0	0
汇率变动对现金的影响额		0	0	0
现金及现金等价物净增加额		5,175,370	195,200	331,560

图16-58 编制现金流量表

第四步:检验"现金流量表"的正误。

(1)打开"10现金流量表-编制"的"现金流量表-2019年1~3月"工作表。

（2）将"现金流量表"中"1月""2月"和"3月"的"现金及现金等价物净增加额"求和，得"5 175 370+195 200+331 560=5 702 130"，如图16-59所示。

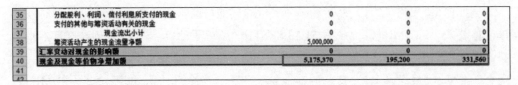

图16-59　编制现金流量表-7

（3）打开"10 现金流量表-编制"的"资产负债表-2019年第一季度"工作表。

（4）计算"资产负债表"中"现金"增加额，即"现金"的"期末数"与"年初数"的差额，得"2 330-0=2 330"，如图16-60所示。

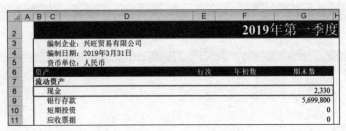

图16-60　编制现金流量表-8

（5）计算"资产负债表"中"银行存款"增加额，即"银行存款"的"期末数"与"年初数"的差额，得"5 699 800-0=5 699 800"，如图16-61所示。

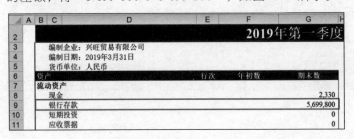

图16-61　编制现金流量表-9

（6）将"资产负债表"中"现金"和"银行存款"增加额求和，得"2 330+5 699 800=5 702 130"。

（7）"现金流量表"中"1月""2月"和"3月"的"现金及现金等价物净增加额"求和为5 702 130，"资产负债表"中"现金"和"银行存款"增加额求和为5 702 130，因此"现金流量表"的编制无误。

若两者不等，则"现金流量表"的编制有误。

第 17 章
用Excel分析财务报告

拿到财务报告后，只有通过财务报告分析，才能利用会计报表的编制结果，找出有用的信息并作深入分析，把握财务报告所蕴含的重要信息。通过Excel表的协助，可以有效提高分析的效率，减少不必要的计算和分析过程中的失误。

"财务报告分析"通常包括"定性分析"和"定量分析"两种类型。"定性分析"是指分析人员根据自己的知识、经验以及对企业内部情况、外部环境的了解程度所作出的非量化的分析和评价。"定量分析"是分析人员运用一定的数学方法和分析工具、分析技巧对有关指标所做的量化分析。"定量分析"的方法中，最常用的是"比率分析法"。

17.1 比率分析法

"比率分析法"对同一张会计报表的不同项目、不同类别进行比率关系的比较，或是对两张会计报表相关项目进行比率关系的比较，用相对数量解释财务报告，运用数学方法把财务报告中的某些项目联系起来。运用"比率分析法"的前提是，比率中的各项目之间存在内在联系。

"比率分析法"可以为财务分析提供线索，是会计报表分析的重要方法之一，对于企业同一时期的财务分析较为全面。

17.1.1 资产结构分析

"资产负债表"中的众多数据，可以整理成许多有用的信息，供企业主或者财务人员参考，是了解企业发展状况的重要途径之一。企业"资产结构"直接关系到企业财务结构的稳健程度。

本节将利用比率分析法分析企业"资产结构"的重要指标，包括"资产负债率"和"股东权益比率"等。步骤如下。

第一步：查看"资产结构分析"的内容。

（1）打开文件"11 比率分析法-原始"。

（2）查看"资产负债表"工作表。该"资产负债表"是本章实例使用的S企业"2019年 资产负债表"。

（3）查看"利润表"工作表。该"利润表"是本章实例使用的S企业"2019年 利润表"。

（4）查看"现金流量表"工作表。该"现金流量表"是本章实例使用的S企业"2019年 现金流量表"。

（5）查看"资产结构分析"工作表。该工作表给出"资产负债率"和"股东权益比率"两项指标，以及指标的意义。如图17-1所示。

	A	B	C	D	E	F
1						
2		资产结构分析表				
3			年初数	期末数	备注	
4		1、资产负债率			表明总资产中负债构成比例，评估对债权人的利益保障程度	
5		2、股东权益比率			反映企业自有资金占比，比率越高则财务状况越稳健、企业经营越保守	
6						

图17-1　资产结构分析-1

第二步：分析"资产负债率"。

（1）"资产负债率"的公式为"资产负债率 = $\frac{负债合计}{资产合计}$"，"负债合计"和"资产合计"数据可在"资产负债表"中找到。

（2）在"资产结构分析"工作表的C4单元格（年初资产负债率）中键入"="。

（3）单击"资产负债表"工作表的M33单元格（年初负债合计）。

（4）键入"/"。

（5）单击"资产负债表"工作表的F44单元格（年初资产合计）。

（6）按下Enter键。

于是"资产结构分析"工作表的C4单元格（年初资产负债率）的值为38.70%，即

$$年初资产负债率 = \frac{年初负债合计}{年初资产合计} = \frac{资产负债表!M33（6\,502\,800）}{资产负债表!F44（16\,802\,800）} = 38.70\%$$

如图17-2所示。

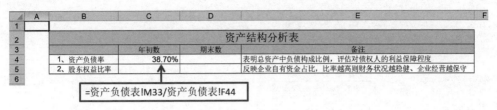

图17-2 资产结构分析-2

（7）D4单元格（期末资产负债率）的公式设置与C4单元格类似。C4单元格公式中为"负债合计"和"资产合计"的年初数，D4单元格公式中为"负债合计"和"资产合计"的期末数即可。

D4单元格（期末资产负债率）的值为33.83%，即

$$期末资产负债率 = \frac{期末负债合计}{期末资产合计} = \frac{资产负债表!N33（5\ 475\ 919）}{资产负债表!G44（16\ 187\ 290）} = 33.83\%$$

（8）"资产负债率"是负债总额与资产总额的比例，表明企业的总资产中负债的构成比例，同时评估企业清算时对债权人的利益保障程度。

从债权人角度看，关心的是贷给企业款项的安全程度，也就是能否按期收回本金和利息。如果股东提供的资本与企业资本总额相比只占较小的比例，那么企业的风险将主要由债权人负担，对债权人不利。因此，债权人希望债务比例越低越好。

从股东角度看，由于企业通过举债筹措的资金与股东提供的资金在经营中发挥同样的作用，因此股东关心全部资本的利润率是否超过借入款项的利率。当企业全部资本的利润率超过因借款而支付的利率时，股东所得到的利润才会加大。

从经营者的角度看，如果举债很多，超出债权人心理承受程度，企业借不到钱。如果举债很少，说明企业畏缩不前，企业的经营活动的能力很差。要在二者之间权衡利害得失。

第三步：分析"股东权益比率"。

（1）对于股份有限制企业，"股东权益比率 = 所有者权益比率 = $\frac{所有者权益合计}{资产合计}$"，"所有者权益合计"和"资产合计"的数据可以在"资产负债表"中找到。

（2）在"资产结构分析"工作表的C5单元格（年初股东权益比率）中键入"="。

（3）单击"资产负债表"工作表的M43单元格（年初所有者权益合计）。

（4）键入"/"。

（5）单击"资产负债表"工作表的F44单元格（年初资产合计）。

（6）按下Enter键。

于是"资产结构分析"工作表的C5单元格（年初股东权益比率）的值为61.30%，即

$$年初股东权益比率 = \frac{年初所有者权益合计}{年初资产合计} = \frac{资产负债表!M43(10\ 300\ 000)}{资产负债表!F44(16\ 802\ 800)} = 61.30\%$$

如图17-3所示。

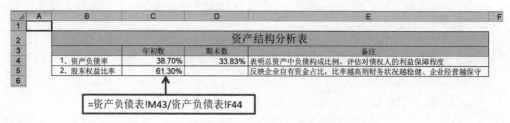

图17-3　资产结构分析-3

（7）D5单元格（期末股东权益比率）的公式设置与C5单元格类似。C5单元格公式中为"所有者权益合计"和"资产合计"的年初数，D5单元格公式中为"所有者权益合计"和"资产合计"的期末数即可。

D5单元格（期末股东权益比率）的值为66.17%，即

$$期末股东权益比率 = \frac{期末所有者权益合计}{期末资产合计} = \frac{资产负债表!N43（10\ 711\ 371）}{资产负债表!G44（16\ 187\ 290）} = 66.17\%$$

（8）"股东权益比率"反映了企业自有资金的占比，该比率越高，企业财务状况越稳健，但由于举债少可能导致企业经营过于保守。

第四步："资产结构分析"结论。

（1）"资产结构分析"的结果，如图17-4所示。

	A	B	C	D	E
1					
2			资产结构分析表		
3			年初数	期末数	备注
4		1、资产负债率	38.70%	33.83%	表明总资产中负债构成比例，评估对债权人的利益保障程度
5		2、股东权益比率	61.30%	66.17%	反映企业自有资金占比，比率越高则财务状况越稳健、企业经营越保守

图17-4　资产结构分析-4

（2）就"资产负债率"以及"所有者权益比率"两个指标而言，两者之和为100%。因此"资产负债率"越高，则"所有者权益比率"越低，反之亦然。

从"资产结构"分析结果来看,"资产负债率"小于"股东权益比率",说明企业总资产中自有资金数额高于举债数额,企业财务状况较为稳定。

(3)在年初数和期末数的比较中,可以看到期初资产负债率略高于期末,说明在资产负债表的结算期间中,企业财务状况在向更加稳定的方向发展。

(4)值得注意的是,由于所处行业不同及季节性因素,或者企业处在不同的发展阶段,"资产结构"的"健康值"不尽相同。因此,得到"资产结构"的分析数据后,通常要与往年同期的数据或者与行业数据比较,排除干扰因素,得出客观的评价结果。后续数据的分析过程中,这一点同样适用。

17.1.2 偿债能力分析

"偿债能力",指企业用其资产偿还长期债务与短期债务的能力,是反映企业财务状况和经营能力的重要标志。企业有无"现金支付能力"和"偿债能力",是企业能否健康发展的关键。

"偿债能力"分析中,"短期偿债能力"的财务分析指标包括"流动比率""速动比率"和"利息保障倍数"等。"长期偿债能力"的财务分析指标主要是"产权比率"。

"偿债能力"的分析步骤如下。

第一步:查看"偿债能力分析"的内容。

(1)打开文件"11 比率分析法-原始"。

(2)查看"偿债能力分析"工作表。该工作表给出"流动比率""速动比率""利息保障倍数"和"产权比率"四项指标,以及指标的意义,如图17-5所示。

	A	B	C	D	E
1					
2		偿债能力分析表			
3			年初数	期末数	备注
4		1、短期偿债能力分析			
5		流动比率			企业运用流动资产偿还流动负债的能力,经验值为2:1
6		速动比率			较流动速率更准确地反映企业的短期偿债能力,经验值1:1
7		利息保障倍数			息前税前利润与利息费用的比率,衡量企业偿付借款利息的能力
8		2、长期偿债能力分析			
9		产权比率			负债总额与股东权益总额的比例,反映企业基本财务结构是否稳定
10					

图17-5 偿债能力分析-1

第二步:分析"流动比率"。

(1)"流动比率"的公式为"流动比率 = $\frac{流动资产}{流动负债}$","流动资产"和"流动负债"数据可在"资产负债表"中找到。

（2）在"偿债能力分析"工作表的C5单元格（年初流动比率）中键入"="。

（3）单击"资产负债表"工作表的F22单元格（年初流动资产）。

（4）键入"/"。

（5）单击"资产负债表"工作表的M22单元格（年初流动负债）。

（6）按下Enter键。

于是"偿债能力分析"工作表的C5单元格（年初流动比率）的值为179.20%，即

$$年初流动比率 = \frac{年初流动资产}{年初流动负债} = \frac{资产负债表!F22（9\,502\,800）}{资产负债表!M22（5\,302\,800）} = 179.20\%$$

如图17-6所示。

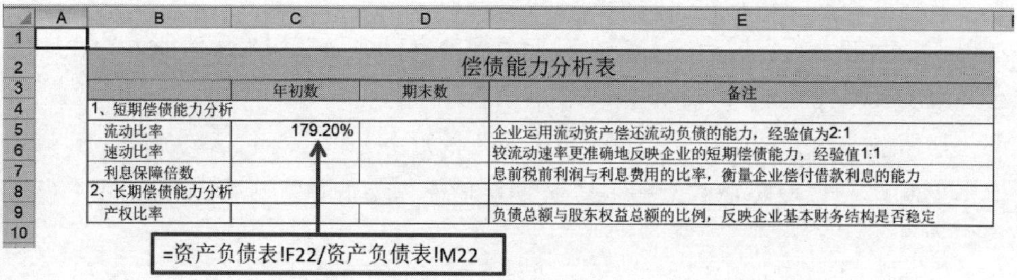

图17-6 偿债能力分析-2

（7）D5单元格（期末流动比率）的公式设置与C5单元格类似。C5单元格公式中为"流动资产"和"流动负债"的年初数，D5单元格公式中为"流动资产"和"流动负债"的期末数即可。

D5单元格（期末流动比率）的值为262.66%，即

$$期末流动比率 = \frac{期末流动资产}{期末流动负债} = \frac{资产负债表!G22（8\,289\,290）}{资产负债表!N22（3\,155\,919）} = 262.66\%$$

（8）"流动比率"是"流动资产"和"流动负债"的比例，反映企业运用其"流动资产"偿还"流动负债"的能力。"流动负债"具有偿还期不确定的特点，而"流动资产"具有容易变现的特点，可以满足"流动负债"的偿还需要。因此，"流动比率"是用来分析短期清偿能力的。

实践中，将"流动比率"保持在"2:1"左右是比较适宜的，这是一个经验数据。经验数据会因为所处行业及季节性等因素作调整。运用"流动比率"分析企业"短期偿债能力"时，还应结合"存货"的规模大小、周转速度、变现能力和变现价值等指标进行综合分析。如果企业"流动比率"很高，但其"存货"规模大、周转速度慢，

具体来看本节的重点——（3）可供出售金融资产。

从定义上来讲，可供出售金融资产指初始确认时即被指定为可供出售的非衍生金融资产，以及没有划分为以公允价值计量且其变动计入当期损益的金融资产、持有至到期投资、贷款和应收款项的金融资产。

通俗地讲，可供出售的金融资产主要包括：

（1）债券（含政府债、金融债、企业债等其他债券）。

（2）基金和股票。

（3）其他交易性（非衍生）金融资产（如理财产品、资管计划等）。

可供出售的金融资产反映的是可供出售金融资产的期末公允价值。

一般情况下，上市公司将持有的股票归入可供出售金融资产。由于在股票持有期间，盈亏并不体现在利润表上，所以可供出售金融资产可能是个隐藏的金矿，也可能是个埋藏的地雷。投资者要做的，是在财报中找出这些股票的数量、原始成本、期末账面值等，核算期末账面值和原始成本的差额。当然，如果企业在股票持有期间发现该股票已产生较大幅度亏损，短时间内难以补亏，则会在期末计提该资产的减值，计提减值的金额计入利润表。

雅戈尔（SH.600177）是以品牌服装为主业，涉及地产开发、金融投资等领域的综合企业。雅戈尔2017年的年报显示，在已上市可供出售金融资产的列表显示，所持有的中信股份（HK.00267），期末账面值和投资成本（原始成本）相差33亿元。参考表13-10所示的年报数据。

表13-10 雅戈尔2017年的可供出售金融资产（已上市）及减值情况（单位：万股、万元）

序号	股票代码	股票简称	股数/比例	投资成本	期末账面值	期末市值
可供出售金融资产（已上市）						
1	00267.HK	中信股份	145 451.30	1 702 290.25	1 371 453.33	1 371 453.33
2	002470	金正大	13 460.00	37 216.90	123 159.00	123 159.00
3	600000	浦发银行	7 161.42	75 386.83	90 162.25	90 162.25
4	002036	联创电子	2 910.53	65 457.77	47 237.86	47 237.86
5	300451	创业软件	1 204.29	1 606.07	26 036.66	26 036.66
可供出售金融资产（已上市）小计				1 881 957.82	1 658 049.09	1 658 049.09

> **（三）可供出售金融资产减值**
>
> 如合并财务报表"附注七14、可供出售金融资产"所述，截至2017年12月31日，雅戈尔合并财务报表中可供出售金融资产权益工具的账面价值为人民币2 031 232.75万元，其中减值准备余额为330 836.93万元。
> ……
>
> 在可供出售金融资产减值准备计提的审计过程中，我们实施的审计程序主要包括：
> 1、对于以公允价值计量的可供出售金融资产权益工具，我们评估了管理层识别是否存在减值迹象所作出的判断，该评估基于该金融工具的市场价格，
> ……

对照报表附注中，对"可供出售金融资产"这一科目的说明中，可供出售金融资产的金额从2016年年底的240.7亿元降低到2017年年底的201.2亿元，减少了39.5亿元。其中的主要"功臣"就是所计提的减值金额33亿元。如表13-11和表13-12所示。

表13-11 雅戈尔2017年报表附注对可供出售金融资产的说明（单位：元）

项目	期末余额 账面价值	期初余额 账面余额
可供出售债务工具：		
可供出售权益工具：	20 128 095 048.48	24 074 268 813.41
按公允价值计量的	16 580 490 943.07	20 438 553 640.28
按成本计量的	3 547 604 105.41	3 635 715 173.13
合计	20 128 095 048.48	24 074 268 813.41

表13-12 雅戈尔2017年报表附注对期末按公允价值计量的可供出售金融资产的说明（单位：元）

可供出售金融资产分类	合计
权益工具的成本/债务工具的摊余成本	18 819 578 097.40
公允价值	16 580 490 943.07
累计计入其他综合收益的公允价值变动金额	-2 239 087 154.33
已计提减值金额	3 308 369 263.89

"可供出售金融资产"科目会根据实际发生情况计提减值，因此，投资人把握好"可供出售金融资产"的细项才是正道。

13.9　对固定资产动刀

固定资产是指企业为生产产品、提供劳务、出租或者经营管理而持有的、使用时间超过12个月的、价值达到一定标准的非货币性资产，包括房屋、建筑物、机器、机械、运输工具以及其他与生产经营活动有关的设备、器具、工具等。

有可能造成"存货"变现能力弱、变现价值低，那么，企业的实际"短期偿债能力"就要比指标反映的弱。

第三步：分析"速动比率"。

（1）"速动比率"的公式为"速动比率 = $\frac{速动资产}{流动资产}$ = $\frac{流动资产-存货}{流动负债}$"，"流动资产""存货"和"流动负债"数据可在"资产负债表"中找到。

（2）在"偿债能力分析"工作表的C6单元格（年初速动比率）中键入"=("。

（3）单击"资产负债表"工作表的F22单元格（年初流动资产）。

（4）键入"-"。

（5）单击"资产负债表"工作表的F18单元格（年初库存商品）。

（6）键入")/"。

（7）单击"资产负债表"工作表的M22单元格（年初流动负债）。

（8）按下Enter键。

于是"偿债能力分析"工作表的C6单元格（年初速动比率）的值为81.90%，即

$$年初速动比率 = \frac{年初流动资产 - 年初存货}{年初流动负债}$$

$$= \frac{资产负债表!F22(9\,502\,800) - 资产负债表!F18(5\,160\,000)}{资产负债表!M22(5\,302\,800)}$$

$$= 81.90\%$$

如图17-7所示。

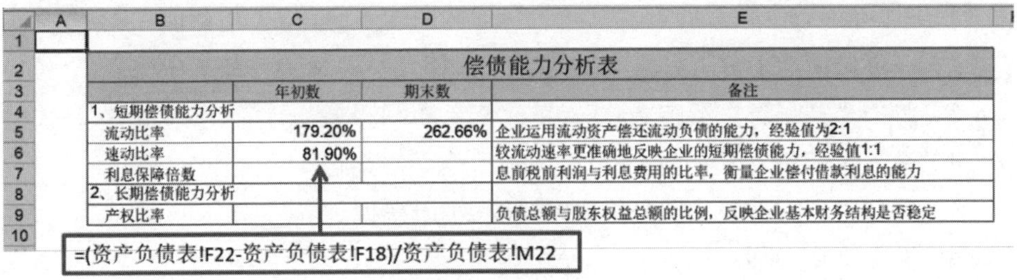

	A	B	C	D	E
1					
2			偿债能力分析表		
3			年初数	期末数	备注
4		1、短期偿债能力分析			
5		流动比率	179.20%	262.66%	企业运用流动资产偿还流动负债的能力，经验值为2:1
6		速动比率	81.90%		较流动速率更准确地反映企业的短期偿债能力，经验值1:1
7		利息保障倍数			息前税前利润与利息费用的比率，衡量企业偿付借款利息的能力
8		2、长期偿债能力分析			
9		产权比率			负债总额与股东权益总额的比例，反映企业基本财务结构是否稳定
10					

=(资产负债表!F22-资产负债表!F18)/资产负债表!M22

图17-7 偿债能力分析-3

（9）D6单元格（期末速动比率）的公式设置与C6单元格类似。C5单元格公式中为"流动资产""存货"和"流动负债"的年初数，D6单元格公式中为"流动资产""存货"和"流动负债"的期末数即可。

（10）D6单元格（期末流动比率）的值为99.49%，即

$$期末速动比率 = \frac{期末流动资产 - 期末存货}{期末流动负债}$$

$$= \frac{资产负债表!G22(8\ 289\ 290) - 资产负债表!G18(5\ 149\ 400)}{资产负债表!N22(3\ 155\ 919)}$$

$$= 99.49\%$$

（11）"速动比率"是"速动资产"和"流动负债"的比例。"速动资产"，是指可以及时的、不贬值地转换为可以直接偿债的资产形式的"流动资产"，是"流动资产"剔除"存货"后的值。"流动资产"剔除"存货"等变现能力较弱的资产后，求得的"速动比率"能够更准确地反映企业的"短期偿债能力"。

企业的速动比率为"1:1"时通常是恰当的。此时，即便所有"流动负债"要求同时偿还，也有足够的资产用来偿债。运用"速动比率"分析企业"短期偿债能力"时，应结合"应收账款"的规模、周转速度、"其他应收款"的规模，以及它们的变现能力进行综合分析。即使企业"速动比率"虽然很高，但"应收账款"周转速度慢，且"应收账款"与"其他应收款"的规模大，变现能力差，那么企业真实的"短期偿债能力"要比该指标反映的差。

第四步：分析"利息保障倍数"。

（1）"利息保障倍数"的公式为"利息保障倍数 $= \frac{税后净利 + 所得税 + 利息}{利息}$"，"税后净利"即为"利润表"中的"净利润"，"所得税"即为"利润表"中的"所得税"，"利息"视为利润表中的"财务费用"，实际操作中可根据利息的确切金额键入即可。

"利息保障倍数"针对的是"利润表"统计期间的值，故无年初值、期末值之分。

（2）在"偿债能力分析"工作表的D7单元格（利息保障倍数）中键入"=("。

（3）单击"利润表"工作表的F20单元格（净利润）。

（4）键入"+"。

（5）单击"利润表"工作表的F19单元格（所得税）。

（6）键入"+"。

（7）单击"利润表"工作表的F12单元格（财务费用）。

（8）键入")/"。

（9）单击"利润表"工作表的F12单元格（财务费用）。

（10）按下Enter键。

于是"偿债能力分析"工作表的D7单元格（利息保障倍数）的值为8.5，即

$$\text{利息保障倍数} = \frac{\text{税后净利} + \text{所得税} + \text{利息}}{\text{利息}}$$

$$= \frac{\text{利润表!F23}(340\,000) + \text{利润表!F22}(110\,000) + \text{利润表!F14}(60\,000)}{\text{利润表!F14}(60\,000)}$$

$$= 8.5$$

如图17-8所示。

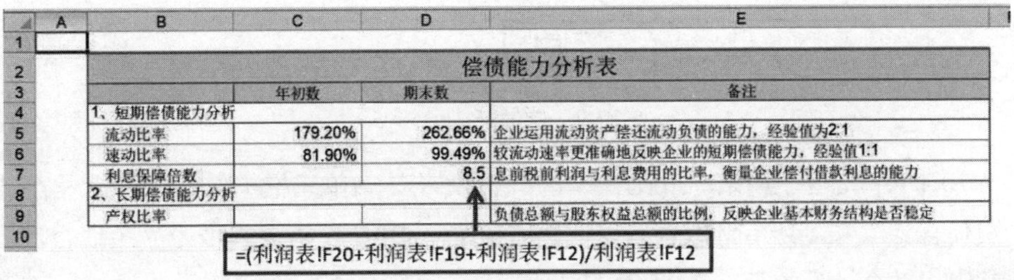

	A	B	C	D	E
1					
2			偿债能力分析表		
3			年初数	期末数	备注
4		1、短期偿债能力分析			
5		流动比率	179.20%	262.66%	企业运用流动资产偿还流动负债的能力，经验值为2:1
6		速动比率	81.90%	99.49%	较流动速率更准确地反映企业的短期偿债能力，经验值1:1
7		利息保障倍数		8.5	息前税前利润与利息费用的比率，衡量企业偿付借款利息的能力
8		2、长期偿债能力分析			
9		产权比率			负债总额与股东权益总额的比例，反映企业基本财务结构是否稳定
10					

=(利润表!F20+利润表!F19+利润表!F12)/利润表!F12

图17-8 偿债能力分析-4

（11）"利息保障倍数"，是指企业生产经营所获得的"息前税前利润"与"利息费用"的比率，用来衡量企业偿付借款利息的能力。企业生产经营所获得的"息前税前利润"与"利息费用"相比，倍数越大，说明企业支付利息费用的能力越强。

通过"利息保障倍数"的定义可知，当该指标等于"1"时，企业创造的利润与企业需支付的利息费用相等；该指标小于"1"时，企业创造的利润不足以支付其利息费用；该指标大于"1"时，企业创造的利润除了支付利息费用外，尚有结余。

第五步：分析"产权比率"。

（1）对于股份有限制企业，"产权比率"的公式为"产权比率$= \frac{\text{负债合计}}{\text{股东权益合计}} = \frac{\text{负债合计}}{\text{所有者权益合计}}$"，"负债合计"和"所有者权益合计"数据可在"资产负债表"中找到。

（2）在"偿债能力分析"工作表的C9单元格（年初产权比率）中键入"="。

（3）单击"资产负债表"工作表的M33单元格（年初负债合计）。

（4）键入"/"。

（5）单击"资产负债表"工作表的M43单元格（年初所有者权益合计）。

（6）按下Enter键。

于是"偿债能力分析"工作表的Cddd9单元格（年初产权比率）的值为63.13%，即

$$\text{年初产权比率} = \frac{\text{年初负债合计}}{\text{年初所有者权益合计}} = \frac{\text{资产负债表!M33}(6\,502\,800)}{\text{资产负债表!M43}(10\,300\,000)} = 63.13\%$$

如图17-9所示。

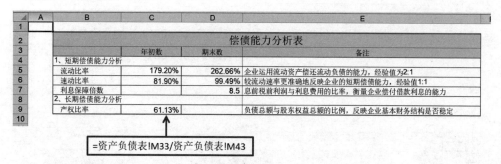

图17-9 偿债能力分析-5

（7）D9单元格（期末产权比率）的公式设置与C9单元格类似。C9单元格公式中为"负债合计"和"所有者权益合计"的年初数，D9单元格公式中为"负债合计"和"所有者权益合计"的期末数即可。

D9单元格（期末产权比率）的值为51.12%，即

$$期末产权比率 = \frac{期末负债合计}{期末所有者权益合计} = \frac{资产负债表!N33（5\,475\,919）}{资产负债表!N43（10\,711\,371）} = 51.12\%$$

（8）"产权比率"是"负债总额"与"股东权益总额"的比率，是债权人提供的资本与股东提供的资本的相对关系，反映企业基本财务结构是否稳定。"产权比率"越高则企业偿还长期债务的能力越弱，"产权比率"越低则企业偿还长期债务的能力越强。

从股东角度来看，在通货膨胀加剧时期，企业多借债可以把损失和风险转嫁给债权人。在经济繁荣时期，多借债可以获得额外的利润。在经济萎缩时期，少借债可以减少利息负担和财务风险。"产权比率"高，是高风险、高报酬的财务结构，"产权比率"低，是低风险、低报酬的财务结构。

第六步："偿债能力分析"结论。

（1）"偿债能力分析"的结果，如图17-10所示。

（2）"流动比率"的值与"经验值2:1"相比，应处于较为合理的范围。

（3）"速动比率"的值与"经验值1:1"相比，应处于较为合理的范围。

偿债能力分析表

	A	B	C	D	E
1					
2		偿债能力分析表			
3			年初数	期末数	备注
4		1、短期偿债能力分析			
5		流动比率	179.20%	262.66%	企业运用流动资产偿还流动负债的能力，经验值为2:1
6		速动比率	81.90%	99.49%	较流动速率更准确地反映企业的短期偿债能力，经验值1:1
7		利息保障倍数		8.5	息前税前利润与利息费用的比率，衡量企业偿付借款利息的能力
8		2、长期偿债能力分析			
9		产权比率	61.13%	15.12%	负债总额与股东权益总额的比例，反映企业基本财务结构是否稳定
10					

图17-10　偿债能力分析-6

（4）"利息保障倍数"达"8.5"，企业偿付借款利息的能力较强。

（5）"产权比率"反映企业基本财务结构较为稳定。

17.1.3　营运能力分析

"营运能力"，主要指企业营运资产的效率与效益，即企业的产出额与资产占用额之间的比率，可以用"周转率"或"周转速度"来表示。

"营运能力"的分析步骤如下。

第一步：查看"营运能力分析"的内容。

（1）打开文件"11 比率分析法-原始"。

（2）查看"营运能力分析"工作表。该工作表给出"应收账款周转率""应收账款周转天数""存货周转率""存货周转天数"和"总资产周转率"五项指标，以及指标的意义。如图17-11所示。

	A	B	C	D	E
1					
2		营运能力分析表			
3			值	备注	
4		应收账款周转率		反映企业应收账款的周转速度，转率越高表明公司收账速度越快，经验值300%	
5		应收账款周转天数		反映企业将应收账款转换为现金所需的时间，周转天数越短则流动资金使用效率越好	
6		存货周转率		反映存货的流动性及存货资金占用量是否合理，周转率越高则存货变现速度越快	
7		存货周转天数		企业消耗存货的天数，周转天数越少则存货变现速度越快	
8		总资产周转率		综合评价企业全部资产经营质量和利用效率，周转率越高则营运能力越强	
9					
10					

图17-11　营运能力分析-1

第二步：分析"应收账款周转率"和"应收账款周转天数"。

（1）"应收账款周转率"的公式为"应收账款周转率 = $\frac{营业收入}{平均应收账款}$"，"平均应收账款"是"期初应收账款"与"期末应收账款"的平均值，"期初应收账款"和"期末应收账款"的数据可以在"资产负债表"中找到。"营业收入"的数据可以在"利润表"中找到。

（2）在"营运能力分析"工作表的C4单元格（应收账款周转率）中键入"="。

（3）单击"利润表"工作表的F7单元格（营业收入）。

（4）键入"/(("。

（5）单击"资产负债表"工作表的F14单元格（年初应收账款）。

（6）键入"+"。

（7）单击"资产负债表"工作表的G14单元格（期末应收账款）。

（8）键入")/2)"。

（9）按下Enter键。

于是"营运能力分析"工作表的C4单元格（应收账款周转率）的值为222.89%，即

$$应收账款周转率 = \frac{营业收入}{平均应收账款}$$

$$= \frac{利润表!F7(2\,000\,000)}{\frac{资产负债表!F14(598\,200) + 资产负债表!G14(1\,196\,400)}{2}}$$

$$= 222.89\%$$

如图17-12所示。

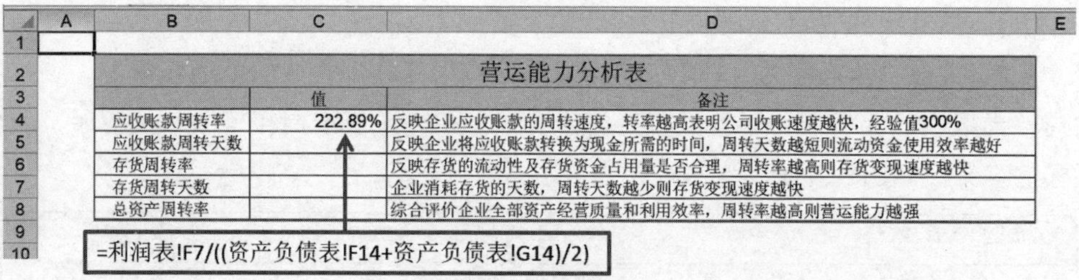

图17-12 营运能力分析-2

（10）"应收账款周转率"，反映了企业"应收账款"的周转速度，表示一定期间内企业"应收账款"转为现金的平均次数。"应收账款"周转率越高，表明企业收账速度越快，平均收账期越短，坏账损失越少，资产流动越快，偿债能力越强。"应收账款"的业内经验值是300%。

本例的"应收账款周转率"为222.89%，略低于合理水平。

（11）用时间表示的"应收账款周转速度"的指标为"应收账款周转天数"。"应收账款周转天数"的公式为 $应收账款周转天数 = \frac{365}{应收账款周转率}$ "。

（12）在"营运能力分析"工作表的C5单元格（应收账款周转天数）中键入"=365/"。

（13）单击"营运能力分析"工作表的C4单元格（应收账款周转率）。

(14)按下Enter键。

于是"营运能力分析"工作表的C5单元格(应收账款周转天数)的值为164,即

$$应收账款周转天数 = \frac{365}{应收账款周转率} = \frac{365}{C4} = 164$$

如图17-13所示。

	A	B	C	D	E
1					
2			营运能力分析表		
3			值	备注	
4		应收账款周转率	222.89%	反映企业应收账款的周转速度,转率越高表明公司收账速度越快,经验值300%	
5		应收账款周转天数	164	反映企业将应收账款转换为现金所需的时间,周转天数越短则流动资金使用效率越好	
6		存货周转率		反映存货的流动性及存货资金占用量是否合理,周转率越高则存货变现速度越快	
7		存货周转天数		企业消耗存货的天数,周转天数越少则存货变现速度越快	
8		总资产周转率		综合评价企业全部资产经营质量和利用效率,周转率越高则营运能力越强	
9					
10		=365/C4			

图17-13 营运能力分析-3

(15)"应收账款周转天数"反映了企业从取得"应收账款"的权利到收回款项、转换为现金所需要的时间,是"应收账款周转率"的辅助性指标。"应收账款周转天数"越短,说明流动资金使用效率越好。

第三步:分析"存货周转率"和"存货周转天数"。

(1)"存货周转率"的公式为"存货周转率 = $\frac{营业成本}{平均存货}$","平均存货"是"期初存货"与"期末存货"的平均值,"存货"即为"资产负债表"中的"库存商品"。"期初存货"和"期末存货"数据可在"资产负债表"中找到。"营业成本"数据可在"利润表"中找到。

(2)在"营运能力分析"工作表的C6单元格(存货周转率)中键入"="。

(3)单击"利润表"工作表的F8单元格(营业成本)。

(4)键入"/((" 。

(5)单击"资产负债表"工作表的F18单元格(年初库存商品)。

(6)键入"+"。

(7)单击"资产负债表"工作表的G18单元格(期末库存商品)。

(8)键入")/2)"。

(9)按下Enter键。

"营运能力分析"工作表的C6单元格(存货周转率)的值为23.28%,即

$$存货周转率 = \frac{营业成本}{平均存货} = \frac{利润表!F8（1\,200\,000）}{\frac{资产负债表!F18(5\,160\,000) + 资产负债表!G18(5\,149\,400)}{2}}$$

$$= 23.28\%$$

如图17-14所示。

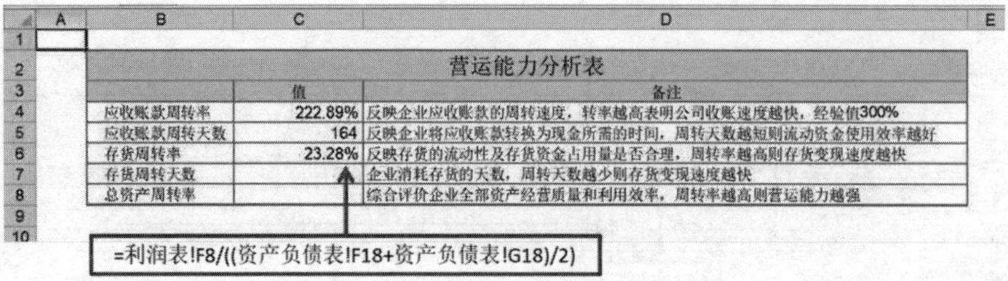

![营运能力分析-4]

图17-14 营运能力分析-4

（10）"存货周转率"，是企业一定时期"销货成本"与"平均存货余额"的比率，用于反映存货的周转速度，即存货的流动性及存货资金占用量是否合理，促使企业在保证生产经营连续性的同时，提高资金的使用效率，增强企业的"短期偿债能力"。"存货周转率"越高，说明存货变现速度越快。

（11）用时间表示的"存货周转速度"的指标为"存货周转天数"。"存货周转天数"的公式为"存货周转天数 $= \frac{365}{存货周转率}$"。

（12）在"营运能力分析"工作表的C7单元格（存货周转天数）中键入"=365/"。

（13）单击"营运能力分析"工作表的C6单元格（存货周转率）。

（14）按下Enter键。

于是"营运能力分析"工作表的C7单元格（存货周转天数）的值为1568，即

$$存货周转天数 = \frac{365}{存货周转率} = \frac{365}{C6} = 1568$$

如图17-15所示。

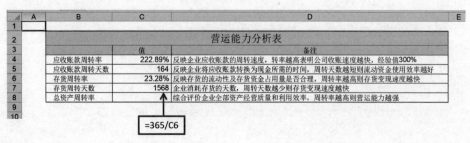

图17-15 营运能力分析-5

(15)"存货周转天数"指企业从取得存货开始,至消耗、销售为止所经历的天数。"存货周转天数"越少,说明存货变现的速度越快。

第四步:分析"总资产周转率"。

(1)"总资产周转率"的公式为"总资产周转率 = $\frac{营业收入}{平均资产合计}$","平均资产合计"是"期初资产合计"与"期末资产合计"的平均值,"期初资产合计"和"期末资产合计"数据可在"资产负债表"中找到。"营业收入"数据可在"利润表"中找到。

(2)在"营运能力分析"工作表的C8单元格(总资产周转率)中键入"="。

(3)单击"利润表"工作表的F7单元格(营业收入)。

(4)键入"/((" 。

(5)单击"资产负债表"工作表的F44单元格(年初资产合计)。

(6)键入"+"。

(7)单击"资产负债表"工作表的G44单元格(期末资产合计品)。

(8)键入")/2)" 。

(9)按下Enter键。

于是"营运能力分析"工作表的C8单元格(总资产周转率)的值为12.12%,即

$$
\begin{aligned}
总资产周转率 &= \frac{营业收入}{平均资产合计} \\
&= \frac{利润表!F7(2\,000\,000)}{\frac{资产负债表!F44(16\,802\,800) + 资产负债表!G44(16\,187\,290)}{2}} \\
&= 12.12\%
\end{aligned}
$$

如图17-16所示。

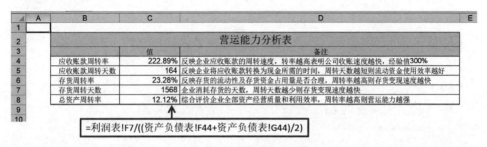

图17-16 营运能力分析-6

（10）"总资产周转率"是综合评价企业全部资产经营质量和利用效率的重要指标。一般来说，周转次数越多或周转天数越少，表明其周转速度越快，营运能力也就越强。

17.1.4 盈利能力分析

"盈利能力"指企业获取利润的能力，通常表现为一定时期内企业收益数额的多少及其水平的高低。反映"盈利能力"的指标众多，最常用的包括"营业毛利率""营业净利率""总资产报酬率""净资产收益率"和"资本收益率"等。

"盈利能力"的分析步骤如下。

第一步：查看"营运能力分析"的内容。

（1）打开文件"11 比率分析法-原始"。

（2）查看"盈利能力分析"工作表。该工作表给出"营业毛利率""营业净利率""总资产报酬率""净资产收益率"和"资本收益率"五项指标，以及指标的意义。如图17-17所示。

	A	B	C	D	E
1					
2			盈利能力分析表		
3			值	备注	
4		营业毛利率		反映企业的基本盈利能力，毛利率越高，主营业务的获利能力越强	
5		营业净利率		反映企业营业收入创造净利润的能力，营业净利率越高则获利能力越强	
6		总资产报酬率		总资产所取得的收益，比率越高则企业的资产利用效果越好	
7		净资产收益率		反映股东权益的净收益，比率越高则净利润越高，通常应高于同期银行存款利率	
8		资本收益率		反映投资者原始投资的收益率，比率越高则自有投资的经济效益越好，投资者风险越少	
9					

图17-17 盈利能力分析-1

第二步：分析"营业毛利率"。

（1）"营业毛利率"的公式为"营业毛利率 = $\frac{营业收入-营业成本}{营业收入}$"，"营业收入"和"营业成本"数据可在"利润表"中找到。

（2）在"盈利能力分析"工作表的C4单元格（营业毛利率）中键入"=("。

（3）单击"利润表"工作表的F7单元格（营业收入）。

（4）键入"-"。

（5）单击"利润表"工作表的F8单元格（营业成本）。

（6）键入")/"。

（7）单击"利润表"工作表的F7单元格（营业收入）。

（8）按下Enter键。

于是"盈利能力分析"工作表的C4单元格(营业毛利率)的值为40.00%,即

$$营业毛利率 = \frac{营业收入-营业成本}{营业收入} = \frac{利润表!F7(2\,000\,000)-利润表!F8(1\,200\,000)}{利润表!F7(2\,000\,000)}$$

$$= 40.00\%$$

如图17-18所示。

	A	B	C	D	E
1					
2		盈利能力分析表			
3			值	备注	
4		营业毛利率	40.00%	反映企业的基本盈利能力,毛利率越高,主营业务的获利能力越强	
5		营业净利率	↑	反映企业营业收入创造净利润的能力,营业净利率越高则获利能力越强	
6		总资产报酬率		总资产所取得的收益,比率越高则企业的资产利用效益越好	
7		净资产收益率		反映股东权益的净收益,比率越高则净利润越高,通常应高于同期银行存款利率	
8		资本收益率		反映投资者原始投资的收益率,比率越高则自有投资的经济效益越好,投资者风险越少	
9		=(利润表!F7-利润表!F8)/利润表!F7			

图17-18 盈利能力分析-2

(9)"营业毛利率",表示"销售收入"扣除"销售成本"之后,有多少钱可以用于各项期间费用的支出,以及形成利润。"营业毛利率"反映了企业的基本盈利能力,毛利率越高,企业营业的获利能力越强。

第三步:分析"营业净利率"。

(1)"营业净利率"的公式为"营业净利率 $= \frac{净利润}{营业收入}$"。

(2)在"盈利能力分析"工作表的C5单元格(营业净利率)中键入"="。

(3)单击"利润表"工作表的F20单元格(净利润)。

(4)键入"/"。

(5)单击"利润表"工作表的F7单元格(营业收入)。

(6)按下Enter键。

于是"盈利能力分析"工作表的C5单元格(营业净利率)的值为17%,即

$$营业净利率 = \frac{净利润}{营业收入} = \frac{利润表!F20(340\,000)}{利润表!F7(2\,000\,000)} = 17\%$$

如图17-19所示。

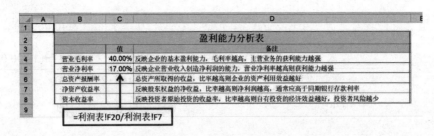

图17-19 盈利能力分析-3

（7）"营业净利率"是企业业务的最终获利能力指标，反映企业营业收入创造净利润的能力。"营业净利率"越高，说明企业的获利能力越强。与"营业毛利率"相比，"营业净利率"考虑了税收等因素的影响。

第四步：分析"总资产报酬率"。

（1）"总资产报酬率"的公式为"总资产报酬率 = $\frac{税前净利润+利息}{平均资产合计}$"，"平均资产合计"为"期初资产合计"与"期末资产合计"的平均值，"期初资产合计"和"期末资产合计"数据可在"资产负债表"中找到。"税前净利润"即为"利润表"中的"利润总额"，"利息"即为"利润表"中的"财务费用"。

（2）在"盈利能力分析"工作表的C6单元格（总资产报酬率）中键入"=("。

（3）单击"利润表"工作表的F18单元格（利润总额）。

（4）键入"+"。

（5）单击"利润表"工作表的F12单元格（财务费用）。

（6）键入")/(("。

（7）单击"资产负债表"工作表的F44单元格（年初资产合计）。

（8）键入"+"。

（9）单击"资产负债表"工作表的G44单元格（期末资产合计）。

（10）键入")/2)"。

（11）按下Enter键。

于是"盈利能力分析"工作表的C6单元格（总资产报酬率）的值为3.09%，即

$$总资产报酬率 = \frac{税前净利润 + 利息}{平均资产合计}$$

$$= \frac{利润表!F18(450\,000) + 利润表!F12(60\,000)}{\frac{资产负债表!F44(16\,802\,800) + 资产负债表!G44(16\,187\,290)}{2}}$$

$$= 3.09\%$$

如图17-20所示。

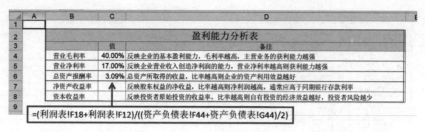

图17-20 盈利能力分析-4

（12）"总资产报酬率"指总资产所取得的收益，也是反映企业盈利能力的有效指标。"资产报酬率"的比率越高，表明企业的资产利用效益越好，整个企业盈利能力越强，经营管理水平越高。这项指标能促进企业全面改善生产经营管理，不断提高企业的经济效益。

第五步：分析"净资产收益率"。

（1）"净资产收益率"的公式为"净资产收益率 = $\dfrac{\text{净利润}}{\text{所有者权益平均值}}$"，"所有者权益平均值"为"期初所有者权益"与"期末所有者权益"的平均值，"期初所有者权益"和"期末所有者权益"的数据可在"资产负债表"中找到。"净利润"的数据可在"利润表"中找到。

（2）在"盈利能力分析"工作表的C7单元格（净资产收益率）中键入"="。

（3）单击"利润表"工作表的F20单元格（净利润）。

（4）键入"/(("。

（5）单击"资产负债表"工作表的M43单元格（年初所有者权益）。

（6）键入"+"。

（7）单击"资产负债表"工作表的N43单元格（期末所有者权益）。

（8）键入")2)"。

（9）按下Enter键。

于是"盈利能力分析"工作表的C7单元格（净资产收益率）的值为3.24%，即

$$\text{净资产收益率} = \dfrac{\text{净利润}}{\text{所有者权益平均值}}$$

$$= \dfrac{\text{利润表!F20}(340\,000)}{\dfrac{\text{资产负债表!M43}(10\,300\,000) + \text{资产负债表!N43}(10\,711\,371)}{2}}$$

$$= 3.24\%$$

如图17-21所示。

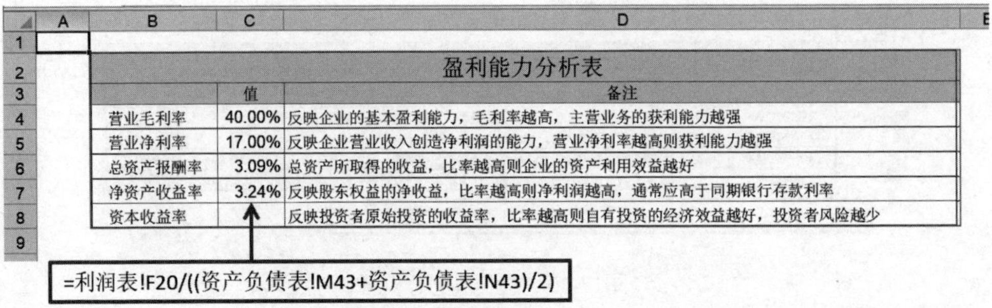

	A	B	C	D	E
1					
2			盈利能力分析表		
3			值	备注	
4		营业毛利率	40.00%	反映企业的基本盈利能力，毛利率越高，主营业务的获利能力越强	
5		营业净利率	17.00%	反映企业营业收入创造净利润的能力，营业净利率越高则获利能力越强	
6		总资产报酬率	3.09%	总资产所取得的收益，比率越高则企业的资产利用效益越好	
7		净资产收益率	3.24%	反映股东权益的净收益，比率越高则净利润越高，通常应高于同期银行存款利率	
8		资本收益率		反映投资者原始投资的收益率，比率越高则自有投资的经济效益越好，投资者风险越少	
9					

=利润表!F20/((资产负债表!M43+资产负债表!N43)/2)

图17-21 盈利能力分析-5

（10）"净资产收益率"反映了股东权益的净收益水平，该指标越高，说明投资的净利润越高。通常情况下，"净资产收益率"应高于同期银行存款利率。只有当净资产达到一定规模，且持续成长，保证较高的"净资产收益率"，才能说明企业股东具有较好的回报。

第六步：分析"资本收益率"。

（1）"资本收益率"的公式为"资本收益率 = $\frac{净利润}{实收资本平均值}$"，"实收资本平均值"为"期初实收资本"与"期末实收资本"的平均值，"期初实收资本"和"期末实收资本"的数据可在"资产负债表"中找到。"净利润"的数据可在"利润表"中找到。

（2）在"盈利能力分析"工作表的C8单元格（资本收益率）中键入"="。

（3）单击"利润表"工作表的F20单元格（净利润）。

（4）键入"/(("。

（5）单击"资产负债表"工作表的M36单元格（年初实收资本）。

（6）键入"+"。

（7）单击"资产负债表"工作表的N36单元格（期末实收资本）。

（8）键入")2)"。

（9）按下Enter键。

于是"盈利能力分析"工作表的C8单元格（资本收益率）的值为3.40%，即

$$资本收益率 = \frac{净利润}{实收资本平均值}$$

$$= \frac{利润表!F20(340\,000)}{\dfrac{资产负债表!M36(10\,000\,000) + 资产负债表!N36(10\,000\,000)}{2}}$$

$$= 3.40\%$$

如图17-22所示。

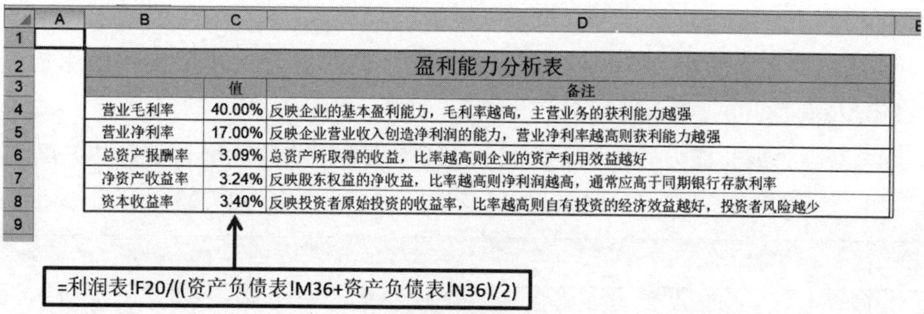

	A	B	C	D	E
1					
2		盈利能力分析表			
3			值	备注	
4		营业毛利率	40.00%	反映企业的基本盈利能力,毛利率越高,主营业务的获利能力越强	
5		营业净利率	17.00%	反映企业营业收入创造净利润的能力,营业净利率越高则获利能力越强	
6		总资产报酬率	3.09%	总资产所取得的收益,比率越高则企业的资产利用效益越好	
7		净资产收益率	3.24%	反映股东权益的净收益,比率越高则净利润越高,通常应高于同期银行存款利率	
8		资本收益率	3.40%	反映投资者原始投资的收益率,比率越高则自有投资的经济效益越好,投资者风险越少	
9					

=利润表!F20/((资产负债表!M36+资产负债表!N36)/2)

图17-22 盈利能力分析-6

(10)"资本收益率"反映了企业投资者原始投资的收益率。"资本收益率"越高,说明企业自有投资的经济效益越好,投资者的风险越少。

17.2 趋势分析法

"趋势分析法"又称为"水平分析法",将企业连续若干会计年度的报表数据在不同年度间进行横向对比,确定不同年度间的差异额或差异率,以分析企业报表中各项目的变动情况及变动趋势。

比较时,可以用"绝对数比较",也可以用"相对数比较"和"绝对数比较"分析报告期与基期各指标的绝对变化。"相对数比较"分析对比各指标之间的比例关系,以及各指标在整体中所占的相对比重,揭示企业财务状况和经营成果。进行比较时要对关键数据进行分析,以便了解财务变动的重要原因,判断财务状况的变化趋势是否有利企业发展,并根据会计报表的历史数据测算企业未来财务状况和发展趋势。

以下举例说明"趋势分析法"在"成长能力"分析中的运用。

"成长能力",指企业未来发展趋势与发展速度,例如企业资产规模、盈利能力、市场占有率持续增长的能力等,反映了企业未来的发展前景。"成长能力"的分析指标主要包括“营业增长率”“主营利润增长率”和“净利润增长率”等。“成长能力”的分析通常要对两年及以上的数据进行比较，得出成长数据。

“成长能力”的分析步骤如下。

第一步：查看“成长能力分析”的内容。

（1）打开文件“13趋势分析法-原始”。

（2）查看“利润表-2018年”工作表。该“利润表”是本章实例使用的S企业“2018年 利润表”。

（3）查看“利润表-2019年”工作表。该“利润表”是本章实例使用的S企业“2019年 利润表”。

（4）查看“成长能力分析”工作表。该工作表给出“营业增长率”“主营利润增长率”和“净利润增长率”三项指标，以及指标的意义。如图17-23所示。

	A	B	C	D	E
1					
2		成长能力分析			
3			值	备注	
4		1、营业收入增长率		体现主营业务收入的成长性，可以较好地反映企业的成长性	
5		2、净利润增长率		是企业成长性的基本特征	
6					

图17-23 成长能力分析-1

第二步：分析“营业收入增长率”。

（1）“营业收入增长率”的公式为“营业收入增长率 $=\frac{\text{本期营业收入}-\text{上期营业收入}}{\text{上期营业收入}}$”，“本期营业收入”数据可在“2019年 利润表”中找到，“上期营业收入”的数据可在“2018年 利润表”中找到。

（2）在“成长能力分析”工作表的C4单元格（营业增长率）中键入“=(”。

（3）单击“利润表-2019年”工作表的F7单元格（本期营业收入）。

（4）键入“-”。

（5）单击“利润表-2018年”工作表的F7单元格（上期营业收入）。

（6）键入“)/”。

（7）单击“利润表-2019年”工作表的F7单元格（本期营业收入）。

（8）按下Enter键。

于是“成长能力分析”工作表的C4单元格（营业增长率）的值为17.50%，即

如图17-24所示。

图17-24 成长能力分析-2

（9）"营业收入增长率"体现营业收入的成长性，可以较好地反映企业的成长性。具有成长性的企业，多数营业突出、经营比较单一，因此"营业收入增长率"对于整个企业的发展状况具有代表性。"营业收入"的增长率高，表明企业产品的市场需求大，业务扩张能力强。

第三步：分析"净利润增长率"。

（1）"净利润增长率"的公式为"净利润增长率 = $\frac{本期净利润 - 上期净利润}{上期净利润}$"，"本期净利润"的数据可在"2019年 利润表"中找到，"上期净利润"的数据可在"2018年 利润表"中找到。

（2）在"成长能力分析"工作表的C5单元格（净利润增长率）中键入"=("。

（3）单击"利润表-2019年"工作表的F21单元格（本期净利润）。

（4）键入"-"。

（5）单击"利润表-2018年"工作表的F21单元格（上期净利润）。

（6）键入")/"。

（7）单击"利润表-2019年"工作表的F21单元格（本期净利润）。

（8）按下Enter键。

于是"成长能力分析"工作表的C5单元格（净利润增长率）的值为27.26%，即

$$净利润增长率 = \frac{本期净利润 - 上期净利润}{上期净利润}$$

$$= \frac{利润表2019年!F23(340\,000) - 利润表2018年!F23(247\,300)}{利润表2019年!F23(340\,000)}$$

$$= 27.26\%$$

如图17-25所示。

图17-25　成长能力分析-4

（9）"净利润"是企业经营业绩的最终结果，"净利润增长率"是企业成长性的基本特征，净利润增幅较大，表明企业经营业绩突出，市场竞争能力强。

17.3　因素分析法

"因素分析法"，依据分析指标与其影响因素的关系，从数量上确定各因素对分析指标影响的方向和影响的程度。"因素分析法"既可以全面分析各因素对某一经济指标的影响，又可以单独分析某个因素对经济指标的影响，在财务分析中应用颇为广泛。

运用"因素分析法"，准确计算各个影响因素对分析指标的影响方向和影响程度，有利于企业进行事前计划、事中控制和事后监督，促进企业进行目标管理，提高企业经营管理水平。

以下举例说明"因素分析法"在"现金流量表"分析中的运用。

"现金流量表"的分析包括"现金收入结构分析""现金支出结构分析""现金净额比较分析"和"现金流入流出比例分析"等。分析步骤如下。

第一步：查看"现金流量表分析"的内容。

（1）打开文件"15 因素分析法-原始"。

（2）查看"现金流量表"工作表。该"现金流量表"是本章实例使用的S企业"2019年 现金流量表"。

（3）查看"现金流量表分析"工作表。该工作表给出"现金收入结构分析""现金支出结构分析""现金净额比较分析"和"现金流入流出比例分析"四项内容及细分指标。如图17-26所示。

	A	B	C	D	E
1			现金流量表分析		
2		一、现金收入结构分析			
3				金额	占比
4		经营活动产生的现金流入			
5			销售商品、提供劳务收到的现金		
6			收到的税费返还		
7			收到的其他与经营活动有关的现金		
8		投资活动产生的现金流入			
9			收回投资所收到的现金		
10			取得投资收益的现金		
11			处置固定资产、无形资产、其他长期资产收到的现金		
12			其他与投资活动有关的现金		
13		筹资活动产生的现金流入			
14			吸收投资所收到的现金		
15			借款所收到的现金		
16			收到的其他与筹资活动有关的现金		
17		现金流入合计			
18					
19		二、现金支出结构分析			
20				金额	占比
21		经营活动产生的现金流出			
22			购买商品、接受劳务支付的现金		
23			支付给职工以及为职工支付的现金		

图17-26　现金流量表分析-1

第二步：分析"现金收入结构"。

（1）"现金收入结构分析"的各项数据可在"现金流量表"中找到。

（2）在"现金流量表分析"工作表的D5单元格（经营活动—销售商品、提供劳务收到的现金）中键入"="。

（3）单击"现金流量表"工作表的E8单元格（经营活动—销售商品、提供劳务收到的现金）。

（4）按下Enter键。于是"现金流量表分析"工作表的D5单元格（经营活动—销售商品、提供劳务收到的现金）的值为"500 000"，即"经营活动—销售商品、提供劳务收到的现金"。

（5）对于D6~D7单元格、D9~D12单元格、D14~D16单元格，做类似的操作。结果如图17-27所示。

（6）在"现金流量表分析"工作表的D4单元格（经营活动产生的现金流入）中键入"=SUM(D5:D7)"，则"经营活动产生的现金流入"细项求和为"530 000"。

（7）在"现金流量表分析"工作表的D8单元格（投资活动产生的现金流入）中键入"=SUM(D9:D12)"，则"投资活动产生的现金流入"细项求和为"32 500"。

	A	B	C	D	E
1			现金流量表分析		
2		一、现金收入结构分析			
3				金额	占比
4		经营活动产生的现金流入			
5			销售商品、提供劳务收到的现金	500,000	
6			收到的税费返还	0	
7			收到的其他与经营活动有关的现金	30,000	
8		投资活动产生的现金流入			
9			收回投资所收到的现金	0	
10			取得投资收益的现金	32,500	
11			处置固定资产、无形资产、其他长期资产收到的现金	0	
12			其他与投资活动有关的现金	0	
13		筹资活动产生的现金流入			
14			吸收投资所收到的现金	0	
15			借款所收到的现金	0	
16			收到的其他与筹资活动有关的现金	0	
17		现金流入合计			

图17-27 现金流量表分析-2

（8）在"现金流量表分析"工作表的D13单元格（筹资活动产生的现金流入）中键入"=SUM(D14:D16)"，则"筹资活动产生的现金流入"细项求和为"0"。

（9）在"现金流量表分析"工作表的D17单元格（现金流入合计）中键入"=D4+D8+D13"，则"经营活动""投资活动"和"筹资活动"产生的"现金流入"求和为"562 500"。

结果如图17-28所示。

	A	B	C	D	E
1			现金流量表分析		
2		一、现金收入结构分析			
3				金额	占比
4		经营活动产生的现金流入		530,000	
5			销售商品、提供劳务收到的现金	500,000	
6			收到的税费返还	0	
7			收到的其他与经营活动有关的现金	30,000	
8		投资活动产生的现金流入		32,500	
9			收回投资所收到的现金	0	
10			取得投资收益的现金	32,500	
11			处置固定资产、无形资产、其他长期资产收到的现金	0	
12			其他与投资活动有关的现金	0	
13		筹资活动产生的现金流入		0	
14			吸收投资所收到的现金	0	
15			借款所收到的现金	0	
16			收到的其他与筹资活动有关的现金	0	
17		现金流入合计		562,500	0.0%

图17-28 现金流量表分析-3

（10）在"现金流量表分析"工作表的E4单元格（"经营活动产生的现金流入"在"现金流入合计中"的占比）中键入"=D4/D17"，则"经营活动产生的现金流入"在"现金流入合计中"的占比为94.2%。

（11）在"现金流量表分析"工作表的E8单元格（"投资活动产生的现金流入"在"现金流入合计中"的占比）中键入"=D8/D17"，则"投资活动产生的现金流入"在"现金流入合计中"的占比为5.8%。

（12）在"现金流量表分析"工作表的E13单元格（"筹资活动产生的现金流入"在"现金流入合计中"的占比）中键入"=D13/D17"，则"筹资活动产生的现金流入"在"现金流入合计中"的占比为0。

（13）在"现金流量表分析"工作表的E17单元格中键入"=E4+E8+E13"。E17单元格的值应固定为"100%"。如图17-29所示。

	A	B	C	D	E
1			现金流量表分析		
2		一、现金收入结构分析			
3				金额	占比
4		经营活动产生的现金流入		530,000	94.2%
5			销售商品、提供劳务收到的现金	500,000	
6			收到的税费返还	0	
7			收到的其他与经营活动有关的现金	30,000	
8		投资活动产生的现金流入		32,500	5.8%
9			收回投资所收到的现金	0	
10			取得投资收益的现金	32,500	
11			处置固定资产、无形资产、其他长期资产收到的现金	0	
12			其他与投资活动有关的现金	0	
13		筹资活动产生的现金流入		0	0.0%
14			吸收投资所收到的现金	0	
15			借款所收到的现金	0	
16			收到的其他与筹资活动有关的现金	0	
17		现金流入合计		562,500	100.0%

图17-29 现金流量表分析-4

（14）"现金收入结构分析"反映企业经营活动、投资活动以及筹资活动的现金流入，以及占总现金流入的比例。

第三步：分析"现金支出结构"。

（1）"现金支出结构分析"的各项数据可在"现金流量表"中找到。

（2）"现金支出结构分析"的各项数据键入，与"现金收入结构分析"做类似的操作。结果如图17-30所示。

（3）"现金支出结构分析"反映企业经营活动、投资活动以及筹资活动的现金流出，以及其占总现金流入的比例。

	A	B	C	D	E
19		二、现金支出结构分析			
20				金额	占比
21		经营活动产生的现金流出		1,163,000	67.1%
22			购买商品、接受劳务支付的现金	700,000	
23			支付给职工以及为职工支付的现金	300,000	
24			支付的各项税费	110,000	
25			支付的其他与经营活动有关的现金	53,000	
26		投资活动产生的现金流出		570,610	32.9%
27			购建固定资产、无形资产、其他长期资产支付的现金	0	
28			用于投资所支付的现金	570,610	
29			支付与其他投资活动有关的现金	0	
30		筹资活动产生的现金流出		0	0.0%
31			偿还债务所支付的现金	0	
32			分配股利、利润、偿付利息所支付的现金	0	
33			支付的其他与筹资活动有关的现金	0	
34		现金流出合计		1,733,610	100.0%

图17-30　现金流量表分析-5

第四步：分析"现金净额比较"。

（1）在"现金流量表分析"工作表的D38单元格（经营活动产生的现金流量净额）中键入"="。

（2）单击"现金流量表"工作表的E17单元格（经营活动产生的现金流量净额）。

（3）按下Enter键。

于是"现金流量表分析"工作表的D38单元格（经营活动产生的现金流量净额）的值为"-633 000"，即"经营活动产生的现金流量净额"。

（4）对于D39单元格（投资活动产生的现金流量净额）、D40单元格（筹资活动产生的现金流量净额），做类似的操作。结果如图17-31所示。

（5）在"现金流量表分析"工作表的D41单元格（现金流量净额合计）中键入"=SUM（D38:D40）"，则"经营活动、投资活动以及筹资活动的现金流入的现金流量净额求和"为"-1 171 000"。

	A	B	C	D	E
36		三、现金净额比较分析			
37				金额	占比
38		经营活动产生的现金流量净额		-633,000	
39		投资活动产生的现金流量净额		-538,110	
40		筹资活动产生的现金流量净额		0	
41		现金流量净额合计		-1,171,110	

图17-31　现金流量表分析-6

（6）在"现金流量表分析"工作表的E38单元格（"经营活动产生的现金流量净额"在"现金流量净额合计"中的占比）中键入"=D38/D41"。

(7)在"现金流量表分析"工作表的E39单元格("投资活动产生的现金流量净额"在"现金流量净额合计"中的占比)中键入"=D39/D41"。

(8)在"现金流量表分析"工作表的E40单元格("筹资活动产生的现金流量净额"在"现金流量净额合计"中的占比)中键入"=D40/D41"。

(9)在"现金流量表分析"工作表的E41单元格中键入"=E38+E39+E40"。E41单元格的值应固定为"100%"。

由于本例中的"现金流净额"为负值,因此计算"现金流量净额"在"现金流量净额合计"中的占比无意义。

结果如图17-32所示。

	A	B	C	D	E
36		三、现金净额比较分析			
37				金额	占比
38		经营活动产生的现金流量净额		-633,000	54.1%
39		投资活动产生的现金流量净额		-538,110	45.9%
40		筹资活动产生的现金流量净额		0	0.0%
41		现金流量净额合计		-1,171,110	100.0%

图17-32 现金流量表分析-7

(10)"现金净额比较分析"反映企业现金余额的构成结构。

第五步:分析"现金流入流出比例"。

(1)在"现金流量表分析"工作表的E45单元格(经营活动流入与流出之比)中键入"=D4/D21",则"经营活动流入与流出之比"为45.6%。

(2)在"现金流量表分析"工作表的E46单元格(投资活动流入与流出之比)中键入"=D8/D26",则"投资活动流入与流出之比"为5.7%。

(3)在"现金流量表分析"工作表的E47单元格(筹资活动流入与流出之比)中键入"=D13/D30",则"筹资活动流入与流出之比"显示为"#DIV/0!",这是因为,"筹资活动产生的现金流出"为0,公式计算报错。

结果如图17-33所示。

	A	B	C	D	E
43		四、现金流入流出比例分析			
44					比例
45		经营活动流入与流出之比			45.6%
46		投资活动流入与流出之比			5.7%
47		筹资活动流入与流出之比			#DIV/0!

图17-33 现金流量表分析-8

(4)"现金流入流出比例分析"是在"现金收入结构分析"和"现金支出结构分析"的基础上,综合分析企业现金收入和现金支出的比例关系。

17.4 杜邦分析

"杜邦分析法"利用财务比率之间的关系，综合分析企业财务状况，评价企业盈利能力、股东权益回报水平、企业绩效等内容。这种分析方法最早由美国杜邦企业使用，故称为"杜邦分析法"。

"杜邦分析法"的基本思想是，将企业"净资产收益率"逐级分解为多项财务比率乘积，这样有助于深入分析企业经营业绩。"杜邦分析"以"净资产收益率"为核心财务指标，通过财务指标的内在联系，系统、综合地分析企业的盈利水平，具有鲜明的层次结构。

"杜邦分析"的分析步骤如下。

第一步：查看"杜邦分析"的结构层次。

（1）打开文件"17 杜邦分析-原始"。

（2）查看"资产负债表"工作表。该"资产负债表"是本章实例使用的S企业"2019年 资产负债表"。

（3）查看"利润表"工作表。该"利润表"是本章实例使用的S企业"2019年 利润表"。

（4）查看"现金流量表"工作表。该"现金流量表"是本章实例使用的S企业"2019年 现金流量表"。

（5）查看"杜邦分析"工作表。该工作表给出"杜邦分析"的结构。如图17-34所示。

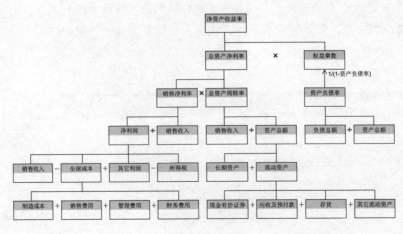

图17-34 杜邦分析-1

（6）将公式"净资产收益率 $= \dfrac{\text{总资产净利润}}{\text{所有者权益平均值}}$"简化为"净资产收益率 $= \dfrac{\text{总资产净利润}}{\text{所有者权益}}$",则由图"杜邦分析-1"可知,"杜邦分析"的公式为:

$$\text{净资产收益率} = \dfrac{\text{净利润}}{\text{所有者权益}}$$

$$= \dfrac{\text{净利润}}{\text{总资产}} \times \dfrac{\text{总资产}}{\text{所有者权益}} \dfrac{\text{净利润}}{\text{销售收入}} \times \dfrac{\text{销售收入}}{\text{总资产}} \times \dfrac{\text{总资产}}{\text{所有者权益}}$$

$$= \dfrac{\text{净利润}}{\text{销售收入}} \times \dfrac{\text{销售收入}}{\text{总资产}} \times \dfrac{1}{\dfrac{\text{所有者权益}}{\text{总资产}}}$$

$$= \dfrac{\text{净利润}}{\text{销售收入}} \times \dfrac{\text{销售收入}}{\text{总资产}} \times \dfrac{1}{\dfrac{\text{总资产} - \text{总负债}}{\text{总资产}}}$$

$$= \dfrac{\text{净利润}}{\text{销售收入}} \times \dfrac{\text{销售收入}}{\text{总资产}} \times \dfrac{1}{1 - \dfrac{\text{总负债}}{\text{总资产}}}$$

（7）由"杜邦分析"的结构图可知:

- "净资产收益率"是综合性最强的财务分析指标,是"杜邦分析"系统的核心。
- "总资产净利率"是影响"净资产收益率"的重要指标之一,"总资产净利率"取决于"销售净利率"和"总资产周转率"。

  "总资产周转率"反映总资产的周转速度。"总资产周转率"的分析依赖于影响总资产周转的各因素,以判断影响企业总资产周转的主要问题在哪里。

  "销售净利率"反映销售收入的收益水平。扩大销售收入、降低成本费用是提高"销售净利率"的根本途径,而扩大销售也是提高"资产周转率"的必要条件和途径。
- "权益乘数"表示企业的负债程度,反映企业财务杠杆的利用程度。"资产负债率"高,"权益乘数"就大,说明企业负债程度高,企业收获较多杠杆利益的同时风险提高。反之,"资产负债率"低,"权益乘数"就小,企业负债程度低,企业的杠杆利益较小,但相应承担的风险也较低。

（8）由"杜邦分析"的公式可知,决定企业"获利能力"的三个因素是:

- 成本费用控制能力。

  "销售净利率 $= \dfrac{\text{净利润}}{\text{销售收入}} = \dfrac{\text{销售收入} - (\text{全部成本} + \text{所得税})}{\text{销售收入}} = 1 - \dfrac{\text{全部成本} + \text{所得税}}{\text{销售收入}}$",其中"$\dfrac{\text{全部成本} + \text{所得税}}{\text{销售收入}}$"受成本费用控制能力的影响,即成本费用控制能力影响"销售净利润率"。

- 资产的使用效率。

  "资产周转率 $= \frac{销售收入}{总资产}$",表示融资活动获得的资金,通过投资形成企业总资产,其每一单位资产能产生的销售收入。虽然不同行业的"资产周转率"差异很大,但对同一个企业,"资产周转率"越大,表明该企业的资产使用效率越高。

- 财务上的融资能力。

  "权益乘数 $= \frac{1}{1-\frac{总负债}{总资产}} = \frac{总资产}{总资产-总负债} = \frac{总资产}{所有者权益}$","权益乘数"表示股东每投入一个单位的资金,企业能借到的资金单位数。例如"权益乘数"为"4",表示股东每投入一个单位的资金,企业就能用到四个单位的资金。"权益乘数"越大,则"资产负债率"越高,企业的债务融资能力越强。

第二步:键入"杜邦分析"的"底层数据—1区"。

(1)在文件"17 杜邦分析-原始"的"杜邦分析表"工作表中,需键入的底层数据(实线粗框线内)如图17-35所示。这些数据可在"资产负债表"和"利润表"中找到。

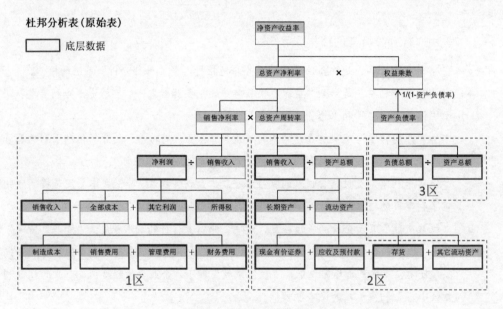

图17-35 杜邦分析-2

上层数据(无实线粗框线)将根据"杜邦分析表"的结构层次键入公式,并完成计算。

(2)将"杜邦分析"工作表重命名为"S企业杜邦分析结果"。

(3)将"S企业杜邦分析结果"工作表的B2单元格数据"杜邦分析表(原始表)"改写为"S企业杜邦分析结果"。

(4)在"S企业杜邦分析结果"工作表的B24单元格(制造成本)中键入"="。

(5)单击"利润表"工作表F8单元格(营业成本)。

(6)键入"+"。

(7)单击"利润表"工作表F9单元格(营业税金及附加)。

(8)按下Enter键。

于是"S企业杜邦分析结果"工作表的B24单元格(制造成本)的值为1 290 000,即

$$制造成本 = 营业成本 + 营业税金及附加$$
$$= 利润表!F8(1\ 200\ 000) + 利润表!F9(90\ 000)$$
$$= 1\ 290\ 000$$

(9)在"S企业杜邦分析结果"工作表的D24单元格(销售费用)中键入"="。

(10)单击"利润表"工作表F10单元格(营销费用)。

(11)按下Enter键。

于是"S企业杜邦分析结果"工作表的D24单元格(销售费用)的值为120 000,即

$$销售费用 = 营销费用 = 利润表!F12(120\ 000) = 120\ 000$$

(12)在"S企业杜邦分析结果"工作表的F24单元格(管理费用)中键入"="。

(13)单击"利润表"工作表的F11单元格(管理费用)。

(14)按下Enter键。

于是"S企业杜邦分析结果"工作表的F24单元格(管理费用)的值为170 000,即

$$管理费用 = 利润表!F13(170\ 000) = 170\ 000$$

(15)在"S企业杜邦分析结果"工作表的H24单元格(财务费用)中键入"="。

(16)单击"利润表"工作表的F12单元格(财务费用)。

(17)按下Enter键。

于是"S企业杜邦分析结果"工作表的H24单元格(财务费用)的值为60 000,即

$$财务费用 = 利润表!F14(60\ 000) = 60\ 000$$

(18)在"S企业杜邦分析结果"工作表的B20单元格(销售收入)中键入"="。

(19)单击"利润表"工作表F7单元格(营业收入)。

（20）按下Enter键。于是"S企业杜邦分析结果"工作表的B20单元格（销售收入）的值为2 000 000。

（21）在"S企业杜邦分析结果"工作表的F20单元格（其它利润）中键入"＝"。

（22）单击"利润表"工作表F13单元格（公允价值变动净收益）。

（23）键入"＋"。

（24）单击"利润表"工作表F14单元格（投资收益）。

（25）键入"＋"。

（26）单击"利润表"工作表F16单元格（营业外收入）。

（27）键入"-"。

（28）单击"利润表"工作表F17单元格（营业外支出）。

（29）按下Enter键。

于是"S企业杜邦分析结果"工作表的F20单元格（其他利润）的值为90 000，即

$$其他利润 = 公允价值变动净收益 + 投资收益 + 营业外收入 - 营业外支出$$
$$= 利润表!F13(40\ 000) + 利润表!F14(32\ 500) + 利润表!F16(40\ 000)$$
$$- 利润表!F17(22\ 500) = 90\ 000$$

（30）在"S企业杜邦分析结果"工作表的H20单元格（所得税）中键入"＝"。

（31）单击"利润表"工作表的F19单元格（所得税）。

（32）按下Enter键。

于是"S企业杜邦分析结果"工作表的H20单元格（所得税）的值为110 000，即

$$所得税 = 利润表!F19(110\ 000) = 110\ 000$$

（33）"S企业杜邦分析结果"工作表的H16单元格（销售收入）的设置，与B20单元格（销售收入）做相同的操作。

（34）"底层数据—1区"的数据键入完成，如图17-36所示。

第三步：键入"杜邦分析"的"底层数据—2区"。

（1）在"S企业杜邦分析结果"工作表的J24单元格（现金有价证券）中键入"＝"。

（2）单击"资产负债表"工作表G8单元格（现金）。

（3）键入"＋"。

（4）单击"资产负债表"工作表G9单元格（银行存款）。

（5）键入"＋"。

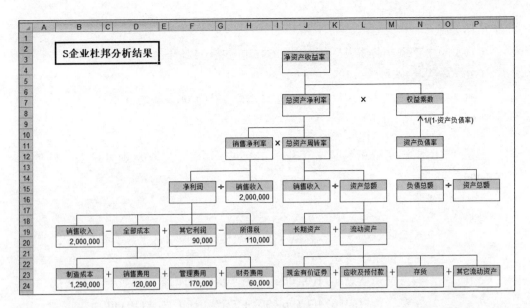

图17-36 杜邦分析-3

（6）单击"资产负债表"工作表G10单元格（短期投资）。

（7）按下Enter键。

于是"S企业杜邦分析结果"工作表的J24单元格（现金有价证券）的值为1 641 490，即

现金有价证券 = 现金 + 银行存款 + 短期投资
= 资产负债表!G8(3 364) + 资产负债表!G9(1 638 126)
+ 资产负债表!G10(0) = 1 641 490

（8）在"S企业杜邦分析结果"工作表的L24单元格（应收及预付账款）中键入"="。

（9）单击"资产负债表"工作表的G11单元格（应收票据）。

（10）键入"+"。

（11）单击"资产负债表"工作表的G12单元格（应收股利）。

（12）键入"+"。

（13）单击"资产负债表"工作表的G13单元格（应收利息）。

（14）键入"+"。

（15）单击"资产负债表"工作表的G14单元格（应收账款）。

（16）键入"+"。

（17）单击"资产负债表"工作表的G15单元格（其他应收款）。

(18）键入"+"。

(19）单击"资产负债表"工作表的G16单元格（预付账款）。

(20）键入"+"。

(21）单击"资产负债表"工作表的G17单元格（应收补贴款）。

(22）按下Enter键。

于是"S企业杜邦分析结果"工作表的L24单元格（应收及预付账款）的值为1 498 400，即

应收及预付账款
= 应收票据 + 应收股利 + 应收利息 + 应收账款 + 其他应收款
+ 预付账款 + 应收补贴款
= 资产负债表!G11(92 000) + 资产负债表!G12(0) + 资产负债表!G13(0)
+ 资产负债表!G14(1 196 400) + 资产负债表!G15(10 000)
+ 资产负债表!G16(200 000) + 资产负债表!G17(0) = 1 498 400

(23）在"S企业杜邦分析结果"工作表的N24单元格（存货）中键入"="。

(24）单击"资产负债表"工作表的G18单元格（库存商品）。

(25）按下Enter键。

于是"S企业杜邦分析结果"工作表的N24单元格（存货）的值为5 149 400，即

存货 = 库存商品 = 资产负债表!G18(5 149 400) = 5 149 400

(26）在"S企业杜邦分析结果"工作表的P24单元格（其他流动资产）中键入"="。

(27）单击"资产负债表"工作表的G19单元格（待摊费用）。

(28）键入"+"。

(29）单击"资产负债表"工作表的G20单元格（一年内到期的长期债券投资）。

(30）键入"+"。

(31）单击"资产负债表"工作表的G21单元格（其他流动资产）。

(32）按下Enter键。

于是"S企业杜邦分析结果"工作表的P24单元格（其他流动资产）的值为0，即

其他流动资产 = 待摊费用 + 一年内到期的长期债券投资 + 其他流动资产
= 资产负债表!G19(0) + 资产负债表!G20(0) + 资产负债表!G21(0)
= 0

（33）在"S企业杜邦分析结果"工作表的J20单元格（长期资产）中键入"="。

（34）单击"资产负债表"工作表的G26单元格（长期投资合计）。

（35）键入"+"。

（36）单击"资产负债表"工作表的G35单元格（固定资产合计）。

（37）键入"+"。

（38）单击"资产负债表"工作表的G40单元格（无形资产及其他资产合计）。

（39）键入"+"。

（40）单击"资产负债表"工作表的G43单元格（递延税项合计）。

（41）按下Enter键。

于是"S企业杜邦分析结果"工作表的J20单元格（长期资产）的值为7 898 000，即

长期资产 = 长期投资合计 + 固定资产合计 + 无形资产及其他资产合计
　　　　　+ 递延税项合计
　　　　= 资产负债表!G26(500 000) + 资产负债表!G35(5 918 000)
　　　　　+ 资产负债表!G40(1 480 000) + 资产负债表!G43(0) = 7 898 000

（42）"S企业杜邦分析结果"工作表的J16单元格（销售收入）的设置，与B20单元格（销售收入）做相同的操作。

（43）"底层数据—2区"的数据键入完成，如图17-37所示。

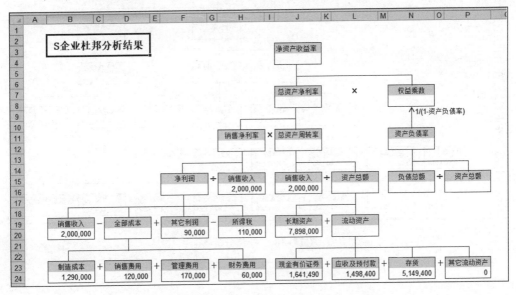

图17-37　杜邦分析-4

第四步：键入"杜邦分析"的"底层数据—3区"。

（1）在"S企业杜邦分析结果"工作表的N16单元格（负债总额）中键入"="。
（2）单击"资产负债表"工作表的N33单元格（负债合计）。
（3）按下Enter键。

于是"S企业杜邦分析结果"工作表的N16单元格（负债总额）的值为5 475 919，即

$$负债总额 = 负债合计 = 资产负债表!N33(5\ 475\ 919) = 5\ 475\ 919$$

（4）在"S企业杜邦分析结果"工作表的P16单元格（资产总额）中键入"="。
（5）单击"资产负债表"工作表G44单元格（资产合计）。
（6）按下Enter键。

于是"S企业杜邦分析结果"工作表的P16单元格（资产总额）的值为16 187 290，即

$$资产总额 = 资产合计 = 资产负债表!G44(16\ 187\ 290) = 16\ 187\ 290$$

（7）"底层数据—3区"的数据键入完成，如图17-38所示。

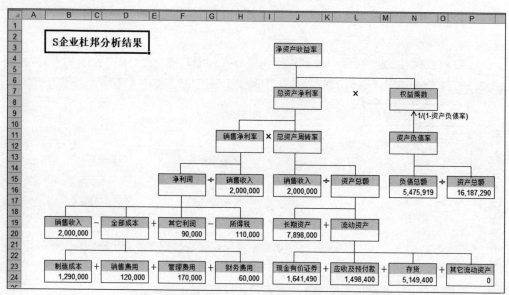

图17-38　杜邦分析-5

第五步:键入"杜邦分析"的"上层数据"。

(1)在"S企业杜邦分析结果"工作表的D20单元格(全部成本)中键入"=B24+D24+F24+H24",则"S企业杜邦分析结果"工作表的D20单元格(全部成本)的值为1 640 000,即

$$\text{全部成本} = \text{制造成本} + \text{销售费用} + \text{管理费用} + \text{财务费用}$$
$$= B24(1\ 290\ 000) + D24(120\ 000) + F24(170\ 000) + H24(60\ 000)$$
$$= 1\ 640\ 000$$

(2)在"S企业杜邦分析结果"工作表的F16单元格(净利润)中键入"=B20-D20+F20-H20",则"S企业杜邦分析结果"工作表的F16单元格(净利润)的值为340 000,即

$$\text{净利润} = \text{销售收入} - \text{全部成本} + \text{其他利润} - \text{所得税}$$
$$= B20(2\ 050\ 000) - D20(1\ 640\ 000) + F20(40\ 000) - H20(110\ 000)$$
$$= 340\ 000$$

(3)在"S企业杜邦分析结果"工作表的H12单元格(销售净利率)中键入"=F16/H16",则"S企业杜邦分析结果"工作表的H12单元格(销售净利率)的值为17%,即

$$\text{销售净利率} = \frac{\text{净利润}}{\text{销售收入}} = \frac{F16(340\ 000)}{H16(2\ 000\ 000)} = 17\%$$

(4)在"S企业杜邦分析结果"工作表的L20单元格(流动资产)中键入"=J24+L24+N24+P24",则"S企业杜邦分析结果"工作表的L20单元格(流动资产)的值为8 289 290,即

$$\text{流动资产} = \text{现金有价证券} + \text{应收及预付账款} + \text{存货} + \text{其他流动资产}$$
$$= J24(1\ 641\ 490) + L24(1\ 498\ 400) + N24(5\ 149\ 400) + P24(0)$$
$$= 8\ 289\ 290$$

(5)在"S企业杜邦分析结果"工作表的L16单元格(资产总额)中键入"=J20+L20",则"S企业杜邦分析结果"工作表的L16单元格(资产总额)的值为16 187 290,即

$$\text{资产总额} = \text{长期资产} + \text{流动资产} = J20(7\ 898\ 000) + L20(8\ 289\ 290) = 16\ 187\ 290$$

（6）在"S企业杜邦分析结果"工作表的J12单元格（总资产周转率）中键入"=J16/L16"，则"S企业杜邦分析结果"工作表的J12单元格（总资产周转率）的值为12.36%，即

$$总资产周转率 = 销售收入 \div 资产总额 = J16（2\ 000\ 000）\div L16（16\ 187\ 290）$$
$$= 12.36\%$$

（7）在"S企业杜邦分析结果"工作表的J8单元格（总资产净利率）中键入"=H12*J12"，则"S企业杜邦分析结果"工作表的J8单元格（总资产净利率）的值为2.10%，即

$$总资产净利率 = 销售净利率 \times 总资产周转率 = H12（17\%）\times J12（12.36\%）$$
$$= 2.10\%$$

（8）在"S企业杜邦分析结果"工作表的N12单元格（资产负债率）中键入"=N16/P16"，则"S企业杜邦分析结果"工作表的N12单元格（资产负债率）的值为33.83%，即

$$资产负债率 = \frac{负债总额}{资产总额} = \frac{N16（5\ 475\ 919）}{P16（16\ 187\ 290）} = 33.83\%$$

（9）在"S企业杜邦分析结果"工作表的N8单元格（权益乘数）中键入"=1/(1-N12)"，则"S企业杜邦分析结果"工作表的N8单元格（权益乘数）的值为1.51，即

$$权益乘数 = \frac{1}{1 - 资产负债率} = \frac{1}{1 - N12（33.83\%）} = 1.51$$

（10）在"S企业杜邦分析结果"工作表的J4单元格（净资产收益率）中键入"=J8*N8"，则"S企业杜邦分析结果"工作表的J4单元格（净资产收益率）的值为3.17%，即

$$净资产收益率 = 总资产净利率 \times 权益乘数 = J8（2.10\%）\times N8（1.51）= 3.17\%$$

（11）"杜邦分析"结果如图17-39所示。

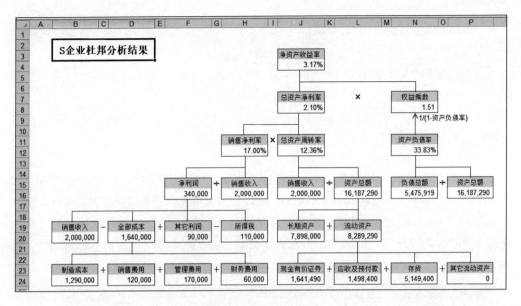

图17-39 杜邦分析-6

第六步：检验"净资产收益率"的计算结果。

（1）打开文件"12 比率分析法-计算"的"盈利能力分析"工作表。

（2）C7单元格"净资产收益率"的计算结果为"3.24%"。如图17-40所示。

	A	B	C	D
1		盈利能力分析表		
2			值	备注
3		营业毛利率	40.00%	反映企业的基本盈利能力，毛利率越高，主营业务的获利能力越强
4		营业净利率	17.00%	反映企业营业收入创造净利润的能力，营业利率越高则获利能力越强
5		总资产报酬率	3.09%	总资产所取得的收益，比率越高则企业的资产利用效益越好
6		净资产收益率	3.24%	反映股东权益的净收益，比率越高则净利润越高，通常应高于同期银行存款利率
7		资本收益率	3.40%	反映投资者原始投资的收益率，比率越高则自有投资的经济效益越好，投资者风险越少

图17-40 杜邦分析-7

（3）打开文件"18 杜邦分析-计算"的"S企业杜邦分析结果"工作表。

（4）J4单元格"净资产收益率"的计算结果为3.17%。

（5）"3.24%"和"3.17%"有差异，这是因为"盈利能力分析"的"净资产收益率"公式取用了"所有者权益平均值"，而"杜邦分析"的"净资产收益率"公式取用了"所有者权益"的期末值。

第七步：编制同行业中S企业和X企业的"杜邦分析"比较数据。

（1）打开文件"19 杜邦比较-原始"。

（2）查看"S企业杜邦分析结果"工作表。"S企业杜邦分析结果"即上一步骤的分析结果。

（3）查看"X企业杜邦分析结果"工作表。X企业是行业中"净资产收益率"表现较优秀的企业。

（4）查看"S企业与X企业的比较"工作表。该表格将S企业和X企业的同期数据作对比分析。

为了更好地体现比较结果，对杜邦分析表中部分数据作处理，去除不必要的比较数据，并将部分数据取其与销售收入的比较值，之后再进行企业之间的比较。

比较表格中，蓝底色项目（已存在数据的部分）直接取用了"S企业杜邦分析结果"工作表和"X企业杜邦分析结果"工作表的数据。粉底色项目则在计算后再作比较。如图17-41所示。

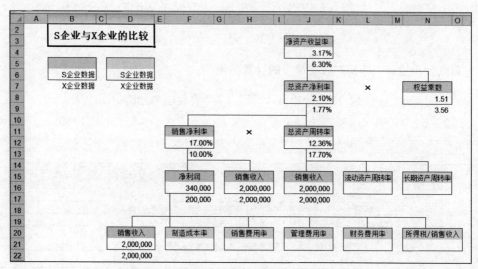

图17-41 杜邦分析-8

（5）在"S企业与X企业的比较"工作表的F21单元格（S企业制造成本率）中键入"="。

（6）单击"S企业杜邦分析结果"工作表B24单元格（S企业制造成本）。

（7）键入"/"。

（8）单击"S企业杜邦分析结果"工作表B20单元格（S企业销售收入）。

（9）按下Enter键。

于是"S企业与X企业的比较"工作表的F21单元格（S企业制造成本率）的值为64.50%，即

$$\text{S企业制造成本率} = \frac{\text{S企业制造成本}}{\text{S企业销售收入}} = \frac{\text{S企业杜邦分析结果!B24(1 290 000)}}{\text{S企业杜邦分析结果!B20(2 000 000)}}$$

$$= 64.50\%$$

（10）对"S企业与X企业的比较"工作表的F22单元格（X企业制造成本率）做类似的操作，则"S企业与X企业的比较"工作表的F22单元格（X企业制造成本率）的值为65.50%，即

$$\text{X企业制造成本率} = \frac{\text{X企业制造成本}}{\text{X企业销售收入}} = \frac{\text{X企业杜邦分析结果!B24(1 310 000)}}{\text{X企业杜邦分析结果!B20(2 000 000)}}$$

$$= 65.50\%$$

（11）在"S企业与X企业的比较"工作表的H21单元格（S企业销售费用率）中键入"="。

（12）单击"S企业杜邦分析结果"工作表D24单元格（S企业销售费用）。

（13）键入"/"。

（14）单击"S企业杜邦分析结果"工作表B20单元格（S企业销售收入）。

（15）按下Enter键。

于是"S企业与X企业的比较"工作表的H21单元格（S企业销售费用率）的值为6.00%，即

$$\text{S企业销售费用率} = \frac{\text{S企业销售费用}}{\text{S企业销售收入}} = \frac{\text{S企业杜邦分析结果!D24(120 000)}}{\text{S企业杜邦分析结果!B20(2 000 000)}}$$

$$= 6.00\%$$

（16）对"S企业与X企业的比较"工作表的H22单元格（X企业销售费用率）做类似的操作，则"S企业与X企业的比较"工作表的H22单元格（X企业销售费用率）的值为6.50%，即

$$\text{X企业销售费用率} = \frac{\text{X企业销售费用}}{\text{X企业销售收入}} = \frac{\text{X企业销售费用结果!D24(130 000)}}{\text{X企业销售费用结果!B20(2 000 000)}}$$

$$= 6.50\%$$

（17）在"S企业与X企业的比较"工作表的J21单元格（S企业管理费用率）中键入"="。

（18）单击"S企业杜邦分析结果"工作表F24单元格（S企业管理费用）。

（19）键入"/"。

（20）单击"S企业杜邦分析结果"工作表B20单元格（S企业销售收入）。

（21）按下Enter键。

于是"S企业与X企业的比较"工作表的J21单元格（S企业管理费用率）的值为8.50%，即

$$S企业管理费用率 = \frac{S企业管理费用}{S企业销售收入} = \frac{S企业杜邦分析结果!F24(170\ 000)}{S企业杜邦分析结果!B20(2\ 000\ 000)}$$
$$= 8.50\%$$

（22）对"S企业与X企业的比较"工作表的J22单元格（X企业管理费用率）做类似的操作，则"S企业与X企业的比较"工作表的J22单元格（X企业管理费用率）的值为8.00%，即

$$X企业管理费用率 = \frac{X企业管理费用}{X企业销售收入} = \frac{X企业杜邦分析结果!F24(160\ 000)}{X企业杜邦分析结果!B20(2\ 000\ 000)}$$
$$= 8.00\%$$

（23）在"S企业与X企业的比较"工作表的L21单元格（S企业财务费用率）中键入"="。

（24）单击"S企业杜邦分析结果"工作表H24单元格（S企业财务费用）。

（25）键入"/"。

（26）单击"S企业杜邦分析结果"工作表B20单元格（S企业销售收入）。

（27）按下Enter键。

于是"S企业与X企业的比较"工作表的L21单元格（S企业财务费用率）的值为3.00%，即

$$S企业财务费用率 = \frac{S企业财务费用}{S企业销售收入} = \frac{S企业杜邦分析结果!H24(60\ 000)}{S企业杜邦分析结果!B20(2\ 000\ 000)}$$
$$= 3.00\%$$

（28）对"S企业与X企业的比较"工作表的L22单元格（X企业财务费用率）做类似的操作，则"S企业与X企业的比较"工作表的L22单元格（X企业财务费用率）的值为7.50%，即

$$X企业财务费用率 = \frac{X企业财务费用}{X企业销售收入} = \frac{X企业杜邦分析结果!H24(150\,000)}{X企业杜邦分析结果!B20(2\,000\,000)}$$

$$= 7.50\%$$

（29）在"S企业与X企业的比较"工作表的N21单元格（S企业所得税/销售收入）中键入"="。

（30）单击"S企业杜邦分析结果"工作表H20单元格（S企业所得税）。

（31）键入"/"。

（32）单击"S企业杜邦分析结果"工作表B20单元格（S企业销售收入）。

（33）按下Enter键。

于是"S企业与X企业的比较"工作表的N21单元格（S企业所得税/销售收入）的值为5.50%，即

$$\frac{S企业所得税}{销售收入} = \frac{S企业所得税}{S企业销售收入} = \frac{S企业杜邦分析结果!H20(110\,000)}{S企业杜邦分析结果!B20(2\,000\,000)}$$

$$= 5.50\%$$

（34）对"企业与X企业的比较"工作表的N22单元格（X企业所得税/销售收入）做类似的操作，则"S企业与X企业的比较"工作表的N22单元格（X企业所得税/销售收入）的值为3.25%，即

$$\frac{X企业所得税}{销售收入} = \frac{X企业所得税}{X企业销售收入} = \frac{X企业杜邦分析结果!H20(65\,000)}{X企业杜邦分析结果!B20(2\,000\,000)}$$

$$= 3.25\%$$

（35）在"S企业与X企业的比较"工作表的L16单元格（S企业流动资产周转率）中键入"="。

（36）单击"S企业杜邦分析结果"工作表B20单元格（S企业销售收入）。

（37）键入"/"。

（38）单击"S企业杜邦分析结果"工作表L20单元格（S企业流动资产）。

（39）按下Enter键。

于是"S企业与X企业的比较"工作表的L16单元格（S企业流动资产周转率）的值为24.13%，即

$$S企业流动资产周转率 = \frac{S企业销售收入}{S企业流动资产} = \frac{S企业杜邦分析结果!B20(2\,000\,000)}{S企业杜邦分析结果!L20(8\,289\,290)}$$

$$= 24.13\%$$

（40）对"S企业与X企业的比较"工作表的L17单元格（X企业流动资产周转率）做类似的操作，则"S企业与X企业的比较"工作表的L17单元格（X企业流动资产周转率）的值为26.15%，即

$$X企业流动资产周转率 = \frac{X企业销售收入}{X企业流动资产} = \frac{X企业杜邦分析结果!B20(2\,000\,000)}{X企业杜邦分析结果!L20(7\,649\,210)}$$

$$= 26.15\%$$

（41）在"S企业与X企业的比较"工作表的N16单元格（S企业长期资产周转率）中键入"="。

（42）单击"S企业杜邦分析结果"工作表B20单元格（S企业销售收入）。

（43）键入"/"。

（44）单击"S企业杜邦分析结果"工作表J20单元格（S企业长期资产）。

（45）按下Enter键。

于是"S企业与X企业的比较"工作表的N16单元格（S企业长期资产周转率）的值为25.32%，即

$$S企业长期资产周转率 = \frac{S企业销售收入}{S企业长期资产} = \frac{S企业杜邦分析结果!B20(2\,000\,000)}{S企业杜邦分析结果!J20(7\,898\,000)}$$

$$= 25.32\%$$

（46）对"S企业与X企业的比较"工作表的N17单元格（X企业长期资产周转率）做类似的操作，则"S企业与X企业的比较"工作表的N17单元格（X企业长期资产周转率）的值为54.79%，即

$$X企业长期资产周转率 = \frac{X企业销售收入}{X企业长期资产} = \frac{X企业杜邦分析结果!B20(2\,000\,000)}{X企业杜邦分析结果!J20(3\,650\,225)}$$

$$= 54.79\%$$

（47）S企业和X企业的"杜邦分析"比较数据，如图17-42所示。

第八步：分析S企业和X企业的"杜邦分析"比较数据。

（1）打开文件"20 杜邦比较-计算"的"S企业与X企业的比较"工作表。

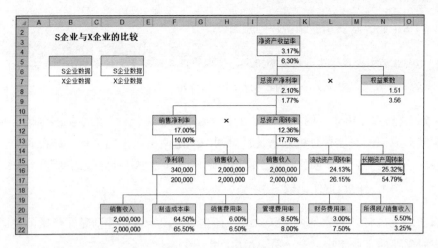

图17-42　杜邦分析-9

（2）企业获利能力比较。

- S企业净资产收益率（3.17%）＜X企业净资产收益率（6.30%）：说明S企业获利能力相对较差。

（3）S企业获利能力相对较差的原因。

- S企业权益系数（1.51）＜X企业权益系数（3.56）：S企业获利能力相对较差的原因是财务融资能力差。
- S企业总资产净利率（2.10%）＞X企业总资产净利率（1.77%）：S企业获利能力相对较差不是因为总资产净利率差，S企业的总资产净利率对获利起积极作用。

（4）S企业总资产净利率较高的原因。

- S企业总资产周转率（12.36%）＜X企业总资产周转率（17.70%）：S企业总资产净利率较高，不是因为资产使用效率高。
- S企业销售净利率（17.00%）＞X企业总销售净利率（10.00%）：S企业总资产净利率较高，是因为销售净利率高，即成本费用控制得好。

（5）S企业资产使用效率低的原因。

- S企业流动资产周转率（24.13%）＜X企业流动资产周转率（26.15%）：两家企业在流动资产周转率方面没有明显差异。
- S企业长期资产周转率（25.32%）＜X企业长期资产周转率（54.79%）：S企业资产使用效率低，是因为长期资产使用效率低。

（6）S企业成本费用控制得好的原因。

- S企业的制造成本率、销售费用率、管理费用率、财务费用率均小于或略大于X企业的相关数据，对成本费用的控制起到积极作用。

（7）"杜邦分析表"的重要意义在于，运用"杜邦分析"的结构图分析企业财务状况及其形成原因。这种分析通常是针对两份或是两份以上的"杜邦分析表"，可以是比较同一企业前后若干期的数据，也可以是与同行业中其他企业的同期数据作比较，或与行业平均水平的数据作比较。

看了以上内容，大家是否跃跃欲试，有立即研读年报的冲动呢？赶紧前往以下网址找出所需要的企业年报，拿一份小试牛刀吧。

（1）上海证券交易所。
（2）深圳证券交易所。
（3）巨潮资讯网。
（4）上市公司的公司主页，等等。

以巨潮资讯网为例，打开网页（www.cninfo.com.cn），输入上市公司名称，点击搜索，就能找到该上市公司的年报，如图17-43所示。

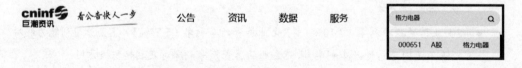

图17-43 巨潮资讯网

除了通过网络查询上市公司年报，上市公司还会在主要报刊上刊登年报摘要，所选的刊物名称会在年报详细版本的"公司简介"章中公布，包括：

（1）《上海证券报》。
（2）《中国证券报》。
（3）《证券时报》，等等。